U0665191

# 杏林齐芳

## 近现代蓬安中医

中国人民政治协商会议蓬安县委员会
蓬安县卫生健康局
蓬安县社会科学界联合会 主编

學苑出版社

**图书在版编目（CIP）数据**

杏林齐芳 : 近现代蓬安中医 / 中国人民政治协商会议蓬安县委员会，蓬安县卫生健康局，蓬安县社会科学界联合会主编 . -- 北京 : 学苑出版社，2025. 2. -- ISBN 978-7-5077-7109-1

Ⅰ. K826.2-53

中国国家版本馆 CIP 数据核字第 20252B410A 号

杏林齐芳 近现代蓬安中医

---

**出 版 人：** 洪文雄
**策划编辑：** 黄小龙
**责任编辑：** 宋　铮
**出版发行：** 学苑出版社
**社　　址：** 北京市丰台区南方庄 2 号院 1 号楼
**邮政编码：** 100079
**网　　址：** www.book001.com
**电子邮箱：** xueyuanpress@163.com
**联系电话：** 010-67601101（营销部）、010-67603091（总编室）
**印 刷 厂：** 成都新凯江印刷有限公司
**开本尺寸：** 787 mm × 1092 mm　1/16
**印　　张：** 25
**字　　数：** 406 千字（插页、图等）
**版　　次：** 2025 年 2 月第 1 版
**印　　次：** 2025 年 2 月第 1 次印刷
**定　　价：** 128.00 元

---

# 编　写　单　位

中国人民政治协商会议蓬安县委员会

蓬安县卫生健康局

蓬安县社会科学界联合会

# 编　委　会

# 序　一

欣闻《杏林齐芳——近现代蓬安中医》（下称《杏林齐芳》）即将出版，实当恭贺！受邀为此书作序，我不胜惶恐，深感难堪重托。虽从事中医工作近五十载，但仍觉离中医学宝库之门甚远，鉴于盛情难却，故为序。

中医，是中华文明的瑰宝，有着数千年悠久历史和辉煌成就，是历代医家的智慧结晶，更是中国人民运用最久远、最广泛的医学，它为中华民族繁衍昌盛发挥了重要作用。从《黄帝内经》《神农本草经》到医圣张仲景的《伤寒杂病论》、药王孙思邈的《千金方》、医药双圣李时珍的《本草纲目》，再到温病学大家叶天士的《温热论》，无不体现着中医文化的博大精深、源远流长。

众所周知，学成中医“非二三十年功夫难达矣”。医学书籍之多，医学知识之广，可谓读之不完、学之不尽，唯有以“勤”为径、以“苦”作舟，数十年如一日，孜孜以求，竭力向中医学文化攀登、向中医学知识海洋进发，方能与历代大医之心潜通默契，进而聪慧敏哲、渊博通达、虚怀灵变、精鉴确识，成为悬壶济世的杏林中人。《杏林齐芳》中的各位同道，他们有的以内科见长，有的以骨科著称，有的是妇科行家，有的是儿科好手，有的以全科扬名，有的是疑难杂症“克星”，他们无不长期躬身中医实践，心系苍生，救死扶伤，治病救人，一步一步成为群众公认和称道的杏林高手。这些同人中有的我还比较熟悉，也曾向他们虚心讨教，借此机会对他们的不吝赐教深致谢意！对他们精湛的医术医技、高尚的医德医风深表敬意！

时下，中医迎来千载难逢的发展机遇，特别是习近平总书记关于中医药工作的重要论述，为中医发展振兴指明了方向。中医药发展已上升为国家战略，并在国家层面编制了中医药发展规划，重视程度和推进力度前所未有。作为中医工作者，回想中医曾经遇到的发展困境，我们更有责任和义务贯彻落实好党和政府的决策部署，遵循中医发展规律，传承精华，守正创新，坚持与时俱进，结合现代科技，尤其是人工智能，赋能中医现代化发展，推动中医焕发新生。坚持中西医结合，不搞自我封闭，推动中西医相互补充、协调发展，让中医仁术济世的岐黄之道、养生祛病的健康之道越走越宽，更好地发挥中医防病治病的独特优势和作用，为建设健康中国贡献更大的中医力量。

我相信，随着《杏林齐芳》的出版，必将增强蓬安广大中医工作者从事中医的自信心和自豪感，必将激励更多蓬安俊杰扎根中医，潜心钻研，勇攀高峰，必将使蓬安地区涌现出更多的杏林圣手、济世名医。

向蓬安县关心和支持中医事业发展的各位领导和相关部门致以崇高的敬意！

唐茂清

2024 年 9 月

# 序　二

杏林齐芳汇群英，仁心仁术铸精诚；理法方药勤探究，辨证论治济苍生。

承先启后博古今，政协呕心助振兴；守正创新再攀高，蓬安中医开胜景。

人有精气神，病用药石针，岐黄传后世，杏林暖人心。尝谓：医者，道也，术也。术可暂行一时，道能流芳千古。昔云“上医医国，中医医人，下医医病”，是道医学其理奥、其意深。仲景在《伤寒杂病论》序文中言：“夫天布五行，以运万类，人禀五常，以有五脏，经络府俞，阴阳会通，玄冥幽微，变化难极，自非才高识妙，岂能探其理致哉！”是故孔子教曰：“生而知之者上，学则亚之。多闻博识，知之次也。”

忆往昔，祖国医学源远流长。自三皇问世，三坟活人，灸熨、针刺、汤药，始成医界三大疗法，令医具雏形。至春秋战国秦汉，医家辈出，医书充栋。其中岐黄论医道著《内经》，扁鹊号脉望色著《难经》，仲景平脉辨证著《伤寒杂病论》，皆以天人合一、整体观念、辨证论治为导向，医道已趋成熟。降至唐宋元明清，医坛医派林立，寒凉、攻下、滋阴、温补、汇通、扶阳，百家齐放，各呈异彩，论医道、说医理、集实践、述经验之医学典籍灿若星辰。《千金要方》《脾胃论》《血证论》《温热论》《医学衷中参西录》，杏苑花繁，医道大行。

夫人之生如天地，和煦则春，惨郁则秋。故人参天地之间，法阴阳，和术数，节饮食，调起居，避虚邪贼风，护养精气神，谨道如法，令精气从之，精神内守。诚如《内经》所云“邪气所凑，其气必虚”“正气存内，邪不可干”。倘若调护失宜，邪犯阴阳，平衡失调，则百疾由生。是故医者，顺天之时，测气之偏，适人之情，体物之理，其良在神圣工巧，其功在望闻问切，其学在脉药方证，其进在熟谙各家，辨病辨证，如是者方能济苍生于世，活人于天地之间。

毛泽东主席曾言："中国医药学是一个伟大的宝库，应当努力发掘，加以提高。"以其乃中国原创，国粹也。中医重视整体、注重平和、强调个体，尽显简便廉效之特色，惟中国之独有医学资源，有功于常见病、多发病、疑难病、难治病、重大疫情防治、突发公共事件救治。尚如抗疟之青蒿素研成，抗新冠之清肺排毒汤面世，"中医针灸"列入人类非物质文化遗产代表作名录，中医药高质量融入共建"一带一路"，其走出国门、迈向世界，恰合习近平总书记"要加强中医药传承创新发展"战略之旨。

近现代蓬安中医不仅学识丰富、造诣高深、医术精湛，而且医德高尚、医风高洁、学风严谨，均有独到的临床经验和学术风格。《杏林齐芳》对他们的生平事迹、学术思想、学术成就进行了集中挖掘和整理，将他们"时别温热寒凉，证分表里新伏，体辨阴阳壮弱，法设补散攻和"之心得与经验，精心提炼，认真总结，以医话、医论、医案的形式，展现了"医贵精、学贵博，法贵活、方贵纯，治贵巧、效贵捷"之良医风采。是书出版乃接地气、谋发展、响应国家中医药发展战略之举。

悠悠杏林耀千古，浩浩才贤续华章。望未来，相如故里中医药事业，在各级党政、社会贤达的关心支持下，在全体中医药同人的共同努力下，定会蓬勃发展、欣欣向荣！

是故逢此之际，特作斯文。

姚杰良　黎忠民

2024 年 9 月

# 前 言

习近平总书记指出："中医药学包含着中华民族几千年的健康养生理念及其实践经验，是中华文明的一个瑰宝，凝聚着中国人民和中华民族的博大智慧。"中医药文化是中华优秀传统文化的重要组成部分。推进中医药文化传承发展，是弘扬中华优秀传统文化、增进人民健康福祉的实践要求，是坚定文化自信、建设文化强国的重要内容。

蓬安是汉代大辞赋家司马相如的故里，包括中医药文化在内的区域文化源远流长、底蕴厚重。为挖掘、整理、传承蓬安中医药文化，助力蓬安中医药事业创新发展，由中国人民政治协商会议蓬安县委员会牵头，面向出生于蓬安、工作在蓬安的近现代中医医家及其传人、家人征集文史资料。经多方共同努力，《杏林齐芳——近现代蓬安中医》即将付梓成书。

全书分两大内容三个部分。第一、二部分为"医家风采"，共收录66位近现代蓬安中医，其中近代医家16位、现代医家50位。凡收录医家，均按照医家小传、医案医话进行编撰（个别体例稍有不同）。医家小传包括医家基本情况、学术传承、主要贡献等内容，医案医话包括医家学术思想、论文著作、临证案例等内容。第三部分为"医论集萃"，精选上述医家在国家级、省级重点刊物上刊发的论文或学术交流文稿而成。因成书需要，部分文稿略作删减。

本书凝聚着集体的力量和智慧。在资料征集与书稿编撰过程中，得到了县卫生健康局、县社会科学界联合会、部分医院和社会各界的大力支持。无论材料收集、文稿撰写，还是地址核实、医案补充，他们都相互协作、密切配合。部分医家于工作间隙，孜孜不倦、精益求精，对文稿反复斟酌打磨，体现了严谨负责的敬业精神和科学求实的学术态度。在此，向悉心指导成书的唐茂清、姚杰良两位顾问，向认真校对审改的罗瑞雪、龙泳、黎忠民、吴鸿、张应均、蒋光鹏、梅钦、聂俊宝等医家，向无偿提供近代医家资料的口述人、撰稿人，致以崇高的敬意和衷心的感谢！同时，致谢中共南充市委办公室督察专员周霖惠赐墨宝、题写书名，致谢中国当代著名艺术家、“中国风格”肖像画大师、蓬安县政协书画院执行副院长卢霖惠赠封面和扉页底画！

鉴于种种原因，部分医家未能收录入书，在此深感歉意。

由于本书史料涉及时间跨度较大，内容专业性强，加之编者水平有限，书中谬误之处在所难免，诚望广大读者和医务工作者批评指正。

另，书中涉及的中药处方和其他治疗方法，仅供参考，请读者切勿盲目照搬、机械套用，否则，后果自负。

编委会

2024 年 9 月

目 录 Contents

近代医家

现代医家

## 医论集萃

# 近代医家

# 医家名流陈画一

## 医家小传

陈画一（1861—1933），又名良谋，清咸丰十一年出生于蓬安县锦屏镇田家沟村。自幼聪慧，学识渊博，但不愿出仕，而立志育人，业医济世活人。先生精通“温病”，擅长内科杂症，是蓬安清末民初医家名流。

先生幼时聪明，悟性高。9 岁时母亲因病去世，他深为无人能医治母亲而悲痛，其父也深感自己有疾时束手无策，就令画一阅读诸医方书，以保家人安康，救百姓危急。

先生渐长，于其兄名下，专修儒学五载，26 岁中秀才，补廪生，受聘于当地一私塾执教。他在执教期间抱“不为良相，便为良医”之愿，白天讲学，夜晚攻读《内经》诸善本，阅读圈点，自学苦钻，三更方眠，五更复醒。如是数年，悟得中医许多真谛。1898 年，他经广安一名医“拨脉”后，始步入医林。

清光绪三十年（1904），先生乡试不第，提学使某高薪聘其为东席，他婉辞归乡，决意终身业医。清宣统元年（1909），蓬安时疫大作，先生屡治屡效，由是名闻远近。同年，他看到医林乏人，决心广传医术，在原大泥乡范家坝（今锦屏镇范家坝村）集中授课带徒。其中有毛洪国、刘典章、刘世清、邓自修等，后均享誉蓬安。

先生德行远近闻名。他诊治不分山高路远，有求必应，常自制备急丸予乡邻祛虫除痛，不取分文。其家中设有药铺，贫者减免药费。一次，一乞丐被狗咬伤，血流如注，先生见之，速以人参咀之敷其伤口，并赠送药物、小钱、大米等物。

先生不仅医术精良、医德高尚，也为挽救祖国传统医学、提高医疗技术水平做出了积极贡献。1919 年，蓬安人士在城中设立医学研究所，先生与邹子明任主教，以《回春集》为教材，结合临床主要讲解《伤寒论》。他治校严格、一丝不苟，规定如无特殊情况，学员不得随便请假离校，并要求学生要背诵的内容在规定时间内必须完成，定期写出心悟。该研究所先后招生两届，毕业学员 70 余人，为蓬安和临近县培养了一批医林新秀。1932 年，先生已年逾古稀，但仍未放弃教学生涯，与弟子蒋化俗在金溪镇开办自立医业学校，传授医学，培养中医人才。

1933 年，先生病逝，享年 73 岁。惜其一生忙于临床和教学，未将自己的经验、医案整理流传于世。幸先生第四子、七子、八子皆能承继其业，兼有高徒数十人，继续为蓬安中医学事业的发展做贡献。

## 医案医话

1909 年，金溪街上张某患心绞痛，请先生之徒刘典章诊治，药进数剂病势不减。先生稍加思考，只在前方的基础上加上沉香一味，其病大退，后调理而愈。他再三嘱咐弟子不必拘泥于古方，要随证灵活加减，方能奏效。

先生医术精良，擅治内科杂症。原鲜坝（今睦坝镇）富绅沈某，患病见小便如浊不利。多医诊治，确认如此健壮，必活数年。先生诊后，说："此乃阴阳不调之重症，不愈当年必死。"后果如是。

徐家场患者满某，延邹子明、唐宝成与先生一道诊治，邹指出病在少阴，唐说病因乃酒色过度，先生沉思半晌说，这是"女痨疸病"，应予硝石矾石散治疗。后依照先生之方，投以硝石矾石散，数月而愈。

（谢福国）

# “蓬安药王”邓自修

## 医家小传

邓自修（1881—1958），蓬安县锦屏镇人。行医五十九载，济人为志，医术精良，通晓伤寒典籍，被群众誉为蓬安“三大药王”之一。

先生7岁入私塾，12岁父母相继去世，寄养于姨父陈画一家中，姨父见其资质敏悟，收为弟子。从此，先生刻苦攻读医书，师存之经验，尽得其传，并于18岁独立应诊。1919年进入医学研究所深造，两年后业满行医，治者每著良效，病者竞往不绝。

1952年，蓬安金溪场麻疹流行，病势迅猛，死亡数人。县政府得知，派先生前往救治。他配发预防药，控制流行，积极抢治。一个月内，数百患儿，转危为安，群众誉其为“儿科妙手”。

先生出身贫寒，深谙劳苦群众疾苦，常济贫扶危。贫穷患者求治，不索脉金，有的还助以药资。1943年本乡刘家亭全家六人患痢疾，无钱医治，已病死一人。先生闻知，即前往义诊，并解囊相助，供其买药疗疾，后五人痊愈。1944年冬，先生出诊于仪陇，回家途中，见一贫民，身着单衣，在寒风中挣扎着艰难行走，便停步询问其故。得知此人家境贫困，借贷无门，先生便欣然脱下随身棉衫及单衣各一件相赠，路人见之无不称赞。

先生一生带徒四十余人，大多能世其业。他常教导弟子：“诊据不能凭一面决病情，用药不当，虽一味之差，药效大变矣，轻则病重，重则命绝，人命关天，要慎而行之……”

1943年至1946年，先生受聘执教于金溪国医讲习所，为中医后继有人作出了贡献。新中国成立后，先生热爱党的卫生事业，1951 年加入锦屏乡卫生协会，当选为主任和县各界人士代表，1953 年被选为县人大代表。1956 年，他调入县卫生院工作，时虽年逾古稀，但仍坚持全天应诊。1958 年，先生患心脏病去世，享年 77 岁。惜先生有生之年忙于临床，未能将自己学术经验加以整理。

## 医案医话

先生对内科病的治疗，善于培补脾土；对外感病则以驱邪为要，善于化裁经方。原周口镇陈某之子，8 岁，患伤寒病，医家均投以“桂枝汤”无效。延请先生往诊，仅在原方上加钩藤一两，应手而愈。同道问其故，先生说：“此病在厥阴，单以桂枝何能奏效，加钩藤引经，变为四逆之法也。”

仪陇县苟某患肺痨病多年，一次咯血不止，数医诊之，“六脉”俱无，均以为不治。后先生往诊，触阳脉隐隐而动，知其尚有复生之机，劝其家属不必悲伤。当即处方人参二两煎汤频频灌服，夜间鸡鸣时，闻患者呻吟，全家化悲为乐，后调理两个月而愈。

（谢福国）

# 济世活人乐善好施的名医陈瑞昌

## 医家小传

陈瑞昌（1884—1957），又名际昌，字吉五，男，汉族，蓬安县金甲乡人。父陈荣庆，字丹书，清末宿儒。其父以教读糊口，因人口过多，生活日蹙，乃迁移营山城北千石坝客耕而居。先生兄弟4人，排行最幼，性聪明，幼时即好读书，6岁（1890年）起随父学诗礼达10多年，凡四书五经、诸子百家，悉皆熟诵。

瑞昌先生18岁（1902年）遵父命从师营山县封窦乡石垭子村邓荣沛先生学习中医内科。他专心致志，深入钻研《内经》《难经》《景岳全书》《医学三字经》等中医著作，颇具心得，经历三年离师，立志“活人济世”，独立医门。为提高医术，他又投拜于营山县城粽子湾街黄德谦先生门下学习外科，并学会了兽医。20多岁时自己背着布药褡子，在营山县内走乡串户行医，后又外出通江、南江、渠县、阆中、顺庆等地行医。1933年，其年近五旬，因乡居不便为人门诊，便举家迁入县城大北街，租用一间铺面，开设“瑞昌祥药房”，从事坐诊治病。历近三十年行医生涯，瑞昌先生三折肱而成良医，练就了中医内外科、小儿科及兽医的过硬本领，名声日震。

1949年前，一支国民党部队路过营山，该部某团长太太病重不起，团长慕名前来求治。初时，瑞昌先生以为对方是为自己吸鸦片烟之事而来，经说明原因，方知其是来请他治病的。治愈后，团长感激不尽，特意招呼地方当局不要打扰瑞昌先生行医。

1952年，他被选为营山县卫协会副主任委员，1953年参加县中西医联合诊所，当时陈先生已68岁，子孙以其年老乞留闲息，他说："为人民解决疾苦是医师的专责，组织起来，合力服务，嘉会难得，我虽劳何辞。"先生入所后，开会发言，独抒创论，积极工作，不误时日，有时病人过多，恐其久待，遂放弃午休，待夕阳西下而归。

他辨证施治，不拘于古，不囿于今，用药灵活多变，颇有独到之处，深为群众信赖。远近患者，前来就医，门庭若市，治愈者不计其数，并先后收到病愈者赠送的锦旗、匾额达百余件。1954年陈瑞昌先生被选为营山县第一届人民代表大会代表。1956年当选为第二届县人大代表。1957年5月26日，他以工作所获，缴建设公债50元人民币，当夜还入县川剧团看戏，28日不幸因病竟遗嘱家人以新社会之方法处理后事，笑谈而逝，终年73岁。邑人闻耗，无不叹悼。县卫协会、联合诊所为他举行了隆重的追悼会。陈瑞昌先生葬于城西加油站旁。时任四川省文史研究馆研究员张秀峰老先生为其撰了《陈瑞昌先生墓碑序言》，赞其德音长存，仪塑宛在。

瑞昌先生著有《万病诞生总录》（手抄本）一书，总结了他一生行医的经验，介绍了病因、脉象、舌苔变化，以及汤头及偏方等。他还摸索总结了一些与民除病不花钱、少花钱、治大病的小办法、土方法。如治痔疮，将"侧耳根"（中药蕺菜）洗净捣成泥，再掺开水以蒸气熏患部，半月可痊愈；治风湿病，用灯盏花草（又名打破碗碗花）洗净晒干打成粉，每天1小匙蒸鸡蛋，一个月左右可治愈；治疥疮，用硫黄裹在猪板油内，用火点燃滴下的热油擦患处，即可治好等等。先生逝世时，将其精读珍藏多年的《内经》《难经》《张景岳新方八阵》《医学三字经》《麻科活人全书》等28部木刻印刷本，传给弟子张小伯保管使用。其《万病诞生总录》（手抄本）和部分秘方因被家人误烧了，故现存秘方不多。瑞昌先生平生带有门徒唐香泉、熊朝旭、伍太贵、杨大休、陈孝敬、方跃光、张小伯、王裕元及其子陈孝义等10余人。其中熊朝旭、张小伯在县中医界较有名气。

瑞昌先生独特的医术、高尚的医德、谦逊的态度、仁慈的本性给患者留下了深刻的印象，他的轶事，在群众中广为流传。特别是在县城中老年人群中，十之八九都称瑞昌医生是个能人、善人、好人。

## 医案医话

先生虽已作古，但其医术却至今令人敬佩。原县科委退休干部周兴全回忆："解放初，我家在县城十字口开食店，生意红火。1951 年冬天，少年的我因患重感冒，几天几夜发高烧，吃药但不见好转，到后来已气若游丝，人事不知。当时西医西药还不够发达，患重感冒因医治不当而死人的事情经常发生，再加上我们家在当时不信西医西药，束手无策时，家人只得伤心流泪。那天上午，家人将我从床上抱下来放在地下席子上等死。快 11 点时，陈瑞昌先生从他家药房到我家食堂来吃包子，见大冷天我却躺放在地，问明原因后他立即将我抱上床，诊断后开了药方，嘱家人抓药熬起给我灌服。同时告诉我父母，如果下午两点多，病人出现喘气就有得救，如不见喘气就没救了。下午一点多，我果然回过气来，并在陈老先生的医治下，仅两三日竟起死回生。"据记载，张蓬年之子、郑永昌之妻也曾患此病，其家已烧"终命纸"，并备棺材待殓，经他抢救治疗，均得以复生。

1956 年农历四月，原县工商联委员周炳南后颈上生对口疮，两三天后痈体迅速扩大，发展到颈部、面部肿痛，即住进县医院，因其对青霉素过敏，改用其他药物，结果不见好转，反而病情恶化，出现高烧不退、烦躁气急、夜不能寐、神志不清之状。一日，竟倒进医院附近的水田里。家人请陈瑞昌先生前来诊治，先生用中成药玉真散与中药汤剂治疗，立收疗效，连服十余天，即告痊愈。

营山中学一物理教师踢足球，损伤踝关节并轻度脱位，校医打石膏，上夹板，均未治愈。他用双手捏复位，咀咬草药敷上，药用布条缠好，淋上白酒，干后再淋，一周后就能下地走路。又如解放初地下党员马仁波在南充一军医院诊断为三期肺结核，以为无救，遂坐滑竿来求治。他诊断后，吩咐病人每天用猪筒子骨一对捣破，大蒜 7 ~ 21 瓣（去皮），大米 2 两，煮稀饭吃，加糖或盐，一日三餐，甜、盐交叉吃。一个月后病人病情好转，遂又每天吃猪肝豆芽汤，三个月后再去南充复查，肺部一切正常。经他治愈现已退休的左华义回忆说："我青年时吐血，每次去看病都有 10 至 20 人排队等候，他诊脉慢，时间长，不言语，双目略闭，好似打盹，实则聚精会神诊断病症，后观舌苔，叫徒弟开方，吃几剂药就好了，至今未发。”此类事例繁多，不一一列举。

瑞昌先生不仅医术高超，而且医德高尚，为人正直，爱憎分明，秉性刚强，乐善好施。在行医治病中，他视患者家庭经济状况收费，对富绅人士的诊费、药费照收不误，遇贫穷人家、亲朋好友，则分文不要。先生不收穷人的钱，不是一人一时，而是“恒送诊，恒助药”，多年不变。他在为病人诊脉时，了解到有患者付不起钱，就在处方上批一个“免”字，药房就不计诊费和药费，无偿助药，以求病人速愈。富绅请他远出诊病，他坐滑竿往返，费用照收。穷人求他，他步行出诊，分文不要。先生除送诊助药外，平常见贫苦妇孺遗失钱物，无论多少，必解囊全助，免其受家庭责难。1949年前，他曾发现一许姓小男孩、一任姓小女孩，均因得天花病无救而被其父母遗弃于野，遂将其带回自己家里并治好了病，但因无人认领，便留下继养，叫自己儿女以表哥、表姐相称。如凶年饥岁城乡之断炊者，即非亲友，也有求则必应，他均尽力资助，仅在县城长年靠他帮助生活的就有数人。在先生逝世后，不少崇其医术、人品者，遇清明节还上坟扫墓，以示哀悼。先生从医一生，挣钱应不少，但除在县城正东街置有一处住房外，并无田地，其钱财大多资助他人，逝世时仅有积蓄40元人民币。数十年来，先生活人济世，口碑丰富，路人皆知，不胜枚举。

（何方政　黄先彬）

# 仁心仁术济苍生的名医蒋化俗

## 医家小传

蒋化俗（1897—1957），又名蒋仕成，蓬安县金溪镇人。终身业医，熟谙内、妇、外科，善用验方，擅治疑难杂症，为蓬安名医之一。

1913年，先生国立高小毕业后，即随父学医，1919年入蓬安医学研究所，结业后，再拜名医陈画一为师。潜心攻读《内经》《难经》《伤寒杂病论》等中医典籍，医术大进。

化俗先生诊病，素以谨慎著称。他每诊重病常挂念在心，金溪场一木工，患伤寒，病重，先生诊后归家，夜睡呓语“出汗没有……”病家夜半来告“病人已出汗”，先生听后异常欣慰，随即披衣起床，展卷撰写医案。

先生一生为人敦厚仁慈、乐善事、济危难，县人有口皆碑。1930年，他与王某在金溪场倡导主办“乐善工会”，募化集资、施米施药，拯济鳏寡孤独和疾苦民众多人。

先生一生不但业医，且有绩于蓬安医业的后继。1932年至1944年，他任教于金溪国医讲习所、金溪自立医业学校，先后带徒10余人，其间多有名望。新中国成立后，1951年他加入县卫生工作者协会，次年入金溪联合诊所，后调入县卫生协会，担任蓬安县中医医院进修班教学工作。任教中，除讲授有关伤寒、温病等医著外，还毫无保留地传授个人临床心得。先生1957年病逝，享年60岁。

## 医案医话

1939年春，南部县新政场林某妻，病数月，旬余未大便，饮食难进，虚羸待毙，遍求名医罔效，延化俗先生诊治。先生断其为“下焦虚冷，中气不足，此乃中焦失于传化之虚冷便秘”，投以半硫丸研服，外用猪胆导指插肛，次日，气通，继投补中益气汤酌加海参、大黄，药后便下，神识转佳，饮食渐进，复调理数日而愈。林感其救人之恩，谢以重金，先生医名亦随之远扬。

1946年夏，金溪场梁某七旬老母左大腿生恶疮，经年未愈，疮面溃烂，恶臭袭人，疼痛难忍，几欲悬梁自尽未遂。后延先生诊治，先生多方勉慰，洗去痂脓，见有多个脓根未除，令其子吮之，子畏臭不从，先生旋即蹲下，用吸筒吸出脓根，施以丹药。经先生多次精心处理，恶疮渐愈。病家感激不尽，乡人亦无不称赞先生美德。

1948年夏，万和乡沈某于田间劳作之时，猝然昏倒，不省人事，大小便失禁，医家多以中暑治之，无效，生命垂危。延先生往诊，见呼吸气粗，口眼歪斜，喉中痰鸣，四肢厥冷，呼之不应，先生诊为中风症。投以“三生饮”加味，化服苏合香丸，服后一日即醒，痰声若失，四肢转暖。继进补阳还五汤、大活络丹等，调治月余痊愈。

先生不仅精通内科，还长于妇科。1947年春，原睦坝乡（今睦坝镇）初产妇陈某，产后翌晨目眩欲吐，面色苍白，神识昏蒙，继而四肢逆冷，不省人事。急求先生诊治，见妇厥绝如尸，触膻中，微温应手，诊趺阳，隐隐可及，视瞳尚非死候。询知产后恶露甚多，诊为“失血昏厥”，先生急令家人取铁秤砣烧红投入醋盆中，以气熏鼻，用人参汤灌服，燃艾柱炙百会，针人中、刺十宣后，产妇徐某苏醒。继服生化汤加减，调治旬余，恶露渐尽，神识复常。

（谢福国）

# 医术精湛德之典范陈方儒

## 医家小传



陈方儒（1901—1969），蓬安县锦屏镇人，生于中医世家，7 岁入私塾，14 岁考入县立高级小学。他自幼目睹中医为民解除痛苦之神技，立志子承父业，随即入其父创办的蓬安县医学研究所学医，在其父言传身教下，深得医宗精髓，18 岁初步杏林，独立行医，治疾颇多，人称“童子医生”。

先生谨遵父教，在掌握《内经》《本草》等经典医籍的基础上，博采“金元四大家”及明清诸医家之长，形成了完整的诊治技术，擅长治疗内科诸疾，对妇科杂症和血症亦有独创之处。先生诊病，注重审证求因，探求病症根源。处方多以调和阴阳、平复为期。其用药味数不多，量也不大，稳慎而有奇效，人皆钦服。

先生不仅医术精湛，德行操守也堪称典范。1926 年秋，先生因不耻国民党营山驻军五师旅长胡某的为人，深恶痛绝国民党官兵横行乡里、鱼肉百姓等行径，毅然辞职（时营山驻军曾聘其为旅部军医官），回归故里，坐堂行医。曾手书条幅“年老者，人父母即吾父母；年轻者，人兄弟即吾兄弟；年近者，人姐妹即吾姐妹；年少者，人子女即吾子女”，以示自戒。为救济贫苦百姓，先生还同城里各药店商定：凡处方上有陈方儒印章者，药金无论多少，概由他本人结算。

先生在蓬安中医界有较高的地位。二十世纪 40 年代初，他被选为蓬安县中医师公会理事长，动员各地医生为贫苦民众实行义诊。1943 年，联合县内同人募捐集资，创办了蓬安金溪国医讲习所，任所长兼教员。1951 年，筹建蓬安县卫生工作者协会，任副主任。同年，出席川北地区各界代表会议，被选为蓬安中医学会主任、中西医联合诊所所长、县人民代表大会代表。1956 年，调至县人民医院工作，兼为蓬安县中医医院进修班讲课。1958 年，先生撰写的《风湿性关节炎临床经验介绍》一文，在中西医代表座谈会上交流，同时献出验方、处方 30 多个。1964 年，任县人民医院副院长，但仍坚持门诊，直到 1969 年因病去世。

## 医案医话



1926 年，国民党蓬安驻军五师旅长胡某呕血、便血，诸医投药罔效。延先生前往，家人见其年轻，不以为然。他泰然处之，观其气色，切脉后，投以十灰散一剂，病去七分，后用滋阴养血、益气健脾法调理而愈。胡某酬谢银元 100 块，并赠“医胜宗海”金匾额一块。是年秋，胡某转驻营山，旧疾复发，再请先生诊治而愈，胡某感其神技，遂聘请其为旅部军医官。

1946 年，广安刘某妻，产后恶露不尽，经治旬余，形同槁木，已备棺衾。刘适闻先生医名，急请诊治。诊为“失血过多，脾阳已败，气不摄血所致”，投以归脾汤加减，一剂顿见奇效，调治旬余而愈。

1952 年秋，金溪曹某，初左膝关节红肿疼痛，数日后延至全身，卧床不起，投药不应，几同瘫痪。家人怀一线希望，延先生诊治，恰逢其妻卧病在床，先生本着治病救人不论亲疏，慨然前往。诊断后，用木通煎，一剂镇痛，二剂坐起，三剂红肿渐消。次用乌头煎，手足伸屈自如。继用“补阳还五汤”加蒲公英益气、活血、透络、解毒，再用独活寄生汤随症加减月余，病者康复如初。

（陈立先）

# 传道授业普济众生的汪悟品

## 医家小传



汪悟品（1912—1982），男，出生于南部县王家镇闵家井一穷苦农家，因求学迁居蓬安县广兴乡佛瑞庵村（曾更名广兴乡福瑞庵村、睦坝乡福安村，今睦坝镇虹管村），系蓬安县名老中医、南充市名老中医，与当年蓬安县名老中医陈方儒齐名。

先生二舅章永济，是广兴本地福瑞庵住持。二舅见其聪敏伶俐，欲收为徒，但其家坚执不允。先生早年体弱多病，经常到福瑞庵二舅的师父陈月川（法号印明）处就诊。陈师父观其面相，对其家人说："要想孩子健康长大，须与佛中人结缘。"约五岁时，先生到福瑞庵拜二舅为师开始学佛。

陈月川幼贫为僧，天资聪颖，精于岐黄之术。陈月川见先生自幼敏慧过人，决心培养其为接班人，为其取名一行，法号悟品。先生皈依佛门后，先读私塾，继上小学、中学。中学毕业后，被送往原南充龟山书院、原重庆华岩寺佛学院、原成都空林佛学院等处学习佛学经典十余年，兼习中医典籍。1942 年，先生在成都文殊院剃度受戒为僧后，回到蓬安接替其师任福瑞庵住持，并担任蓬安县佛教会常务理事。

先生任福瑞庵住持期间，坚持跟随师公陈月川深研中医，一年后，即可独立为人诊病处方。陈月川因年迈体衰，除知名士绅延请外，极少外出应诊。先生见乡邻饱受疾患之苦，遂说服师公，自己草履皂衫外出应诊，遇穷苦人家一概免收脉金，来寺者有的还施粥供饭，深得乡人嘉许。

1943 年 7 月，蓬安佛教会改组为蓬安县支会，先生被选任为会长。新中国成立后，先生还俗从医，结婚安家，以法号为名，复姓汪，名悟品。

1956 年，先生参加广兴联合诊所，成为诊所的技术骨干。1958 年，被派赴重庆中医进修学校师资班学习一年后，调蓬安县中医医院进修班任教。1962 年，应群众需求和组织安排，再回广兴联合诊所。在此期间，一周之内有五天轮流到全公社各村诊治，其余两天在诊所坐门诊，平均每天诊治 100 多人，工作非常辛苦。但先生菩萨心肠、慈悲为怀，不分贵贱老幼，一视同仁、谦和相待，遇到家庭比较贫困的病人就免收诊费，并垫付药费。1981 年，先生被选为第八届县人大代表。

先生一边诊治病人，一边传道授业，以师承方式先后培养出刘汉光、刘光宜、刘仲林、董文明、汪兆模等弟子。

## 医案医话

先生勤奋好学，孜孜不倦。虽然重点研读《内经》《伤寒论》《金匮要略》《温病条辨》等经典著作，但不只局限于经典方面，还广学其他医学知识，比如《时方歌括》《血证论》《辨证奇闻》等书籍，知识储备丰富，用方范围广泛，但还是侧重于《伤寒论》。

先生为医，善用经方，擅治内科诸疾。原广兴农机站陈某，1972 年肋剧痛，腹胀如坛，青筋毕露，经地区医院诊断为早期肝硬化，多处求医不治。先生处以䗪蜈合剂，重用蜈蚣，众皆惊疑。陈某服药后，经宿，症竟缓解，继调治月余而愈。1974 年，广兴少年漆某，患痢四十余日，用药无效，羸弱殊甚，中西医会诊，仍拟用“理中汤”，唯加减未定，先生力主重加桔梗一味，后竟收奇效。1975 年，沈某，体健壮，无他疾，唯舌苔常年乌紫油亮，诸医称奇，皆未处方，先生处以白虎汤加减，药共六味，轻度一泻，宿症全消。

先生除了使用经典方剂外，还自拟新方剂运用于临床，其疗效非常满意。譬如：茯苓补心汤治疗内伤外感，高枕无忧散治疗顽固性不寐，白茅汤、金下安上散治疗肺痨，加减五苓散治疗水肿痹症，柴胡桂枝各半汤加减治疗胃脘痛、疝气，乌梅丸加减治疗消渴、荨麻疹，等等。

先生在临床用药当中，针对有些比较特殊的病例，坚持特殊病要特殊用药，药剂量也特殊。1970 年 5 月 12 日，福安村村民刘某因腰椎外伤，卧在床上无法行动，疼痛比较厉害，大小便不通，病人十分痛苦，遂请先生诊治。他诊查病人后，再看前面诊治医生开的处方药，所开处方药是正确的，就嘱咐其徒弟（儿子），把原处方中黄芪的剂量加到 100 克。患者服药 4 小时左右，就开始排出大小便，身体就轻松许多。其子很纳闷，先生说："气血瘀滞，卧则耗气伤血，则气虚气滞俱存，气行血则行，加大黄芪补气，推动气血运行，肺气下行大肠中，阴津濡养肠道，膀胱气化功能正常，小便化源充足，故大小便排出。"

1977 年 8 月 2 日，患者李某某，头痛恶寒，身重疼痛，肢体倦怠，面色淡黄，胸闷不饥，午后身热，苔白不渴，脉弦细而濡。嘱其子诊病，辨证为：暑湿病（湿重热轻）。治法：宣畅气机，清热利湿。方药：香薷饮合三仁汤加减。日 1 剂，水煎 600 ml，分 3 次服。3 剂后，患者病情痊愈。

1977 年 11 月 5 日，一患者寒热往来，体温 37.8℃，身软乏力，卧床不起，舌苔腻，脉沉细。前医给予注射激素和抗生素后，患者体温 37.8℃未见下降。家属遂请先生诊治，他诊查后，辨证为：寒热错杂，气血虚弱。治法：散寒清热，补气养血。方药：乌梅丸加减。日 1 剂，水煎 600 ml，分 3 次服。服药 5 小时后，患者体温开始下降，舌苔腻减少，继服 2 剂后，病告痊愈，可下床运动。如此病例甚多，不必赘述。

（汪兆模、董文明口述　聂俊宝整理）

# 精研《易经》博采众长的刘淑泽

## 医家小传



刘淑泽（1912—1992），男，出生于清朝秀才之家，蓬安县周口街道（原周口镇）人。他自幼聪颖好学，目睹祖国医学为民解除疾苦之神效，二八即学方术，在蓬安县金溪国医讲习所拜老师邓自修学习内科，拜唐青阳老师学习骨科。1934年，考取重庆国民党21军军护班学习西医。其间他目睹日寇侵略、政府日益腐败、军阀割据、民不聊生的景况，自忖难以实现医学救国、弘扬祖国医学之夙愿。1936年，他又考取成都四川国医学院，负笈从师于国医名宿李斯炽、邓绍光先生，潜心苦读，勤学不辍，精研《易经》，兼通《灵》《素》，学宗仲景《伤寒论》《金匮要略》等，兼习现代医学，于1941年毕业，返乡悬壶济世。1942年，他邀友创办周口镇联合诊所。1952年，他邀友集资创办周口镇联合卫生院（今蓬安县中医医院），为蓬安县中医医院的创立打下了基础。

家父以医学救人为怀，勤勤恳恳，一生为人敦厚仁慈，性格豪爽，待人不分贫贱，存心救世。他生活俭朴，节衣缩食，一身清贫，有时累倒在诊疗室，亦倾心尽力为求医者解除疾苦，只把治病救人作为人生最大乐事，深受医界和社会人士赞扬。

家父除忙于诊务外，还让我和姐姐刘学会及徒弟陈碧超、杨龙作为助手学习。家父常常带病指导医学后辈，使他们都各有所长。如我本人学有所成外，还有数十篇学术论文被医学刊物和学术会议采用。其他各位在蓬安都颇有声望。大家纷纷称赞刘氏家族医术高超，真可谓名师出高徒。

家父患有严重的眼疾，他在高度近视的情况下，白天忙于诊务，还抽诊务间隙阅读医学刊物，择言而从，不断更新知识，晚上更是静心著述。他先后在《四川中医》等刊物发表《桂枝茯苓丸治疗子宫癌》等学术论文 10 余篇。

家父勤劳工作，党和政府也给予了他不少荣誉。1980 年以来，家父连续被推荐为蓬安县政协委员，荣获四川省人民政府“科技工作五十年”、四川省卫生厅“卫生先进工作者”“南充市名老中医”等荣誉。1983 年，他被南充地区卫生局评为主治中医师；1986 年，晋升为副主任中医师。

## 医案医话

家父常说：“读书做学问，定要句句吃住、句句吃透，穷究本源、力辨泾渭。不泥于一家之说，取长补短，融汇古今之长，勤于实践，精益求精，方能建树。”家父诊疗疾病，重观察、详病史、探病因、联诸症、合时令、参四诊，纵观整体，逐一排难，以穷其本。治病中肯，未及二稔，医名大噪，拯救和治愈了许多病人，解决了病人的疾苦，深受群众的好评和爱戴。

家父从事中医工作六十余载，治学严谨。对经典医著深得奥旨，对各家学说兼收并蓄、融会贯通，以谦虚求实的科学态度，取长补短，博采众方，尤精通内、妇、儿、痔漏专科，对肝硬化、心肝疾病、肾病、疑难杂病等均有独到之处。家父对肺痨（肺结核）的治疗更是擅长，他认为肺痨的病因主要是痨虫感染和正气虚弱，痨虫侵袭肺脏，腐蚀肺叶，而正气虚又是发病的关键，治当以扶正补虚（肺、脾、肾虚）为主、抗痨为辅，故遵健脾滋肺补肾（土生金）的治疗原则，自拟“疗肺丸”，几十年来运用此方治疗肺结核数百例，在本地颇有影响，许多患者慕名前来求诊。

对疑难重症，家父则以燮理阴阳、疏通气血为主，因势利导，以平为期。如 20 世纪 70 年代初，周口镇搬运社沈某，女，42 岁，右下腹疼痛，触有包块，经某医学院附院活检诊为“子宫癌”，手术中发现肠壁系膜、膀胱均有转移，遂关闭腹腔，患者疼痛依然如故，于 1977 年 7 月求家父诊治。家父遵仲景法，投桂枝茯苓丸加减，服药 3 个月，自觉诸症消失，经复查癌变组织消失。

治疗胃病（包括胃炎、胃窦炎、胃溃疡、十二指肠溃疡），也是家父之长，他常用中药汤剂或丸剂治疗。如 1983 年，陈某，干部，53 岁，在县一家医院胃镜检查为胃溃疡，建议手术治疗，患者不愿，找家父诊疗，家父用经方柴胡桂姜汤加减而治愈。

家父也擅长儿科，他常说："无小不可言大，可医者不疗大小，不为医也。"因此人们直呼其为"刘小儿"，他对此称呼怡然自乐。自习医以来，以"益气治萎汤"治疗小儿麻痹后遗症，有效率甚高，使数十名小儿免受残疾之苦。如蓬安县农业局彭某之女，5 岁，双腿萎软，下肢麻痹 3 个月，不能行动。他认为其风湿温热内蕴，阻滞经络，气血失调，肝肾精血不足，筋骨失养，致筋软骨痿，弛纵不收，筋骨痿软无力。治拟祛风除湿、活血通络、补肾壮骨，综合各法，用独活寄生汤加减。5 剂后，病人能站立行走，前方加减服 2 个月，一切恢复正常。又如 1974 年诊蓬安县丝厂郑某之女，2 岁，患麻疹合并肺炎，出现心衰，麻疹出后一天，疹子突然全没，面色苍白，呼吸急促，张口抬肩，心率 180 次 / 分以上，他突破肺炎用桂附之禁，大胆用参麦桂附和桂枝汤治疗，使其转危为安。

家父诊疗疑难重病，有独到之处。如 1977 年 8 月治疗原清溪乡六村王某，男孩，12 岁，患者一周前，右眼内侧突出一肉状异物。蓬安县某医院劝其去地区以上医院做眼科手术，病家不愿前往，遂求中医数人，多言该病为临床少见之怪病，勉强投药，药后罔效，求他诊治。证见右眼内侧 2×2 cm 大小状胬肉突出，上布血丝，痒涩，羞明刺痛，眼睑欲闭不能，若强闭，则胬肉突出于外。病孩口苦欲饮，尿黄，舌质红，苔薄微黄，脉数。其以五轮八廓辨证，诸症皆为心经毒火上炎所致。他用泻脑汤通腑泄热以泻其子，用导赤散清心通淋。处方：生地 15 克，木通 12 克，大黄 12 克（后下），芒硝 12 克（兑服），黄连 5 克，淡竹叶 10 克，牛膝 10 克，茺蔚子 15 克，玄参 12 克，车前仁 10 克，嘱服 2 剂。第四天复诊，胬肉全部消退，唯余右眼微痒，此者热邪未尽，方拟桑菊饮加黄连而收功。

家父还善于随时注意收集民间确有疗效的单方、验方，以中草药治疗疾病。如二十世纪 40 年代听一老翁言及人齿治小儿惊风疗效斐然，遂伍以方药用治新生儿破伤风，其效果显著，使 20 余个婴幼儿转危为安。

（刘学勉）

# 审证求因辨证施治的秦维义

## 医家小传

秦维义（1912—1987），男，汉族，未婚，曾做过僧人，又名“秦和尚”。

秦先生一生节俭，极具仁爱，医术精湛，中医理论造诣深厚。灾难深重年代，以医救民于水火，深受群众欢迎和爱戴。新中国成立后，先后在利溪镇卫生诊所、蓬安县中医医院从事临床工作，授徒众多，为振兴蓬安中医做出巨大贡献。

## 医案医话

### （一）头痛治验

患者，唐某某，男，40岁。该员于1975年4月5日夜间淋雨感寒，出现寒战高热，剧烈头痛。当地医生按温热病治疗，曾用大剂白虎汤类药物以及西药抗生素、磺胺类和止痛药等。半月后未见病情痊愈，前来秦维义处就诊。

中医院会诊时，证见患者左侧牙齿疼痛累及头部，寒热往来，心中烦闷，舌质淡，苔薄白，六脉弦滑。当时认为是表邪未尽，湿郁肝胆，火热之气上逆。以逍遥散加黄芩、荆芥，清热疏肝，和解表里。服一剂后，症状未见好转。家属疑为脑膜炎，要求到县人民医院检查诊治，经县人民医院检查，排除脑膜炎后，仍然返回中医院治疗。先后用健脾燥湿、和中降逆之方剂，如五味异功散、平胃散等加减，连服十余日，头痛未减轻，反而日轻夜重、时作时止，痛时连及项部，神倦嗜睡，不思饮食，腹有空虚之感，色质淡红，苔薄白，脉浮弦。治宜温阳益气、疏散风寒，以《金匮》竹叶汤加减。

药物：桂枝 12 克，党参 20 克，葛根 20 克，制附片 9 克（先煎 15 分钟），防风 10 克，大枣 15 克，煨生姜 7 克，川芎 12 克，炙甘草 5 克，竹叶 9 克。

日 1 剂，水煎服，分 3 次服。服上药 2 剂，头痛消失，诸证均减。右脉浮缓，左脉沉迟。浮缓为虚风，沉迟为阴寒，故拟桂枝加附子汤调和营卫、温阳固表。

药物：桂枝 9 克，白芍 20 克，制附片 9 克（先煎 15 分钟），炙甘草 6 克，大枣 12 克，生姜 5 克。

1 剂后，六脉正常。继用温阳健脾、益气养血之法以善其后。

药物：黄芪 30 克，白术 15 克，制附片 9 克（先煎 15 分钟），党参 20 克，薏仁 15 克，广巴戟 15 克。1 剂后，病获痊愈。

秦维义认为，患者体质素弱，阳虚不能卫外，易于感受外邪为病。此次淋雨感寒，头痛发烧，本为阳虚于内、风寒外束之证。当以温阳益气、疏风散寒为对证之法。当地医生误为“温热病”投以大剂寒凉之药，非但邪气未出，反而耗伤正气，造成阴寒内陷，袭于脉络，故阳气阻遏，清阳不升，越演越烈。而他选用《金匮》竹叶汤去桔梗加川芎以温阳益气、疏散风寒，继以桂枝加附子汤温阳固表、调和营卫，后以扶正养血、温运脾阳而获痊愈。

此证若不辨清虚实，见高热而误投寒凉之剂，必犯“虚虚实实”之戒。此例证明，表气愈虚，头痛愈烈，痛必不解。这说明，严谨的审证求因，精当的辨证施治，实为中医治病之要旨。

## （二）受益古法，分型治疗痹证

秦维义认为，“痹证”系中医学病名。祖国医学所称的“历节风”“白虎历节”“痛风”“顽痹”所表现的症状与该病相类似，其特点是关节部位逐渐粗大变形僵直。从临床表现看，该病可归纳为两种：一是四肢病变（妇女较多）。一般是侵犯四肢小关节，但以腕关节、踝关节肿痛明显，轻则活动不便，重则变形僵直。二是脊椎病变（男子较多）。表现为颈椎、腰椎肿痛明显，以至失去劳动能力。

秦维义根据古人经验，探究该病发病原因，认为其存在明显季节性，尤其冬天受病，骨“痹”不已，复感外邪，内舍于肾。如痹不愈，导致气血运行不畅，再因痰湿血瘀阻滞经络，形成足骨无力或僵硬，脊骨突起而成畸形，这种“痹”发展到严重阶段，其治法和一般“痹证”不同。再据叶天士对这类“痹证”，常用全蝎、地龙、山甲、蜂房等搜风剔邪通络之药，但并非广泛被医家们采用。叶天士对“痹证”的认识和治法重点有三：一是气血营卫内虚是致“痹”之内在因素；二是风寒湿热是致“痹”之外界因素；三是经络痹阻是“痹”之基本病变。根据这三点原则，秦维义对此病获得启发，通过临床实践，他将此病分了三个类型进行治疗。

1. 热型

主要症状：四肢关节红肿、腹胀或脊椎肿痛，扪之局部灼热、皮肤稍红，自觉全身发热感，烦渴汗出，行动困难，舌质红，舌苔薄白，脉象弦滑而数。

治法：清热解毒凉血，兼搜剔经络风邪。

方药：赤芍 20 克，石膏 40 克，木通 10 克，防己 15 克，银花藤 30 克，蜂房 15 克，羌活 10 克，乌梢蛇 20 克，秦艽 15 克，全蝎 5 克，地龙 12 克。

加减：关节肿胀、有积液现象者，加白芥子 10 克（布包）、车前子 15 克（布包），四肢麻木加鲜桑枝 30 克。

方解：本方重用石膏以清气分之热邪，赤芍、木通清血分之热邪，防己、秦艽、银花藤清热解毒定痛，蜂房、全蝎、地龙、乌梢蛇搜剔风湿。此方治疗热痹效果显著。

病例：患者，邱某某，男，20 岁。该患者曾被多地医生用抗风湿药物治疗三个月余，没有效果。初诊时，手足小关节红肿胀痛，脊椎痛，局部灼热，皮肤稍红，全身发热多汗，行动困难，以上方药连服四剂症状基本消除。唯手腕关节肿胀未消完，继用盐胆水炖热刮两次而愈。因盐胆水性味咸寒能软坚散结，大有促使风寒湿邪外出之功。

2. 寒型

主要症状：手足小关节与腰膝冷痛，自觉两膝有风吹冷感，不红，四肢大关节有时肿痛怕风，或有背脊痛，伸腰时更甚，面色青紫，肢倦神怠，脉象沉细，舌苔薄白或白滑。

治法：温经散寒、通经活络，兼搜剔经络风寒。

方药：麻黄附子细辛汤加减。

处方：麻黄 9 克，制附片 9 克（先煎 15 分钟），北细辛 4 克，乌梢蛇 15 克，制草乌 5 克（先煎 15 分钟），制川乌 5 克（先煎 15 分钟），白芥子 10 克（布包），桂枝 12 克，蜂房 15 克，全蝎 5 克，炙甘草 5 克。

方解：麻黄、白芥子消关节之阴寒痰湿，北细辛、制附片、桂枝、炙甘草温经通络以祛寒湿，全蝎、制川乌、制草乌、蜂房、乌梢蛇搜剔经络风寒湿邪。

病例一：谢某某，四肢大关节疼痛一年多来未治愈，自觉手脚冷痛麻木，面色淡白，舌质淡，苔薄白，脉象沉细。综合脉证诊断为“寒痹”“痛风”，故给予麻黄附子细辛汤加减，服四剂后关节肿痛全部消失。

病例二：患者，饶某某，左边脊柱及项肩臂剧痛，日轻夜重，起卧困难，左手不能屈伸，脊柱疼痛，不能弯曲，舌质淡，苔白，脉沉实。脉证合参，完全符合“寒痹”“痛风”，仍以温经散寒、通经活络兼搜剔经络风寒为主。

处方：麻黄 8 克，制附片 9 克（先煎 15 分钟），白细辛 4 克，制川乌 6 克（先煎 15 分钟），蜂房 15 克，乌梢蛇 15 克，桂枝 10 克，全蝎 5 克，白芥子 10 克（布包）。日 1 剂，水煎服，分早、晚温服。服后当天夜间疼痛减去多半。

复诊关节疼痛基本消失，上下肢能活动，舌苔薄白，脉浮缓。

处方：防己 12 克，黄芪 20 克，白术 15 克，薏仁 20 克，钩藤 15 克（后下），秦艽 12 克，地龙 10 克，甘草 5 克，老鹳草 15 克。日 1 剂，水煎服，分 2 次服。服三剂后症状消失，三个月未见复发。

3. 风寒湿热夹杂型

主要症状：周身关节游走性疼痛，一般在肩臂尤甚，扪之局部红肿发热，屈伸不利，行动则加剧，有时下颌关节肿胀，不能张口，发热、咽痛、口干，舌质红，苔薄黄腻，脉弦细数。

治法：燥湿祛寒，清热疏风。

方药：防己黄芪白术甘草汤加味。

病例：患者，沈某某，七月上旬开始上肢关节痛，不能屈伸，口干欲饮，舌质红，苔薄黄，脉弦细，经会诊认为是湿热挟风，蕴于经络气血不畅所致。

处方：以防己黄芪白术甘草汤加桑枝、秦艽、银花藤、地龙、羌活等。服药后一天，热退关节疼痛减轻，手臂能伸屈活动。

复诊：将原方去羌活，加钩藤、薏仁、红花，服两剂。

三次复诊，因夜间受风，左臂关节微酸，舌白，口微苦，其他未变。

处方：防风 12 克，苍术 12 克，北细辛 4 克，升麻 9 克，羌活 10 克。日 1 剂，水煎，分 2 次服。服药后关节疼痛全部消失，一切活动正常。

继后处方：老鹳草 15 克，黄芪 20 克，当归 10 克，丹参 15 克，白术 15 克，秦艽 10 克，忍冬藤 15 克，防己 10 克，甘草 5 克。日 1 剂，水煎，分 2 次服。继服 4 剂，调理痊愈。

秦维义认为，此病在临床上，一般分热型、寒型、风寒湿热挟杂型三种。治则分别以祛风、散寒、清热除湿为主。如病久影响气血，可根据病情调补肝肾，补益气血，佐以活血化瘀等药物。病情顽固者，可酌加虫类药物，如地龙、全蝎、乌梢蛇等以搜剔风邪。若患者素体阳气偏盛，内有蕴热，或感风寒湿邪也能蕴化为热，出现关节红肿热痛的症状。这叫“热痹”，治疗以清热为主，佐以清热除湿。若风湿之邪深入经络，不宜外出，如用一般祛风、散寒、除湿药，往往无效，或者反而加重，这时必须加入具有透骨搜风的虫类药，才能奏效。虫类药物用于关节僵直、久而不消，甚至变形者，每选一二味，颇有效果，或者虫类药物交替选用，更能增强疗效。

（刘进刚）

# 精诚业医济世活人的杨昌岐

## 医家小传



杨昌岐（1923—1988），字忠烈，号昌歧，蓬安县利溪镇（原三坝乡）人，世操医业，学识渊博，幼承庭训，受叔父杨仲徒教导，在医学方面奠定了扎实基础。

杨昌岐1946年高中毕业，随叔父习医，叔父教之曰："不为良相，当为良医，盖良相能治世，良医能救人也。"便给予《黄帝内经》《伤寒论》《汤头歌诀》《药性赋》等书籍，让其朝暮诵读，白天随叔父诊病。1947年8月，有一商人赵某，男，40岁，患风湿病2年，全身瘫痪，四肢强直，不能动弹，卧床不起，辗转南京、上海多地医馆诊治无效。因杨仲徒在重庆、成都等地中医界颇负盛名，故慕名来请其诊治。刻诊，脉沉无力，舌淡苔白，饮食减少，神疲懒言，无汗，瘫痪在床，四肢不能行动，虑其为风寒湿邪久滞肌肉经脉而成肌痹重症，遂出一方，有麻黄、桂枝、羌活、独活、白芷、防风、苍术、川芎、白芍、细辛、干姜各一斤，用大锅加水40斤，煎沸，嘱病人于其上以药之热气熏蒸，至全身微微汗出，每日二次，七天后病人足趾可以动弹，并用追风除湿、舒筋活血、健脾养胃、补益肝肾之法调治半年病愈。

杨昌岐向叔父问其故，叔父曰："这是熏蒸疗法，即汗法的延伸，通过药之热气熏蒸，借助药力和热力促使腠理疏通，气血流畅，达到邪随汗解。孙思邈《千金要方》中记载了大剂黄芪防风汤熏蒸治疗柳太后中风不语使其苏醒的方药和手法。习医要师古不泥，要发展，要创新，要举一反三。"从此激发杨昌岐习医之志，朝朝暮暮刻苦攻读，习《伤寒》时，则参考《伤寒贯珠集》；

习《温病》时，则参考《温热经纬》《广温热论》《温病条辨》；习《本草》时，则参考《本草纲目》；习方剂时，则参考《医方考》和《医方集解》。虽严寒酷暑，却从不间断地学习。

1949年12月，蓬安县解放。1953年，杨昌岐响应党的号召，建立三坝乡诊所，并任所长一职，一边主持诊所工作，一边悬壶治病。杨昌岐认为“天覆地载，万物悉备，莫贵于人”（《黄帝内经》）。他常常教育职工要勤其所学，忠其所事，出其热忱，修其仪表，怀治病救人之心。他临诊常怀恻隐之心，不论是盛夏三伏，还是数九严寒，抑或阴霭雨雾，病人来者必治，有请必去，随叫随走，诊金不计，对经济困难的贫苦病员还免收诊费，甚至对特困病员免收药费。从不因病轻而玩忽，不因病重而退缩，把解除病患的痛苦放在第一位，先后治愈了许多病人，深受三坝乡人民的爱戴。

杨昌岐认为，医乃仁术，上解君亲之疾，下救贫民之危，中可保身长全。故在临证之余，开始注重医药的传承工作，带徒多人，传授医术。弟子伍家庆，医术精湛，擅治杂病，在蓬安民间享誉盛名；弟子邓义双曾任三坝乡卫生院院长多年，其医术在当地深受称赞；弟子黄庆放为1979年四川省中医统一考核录取的“八百名壮士”之一，其临床经验丰富，对重病、大病、难治病的治疗屡屡收效。杨昌岐常教导弟子，学中医要有扎实的基本功，在此之上，要勇于变革，敢于创新，才能有较快的进步，要有意识地吸收和应用现代科学技术（西医学知识），剖析和验证中医学的科学内涵，使中医学的理论和临床诊疗现代化，不能因循守旧、固步自封，凡事都要动脑筋，灵活思变。如《内经》《难经》成书以后中医理论体系初步确立，其一变而出仲景《伤寒杂病论》，创立六经辨证理论；而后再一变出金元四大家，演绎出了清热、攻下、滋阴、补土的不同学术流派，丰富了中医学脏腑理论和辨证内容；再变而出温病学派，创立卫气营血和三焦辨证理论和方法，丰富了外感温热病的辨证体系。凡有所成就的医学大家，可以说都是在继承的基础上，有所变革和创新而取得成就的，所以杨昌岐在教导弟子的过程中，非常严格认真，力求继承为先，处处要求弟子们背诵经典原文，探求文意，还要求结合临床病例拓展新意。

# 医案医话

## 一、附骨疽（骨髓炎）

李某，男，19岁，三坝乡姚家坝村人，1970年7月初诊。患者于20天前，左大腿至臀部红肿疼痛难忍，急去上级医院住院治疗，经检查诊断为骨髓炎，医院建议截肢保性命。当时病员及家人畏惧截肢后会终身残疾，遂出院另求医治。经人介绍即请杨昌岐来家治疗。症见左大腿红肿热痛，红肿处有一小孔流出臭秽脓液，伴见口干，食欲不振，小便黄，舌质红，苔黄燥，脉滑数。辨为热毒感染，营气不从，逆于肉理，之附骨疽，当即一是取出自制提毒排脓丹药，按外科常规消毒引流方法处治；二是处以清热解毒、活血化瘀、利湿排脓中药内服，药用：金银花30克，连翘15克，龙胆草15克，夏枯草15克，黄柏15克，栀子15克，黄连10克，赤芍10克，地丁草30克，土茯苓30克，生地20克，丹皮12克，生甘草10克，一支箭15克。3剂，水煎服，每2日一剂。并每日外科常规药引流一次。中药服三剂后，疼痛减轻，脓血减少，饮食量增。二诊继以原方加当归12克、蒲公英20克、苡仁30克，5剂，水煎服，药后疼痛大减，脓血消失后以养血活血、凉血解毒之药调理一年而愈。

按：杨昌岐认为附骨疽治疗的关键是要注意溃脓，溃脓期要排脓，抓住治疗要点，就可以促其早日康复。本案是因失治、延误时机而致溃脓，由于病情迟延，令邪毒深入，既然血败肉腐成脓，就必须排脓，所以用提毒丹药提毒排脓引流，再以清热解毒凉血之中药内服，促其气血通达而病愈矣。

## 二、水肿

李某，男，3岁，两路乡石板店村人，半年前全身水肿，经多方医治无效，慕名来请杨昌岐诊治。症见腰腹、四肢、阴囊水肿，面浮，肚脐突出，双目欲闭，面色㿠白，食少神疲，舌淡白，苔滑腻，脉沉细弱，遂辨为脾肾阳虚之水肿病，即拟真武汤出入，药用：熟附片10克（先煎半小时），白术15克，茯苓15克，白芍10克，生姜15克。1剂，水煎服。三天后复诊，水肿减轻，食欲增进，继以原方五剂缓服，水肿全消。后以温肾补脾法，调理三月而愈。

按：水肿有阴水和阳水之分，凡感受风邪、水气、湿毒、湿热诸邪，证见表热实证者，则以阳水论治；凡饮食劳倦、房劳过度、损伤正气、证见里虚寒证者，多从阴水论治。本案是因小儿禀赋不足、脾肾亏虚、土不制水、阳虚水泛而成水肿，治疗当温脾补肾、利水消肿。故取附子温补肾阳，恢复化气行水之功；生姜温胃散水；白术健脾除湿，使脾能运化水湿，配茯苓淡渗利水，通调水道，使水湿从小便而去；白芍酸甘护阴，既增强茯苓利水之动，又通利血脉、解痉缓急，起破阴结以开水液下行之路的作用。合而用之，共奏温阳利水之效。

## 三、呕吐

邓某，男，50岁，三坝乡冉家碑村人，素体瘦弱，于3个月前患呕吐。一医认为寒湿伤胃，与不换金正气散加减治之，药后无效。更医以脾胃虚弱所致，给香砂六君子汤，仍呕不止，再求杨昌岐治之。症见朝食暮吐，胃脘痞闷不舒，似胀非胀，似痛非痛，大便秘结，面色萎黄，体倦乏力，舌淡苔白，脉虚缓无力。此为胃气虚弱、不降不化、胃气不降、幽门不利、宿谷于胃、不能转输、虚气上逆所致，属胃反呕吐之病。即拟益气降逆之法，取《金匮》大半夏汤治之，药用：人参30克，半夏30克，蜂蜜30克。加水3碗，煎成一碗，分温一日三服，次日呕减，继用原方五剂出入而愈。

孔某，男，48岁，三坝乡姚家坝村人。因10天前，劳热之后与朋友聚会，贪食辛辣之物，晨起饭后即感胃脘不舒，继则呕吐。自以为是饮食伤胃，服自备的保和丸和藿香正气丸，但食后仍吐，遂请杨昌岐诊治。症见食入即吐，胃中热痛，大便不爽，口臭，舌红苔黄，脉数有力。从证候分析，符合《金匮》“食已即吐，大黄甘草汤主之”病机，系积热在胃、腑气不通、胃热上冲所致，即用大黄30克、甘草20克。取水1000 ml煎取400 ml，分温一日三次服。一剂后食已不吐，大便通畅，继服一剂，诸证消失。后嘱病人以糜粥养之而愈。

按：杨昌岐认为治呕吐当分虚实两类。实证呕吐，多因外邪、饮食、情志所致，发病急骤，病程较短。虚证呕吐，常为脾虚胃寒、胃阴不足、失其和降而成，发病缓慢，病程较长。如邓某案，因治不得法，致胃气益虚，津液益亏，所以用人参益气养胃而生津，半夏降逆开痞而止呕，蜂蜜滋润肠腑而通腑气，腑气通则胃气降，呕吐自止。孔某案，是因一时积热在胃、胃失和降、胃热上逆所致，故取大黄荡热而通腑，甘草甘缓而顾胃，两药同用，使积热从大便而出，胃得和降，其呕自愈。

（黄庆放口述　黎忠民整理）

# 续脉中医世家践行医之大者的陈立先

## 医家小传

陈立先（1927—2006），蓬安县锦屏镇人。他生于中医世家，其先祖父陈画一，清朝岁贡，先儒后医，是蓬安县早年有名的老中医之一。其先父陈方儒，幼承家技，在蓬安中医界享有盛誉。陈立先读私塾七年，自幼目睹中医药为民解除疾苦之神技，乃有志于医学。

其父亦望能承袭家技，攻读岐黄，将来置身医林。他 14 岁已熟读《医学三字经》《医学五则》《药性赋》等医学启蒙书籍。年至二八又诵读《伤寒论》《金匮要略》《内经知要》《温病条辨》等经典著作。1944 年，他入其父亲创办的蓬安县金溪国医讲习所学习，在老师及其父亲指引指教下，三年寒窗增益匪浅，为学习中医学打下了良好基础。1947 年 12 月，他考入四川国医学院，于 1949 年 7 月在该院肄业，旋即回家坐堂行医。1949 年后，他被保送到南充专区中医进修班学习，继后又到成都中医进修学校和重庆市中医进修学校师资班进行《内经》进修。1952 年，他光荣地加入了国家的卫生队伍，开始在城区中西医联合诊所工作。为了让他更好地钻研中医，开展业务工作，1959 年，组织将他调到了全县医疗技术条件不错的县人民医院工作。

20 世纪 50 年代至 60 年代初，为培养中医接班人，陈立先先后担任了蓬安县中医进修班的兼职教学工作，主讲《内经》《金匮要略》《内科学》《温病》等。曾记得他讲《内经》的时候，由于文字古奥难懂，学生掌握困难，故从多方面找参考资料，综合各家注释，编写教案，常常备课至深夜。

陈立先跨入医林，虽有蒙学可依托，又有其父指点的客观条件，由于学术研究的功力不到，经验不够，曾出现过偏执，也走过弯路，一时停留在表面的“阴阳、表里、寒热、虚实”，忽视疾病的本质和内在联系，治病多以一病一方，或套方套药，意欲取夺，结果不能应手称效。其父常对他说：“医者理也，认清医理，才能治好病，虽知药方，不知其理，不足言医也。”到二十时侧重主诉，联系诸证，详问病史，探究病因，并结合气候时令，参合四诊，纵观整体，逐一排难，以求其本。在论治时，他注意调理阴阳，以平为期，用药时切合病机，治方务求稳妥，用药力求精当。

在中医学术的探求上，陈立先取得了丰硕的成果。1976 年，撰写了《脱疽病》《治扁桃体验案》《治面瘫方》等文章，1979 年至 1987 年，写下《咳血一得》和读《金匮要略》《温病条辨》等书的点滴体会，及《浅谈 < 伤寒论 > 对白术的运用》《肩臂痹痛治愈一例》《痰核治验一例》《湿热痹治验》等文章，有的被县、地区中医学会列为交流资料，或收入《南充卫生中医专辑》。1987 年编有《时病论论治六十法歌诀》。1988 年获四川省中医管理局特发的四川省名老中医学术思想临床论治经验总结研究课题——《白及疗肺丸治肺痨病 213 例临床体会》专题荣誉证书。



1981 年以来，他历任政协蓬安县第一届、第二届、第三届委员会委员、常委，1983 年获四川省卫生工作先进工作者光荣称号。1978 年晋升为中医师，1981 年经考核晋升为主治中医师，1987 年评为副主任中医师，1986 年被南充地区卫生局命名为名老中医。

数十年中医生涯，陈立先深切体会到医学和其他科学一样，求知征途上要持之以恒，切不可浅尝辄止，亦不可略有所获便沾沾自喜而停步不前，要经常看到自己不足，作为奋发学习的动力。他虽年过古稀，仍将晚年之光和热献给党的中医事业。

## 医案医话

### 治疗肺痨病医案两则

“白及疗肺丸”治疗肺痨病是其先父陈方儒创造的经验方，全方是由白及、怀山药等7味药物组成，炼蜜为丸，早晚各服1丸，1个月为1疗程。其父30余年用于临床，确有疗效。1952年以来，陈立先以“白及疗肺丸”治疗肺痨病200余例，疗效显著。

“白及疗肺丸”以补虚培元和抗痨为原则，药源广泛易得，方便省时，既经济又无副作用，病员只需注意劳逸适度，营养充足，辅以适当体育活动，就能促进疾病早日康复。为供中医学术科研和临床验证，进一步观察和研究，以推广应用。现将肺痨病载案的21例中2例介绍于后。

李某，男，36岁，干部，蓬安县锦屏镇人，初诊，患肺痨咳血，经止血及抗痨治疗，半年未发，自谓病愈。但3个月前，因劳累过度，忽见痰中带血，久治不愈。来求诊时，症见咳血鲜红，咽喉不利，胸前窒闷，口苦心烦，身有微热，唇舌红，苔薄黄，脉浮数。症属肺热壅盛，治宜清肺火、凉血止血。方用：《和剂局方加味》人参泻肺汤。沙参15克，黄芩12克，栀子10克，连翘10克，杏仁10克，桑白皮10克，大黄3克，甘草3克，薄荷9克，白茅根12克，茜草根（炒）10克。水煎服，2剂。

2诊：服药2剂后，咯血已减，继服前方4剂，近一周来痰中带血已止，身热略平，诸症稍见好转，改用白及疗肺丸服2疗程（60天）后，不但咳血未发，胸前窒闷、心烦口苦等症亦随之消失，连服半年而愈，X光复查结核病灶已愈。

张某，男，41岁，农民，1997年8月来陈立先处求医。初诊，自诉因咳嗽胸痛咯痰日久不愈，作X线检查，发现右上肺结核及小空洞3年，因家境窘迫未坚持治疗。就诊时，咳嗽痰黏难以排出，右胸隐痛，咯血鲜红，咽干口燥，心烦失眠，午后潮热，时有盗汗，舌质红苔少，脉细数。证属阴虚火旺，治宜养阴润肺、降逆止血。方用：加味白茅汤。白茅根15克，沙参12克，茯苓10克，半夏10克，麦冬10克，白芍12克，五味子6克，黄芩10克，白薇10克，地骨皮12克，仙鹤草15克，甘草3克。水煎服，3剂。

2诊：咯血已减，余症稍有好转，嘱其照原方再进4剂，药后咯血止，宜缓治其本，继用白及疗肺丸加味研细末，炼蜜为丸，每日早晚各服1丸，1个月为1疗程。

3 诊：不但咳嗽未发，而热退汗止，胸痛消失，舌脉正常，又连服 4 个疗程，最后复查结核病灶已吸收好转，小空洞闭合。

（谢福国）

# 擅治温病的名医陈直谦

## 医家小传



陈直谦（1929—1999），出生于蓬安县利溪镇冯家坝村中医世家。生于中医世家，曾祖父陈画一，清代贡生，精通医术，是蓬安县著名的中医。他在曾祖父的潜移默化下，从小认定医乃济世活人、解除人间疾苦的仁术，因此立志学医。他幼年入私塾，敏而好学，深得老师赞许。八年寒窗，苦读诸子经史，奠定了较好的文化基础。1944 年就读于蓬安县金溪国医讲习所，在叔父陈方儒的亲切教导下，发奋攻读中医经典，深研中医理论，学习三年，获益匪浅。毕业后，拜祖父的高足邓自修为师，临床实践。在老师的指导下，他细心诊断，根据病人的体质、年龄、心理及气候环境等情况，查找病因，拟出医治方案，深得老师赞赏，逐渐具备独立行医能力。

先父年近弱冠，步入杏林，恰逢中国处于半封建半殖民地社会的末期，反动统治者横征暴敛，劳苦大众饥寒交迫，穷人得了病，无钱延医买药，辗转呻吟床笫间，死者比比皆是。先父遇穷人求医者，不收诊费，并助药资，被其救助者颇多。

1950 年，在党的关怀下，蓬安县卫生工作者协会成立，把一盘散沙的医务工作者组织了起来，先父被选为协会秘书。1952 年中西医联合诊所成立，先父又为诊所成员。1975 年，先父参加了《蓬安县中医讲义》编写工作。1976 年，蓬安县开办农村赤脚医生培训班，先父担任主讲老师。1985 年蓬安县编写卫生志，先父主笔，并晋级为主治中医师，长期在金溪镇卫生院工作。

先父行医 40 余年，不仅医术精湛，而且医德高尚，有求必应。无论白天黑夜、刮风下雨，还是酷暑烈日、天寒地冻，都毫不犹豫地为病人出诊。有的病人在被治愈之后，送钱送物表示感谢，他都婉言谢绝。这种高尚的风格，为广大群众所称赞。1999 年先父逝世，终年 70 岁。

## 医案医话

先父医理精通，医术超群，能治各种疑难杂症，对于温病尤有擅长。在长期的实践中，他总结了治疗温病歌诀。其词如下：

“温病热渴不恶寒，银翘甘桔芥荷兼。竹叶豆豉牛蒡子，苇根煎汤肺病痊。胸闷藿香郁金资，项肿咽痛马元保，衄去芥穗并豆豉，白茅柏炭栀炭捣。热渐入里冬地加，咳嗽杏露不可少，病辄不解小便短，知母黄芩栀子了。”其歌诀在临床灵活应用每见奇效。

金溪镇三村杨秀芳，长期气喘，心悸。医院诊断为：肺心病。病人长期医治无效，后经先父按中医理论处方，用人参、黄芪、熟地黄、五味子、紫菀、桑白皮、丹参、玄参、瓜蒌、甜杏仁等补肺。加减一个月后，病有好转。后用陈皮、半夏、茯苓、白术、人参、甘草、远志、瓜蒌、五味子等加减变化，调理脾肺，半年后病情趋于稳定。

金溪镇三村罗昭然，关节麻木疼痛，走路扶杖，经地区医院诊断为严重类风湿性关节炎。其住院治疗无效，先父遂用中医的扶正祛邪药物，辅以针灸，三个月后行走如常。

金溪镇三村杨贵义，患严重高血压，头晕病，手颤抖，长期住院治疗无效。先父用平肝熄风汤加银杏叶、夏枯草、牛膝等，一个月后效果良好。

向东乡一村沈光桥，患肠炎病，腹痛下痢，住过乡、区、县医院，半年未愈。先父按扶正祛邪医学原理，用黄芪、白术、陈皮、升麻、柴胡、人参、当归等加减变化后，补中益气，标本兼治，一个月痊愈。

万和乡三村曾饶琼，恶心、头晕、胁胀、心躁、易怒，多方治疗无效，后经先父仔细诊断为“肝阳上亢型眩晕病”，用天麻、钩藤、夜交藤、杜仲、朱砂、益母草、青皮、枳壳等加减变化，连服 4 剂即愈。如此病例甚多，不再赘述。

（唐承典）

# 精医勤业享誉高的名中医章榜举

## 医家小传

章榜举（1935—2006），1935 年 4 月 30 日出生于周口街道办牛毛漩村（原金溪区大泥乡田家沟村），卒于 2006 年 1 月。副主任中医师。1949 年拜蓬安名医邓自修、唐宝成为师学习中医学。1952 年至 1956 年，先后任大泥乡联合诊所所长、周口卫生工作者协会理事、金溪区中心诊所所长（其间于 1953 年被保送至南充川北行署中医进修学校学习一年）；1957 年至 1958 年 9 月在重庆中医学校学习；1958 年 10 月至 1962 年在蓬安县人民医院工作；1963 年 2 月至 1977 年 12 月在蓬安县中医医院工作；1978 年 1 月至 1984 年 10 月在蓬安县人民医院工作，任中医科科长；1984 年 11 月至 2003 年在蓬安县中医医院工作，先后任副院长、院长、党支部副书记、书记、工会主席等职。1958 年起兼任蓬安卫校教师、西医学习中医班教师，1984 年兼任成都中医学院函授部蓬安函授站副站长、副教授。先后当选蓬安县第九届、第十届、第十一届人民代表大会代表，先后担任中华医学会南充分会理事、中华医学会蓬安分会常务理事、中华医学会蓬安分会副会长，并担任蓬安县卫生系统专业技术职称评审委员会初、中级评委，以及中医药专业组组长。系南充市医疗事故评审委员会专家库成员。

几十年来，章榜举把振兴蓬安的中医事业作为己任，把全部精力投入蓬安的中医事业和蓬安县中医医院的建设与发展上。二十世纪 60 年代初（1960 年）作为中医院创始人之一，出经费、捐桌椅、想办法，与十余名同行一起积极筹备、艰苦努力，在一无所有的情况下终于创建起了蓬安县中医医院，虽条件简陋，但已具雏形。因为组织上的安排，他三进三出中医院。特别是在 1963 年和 1984 年，当时的蓬安县人民医院，无论工作环境，还是生活待遇，都明显优于中医院。在这样的情况下，他为了蓬安县的中医事业，为了蓬安县中医医院的发展，没有挑肥拣瘦、讨价还价，而是服从组织安排，两次回到中医院。在县委、县人民政府的领导下，与同仁们一道把一个百废待兴的中医院建成了初具规模、学科齐全、医技上乘的中医医院，为以后中医院快速、健康发展打下了坚实的基础。

章榜举医术精湛，医德高尚。他视病人为亲人，认为患者之疾苦就是自己之痛苦，患者的康复就是他最大的快乐和幸福。他一生心无旁骛，把全部精力和心血都用在专业的学习与研究上，用在中医事业的传承上，用在病人的健康上。对初诊患者，他会耐心仔细地问询“大便怎样？是干的还是稀的？次数多不多？”“吃饭怎么样？吃饭香不香？”“睡眠怎么样？睡得好不好？”对复诊患者，他就像老朋友见面一般，仔细叮嘱，详细说清楚需要注意的事项及食物禁忌事宜。

他秉承中医“简、便、效、廉”的治疗传统，致力于用最经济的手段达到最优的治疗效果。工作中兢兢业业、任劳任怨，一年里除了春节期间休息几天以外，再无休息日，日均接诊病人百人次左右。一些危重病人治疗痊愈后对他致谢，他则认为：“医生就是要把病人放在心上，放在第一位，尽职尽责，是医生应该奉行的作风。”遇到经济困难者，他还主动为其垫付药费。从医几十年，从不接受患者红包及吃请，哪怕是一根小葱、一棵白菜。他在广大群众中享有极高的声誉，深受广大病员的信赖。

章榜举非常重视对下级医师及进修实习医师的传、帮、带工作，几十年来，坚持不懈地培养中医人才。一是以个人名义带教徒弟；二是在 20 世纪 80 年代开办中医夜校班，白天上班，诊病百余人次，晚上照样坚持为夜校班学员上课；三是 50 年代开始兼任蓬安卫校教师，以及西医学习中医班教师；四是在承担成都中医学院函授部蓬安函授站副站长、副教授期间，常常是白天正常上班看病，深夜精心备课以给函授站学员上课；五是从二十世纪 70 年代开始，在临床工作中，带教成都中医学院、川北医学院、南充卫生学校的临床实习生。

在带教徒弟与学生过程中，不辞辛劳，谆谆教诲，严格要求，辛勤培育每一位学生，不但认真教授医学专业知识，毫无保留地传授自己的临床经验，还注重教育学生如何做人。他常常告诫学生，要当一名好医生，首先要学会堂堂正正做人，做人要有人品，如果连人都做不好，就不配当一个好医生；要虚心好学，谦虚谨慎，不要骄傲自满；医生更要有仁爱之心，要有高尚医德。学生们如沐春风，被其深深影响。几十年来，他带教的实习生遍布南充各区县，夜校班学员遍布全县各乡镇，不少学生不但在专业上成长为中医骨干，晋升为副主任中医师、主任中医师，而且走上了不同的领导岗位。这些学生既以自己精湛的医术为广大病员服务，更是带领着广大医务工作者为病员服务。如其带教的学生、蓬安中医院原院长、主任中医师田光达在四川省数万名中医考生中脱颖而出，成为四川省“八百名壮士”之一，后又荣获四川省名老中医及全国基层名老中医专家称号。

## 医案医话

章榜举几十年来致力于中医事业发展，殚精竭虑，孜孜以求，精究博览，不断探求本源，力求明辨泾渭，临床上特别注重实践，追求效验。作为中医，不仅对古典医学名著精研细钻，对现代医学知识一样不断学习，对现代医学期刊亦广泛涉猎，运用中西两法服务于人民群众。对中医内科、妇科、儿科、外科常见病多发病的治疗积累了丰富的临床经验，效果显著。对慢性支气管炎、支气管哮喘、肺心病、食道炎、胃炎、胃溃疡、十二指肠溃疡、病毒性肝炎、肝硬化、慢性肠炎、非特异性溃疡性结肠炎、梅尼埃综合征、高血压、冠心病、急慢性肾炎、风湿性关节炎、类风湿、甲亢、骨质增生、原发性血小板减少性紫癜等疾病的治疗用方独特，选药考究，经验丰富，疗效显著。特别擅长用中医药治疗疑难杂症，对疑难杂症，善于鉴察，知常达变，常另辟蹊径而圆机活法，且屡起沉疴，如对肺癌、食道癌、胃癌、肝癌、卵巢癌等治疗疗效较好，能显著改善各种癌症患者的生存质量，延长癌症患者的生存时间。临床中，特别重视“脾以运为健，以运为补”的观点，对李东垣的脾胃学说颇有心得、体会尤深，他认为李东垣脾胃论的核心是“脾胃内伤，百病由生”，与《内经》的“有胃气则生，无胃气则死”的论点有异曲同工之妙，都十分强调胃气的作用。同时，把内科疾病分为外感和内伤两类，对于内伤疾病，他认为以脾胃内伤最为常见，其原因有三：一为饮食不节，二为劳逸过度，三为精神刺激。另外，脾胃属土居中，与其他四脏关系密切，无论哪脏受邪或劳损内伤，都会伤及脾胃。同时，各脏器的疾病也都可以通过脾胃来调和濡养、协调解决。临床上，他十分强调辨证施治的原则，应虚者补之，实者泻之，切不可犯虚虚实实的错误。他同时认为脾为湿土，喜燥恶湿，易于病湿，湿为阴邪，入侵于脾，则易伤脾之阳气，病在脾则脾阳不足，脾阳不足则“谷气不流”，临床则易表现为精神疲倦、四肢无力、少气懒言、便溏、脉虚等症，认为脾阳不足则清气不升，治疗应以“温脾阳”为主，故在临床上尤其喜欢使用炮干姜。同时认为，脾胃为“后天之本”“气血生化之源”，胃主受纳，腐熟水谷，故临床特别喜欢使用炒神曲、山楂、谷芽以及保和丸，主张先解决胃的受纳问题，当其解决了，就应重点健脾益气，对成年患者喜用六君子汤、健脾丸，对老年及小儿患者则喜用参苓白术散等。

由于长年在基层工作，章榜举对基层病人发病特点尤为了解。鉴于其患者病多且杂，临床用药多以复方、大方为主，每收奇效，病人甚喜。如 1975 年 7 月 14 日，李某，男，37 岁，反复发热 38～39.5℃ 10 余天，咳嗽，痰黄量多，胸闷不舒，头痛身痛，中西医多方治疗，效果不理想，患者慕名找他治疗。经望闻问切，查其脉洪数，舌红苔黄而腻，认为乃暑热夹湿、肺热郁闭，处方：柴胡 15 克，葛根 30 克，羌活 15 克，独活 15 克，麻黄 10 克，杏仁 15 克，石膏 100 克（先煎），瓜蒌仁 15 克，郁金 15 克，桃仁 12 克，葶苈子 12 克（布包），芦根 20 克，青蒿 20 克（后下），前胡 15 克，桔梗 20 克，炒苍术 10 克，佩兰叶 15 克，薏苡仁 20 克，淡竹叶 10 克。2 剂，日一剂。多喝水，忌辛辣。16 日复诊，自述热退后没有反复，头痛身痛减轻，其他症状都有所减轻。遂于前方去麻黄、葛根、芦根、青蒿，加香薷 12 克，白豆蔻 10 克，鱼腥草 20 克，再进 2 剂而痊愈。

在儿科疾病治疗上，章榜举独具匠心。他遵循儿童生理病理特点，拟定了“清、轻、灵”治疗法则。认为小儿用药要轻灵，切忌重浊，勿大辛、大热、大苦、大寒，勿凝重呆滞，应灵动轻捷，随拨随应。1977 年，原南充军分区某

3 岁男童患病一个月有余，口腔溃烂，不思饮食，精神萎靡，中西杂治，其效不显。经凭脉辨证，认为乃服用西药过多，以致胃气不和、脾失健运而脾胃受损，运化失司，遂以平胃散加减，药用：苍术 6 克，厚朴 6 克，陈皮 6 克，藿香 6 克，柴胡 5 克，薄荷 4 克，炒神曲 6 克，炒山楂 6 克，鱼腥草 6 克。药只 9 味，量仅 51 克。服药 2 剂后，其饮食量明显增加，口腔溃烂减轻，后以参苓白术散加减调理而愈。

二十世纪 60、70 年代，有很多急慢性肝炎、肝硬化腹水患者，无论是在门诊还是住院部，治疗过程中，急性肝炎治疗效果很好，但对慢性肝炎、肝硬化腹水有时单纯的西医治疗无法收到满意疗效。在临床上发现，很多肝硬化腹水患者都是因为急性肝炎治疗不及时、不彻底，也有其他疾病累及肝脾，致肝失疏泄，脾失健运，而发生臌胀。如黄疸日久，湿邪蕴阻，肝脾受损，气滞血瘀，或积久不愈，气滞血瘀，脉络壅塞，正气耗伤，痰瘀互结，水湿不化；或久泻久痢，气阴耗伤，肝脾受损，生化乏源，气血滞涩，水湿停留等，均可形成臌胀。气滞、血瘀、水停，水液停留不去，腹部日益胀大而成臌。他认为臌胀初期以标实为主，应分气、血、水的偏盛，分别采用行气、活血、祛湿利水或暂用攻逐之法，同时配以疏肝健脾；日久则以本虚为主，或温补脾肾，或滋养肝肾，同时配合行气活血利水之法。总之，臌胀属本虚标实、虚实错杂，治当攻补兼施，补虚不忘实，泻实不忘虚。治疗上拟定“健脾理气、化瘀软坚、利水除湿”的法则，以逍遥散为基础进行加减变化。在整个处方中，特别善于使用黄芪、水蛭、醋大黄。认为黄芪固本补气、利水消肿，现代药理研究认为，黄芪具有抗氧化、抗病毒、抗癌、调节免疫、抗衰老和抗应激作用，是一味不可多得的扶正固本的良药。水蛭，《神农本草经》认为味咸平，主逐恶血瘀血，破血瘕积聚，利水道。章榜举认为水蛭能在人不觉察情况下，透过皮肤，吸血为生。现代药理研究认为水蛭能够有效降低转氨酶，保护慢性肝损伤，促进体内血液吸收，增强肝细胞代谢，促进胆汁分泌与排泄，增强机体免疫能力，可使白蛋白升高，球蛋白下降，其具有活血破瘀、祛瘀生新、促进瘀血肿块的消散和吸收的作用。醋大黄具有攻积滞、泻火凉血、祛瘀解毒等功效，大黄醋制后泻下作用减弱，以消积化瘀利水为主。全方具有养血疏肝、行气活血、利水除湿的作用，对肝硬化、肝硬化腹水患者效果很好。很多患者在章榜举的救治下获得了生机，腹水没有了，腹胀消退了，肝病痊愈了，有的患者生存期延长了几十年。

章榜举在近五十年的医疗生涯中，长于用中医药治疗内、妇、儿科疾病，在早期对皮肤科疾病的治疗不是很擅长，但在二十世纪 70 年代中期，时有一“支左”军人患牛皮癣，奇痒难忍，寝食难安，慕名求治于他。章榜举知此非己之所长，治之不但无功，还可能影响声誉，但看病人痛苦难耐之情，也就没有推诿。他把解除病人疾苦作为自己行医的第一准则，遂放下架子，遍访城乡中医外科医师，查寻中医外科典籍，拟定了祛风活血、杀虫止痒之法，大胆以水银、大枫子为主药进行外治，另服“养血祛风”之汤剂，内外合治，经月余调治，瘙痒止而皮薄嫩，随访三年未复发。

章榜举因善治疑难杂症，其医名不胫而走，患者络绎不绝，在当时交通还不是太方便、信息不是很发达的时候，不但有蓬安周边县市的患者，更有省内其他地市的患者慕名而来。

章榜举除了坚持临床看病为主外，同时积极参与临床科研工作。主持、设计并承担了四川省中医药管理局的《紫牛黄精汤治疗原发性血小板减少性紫癜》科研课题，该课题于 1998 年获得蓬安县人民政府科技进步二等奖。1974 年参与了南充地区卫生局主持编写的《南充地区中草药》一书，1976 年参加了蓬安县卫生局主持编写的乡村医生培训教材《中医学讲义》等书籍。在编写书籍的过程中，收集了大量资料，拟定了编写大纲，对编写的具体内容，以及段落、用词、标点符号等，都仔细讨论，反复推敲，查核校对，严格要求，力求准确、翔实，以保证编写的质量。

在临床和教学的同时，积极总结自己的临床经验以及体会，先后撰写了《运用泻下法治疗肺部疾病的体会》《紫牛黄精汤治疗原发性血小板减少性紫癜 28 例报告》《浅谈〈伤寒论〉中痞证的证治及体会》《试述〈金匮要略〉胸痹的辨证施治》《读〈伤寒论〉痞证的心得体会》《我对中医教学的几点体会》《略论〈伤寒论〉对呕吐的辨证意义》《血栓闭塞性脉管炎的中医药治疗探讨》《益气化瘀法在老年疾病中的运用》《活血化瘀法临证应用体会》《男性不育症辨治心得》《学习〈脾胃论〉的一点体会》等 40 余篇文章。

（田光达　肖祥成）

# 发扬光大祖传骨科医术的唐香文

## 医家小传



唐香文（1935—2023），1935 年出生于蓬安县河舒镇狮坪村（原开元乡黄莲桥村）。其高祖唐映来、祖父唐发栋、父亲唐清朗均以行医兼务农为业，其医术尤以祖传的骨科医术闻名蓬安及周邻各县市。他自幼喜玩祖辈之碾药用具，对医术产生了浓厚兴趣，有时还帮他们协制中草药的膏、丹、丸、散，深受他们的厚爱。

小学毕业后，唐香文便随父从事医疗事业，历经多年，在父亲的耐心辅导及自己刻苦钻研下，逐步熟悉了医疗业务，掌握了祖传的骨科技能。新中国成立后，党和政府极其重视医疗事业的发展。1953 年，调其到蓬安县健康诊所（今蓬安县中医医院）工作。次年组织安排其到县中医进修班离职学习。1955 年秋，县卫生局指名调其去红旗人民公社，担负公社医院组建工作，被任命为该院院长。唐香文先后被选为蓬安县第七届、第八届人民代表大会代表，政协蓬安县第二届委员会委员，并多次获奖。

在四十多年行医生涯中，他既继承了祖传骨科医术，又在实践中不断探索，结合临床实践，反复钻研《外科学》《骨科临床学》《骨科结核病学》《骨科再植学》等医疗著作，将传统医学和现代医学理论融为一体，写出几十万字的读书笔记和体会，总结整理了中西结合的实用方剂及骨科专著。在祖传基础上，研制出专治骨科的大力丸，以透骨风、再生草等 20 余种中草药组成内服汤，以红马尖、酸立草、透骨风等 10 余种中草药组成的外伤酊剂，均疗效极佳，深受县内外广大民众的好评。

艰苦的岁月里，唐香文曾被停职行医，但他依然没有放弃祖传的医学事业。为使祖传的骨科医术发扬光大，他还自费送长子、次子到医学院学习专业知识，使他们能承继医业，后都考取了中级职称，成为单位的骨干力量。

## 医案医话

湖南省人大常委会原副主任、老红军王某，股骨骨折并发股骨头缺血性坏死，经不少医院诊治，其效均不佳，如不及时治疗，可能导致其残疾。于是老红军带随护二人，四处寻医，路过蓬安县，经人介绍来医院咨询。唐香文热情地接待了王某一行，详细询问了情况，查看了病因及治疗经过，并用传统的正骨手法按其经穴通其血脉，以强通筋骨为主，内服接骨再生丸，外用铁箍散，以木贼、羊丰包等 20 余种中草药组成汤、散，内外施治，半月后效果明显，老红军喜不自禁。一个月后因开人代会，中断治疗，后病者多次来信求方要药，基本得到了治愈。

蓬安县张某，肱骨颈粉碎性骨折，四处寻医治疗，均说属难治骨折，可能终身残疾。后来找到唐香文治疗，他用祖传的接骨术和现代医学相结合的方法，用接骨丹、赤芍、田七、茨藤根等 20 余种中草药，组成汤、散、丸，内外兼治，达到活血化瘀、消炎止痛、续筋接骨的功效，并在 X 光机下为其复位、固定，收到理想的复位效果，治愈后应征入伍。

蓬安县原新河乡蔡某，胫腓骨中段横行骨折，经人介绍上门求医，仅住院三天，病人要求出院回家。经过询问，方知其家中钱粮拮据，生活贫困。先生不但没有拒之门外，还捐钱助粮，让患者安心住院治疗。他采用祖传接骨之法，为其复位、固定，又以田七、苏木等 30 多种中草药组成散、丸综合治疗，其效果良好，半月后出院。但唐香文一直不放心他的病情，步行 90 多里两次去他家跟踪治疗，直到痊愈。唐香文只收取了少量药费，病人一家感激不尽。

唐香文不仅对中医正骨有独到之处，对消化系统疾病也有专长。有一位年近花甲的太婆，带一患大肠积结高烧的男孙来县治疗，经大医院检查，建议立即手术，误时无救，但需交 500 元钱手术费，然而该太婆只有东拼西凑借来的

110 元钱。万般无奈之下，她慕名前来找唐香文，唐香文仔细检查后，发现其实属贪吃干粮过多，积食于大肠所致，于是施以大承气汤加味轻度泻下，其药费仅 1 元多钱。太婆见后十分迟疑，眼含泪花望着唐医生说："这样严重的病，这点药能治好吗？"她抱着小孩子要出门，唐医生劝她说："用药要投方，不分药的贵贱，请你相信我！"随后留她住院一夜，服药后两三小时，小孩子解出了很多未消化的杂粮，高烧也随之减退，病情逐渐好转，不到天亮就想吃喝。出院时，婆孙俩感激不尽地说："你们医院是党领导的好医院，你是好医生，是我们贫苦人家的贴心人。"

（唐平章）

# 术业精湛救人疾苦的章继财

## 医家小传

章继财（曾用名章继才），1946 年出生于蓬安县福德镇兴鑫街社区（原新河乡张湾村），中共党员，副主任中医师。曾任中国中西医结合研究会四川分会会员、中华医学会中医内科学会四川分会会员、南充地区自学青年协会会员、三届蓬安县政协委员、中华医学会蓬安分会中医组副组长、蓬安县卫生系统职称评审小组成员。

1963 年开始，章继财跟师并自学中医，主要涉及中医五版教材及各家学说，逐步掌握了中医的基本理论与基本技能。1967 年起开始在乡村行医。1969 年至 1971 年在新河乡张湾村（二大队）合作医疗从事赤脚医生工作。1972 年至 1980 年 2 月在新河乡卫生院行医。其间，1979 年参加四川省中医药师“八百名壮士”选拔考试。1980 年 3 月被录用为全民中医师，享受本科毕业生待遇，被安排到蓬安县中医医院工作。先后在蓬安县中医医院担任住院医师、住院部副主任、门诊医师、门诊部副主任，1984 年 3 月任副院长。1985 年参加四川省中西医结合内科急重症讲习班以及全国中医肾病讲习班学习。1987 年晋升为主治中医师。1988 年 9 月，调到蓬安县卫生进修学校工作，任校长并担任中医多学科教学工作直至退休。1999 年晋升为副主任中医师。退休后随子女定居成都。曾受聘于成都市青羊区第九人民医院中医内科专家、成都西南医院中医内科特聘专家等。

在近四十年的中医临床、教学工作中，始终忠诚于党的卫生事业，不断学习临证，善于总结提升，先后撰写发表《半夏泻心汤治疗胆汁反流性胃炎34例》《辨证治疗慢性浅表性胃炎55例》《参黄逍遥散治疗肠道易激综合征52例》《附子汤的临床运用》等中医理论与临床方面的学术文章三十余篇。积极参与各级学术会议交流。在县卫校教学十多年，为基层卫生单位培训学员近两千人次。

在临床工作中，章继财以解除病人疾苦为乐，为更好地运用中医药于临床，他精熟理论、勤于实践，讲求辨证准确、用药得当，诊病耐心、细致、认真。病有轻重缓急，药有君臣佐使。他深谙清代医家陈修园“人之形有厚薄，气有盛衰，脏有寒热，所受之邪每以其人脏气而寒化、热化”之理论，注重把握三因（因人因时因地）制宜，遵从“用古法，不拘泥于古方；用古方，不拘泥于古药”之古训，灵活施变，推陈出新，与时俱进。

## 医案医话

### 一、辨证分型治疗慢性浅表性胃炎

#### （一）气虚湿滞型

症见胃脘隐痛、痞满、时作时止，可泛吐清水或酸水，喜温喜按、得热痛减，兼见神疲乏力、纳呆、便溏、舌淡苔白或白厚腻，脉虚或弦缓无力。章继财治以益气健脾、化湿行滞。处以六君子汤加减。黄芪、党参、白术、法罗海各20克，茯苓15克，半夏、陈皮、砂仁、羌活各10克，木香6克。水煎服，每二日一剂，饭前服。

#### （二）痰湿气滞型

症见胃脘胀满疼痛，累及胸胁，嗳气呕逆，身困纳呆，食后胀甚，常随情志变化，可伴眠差、头昏、咯痰、泛酸、腹泻等，舌暗苔白腻，脉弦缓或沉细弦。治法：运脾化湿、行气导滞。多采用香砂二术二陈合四逆散加减。木香6克，半夏、茯苓各15克，砂仁、苍术、陈皮、九香虫、柴胡各10克，白芍、白术、枳壳、法罗海各20克，湿郁化热加黄连10克。水煎服，二日一剂，饭前服。

### （三）湿热瘀滞型

胃脘灼热，胀满疼痛，可有刺痛，伴嘈杂易饥、泛酸、食后痛剧，其他还有口干口苦、呕吐酸苦、潮热等，舌质红，可见瘀点，苔黄腻，脉弦滑。其以清胃化湿兼理气行瘀为治。常用处方多以清胃散合越鞠丸加减。栀子、黄芩各20克，当归、赤芍、生地黄、苍术、延胡索、茯苓、川楝子、郁金、竹茹、香附各10克。水煎服，二日一剂，饭前服。

案例：陈某某，男43岁，1989年4月诊。胃脘胀痛6年，经某地县医院胃镜检查诊为十二指肠球部溃疡、浅表性胃炎，中西治疗反复。刻见胃脘胀满疼痛，饥饿痛甚，牵及胸胁。嗳气、呃逆、纳差，食后胀甚，病情随情志变化增减。精神抑郁，胸闷，咯白痰，大便溏，头昏舌暗，苔白厚，脉弦缓涩。诊断：胃脘痛，属痰湿气滞型。

处方：白术、白芍、枳壳20克，半夏、茯苓、陈皮、柴胡、香附、九香虫、黄连各10克，木香、薤白各6克，法罗海3克。前后共进15剂症状消失。善后以白及150克研末服。

体会：慢性浅表性胃炎以胃脘胀满不适、疼痛、病情反复为特征，属中医胃脘痛，常多种致病因素导致脾胃升降失调、气机紊乱、水湿停滞或蕴湿化热而成。章继财针对病机，辨证运用健脾行滞、除湿化痰、清热化瘀为主治疗收效甚好。

## 二、半夏泻心汤治疗胆汁反流性胃炎

胡某某，男，39岁，1988年9月诊。述一年前胃脘烧灼疼痛、嗳气、呃逆、口苦，日渐加重。3月经某医院作胃镜检查显示：胃体见糊黄色混浊黏液，黏膜轻度充血，胃窦黏膜红白相兼，表面黄色黏液增多。十二指肠球腔内见大量黄色泡沫液，幽门可见，形状为圆形，重度胆汁反流。诊见：胃脘烧灼疼痛，痞满纳呆，口苦泛酸，恶心欲吐，呃逆，颜面萎黄，表情淡漠，神疲乏力，舌淡苔黄腻，脉弦缓无力。诊为胃脘痛（脾虚湿滞，胆气犯胃，脾胃失和，湿热内蕴）。治以益脾清热、化湿利胆和胃为法。用半夏、茯苓各15克，黄连、党参、黄芩、枳壳、白术各20克，延胡索、白豆蔻各10克，柴胡、干姜各

6克。水煎服，二日一剂。药进五剂后，症状减轻，继进五剂后症状基本消失。继宗前方加减调治两个月，胃镜检查显示：幽门可见，关闭正常，胃体、胃窦、十二指肠未见黄色黏液。随访两年未见复发。

体会：胆汁反流性胃炎属中医“胃脘痛”，多见幽门括约肌受损或功能失调或胃部术后等致胆汁反流，刺激胃黏膜，产生的一系列病理现象。中医认为皆由脾胃失和（或寒热失调）、胆气犯胃，致脾胃气机升降失调、浊气上逆犯胃所致。医家把握病机，以半夏泻心汤为主加减治疗。

半夏、干姜、黄芩、黄连辛开苦降，调寒热，理脾胃；党参、白术、茯苓、白豆蔻、枳壳以补气运脾；柴胡、枳壳一升一降以行气疏肝利胆；延胡索行气活血止痛。全方共奏健脾胃、和胆胃、消痞痛、降浊液之功。

## 三、痛泻要方加减治疗慢性非特异性结肠炎

郑某某，男，41岁，教师，1987年5月诊。2年前，因饮食不节致腹痛腹泻，经治好转。2个月前腹泻腹痛加重，痛则泻，泻后痛稍减，黏液便，时兼脓血，日行2~8次。消瘦乏力，自觉腹中烦热、小腹坠胀，有里急后重感，舌边尖暗红，苔白厚，脉虚弦。血检，血色素7.5克%。大便检查排除痢疾及阿米巴原虫病。经某地区医院肠镜检查诊为“慢性非特异性溃疡性结肠炎”，经治半月见效不明显来诊。综观其证，当属脾失健运、湿滞胃肠、土虚木郁、脏腑失和所致。治以疏肝达木、健脾畅肠为法，用炒白术、炒白芍、黄芪各30克，陈皮、延胡索、槟榔、黄芩各10克，防风6克，党参、茯苓、旱莲草各15克，法罗海20克。水煎服，日1剂。5剂后便血止，胀痛，黏液便明显好转。去旱莲草、槟榔续进15剂，诸证渐平。继以原方去黄芩，疏肝益脾善后两个月，肠镜复查基本正常停药，随访1年未见复发。

体会：慢性非特异性结肠炎属祖国医学“泄泻”“肠癖”等范畴，发病缓、病程长、易反复，常腹泻腹痛可伴黏液便或黏液脓血便。痛泻要方属调和脏腑（肝脾胃肠）的方剂，多治肝脾失和、胃肠气机传化（升降）失司之证。方中白术健脾除湿、和肠止泻为主药；白芍柔肝缓急敛肠，佐以陈皮理气和中；防风散肝升脾，振奋脾胃阳气，合陈皮助白术、白芍理气健脾和肠，调和脏腑。

现代药理研究证明，白术所含挥发油能缓和胃肠蠕动，白芍对胃肠平滑肌的张力和运动亦有松弛和抑制作用，两药合用，既可减轻腹泻，又能解痉止痛。久病及黏液便时，多加党参、黄芪、茯苓等以补脾益肠，临床研究证明党参、黄芪、茯苓、白术等补益药，具有调节人体免疫功能和促进抗体形成的作用，对于肠道功能恢复有利。

## 四、参芪逍遥散治疗肠易激综合征

李某某，女，30岁，教师，1992年5月诊。反复发作性腹胀、腹痛、腹泻四年余。每因动怒则病症加重，发病时日解大便2~6次不等，可有坠胀感，常服西药诺氟沙星。经B超、X线钡餐、纤维肠镜、大便、肝功检查等，均无异常改变。诊见：腹胀痛，牵及胸胁，大便稀溏，排便不爽，日3~4次，腹胀痛则欲便，便后痛稍缓；精神抑郁，失眠多梦，善太息；胃脘胁肋时有灼热感，神疲乏力，时有呃逆，矢气；舌略红，苔薄黄，脉弦缓无力。辨为泄泻，属肝脾不和、气机不畅、升降失常所致。用黄芪、党参、白术、白芍、枳壳各20克，柴胡、当归各6克，茯苓、生姜、延胡索各10克，甘草3克，黄芩15克。水煎服，2日1剂。药进3剂后病证明显好转，继进5剂后症状消除。再宗前法加减调理1个月，随访半年未见复发。

体会：肠易激综合征属现代医学肠道运动、分泌障碍的生理功能紊乱性疾病（亦有人认为应激性疾病与大脑边缘系统有关），大多为对症治疗，尚无确切的药物控制复发。祖国医学虽无此病之名，综合本病的主要临床表现，符合祖国医学的肝脾功能失和、气机运动、升降功能紊乱（肝气郁滞犯脾，脾胃气机升降失和）、浊阴下渗肠间、传导功能失职导致的泄泻病证。在临床之中观察到此类病证复发前均有不同程度的精神因素影响，故其大胆选用具有疏肝和脾、调畅气机、调和脾胃（肠）升降功能的逍遥散，再加入黄芪、党参治疗，增强益气补脾、升阳举陷功能，增强胃肠能力，以消除病证。临床已广泛应用于胃炎、胃及十二指肠溃疡、幽门或贲门痉挛等病证，并对梅核气、眩晕、痰喘、妊娠恶阻亦有效果。此方经化裁，灵活加减运用于各种肿瘤化疗中出现的胃肠反应，亦能收到较满意的疗效。

## 五、益气化痰治疗高血压

陈某，女，53 岁，教师。1980 年 4 月诊。血压升高 7 年之久，常头晕头痛，伴乏力眠差，纳呆便溏。西医降压病情反复，已住院月余疗效不显。诊断眩晕头痛，面黄，神疲乏力，心胸痞闷，心悸眠差，耳鸣眼花，大便溏，日行 1 ~ 3 次。手足时有麻木感，颜面及足微肿，舌暗淡，苔薄白，脉虚弦。血压 220/118 mmHg。X 线检查：左室稍大。血检：甘油三酯、胆固醇正常，血色素 9 克。尿检：蛋白 ++。诊断：眩晕。证属气虚运化失司、痰湿内阻。治法：益气化痰。

处方：黄芪 30 克，党参、白术、茯苓、白芍、丹参各 20 克，半夏 15 克，陈皮、川芎各 10 克，胆南星 6 克。连进 12 剂，诸症平，病情稳定。

按：高血压属中医眩晕范畴，中医认为眩晕多由肝阳上亢、痰湿痰火、肝肾阴虚等引起，本案以脾气虚弱、痰湿内阻为治，可谓另辟蹊径。临床中只要能实事求是，把握病机，收效亦是当然。

## 六、益气健脾除湿汤治疗消渴病

蒋某某，男，47 岁，1986 年 5 月诊，口渴、多饮、多尿 2 年。经医院多次检查诊断 2 型糖尿病。服降糖西药，病情反复。半年前开始出现双下肢疲软乏力，行走如踩棉花感伴双足麻木酸痛，形体瘦。近月来病情加重，行走困难。伴口干喜饮，尿多尿频，多汗，纳差，便溏（日 2 ~ 3 次）。舌淡苔白显厚，脉虚缓。诊断：消渴病（糖尿病伴周围神经炎），属气虚湿滞。治法：益气健脾，化湿通络。

处方：黄芪 50 克，太子参、山药、白术、玉米须各 30 克，枸杞、白芍、丹参、木瓜、茯苓各 20 克，石斛 15 克。连服 10 剂，食欲、渴饮多尿、肢体麻木酸痛明显好转。守方治疗 2 个月，诸症消除。随访半年，病情稳定。

体会：消渴病临床多认为是肺燥、胃热、肾阴虚引起，分为上、中、下三消，多以清肺、泻胃、滋肾为治。章继财在临床观察到消渴病还不止上述原因，还可见于脾气虚衰、运化失司、水湿内停、水津不布、阻遏气机、血行不畅。

其自拟益气健脾除湿汤能针对病机，故收效不错。

## 七、参芪当归四逆汤治疗窦性心动过缓伴冠状动脉供血不足

李某某，男，46 岁，1985 年 10 月诊。因胸闷、心悸气短入院治疗 1 周无效转中医治疗。刻诊：心胸憋闷，伴有隐痛，神疲乏力，心悸气短，头晕目眩，畏寒肢凉，唇舌暗淡青紫，苔薄白，脉细弱显弦迟。时有结脉。心电图：窦性心动过缓（心率 52 次 / 分）、心律不齐（偶见期前收缩）冠状动脉供血不足。诊断：胸痹。证属气血亏虚、阴寒内滞、胸阳不振、血脉失温失利所致。

处方：黄芪 30 克，党参、丹参、炒白芍各 20 克，当归 15 克，桂枝 12 克，细辛、炙甘草各 6 克，通草 3 克，大枣、生姜各 10 克。水煎服。连进 10 剂，病证消除。

体会：当归四逆汤出自《伤寒论》，具温经散寒、运行气血作用。党参、黄芪益气健脾，用于冠状动脉供血不足、改善血液循环、消除胸痹等，对于属气虚、胸阳不振、血行不畅，效好。

## 八、补肾安胎汤治疗习惯性流产

刘某，女，28 岁。1991 年 4 月 9 日诊。已婚 8 年，流产四次（分别 4 月、2 月、2 月、3 月孕流产）。现已停经 50 余天，妊娠试验阳性。近日来有恶心欲吐、心中烦躁、腰酸胀痛，昨日开始感小腹坠胀（因前四次流产前均有腰酸胀痛，小腹坠胀，心中烦躁等症）急来求治。诊见形体消瘦，面白颊红，神疲乏力，自汗气短，食欲欠佳。自述五心烦热，口唇干燥，心烦多梦，眠差，少腹坠胀隐痛，腰膝酸痛。舌淡红少苔，脉细数无力。月经 16 岁初潮，量中等，经色多淡红。辨为肾之气阴两虚、冲任失养。治以益气滋肾、固冲养胎为法。药用黄芩、怀山药各 30 克，党参、熟地、枸杞子、白芍、续断、菟丝子各 20 克，白术、山茱萸、酸枣仁各 15 克，茯苓、当归各 10 克。水煎服，二日一剂。药进五剂少腹坠胀、腰酸胀痛基本消失，余症明显减轻。前方继进五剂，诸症基本消失。又宗前方加杜仲 15 克，研末为丸，服用 40 天停药，于 1991 年 12 月

4 日顺产一女婴。

体会：习惯性流产属中医学“屡孕堕胎”“数堕胎”之“滑胎”范畴。如《景岳全书·妇人规·数堕胎篇》云：“凡妊娠之数见堕胎者，必以气脉亏损而然……盖气虚则提摄不固，血虚则灌溉不周，所以多致小产。”《叶天士·女科全书》云：“有屡孕屡堕者，由于气血不足，名曰滑胎。”《校注妇人良方注释》卷十三云：“夫胎乃阳施阴化，营卫调和，经养完全，十月而产。若气血虚损，不能养胎，所以数堕也。”胎儿的生长、发育，皆赖母体阴阳气血调和，冲任经脉得荣得固，方能养胎固胎至瓜熟蒂落、足月而生。若气血失和，先天肾气阴精亏虚，封藏失职，胞脉失养失固，则必堕胎。故医者把握这一关键病机，自拟补肾安胎汤以调和气血、滋补肾气肾阴（精）以达肾气肾精充盈，冲任、胞脉得养，流产得治。

（章继财口述　吴鸿整理）

# 杏林六十载初心终不悔的田光达

## 医家小传



田光达，1948 年 5 月出生于蓬安县相如街道中堂村（原大泥乡田家沟村）。其父田秉清，民国时期先后执教于蓬安、遂宁、乐山、成都等中小学及师范学校，教学之余，曾自学中医学，并拜师侍诊。1948 年辞教返乡，息隐田园。常以所学医学薄技服务邻里，以救缓急。获效后，医患皆乐。身处其间，田光达时时耳濡目染，在幼小的心灵播下了学习中医学的种子。

1966 年，“文革”爆发，学校停课。停学在家的田光达，面对无书可读、物质生活艰难的处境，心情无比苦闷、彷徨、焦虑……值此人生十字路口，父亲拿出珍藏多年的《伤寒论》《温病条辨》《伤寒论辑义》三本书，慈祥地对他说道：“天生我才必有用，男儿当自强，学好医学济世活人，扶贫救厄，也会成为对社会对人民有用的人。”

五年间，田光达手不释卷，朝夕诵读，细细咀嚼。当家人或自己偶染风寒时，他便依照书中道理，以平常收藏的中草药，调配组方煎服，每多获得意外之效果。乡亲邻里每感伤风头痛，亦盛情求其施治，在病情不很危重的情况下，他详查症候，辨证组方选药，服药后收获良效。自此，十里八乡求治者日渐增多。乡亲们笑言：“看不出来，田小先生还真行！”

薄技小试，田光达未敢满足，遂恳请蓬安县中医医院名中医章榜举收其为徒。章老师见其文学功底尚可，品行端正，悟性较高，学医信念坚定，于 1970 年 10 月，经组织批准，遂带入医院亲自教导。在章老师悉心带教下，其医学知识日渐丰富，医技水平不断提高，治疗效果显著提升。当年，田光达被南充地区团委评为南充地区自学成才优秀青年代表，予以嘉奖。

为贯彻落实党的中医政策，解决中医后继乏人的问题，1979 年，中央决定在集体所有制和散在城乡的中医药人员中，考核选拔一批具有真才实学的中医药人员，以充实加强全民所有制的中医药教学、科研和医疗机构。躬逢盛世良机，田光达积极准备，踊跃报名，经过全省统一命题的书面考试和南充地区严格的论文书写及面试问答，他从全省数万名考生中脱颖而出，成为“八百名壮士”之一。被录用后，授予中医师资格，安排在蓬安县中医医院工作。

1981 年，蓬安县卫生系统获得解放三十多年来第一个去全省最高中医学府——成都中医学院（今成都中医药大学）学习深造的名额，田光达有幸被选中。学习过程中，他从不错过任何一节课堂教学和专题讲座，特别是李明富、邓明仲、方药中、凌一揆、杨明均、肖正安、张之文、李克淦、刘敏茹等各位中医药大师的授课、讲座。他如饥似渴，细嚼慢咽，获益匪浅，为其以后的临床、教学、科研奠定了坚实基础。

通过自学、跟师学习、大学学习，田光达充分认识到要学好中医，首先要有“咬定青山不放松”的决心，牢固树立《左传》中“三折肱知为良医”的坚定信念，敬畏生命，心中永远装着病人，矢志不渝，久久为功。

## 医案医话

### 一、溯源《灵枢》《素问》，法崇仲景，旁通诸贤

中医书籍汗牛充栋，文字古朴，意蕴深邃，习医者务必具备深厚的文学基础。医学根基要厚，知识面要阔。读书时务求“字字吃住，句句吃住”。田光达常教导生徒们：读古人书，必须知其章节，明其句读。知章节，方可提纲挈领；明句读，始知精神实质。对中药、方剂、经典语句、常见脉体等，亦应摒弃死记硬背之囿，做到朗朗上口，熟读成诵，临诊时不致手忙脚乱或束手无策。

田光达认为中医学源远流长，治学一定要溯本求源，学习中医基础理论首选《灵枢》《素问》，临床必须精读《伤寒论》。半个世纪以来，他把岐黄之言、仲景之说奉为圭臬，尤其对《伤寒论》推崇备至。他认为仲景辨证精细入微，处方严谨缜密，用药灵活精当，验之临床疗效确切。

田光达治学思想严谨，穷源竟委，知常达变，不抱残守缺，不拘泥于绳墨，主张博采众方，融各家理论经验于一炉。他既能熟读中医经典，又能深悟李东垣的健脾、朱丹溪的养阴、张子和的“三法”和叶、薛、吴、王治温治湿之法，以及王清任活血化瘀的理论真谛。临床工作中，他广拜医尊，虚心向同行学习，无门户之见，不诋毁他人。学习期间，他常常放弃休息，先后为中医院十多个名老中医打扫诊室、抄写处方、誊写病案及学术文章等，不声不响地学到了他们的学术思想、临床经验、用药技巧等。



## 二、重视实践，潜心临床

田光达深知，中医学以整体观念、辨证论治为基本特色，它是一门实践性极强的学科，离开了临床实践，再好的理论也是无本之木。习医者，务须敬畏生命，勤求古训，勇于实践，用理论指导实践，用实践升华理论。

四诊是中医最基本的诊疗手段，也是为辨证论治提供依据的重要方法。医生必须将病人的病史、病情、症候、治疗经过等收集齐全，切不可以偏概全、挂一漏万。临证如临阵，用药如用兵，症候收集不全、不知原理，极难辨证；辨证不明，无从立法，遂致堆砌药味、杂乱无章，必不能取得临床疗效。望、闻、问、切四者不可偏废，不可顾此而失彼。有些医生临床时为炫耀“才能”，蒙骗病人，草草切脉后说什么“病人不用开口，我便知病情”，纯属欺世盗名，为医林所唾弃。二十世纪 80 年代初，田光达在带教中医学院实习生时，遇有两个高血压病人求治。他一投镇肝熄风汤，一投真武汤加桂枝、龙骨、牡蛎。学生不解，质疑其意。田光达说：“前者形体消瘦，头痛眩晕，面色潮红，舌质红而少苔，脉弦细，乃肝肾阴虚、肝阳亢也，故处镇肝熄风汤；后者体肥胖，眩晕心悸，面皖白少华，舌质淡胖，脉沉迟，此肾阳虚，故用真武汤加减，以重镇温降。若一见高血压患者，动辄以肝阳论治，不辨证候，不察舌脉，则妄矣。”

在半个世纪的医疗临床中，田光达十分重视调理脾胃，实气血生化之源，调升清降浊之枢。他认为脾胃学说的意义，不仅仅在于治疗消化系统疾病，而与治疗其他脏腑疾病，亦有密切关系。如肺病可用健脾养肺之法，使水谷精微上输入肺，则水津四布，五津并行。肾病可用健脾制水之法，肾藏之元阳，赖谷气以充实，使阳生阴长，化气行水，正气胜而病邪自却。如遇肝病，用健脾疏肝法，土阜则肝木条达。在此领域，他重点结合对《金匮要略》的学习，对"见肝之病，知肝传脾，当先实脾"的理论理解透彻。对慢性肝炎、肝硬化的临床治疗，他进行了深入的研究和探索，总结写出了《〈医宗金鉴〉隔二治法在慢性肝炎治疗中的应用》论文，为慢性肝炎的治疗打开了一条新的思路。

李东垣治疗脾胃病时，偏于温燥升补，对胃失和降、胃阴耗伤的证型治疗稍嫌不足。田光达在温习叶天士"脾宜升则健，胃宜降则和""脾喜刚燥，胃喜柔润"的理论后，结合仲景、丹溪的辨证用药，选用半夏泻心汤合左金丸加减化裁治疗慢性胃炎、消化道溃疡病，效果颇佳。方中辛开苦降，寒温并用，攻补兼施，调气和血以止痛。临床时在详辨病情在气在血、偏实偏虚的基础上，以调气安胃为主，解决胃实、肝旺、脾虚的矛盾。不少胃炎、溃疡患者经他治疗，效果显著。

中医男性病是近年兴起的一门新学科。在温习历代医家对此病的理论论述和治疗经验后，田光达结合自己的临床实践，大胆地提出了痰、瘀、败精学说。他以涤痰浊、剔败精、通精隧的治疗方法，治疗阳痿、早泄、不育等男性疾病，取得了较好效果，为患者恢复了阳刚之气，为他们的家庭送去了孕育的希望。为此写出论文五篇，参加全国第二、三、四届中医男性病学术会议，并作交流发言。其中《男性不育，治勿忘痰》一文，被编入《男性不育与性功能障碍》一书出版。

临床治疗中除了常见病、多发病的治疗外，也会偶遇疑难、危殆之症。值此，医者亦应具有大将风度，临危不惧，临乱不慌，力挽狂澜，扶大厦于将倾，有是病即用是药，切不可瞻前顾后，优柔寡断，变生祸端。如 1983 年，一农村壮汉，自采野山菌食用后中毒而入院治疗。入院经洗胃、输液等治疗后，病情不解。邀中医会诊，见其恶心呕吐，腹胀满，尿少、大便二日未行，口出恶臭味，舌质绛，苔黄燥起刺，中心稍厚腻，脉滑数。田光达医师力主用大承气汤，清热解毒、峻下秽浊、釜底抽薪。先煮枳实 20 克、厚朴 15 克，再入大黄 30 克微煮，后以芒硝 30 克入汤药，拌匀送服。服药一小时后，患者排出较多黑色臭稀便，两次排便后，神志渐趋清晰，腹满胀大减，嘱其多饮水，清淡饮食，勿入滋腻肥厚，调理三日康复出院。

## 三、弘扬中医，培养后学

新中国成立以来，中医药学获得了较快发展，如何使中医学这项文化瑰宝代代相传、发扬光大，我们这代中医义不容辞、责任在肩。传统的中医跟师带徒、言传身教，不失为一种很好的教学方式，但生员较少，远不能满足中医药事业发展需要。二十世纪七八十年代起，田光达即担负起南充地区卫校中医士班、蓬安卫校中医培训班的教学带习工作。为尽快缓解当时中医药学乏人乏术的困境，他发动中医同仁借教室、租教具，先后举办了多批次中医夜校班、中医培训班，为广大农村培养了一大批养得起、留得住的中医药人才。二十世纪八十年代初，成都中医学院为了能在广大基层培养高层次的中医药人才，举办了中医函授大学。该学校采取师资培训、集中授课、分别辅导的教学方式，田光达被聘为首届函大教师，并颁发讲师聘书。在各类教学活动中，他认真负责，兢兢业业，亦庄亦谐，深入浅出，举证允当，启发诱导，不灌不塞，学员普遍反响较好，同行亦加赞誉，为南充市、广安市培养了一批中医药骨干和中坚。

“文化大革命”的冲击，不仅造成了中医药人才断代，还使中医药专业书籍十分匮乏。为了解决当时赤脚医生培训无书可教、无书可读的难题，县委宣传部、县卫生局决定由蓬安县中医医院牵头，成立教材编写小组，以王宇洲、章榜举、田光达、陈常、陈直谦等人为组员。在各级党委、政府的关心督导下，他们不辞辛苦，夜以继日，拟大纲、查资料、定章节、选内容……反复讨论审核，集思广益，经过三个多月连续奋战，一本30多万字的集中医基础理论、临床各科为一炉的《中医学讲义》编写成书，极大地解决了赤脚医生培训无教材的困境。师生获书后爱不释手、辗转传阅，其至今仍散存于广大农村医务人员手中。

在五十余年的临床医疗工作中，田光达还先后带教各级各类中医见习生、实习生数百人。他认真负责，和蔼可亲，循循善诱，亦师亦友，互学互教，教其读书方法，指导他们临床辨证，详查形候、纤毫勿失，深受学员爱戴。凡逢年过节、重大节日，这些学员们还回院探望，共叙师生友情。

医学科研是保证中医理论和实践不断丰富和发展的重要手段。田光达在担任中医院医务科长、副院长、院长的二十年间，十分重视此项工作。他首先加大科研宣传，营造氛围，倡导学术昌明，组建科研队伍，广泛收集资料、遴选课题，认真设计，缜密实施。由省中医管理局评审下达的《紫牛黄精汤治疗原发性血小板减少性紫癜》研究论文在获该局表彰的同时，亦获得县科委科技进步二等奖。《内服外敷治疗前列腺肥大》科研亦被南充市卫生局批准立项。在他的带领下，医院专业技术人员学科学、用科学蔚然成风，医务人员撰写发表于国家级、省部级学术刊物医学论文 100 多篇，他也发表论文 10 余篇，极大地提升了医院发展的后劲。

为让中医这门本已深深植根于民间的医学更加深入民心，田光达还热衷于中医科技知识的宣传和普及。他曾利用唐代伟大的医学家孙思邈的生日（农历四月廿八日）开展纪念活动。组织、策划、开展集知识性、趣味性、浅显性于一体的诗词补缺、中医中药楹联竞答、猜谜语、识中药别名等形式问题抢答竞赛活动，颇为参与者好评。受县委老干部局邀请，他组织医学同行为离退休干部讲解中医治未病、防慢病、中医健身保健等知识，亦深受老人们欢迎。

身为领导，田光达深知担子不轻，责任重大。他坚持党的领导，全面贯彻执行党和政府的中医方针、政策，放眼全局，立足实情，身先士卒，带领广大职工脚踏实地、艰苦奋斗，硬生生把一个由几名老中医自租房屋、自带桌椅、不领薪酬而创建于 1960 年的中医医院，建设成了市级文明单位，在省内首批获取分级管理达标的县级中医医院，成为市级同类医院的领头羊。一个初具规模、学科齐全、学术昌明、人才结构基本合理、医疗科研水平不断提高的县级中医医院初步建成。二十世纪 90 年代，省卫生厅副厅长、省中医管理局局长邓明仲专门来该院视察调研，对该院的各项工作给予了充分的肯定和赞扬。这为中医院的继续健康发展打下了坚实基础。

斗转星移，寒暑易节。田光达为中医药事业的发展，为病人的健康作出了应有的贡献。他始终奉行“德不近佛者不可为医，技不近仙者不可为医”的教诲，视病人为亲人，从不收受病人财物、红包，很多时候还为困难病人或学员伸出援助之手，帮助他们战胜疾病、克服困难。在得到政府肯定的同时，他也获得了广大病人的交口赞誉。

他先后担任中华医学会蓬安分会理事，蓬安县中医学分会副主任委员，县中医技术职称评定委员会副主任；中华医学会南充分会理事，南充市中医分会副主任；南充市中医医院管理委员会理事；南充市中医医院分级管理评审委员会评委；南充市医疗事故鉴定评审专家库成员。还先后任政协蓬安县第三届、第四届委员会委员，政协蓬安县第五届委员会常委。1994 年晋升副主任中医师，2005 年获取全县第一个主任中医师资格。二十世纪 90 年代初，他被南充市人事局、南充市卫生局授予南充市首届名中医称号。2004 年获四川省名老中医称号，其事迹收录《四川省市州中医名医录》。2020 年他被授予全国基层名老中医专家称号。

老骥伏枥，初心不已。如今，田光达已年逾古稀，仍孜孜不倦地工作在医疗临床第一线。可谓“莫道桑榆晚，为霞尚满天”。

（蓬安县城南社区卫生服务中心供稿）

# 点穴准手法精的乡村针灸医家汤及努

## 医家小传

汤及努，1944 年 9 月出生于蓬安县锦屏镇一中医世家。父亲汤若勋自小跟随其叔公汤宝山学习中医。汤若勋从师范学校毕业后，在故城的新华中学（今蓬安中学）以教书和行医为业，因为教学中体罚了时任县长黄佑普的千金（打手心），黄佑普便下令禁止汤若勋在故城教书行医。于是，汤若勋便前往湖北堂弟汤乃军师长所在部队担任军医，五年后加入国民党。其间，汤若勋听说广东籍针灸大师曾天治在重庆开设了一家针灸私立医院，遂辞去军医，拜曾天治为师学习针灸。四年后，结业临别之际，曾天治将其编写的《针灸医学大纲》赠予汤若勋，汤若勋视为珍宝（该书传至汤及努手中，至今保存完好）。此后，汤若勋回到故乡蓬安又开始行医。

1952 年，蓬安县成立卫协会，协会科长满善全主持举办了蓬安县医务人员针灸培训班两期，参训人员逾 100 人。汤若勋时任讲师，并著《针灸实用治疗学讲义》，油印一册计 117 页。当时，参加培训的学员还有现年 90 余岁的林尚直老人。

1958 年“大跃进”时期，汤及努年仅 12 岁，初中未毕业，就响应国家中医带学徒特别是自己子女的号召，毅然决然地跟随其父下派到龙潭村卫生室并在此行医至今。起初，汤及努学了三年司药，十五岁始学针灸。先在一个棉球包上练习扎针，后在纸张上扎，一页、两页，逐步增加厚度至十页、十五页，扎针过程中，针不能弯曲并扎透才算合格。遇有病人时，汤及努紧跟着父亲，学习如何进针、如何配穴以及各种手法。他深深地记得父亲对他说过病人是没法让他练习的。在没有病人情况下汤及努就练习手法和背诵《十四经穴歌》，逐步掌握了进针技能。他先在自己身上如合谷、内关、外关、足三里、三阴交练习，体验如何进针不痛。再后来汤及努应要求在父亲汤若勋身上练习扎针，汤若勋认可了，汤及努才对病人扎针治疗。治疗中，他始终谨记父亲的告诫，不照本宣科，多动脑筋灵活运用。扎针时，他会结合病人的年龄、体型、身高用针，因为病人不同，其手法轻重、进针角度、深度、配穴的补与泻就会存在差异，尤其配穴有循经取穴、上下配穴，这都要视病人情况而定。在不断实践与总结中，他总是努力做到针灸时点穴准、配穴当、手法精，力争收效良好。

在几十年的临床实践中，他体会到针灸不仅经济还快速，比如休克急救，用针刺十宣穴，点刺出血就能达到立竿见影的效果。但也需要注意安全，一针能救人性命，也能害人性命。劳累过度、空腹酒后、心情紧张的人很容易晕针，这种情况就需要让患者平卧在床，先用艾条灸百会穴，再施针，这样就会安全许多。高血压、脑梗死、脑出血引起的中风偏瘫、颈椎病、肩周炎、骨质增生、腰椎间盘突出、面瘫、三叉神经痛、小儿食积等，针灸都能起到很好的疗效。但也不是百病皆治、万病一针，如先天性聋哑和智障。

针扎进去要得气，但因人而异，有些是胀痛，有些是酸麻胀，如闪电一样，没有这种反应是针刺深度不够、偏左或偏右或因毫针针细针刺未达到刺激点。针灸，它是两种不同的治法，针是针刺、灸是艾灸，二者合并称为针灸。有的病单针，有的病单灸，有的病则是针灸并用。灸法有隔蒜、隔姜、隔盐还有直接灸，现在最常用的就是艾盒灸。

社会在进步，科学在发展。汤及努说，他希望在今后的临床运用中不断创新，并总结更多宝贵的经验，为祖国的医疗事业建设添砖加瓦，为广大人民群众的健康作出贡献。

## 医案医话

龙潭村的李某，现年 72 岁，患急性胃痛，恶心欲吐却又吐不出来，他在电话里邀请汤及努去他家进行治疗，到他家后，他对汤及努说胃很痛，想请其帮忙先镇痛。汤及努回答道，如果用针灸可以很快见效。在征得李某同意后，汤及努先取足三里配阳陵泉，后取中脘加内关用泻法强刺激，两分钟后，李某的疼痛就减轻了大半。五分钟后便不再疼痛，留针十五分钟。第二天复针一次痊愈。李某说汤及努的针比止痛药还快，针到病除，经济实惠。

家住锦屏镇的胡女士将她两岁的女儿王某怡带去汤及努医师的门诊就诊。当时王某怡小朋友面黄肌瘦，食欲不振数天，诊断为小儿食积。汤及努先刺四缝穴，点刺有黏液，后刺足三里、中脘、天枢，用补法，间隔七天一次，配中药七味白术散加味：党参 15 克，白术 15 克，茯苓 15 克，粉葛 10 克，木香 10 克，藿香 10 克，甘草 5 克，胡黄连 6 克，鸡内金 10 克，消积化瘀健脾和胃，连服 3 剂，针 3 次痊愈。

张家沟村的陈某华老人，因吃肉第二天不解大便，第三天因腹胀呕吐不大便，去某医院检查诊断为“肠梗阻”。在住院五天未见明显好转的情况下，陈某华老人就要求出院回家，然后请汤及努去她家治疗。此时她已经八天未解大便，茶饭不思，甚至连饮水也会引起呕吐，汤及努用针刺足三里、阳陵泉、中脘，加丰隆、内关，用泻法留针 30 分钟。内服增液汤加味：麦冬 20 克，生地 20 克，玄参 15 克，火麻仁 25 克，黄芪 30 克，当归 25 克，生姜 15 克，楂肉 20 克，竹茹 15 克。取灶心土 150 克，加水搅拌和匀再淀清后，用其清水煎药服。次日复针一次，当晚便有大便解出。第三天复针，取丰隆和阳陵泉加三阴交，用补法。内服补中益气汤加减，药用：党参 25 克，黄芪 30 克，升麻 8 克，柴胡 8 克，白术 15 克，陈皮 12 克，当归 15 克，炙甘草 6 克，首乌 15 克，怀山 15 克，肉苁蓉 10 克。连服两剂后痊愈。

两路乡石板店村吕女士在阿坝务工，患颈椎病引起双手麻木两年有余，在外四处求医但未好转。2021 年 11 月，经人介绍她前去汤及努处就诊，症见颈肩痛、头晕、颈部活动不便，双上肢麻木，俗称为项痹，即针大椎、天柱、后溪、合谷、内关、外关、曲池、太阳、风池，祛风散寒舒筋活络，并加灸法平补平泻。针灸过程中，手法、穴位根据好转情况进行适时更改。第一疗程后，颈肩痛、头晕、颈部活动不便、上肢麻木情况得到明显改善，三个疗程后痊愈。为巩固疗效，间隔一天便又施了四次针。她对汤及努说：“感谢汤医生治好了我多年的痼疾。”汤及努答道：“治病救人是医生的本职工作。”

龙潭村刘先生突发左侧面部肌肉运动障碍，口眼歪斜、流泪、口角下垂流口水，便立即去找汤及努治疗，诊断其为面瘫，针灸并用，针风池、太阳、合谷、列缺、颊车、地仓、迎香、四白、水沟，用泻法，疏风散邪、活血通络。拟方牵正散加减：制白附子 15 克，僵蚕 15 克，全虫 10 克，防风 10 克，柴胡 15 克，钩藤 15 克（后下），麻黄 10 克（后下），甘草 6 克。2 剂，水煎服，每日 3 次。另外自制贴药：全虫 10 克，白附子 15 克，僵蚕 15 克，白芷 10 克，肉桂 10 克，荆芥 10 克，煎药研细，加麝香 0.5 克，用白公鸡血调合（如无白公鸡血可改用米醋 150 克、阿胶一块溶化后调合），针后贴患处，针灸四次后症状得到明显好转。后三次加足三里用平补平泻手法，内服补阳还五汤加蜈蚣 2 条、肉桂 10 克，一疗程后痊愈。汤及努说：“刘先生能很快痊愈，也是因为没错过最佳治疗时间。”

住相如街道 49 岁的刘某，因突发脑出血在川北医学院动手术住院二十天回家，前来汤及努处就诊时行动困难，行走得辅以拐杖，还得有人搀扶，伴有言语障碍、口角歪斜流口水，诊为中风偏瘫。头部针百会、风池、太阳、迎香、地仓、颊车、金津、玉液，上肢针肩髃、曲池、手三里、合谷、内外关、后溪、腕骨，下肢针环跳、承扶、委中、风市、阴陵泉、三阴交、绝骨、丘墟、中封、太溪等穴位，根据治疗进度可另选配穴。前两个疗程必须用单刺法，即一个穴位扎完即换另一个穴位，用泻法。第三个疗程配穴留针 30 至 40 分钟，留针是必须行针 10 次以上达到酸麻胀痛才有效果，用平补平泻手法。内服药拟方补阳还五汤加味：黄芪 50 克，当归尾 20 克，赤芍 15 克，地龙 15 克（酒炒），川芎 15 克，桃仁 10 克，红花 10 克，三七 60 克，丹参 60 克，天麻 50 克，桂枝 40 克，姜黄 50 克，杜仲 60 克，全虫 15 克，寄生 50 克，血藤 60 克，研细为丸，每日三次，每次 10 克，连服三剂。经三个月针灸、中药治疗，取得满意效果，其言语正常，生活完全能自理。

（汤及努口述　吕海军整理）

# 现代医家

# 擅用经方治疗疑难杂症的唐茂清

## 医家小传

唐茂清，男，1950 年 10 月出生于蓬安县金溪镇亮垭子村（原金溪镇柏垭口村），中共党员，主任医师，教授。1975 年毕业于南充医学专科学校，分配至南充地区医院从事中西医临床工作，平时一边行医，一边致力中医学研究。1984 年考入成都中医学院中医经典著作提高班，学习 2 年。1986 年考入上海中医学院中医理论提高班，学习 1 年。2000 年被评为南充市名中医，2003 年被授予四川省名中医，2009 年被评为首届南充市十大名中医。在省级以上刊物发表论文 28 篇，获市级医药科技进步奖三等奖 1 项。系四川省第五批名老中医专家学术继承人带教指导老师、川北医学院附属第二临床学院研究生导师。

唐茂清在中医基础理论方面始终勤奋好学，从不满足。对于医学经典，他认为就是要精研细读、善记勤读，重要章节应能背诵；要深刻领会原著的精神实质，切忌一知半解、望文生义、断章取义；要精读细读才能加深理解，提高悟性，以备临床不时之需。他不仅勤于通读精读中医经典书籍，还从不同角度和侧面对其进行分类整理，参阅不同注家的解释，对先贤在药性、医理及把脉、开方等方面的独到之处，他都一一记在心中、写在本上。他坚持带着问题重读，擅长将复杂的理论归纳而使之条理化，立为纲目，得其奥旨。在学习和工作中，他不仅埋头于繁杂的考证，从理论到理论进行推演，还结合自己的认识和经验仔细琢磨研究，并从临床实践中去寻找答案，为其成就区域名医奠定了坚实的基础。

行医40余年，唐茂清在川东北中医界名望甚高，源于其将孙思邈“大医精诚”作为圭臬。他恪守医德医风医道，坚守仁心、历练仁术，怀救苦之心、做苍生大医，认真对待每一位患者，以解除患者的病痛为己任，态度谦和，耐心为病人讲解并分析病情，总是为患者着想，从来不开价格昂贵的检查和药物，有时遇到经济困难人员不收取挂号费，为患者免费诊治，做到“疾厄来求救者，不问贵贱贫富，长幼妍蚩，怨亲善友，华夷愚智，普同一等，皆如至亲”对待。

## 医案医话

唐茂清治学思想严谨，遵循《内经》为旨，效法《伤寒论》《金匮要略》《温病条辨》等经验，兼采百家医学之长。他在行医过程中，以中医药整体观念为基础，坚持辨证论治，注重色脉相参，主张“调和阴阳，升降相施，补其不足，泻其有余”，务必“治病求本，标本兼治”。

社会在发展，自然环境在变迁，疾病谱也在不断演变。除对古方善于吸收发挥、为我所用外，唐茂清有感于执古方难以尽愈今病之现实，还善于组新方，以应疾病无穷之变化。他在反复实践的基础上创立了一些临床运用有效的方剂：如治疗水肿的水肿方（黄芪、丹参、白术、茯苓皮、桂枝、大腹皮、通草、泽泻），治疗头痛的头痛方（川芎、白芷、细辛、羌活、防风、僵蚕、天麻、黄芩、甘草），治疗胸痹的胸痛方（丹参、瓜蒌皮、薤白、红花、酸枣仁、百合、佛手），治疗便秘的便秘方（当归、桃仁、火麻仁、肉苁蓉、麦冬、玄参、生地黄、番泻叶、甘草），治疗肿瘤的肿瘤方（黄芪、当归、三棱、莪术、半枝莲、白花蛇舌草、麦芽、谷芽），治疗不寐的不寐方（知母、炒酸枣仁、百合、茯神、生龙骨、麦冬、丹参、合欢皮），治疗汗出的汗证方（党参、麦冬、五味子、黄芪、生龙骨、生牡蛎、酸枣仁、地骨皮），以及治疗肝胆疾病、支气管炎、老年疾病、脾胃病、胃炎、溃疡性结肠炎、泌尿系结石病、中风后遗症等方剂。同时，他还总结提出部分治疗心得，如：轻、清、宣、通治温病，攻补兼施、平补治老年病和体弱疾病，升降相施、燥湿相济治脾胃病，清热解毒、缓急止痛治皮肤病，补气活血、化痰通络治老年心脑血管疾病，温肾壮阳、散寒行水治鼻渊等疾病，清热解毒、分利湿热治热淋，养血散寒、解毒通络治疗带状疱疹神经痛，当归四逆汤治疗血虚寒凝之痛证等。

唐茂清从事中医临床工作40余年，擅用经方治疑难杂症，如病毒性肝炎、肝硬化、胆石症、肝癌、支气管炎、胰腺炎、胃炎、溃疡性结肠炎、泌尿系统结石、中风后遗症等。

## 一、真武汤临床运用举隅

《伤寒论》真武汤，由茯苓、白芍、生姜、白术、制附子组成，具有温阳化气行水之功，以此方治疗各种阳虚水泛、水气内停之证，多获奇效。

### （一）鼻渊

向某，男，13岁。患鼻窦炎三年余，曾多方求治罔效，于1995年10月2日到唐茂清处就诊。症见：鼻塞，涕黏白量多，嗅觉减退，头昏痛，畏寒肢冷，面色皖白，腰膝酸软，精神不振，舌质淡，苔白腻，脉沉细。中医辨证为肾阳不足、寒水上泛，治宜补肾壮阳、散寒行水。方以真武汤加味：茯苓12克，制附子10克，白术10克，白芍10克，生姜10克，白芷12克，细辛6克，辛夷10克（布包）。日1剂，水煎600 ml，分3次温服。连服3剂，症状明显减轻。继服此方加减治疗半月，诸症悉除。

按：肾为水脏，肺乃水之上源，开窍于鼻。此例由于肾阳不足，不能温化水液，摄纳无权，肺失温煦，寒水上泛，上越鼻窍所致。故用真武汤补肾壮阳，温化水液，使水下行；加白芷、细辛、辛夷以温肺散寒，祛湿通窍。

### （二）石淋

蒋某，男，33岁，司机，1995年12月26日诊。患者反复出现左侧腰腹部疼痛2年余，加重5天，经泌尿外科检查诊断为左侧输尿管结石，不愿手术而愿服中药治疗。症见：左侧腰腹部阵发性绞胀样疼痛，痛引少腹，窘迫难忍；面色皖白，轻度浮肿；畏寒肢冷，小便滴沥不畅，大便稀溏；舌质淡胖，苔白滑；脉沉细无力。腹部平片示：左侧输尿管下段有约0.6 cm × 0.5 cm致密阴影。B超检查诊断意见：左侧输尿管下段结石，左肾盂积水。中医辨证为肾阳不足，寒水凝结，治以温肾壮阳、排石止痛。方用真武汤加味：制附子 15 克，白术 15 克，生姜 12 克，茯苓 30 克，白芍 30 克，石韦 30 克，金钱草 30 克。日 1 剂，水煎 600 ml，分 3 次服。连服 2 剂，疼痛缓解。继服此方治疗 1 周，排出结石 1 枚。经 X 片复查结石阴影消失。

按：《诸病源候论·淋病诸候》曰："石淋者，淋而出石也。肾主水，水结则化为石。"此例由于肾阳不足，气化失常，制水无权，水液失于温化，寒水相凝，聚结成石，阻滞尿路所致。方中制附子、生姜温肾壮阳，化气行水，祛散寒凝；白术固本制水，茯苓淡渗利水，白术配茯苓，乃制水中有利水之用；白芍缓急止痛兼利小便；石韦、金钱草通淋排石。诸药合用，使肾阳得温，寒凝则散，尿路畅通，石淋乃愈。

## 二、当归四逆汤临床新用举隅

《伤寒论》当归四逆汤，药由当归、白芍、桂枝、细辛、大枣、通草、甘草组成。若疼痛在上（头部）可酌加白芷，在中（胸腹部）酌加柴胡，在下肢酌加牛膝。每日 1 剂，水煎服。

### （一）带状疱疹

杨某某，男，33 岁，1999 年 6 月 27 日初诊。1 个月前患头面部带状疱疹，经中西药治疗疱疹结痂后仅有色素沉着，但其部位仍疼痛难忍。复诊：左前额与面颊部呈阵发性刺痛，不敢言语，面肌紧束感，面部喜温热，坐卧不安，四肢发冷，面色无华，舌质淡、苔薄白，脉沉细无力。证属气血不足、阴寒凝滞、余毒未尽、经络不通，治以养血散寒、解毒通络。方用当归四逆汤加味：当归 12 克，白芍 20 克，桂枝 10 克，细辛 6 克，大枣 12 克，通草 6 克，甘草 6 克，白芷 12 克。每日 1 剂，水煎 600 ml，分 3 次服。治疗 1 月后，疼痛消失。

按：带状疱疹属中医蛇串疮，造成后遗神经痛的原因多为气血不足、阴寒凝滞、余毒未尽、经络不通、气血运行不畅所致。运用当归四逆汤治疗该病，方中当归、白芍、大枣补养气血；桂枝、细辛温经散寒，祛凝行滞；甘草清解余毒；通草通利经络。合而用之，具有补养气血、温散寒凝、清解余毒、通络止痛之功。

用当归四逆汤治疗各种血虚寒凝之痛证，疗效明显，兹举验案如下。

**（二）胸痹**

刘某，女，55岁，于2003年12月8日入院。患者左侧胸部憋闷疼痛半个月，痛引背部，遇寒加剧，心悸心慌动则为甚，头目昏眩，面白不华，手足怕冷，舌质淡，苔薄白，脉沉细。心电图示左室高电压，心肌缺血。超声心动图示左室舒张顺应性降低。入院中医诊断为胸痹，辨证为血虚寒凝、阻滞心脉，治以养血散寒温通心脉。方用当归四逆汤加味：当归、白芍各12克，桂枝10克，细辛、甘草、通草各6克，丹参15克。水煎服，日1剂。服2剂疼痛减轻，继续服3剂，诸症消失而出院，1个月后复查心电图正常。

按：此例由于心血不足，寒邪乘虚入侵，积于胸中，胸阳不运，凝滞心脉所致。方中当归、白芍、大枣补养心血；细辛温散寒邪；桂枝、甘草通阳宣痹；通草、丹参活血止痛，通利心脉。诸药合用，使心血得养，寒邪得散，胸阳得运，心脉畅通，胸痹乃愈。

**（三）胁痛**

韩某，女，48岁，2002年5月9日诊，因结石性胆囊炎入急症科，经用西药抗炎镇痛治疗1周，收效不佳。症见右侧胁肋绞痛，痛引背部，弯腰捧腹，头昏目眩，面白无华，四肢怕冷，舌质淡，苔白，脉沉略弦，诊断为胁痛，辨证为肝血不足、寒邪凝滞，治以补养肝血、散寒止痛。方用当归四逆汤加味：当归12克，白芍30克，郁金15克，桂枝、甘草各10克，细辛6克，大枣15克，橘核20克。日1剂，水煎服。服2剂疼痛消失。

按：此例由于肝血不足寒邪乘虚侵袭、凝滞肝胆、气机郁结所致。当归四逆汤中当归、白芍、甘草、大枣补养肝血，缓急止痛；桂枝、细辛、通草温散寒邪，宣泄郁滞，调达气机，畅通郁结；郁金、橘核疏肝利胆排石。方药对证，故获显效。

**（四）石淋**

钟某，女，25岁，于1998年7月2日入院。右侧腰腹部绞痛1天，痛引少腹，窘迫难忍，小便滴沥不畅，四肢厥冷，舌质淡，苔白滑，脉沉弦。B超示右肾区有0.5 cm×0.3 cm的增强光团伴声影。证属寒邪入肾、气化失司、寒凝水结之石淋，治以散寒温肾、排石止痛。方用当归四逆汤加减：当归12克，肉桂、细辛、甘草各6克，通草10克，白芍、金钱草各30克，冬葵子25克。水煎服，日1剂。服1剂疼痛缓解。继服1个月后排出结石1枚，经B超复查结石光团消失。

按：此例因寒邪入肾、气化失司，水液失于温化、寒凝水结成石，阻滞尿路、气血运行不通所致。方中当归、肉桂、细辛、通草散寒温肾，畅通气血；白芍、甘草缓急止痛；金钱草、冬葵子排石通淋。药证相符，故能获效。

**（五）腹痛**

蒲某，女，44岁，2003年9月27日诊。因左下腹反复疼痛，腹泻1年余，西医诊断为肠易激综合症。症见左下腹疼痛，遇寒则甚，畏寒肢冷，大便溏泻，带有黏液，每日2~4次，面色不华，舌质淡，苔白，脉沉迟。辨证为寒凝肠腑、传化失司，治以温散寒邪、调和肠腑。方用当归四逆汤加减：当归10克，白芍30克，茯苓20克，肉桂、甘草、细辛、通草各6克，大枣12克。水煎服，日1剂。服3剂前症明显减轻。继以此方加减治疗半月，诸症悉除。

按：此例由于阴寒之邪凝滞肠腑、阳气被遏、气血受阻、传化失司所致。方中当归、肉桂、细辛温散寒邪，宣通阳气，畅通气血；白芍、甘草缓急止痛；茯苓、通草通利小便以实大便；大枣调和诸药。诸药合用，使寒凝得散，阳气得宣，气血畅通，肠腑调和，诸症悉除。

（聂俊宝）

# 擅长中西医结合治疗脾胃病的张心海

## 医家小传

张心海，男，生于1955年4月，蓬安县新园乡（原碧溪乡）人，中共党员，中医学博士研究生毕业。硕士研究生导师，中西医结合消化内科专家，中西医结合肿瘤内科专家，四川省有突出贡献的优秀专家。

张心海1977年考入川北医学院，1980年4月毕业，从事中西医临床工作现已40余年。1993年任中西医结合内科主治医师，1998年任中西医结合副主任医师，2009年任县中西医结合主任医师。曾先后在蓬安县河舒乡卫生院、蓬安县中医院、蓬安卫校从事中西医结合临床与教学工作26年。2006年7月调入四川省中西医结合医院（国家三甲）工作至2024年，先后担任该院内二科、内四科、内五科（消化及肿瘤）副主任、主任。

张心海自幼受祖父医德医术熏陶启发，酷爱医学，把治病救人作为自己崇高的人生理想和追求目标，长期热爱医药事业，医风正派，遵章守纪，无医疗事故发生，多次被评为省市县级“优秀共产党员”。他不遗余力研究中医“四大经典”，深受民国张锡纯《医学衷中参西录》学术思想的影响，长期从事中西医结合、西医诊病、中医辨证的研究，尤其对明代张景岳的“化肝煎”、东汉张仲景《伤寒论》“茵陈蒿汤”研究较深，如“化肝煎”治疗消化性溃疡病的肝胃郁热证、“茵陈蒿汤”治疗各种肝病的肝胆湿热证，取得了较好疗效，被患者、群众誉为现代“张氏医家”。

张心海从事中西医结合治疗内科常见病、多发病及疑难危急重症等研究工作 43 年，长期于临床工作一线，带领、指导下级医师及硕士、规培生、进修生等处理疑难急危重症病人，抢救成功率高，获得病人、群众多次赞誉，该科室已建成四川省脾胃病科（消化内科）重点专科。他对复发性消化性溃疡、乙肝、肝硬化腹水、肝癌、胃癌等疗效独特，效果满意。近 10 年来张心海门诊人次每月、每年总量均名列全院前茅。

在传承学术、培养人才方面，张心海培养硕士研究生 5 人，给美国等留学博士讲课 30 余人次，带教规培生、实习生 500 余人，培养大中专及本科毕业生 1000 余人。其授课一丝不苟，以身示教，一以贯之，深受学者欢迎，曾获得省市县级"优秀教师称号"。

张心海不断总结中西医临床经验，积极开展学术论文撰写，正式发表《中西医结合治疗消化性溃疡 30 例临床疗效观察》《脾胃病常见证型中西医辨证要点》《恶性肿瘤化疗后呕吐的中医药治疗临床研究》《仁术健胃颗粒治疗慢性萎缩性胃炎胃癌前期病变的研究现状》等论文 42 篇。其中，正式发表论文 37 篇（核心期刊 16 篇、优秀学报 2 篇、消化论文 24 篇）。参加编写著作 5 部，主持省厅局级课题 5 个（结题 4 个，1 个在研）。



40 多年来，张心海为四川中西医药事业发展贡献了青春及智慧，在中西医行业中有较大影响，在当地病员、群众中或省内外有较高声誉，被四川省委、省人民政府评为"第十一批四川省有突出贡献的优秀专家"。

## 医案医话

### 一、胃溃疡验案举隅

杨某某，女，53 岁，2022 年 5 月 6 日该院初诊，证见胃脘痛势急迫，有灼热感，口干口苦，吞酸嘈杂，烦躁易怒，便秘，喜冷饮，舌质红，苔黄腻，脉弦数。排除其他疾病引起上腹部疼痛，患者及家属拒绝手术，选择住院保守治疗。血常规正常，大便常规：隐血阳性，Hp 阳性。胃镜及病理：胃溃疡 A1 期（胃窦溃疡，周围黏膜充血、水肿，见少量渗血，底覆脓苔）。胃窦病理：慢性非萎缩性胃炎，慢性炎症（+++），肠化（+），无萎缩，无上皮内瘤变，Hp（++）。西医诊断：胃溃疡 A1 期，Hp 感染。予禁食输液，奥美拉唑 40 mg 静滴，qd，抑酸护胃及补液治疗。5 月 9 日大便隐血阴性。改为流质饮食。中医诊断：胃疡病初期。辨证肝胃郁热，治以疏肝泄热、抑酸护膜、活血止血，方药化肝煎加减。

药物：丹皮 10 克，栀子 10 克，青皮 10 克，浙贝母 15 克，黄芩 10 克，黄连 10 克，海螵蛸 30 克，瓦楞子 30 克，五灵脂 10 克，蒲黄炭 10 克（包煎），三七粉 10 克（冲服），白及粉 10 克（冲服），蒲公英 10 克，郁金 10 克，甘草 3 克。水煎 450 ml，每日三次，连服 7 剂。

二诊（2022 年 5 月 16 日）：患者诉胃脘部疼痛明显减轻，灼热感、口干苦、吞酸嘈杂均缓减，烦躁易怒，二便正常，舌质红，苔薄黄，脉弦数。前方去黄连，加薏苡仁 30 克。煎服法同前，继服 15 剂。西医抗幽门螺杆菌标准四联疗法，连服两周，带药出院。

按：患者女性，年龄偏大，胃溃疡病初期（活动期），胃热症状明显，禁食 3 天改为进流质饮食，出院带药嘱流质饮食，逐渐过渡到半流质饮食，饮食药物不宜过热，体力不宜过劳，慎起居，调情志，防感冒，不宜服用非甾体类药物，因溃疡出血刚停止，否则会再出血。方中陈皮、青皮理气；芍药敛肝；丹皮、山栀子清肝泄热；瓦楞子甘咸，入肝肺胃经，消痰化瘀，软坚散结，与海螵蛸、浙贝母联用可制酸止痛。诸药合用，共奏清肝泻热和胃之效。

三诊（2023 年 5 月 31 日）：患者诉偶感上腹部疼痛不适，无灼热感、口微干苦，无吞酸嘈杂，感觉乏力，二便正常，舌淡红，苔薄微黄，脉稍数。仍用化肝煎加减，去黄连、五灵脂、海螵蛸，加薏苡仁 30 克、黄芪 30 克。煎服法同前，再继服 15 剂，停用西药。

四诊（2023 年 6 月 16 日）：复诊，患者未感腹痛、腹胀、反酸、嗳气、恶心不适，肢体倦怠，少气懒言，小便正常，大便稀溏，舌质淡，苔薄微黄，脉微弱稍数。西医诊断多胃疡病愈合期（H1 期），中医诊断为胃疡病中期，辨证脾胃气虚证，治以健脾益气、活血生肌。方药六君子汤加减：太子参 15 克，白术 10 克，茯苓 15 克，木香 15 克，法半夏 10 克，陈皮 10 克，砂仁 10 克（后下），海螵蛸 20 克，建曲 20 克，三七粉 10 克（冲服），白及粉 10 克（冲服），薏苡仁 30 克，黄芪 30 克，丹参 30 克，炙甘草 3 克等。煎服法同前，继服 15 剂。

按：患者正处胃疡病中期，即愈合期，胃部症状已消失，嘱患者半流质饮食，饮食药物仍不宜过热、过燥、过硬、过酸，体力不宜过劳，慎起居，节饮食，调情志，因溃疡面长出新鲜嫩芽组织，不能耐受上述食物，这是治疗胃疡病成败的环节。方中太子参、白术、茯苓、炙甘草益气健脾为主药，白术、茯苓又能渗湿，辅以陈皮、法半夏燥湿和胃，木香、砂仁理气醒脾，薏苡仁调和脾胃。诸药配伍，标本兼顾，切中病机，丝丝入扣，使脾胃健运，升降复常而诸症自愈。

五诊（2023 年 6 月 30 日）：复诊，患者未诉不适，二便正常，舌质淡，苔薄白，脉常。复查胃镜胃溃疡瘢痕期（S1 期），慢性非萎缩性胃炎，胃镜及病检示："胃窦"送检组织为浅表胃黏膜示慢性非萎缩性胃炎，慢性炎症（+）；肠上皮化生（+）；无萎缩；无上皮内瘤变；Hp 阴性。西医诊断胃溃疡（S 期），中医诊断胃疡病后期，辨证仍为脾胃气虚证，治以健脾益气、活血生肌。嘱患者继服前方 15 剂，嘱平时注意饮食，如有不适及时就诊，至今未见复发。

按：患者溃疡病后期，即瘢痕期，因患者平素喜吃麻辣烫、火锅、烧烤，常与朋友聚餐，服药不正规，依从性不好。针对这些问题，张心海经常要求"用药要精准，服药要正规，疗程要足够，停药要标准"，经常叮嘱患者记住胃病"三分治疗，七分调养"，注意饮食，感冒后不服非甾体类药，不暴饮暴食，坚持服药 2 个月以上，并委托家属监管。这是张心海治疗胃疡病不易复发的经验。

## 二、胃非霍奇金淋巴瘤验案举隅

胃非霍奇金淋巴瘤病发于脾胃气滞、痰湿内停。中医学据"非霍奇金淋巴瘤"临床表现及发病特点，将其归属祖国医学痰湿致病之"痰核、恶核、积证"等范畴。"百病皆由痰作祟"，张心海认为本病发于脾虚气滞，直接病因为痰湿。在中医整体观指导下，据证而辨、审证求因、审因论治，同时借助现代辅助检查手段，查明病因，达到治病救人的目的。辨证上他强调四诊合参，善用望诊，尤重望色；重用脉诊，强调脉症从舍。治疗上重视健脾理气消痰，以二陈汤为基本方随症加减。重用气药，补气健脾，使气行水行，消已生之痰以治标，绝生痰之源以治本，达到标本同治之效。

望诊尤重望色。患者体态偏胖，肤色偏白，精神不振，面色无华，声低懒言，乏力，动作迟缓，此为心脾两亏，或肾阳不足。面色淡黄憔悴者，多属脾胃气虚、营血不能上荣于面部所致；面色萎黄而且虚浮者为黄胖，多属脾虚失运、湿邪内停所致；唇色淡红者多虚、多寒，嫩红者为阴虚火旺，淡白者为气血两虚。

重用脉诊，强调脉症从舍。本病因痰致病，故脉象多见濡脉、缓脉、细脉、弱脉、滑脉或相兼滑数、沉弦、沉缓。强调病情复杂时多遇脉症不相应的情况，医者在通其脉症相合下，亦应达其脉症不合之变，综合四诊收集的其他资料做出准确的辨证。如：面色浮红，四肢厥冷，腹冷痛，嗳气，下利清谷，小便清长，舌淡苔白，脉大。面色浮红不似实热之满面通红，脉虽大却按之无力。此二者均为假热之象，因其应从症状而辨证为脾胃阳虚之寒证。再如：手足冷，烦渴喜冷饮，咽干，口臭，呃逆，反酸，胃胀痛，小便短赤，大便燥结，舌质红，苔黄而干，脉沉。手足冷非为厥冷，冷却不喜暖；脉虽沉却数而有力，此手足冷及脉沉就是假寒之象，此时也应据其他症状而辨为脾胃热盛之证。因此，医者应具备坚实的基础知识，临诊方可知其常而达其变，循变而不舍其常也。

治法方药：以理气化痰、补气健脾为原则，顾护脾胃的同时重用行气药，《丹溪心法》中有“善治痰者，不治痰而治气，气顺则一身之津液，亦随其而行”“治痰法，实脾土，燥脾湿，是治其本”等记载。《景岳全书·痰饮·论证》曰：“痰即人身之津液，无非水谷之所化。此痰亦即化之物，而非不化之属也。”本病初、中期，张心海采用二陈汤为基本方，实脾土，燥脾湿，理气和中，同时随证合他方加减变化为治。寒痰凝滞加肉桂、姜炭、干姜等温阳散寒；痰热互结加竹茹、苍术、黄芩、瓜蒌仁、胆南星等清热除湿，清气化痰；气结痰瘀加枳壳（实）、柴胡、合欢皮、青皮等理气散结；食少便溏者加淮山药、山楂曲、鸡内金等健脾消食、益气除湿；瘀血甚者加桃仁、红花、川芎、莪术等活血化瘀；肝脾肿大甚者加鳖甲、昆布、牡蛎等软坚散结；肝肾阴亏加枸杞、丹皮、泽泻、桑寄生、制首乌等补肝肾之阴；气血两虚与八珍汤加减合用以气血双补。

典型病例：患者蒋某某，女，63岁，因“查及胃非霍奇金淋巴瘤2+年，剑突下不适，乏力纳差加重10天”，于2011年11月30日来张心海就职医院就诊。患者两年前无明显诱因反复出现剑突下疼痛不适，餐前及餐后疼痛均加重，同时伴有进食减少、身软乏力及夜间汗出，偶尔伴有黑色不成形大便。为求详细诊疗，遂至四川大学华西医院就诊，经内镜超声及病理活检，病理活检提示：胃体非霍奇金淋巴瘤，免疫组化染色支持上述诊断。确诊为胃原发性非霍奇金淋巴瘤。本次就诊患者身体困重，体态偏胖，面色无华，肤白，神疲，气短懒言，纳差乏力，身软汗出，睡眠差，小便频数色黄伴有灼热疼痛，大便稀溏，舌黯淡苔黄腻，脉缓。患者平素性急多虑，饮食失律，气机失常，脾胃气滞。脾胃运化水谷无力，气血生化无源故面色无华、纳差、肤白、身软乏力；水湿停聚成痰故大便稀溏，舌黯淡苔黄腻，脉缓。气血凝滞则嘴唇发绀，气滞不通则腹痛。患者为湿盛体质，川中饮食习惯多辣，使湿从热化形成痰热互结之证，故患者小便频数色黄伴有灼热疼痛。治以健脾除湿、清气化痰。方用：人参10克，炒白术15克，茯苓15克，法夏10克，陈皮10克，胆南星10克，黄芩10克，金钱草30克，合欢皮15克，砂仁15克，甘草5克。水煎600 ml，分3次服用，日1剂。7剂后，患者面色透红，睡眠及食欲不振症状略有改善，但仍感觉性情急躁易怒，身体困重，疲倦，小便不痛但仍有灼热感，大便仍稀溏并有里急后重感。遂调整药方改人参为太子参15克，加木香15克、台乌20克、柴胡15克、香附15克、荷叶20克、薏苡仁30克，加强疏肝理气、清热除湿之效。又7剂后，患者家属感其性情缓和，精神增加，患者食欲较前增加，自觉力气稍有恢复，小便灼热减轻，大便较前成形，里急后重感消失。“治痰为先，次养血活血”，为使患者身体进一步恢复，调方减荷叶、薏仁，加当归15克、川芎15克、炒蒲黄15克、赤芍20克活血养血。后守此方直至患者好转出院。出院后仍门诊定期以此方药加减变化口服中药治疗。随访至今已有两年，患者现精神好，纳眠可，体重未减轻，二便基本正常，生活质量较好，无明显复发迹象。

（马巧智　邹腊梅）

# 古为今用中西融合的刘成报

## 医家小传

刘成报，男，蓬安县新园乡（原碧溪乡）人，生于1952年，汉族，中共党员，曾任省中医学会、中西医结合学会会员。家境贫苦，从小便有学医梦想。1970年始从医，寻拜民间医生为师，从事中草药采集，辨识药材真假伪劣，熟悉药性，读诵背医籍，开启从医之路，以治病救人为理想。

刘成报1972年参军后，从事卫生、司药、护理、保健等工作，后就读于辽宁中医药大学中医系，1979年毕业后回军队医院工作，在大连市驻军陆军第二一〇中心医院和二三七野战医院任内科军医，主要从事血液、消化、肿瘤、传染病等疾病的中西医诊治。其间，认真履行军医工作职责，诊断准确，疗效可靠，病案书写达标率较高，曾在原沈阳军区医院医疗文件质量评比中多次获得奖励。在军队医院工作期间还参与了中医“脉象测定”研究，获得全军科技成果奖。

转业到地方医院后，刘成报在蓬安县人民医院中医科历任中医主治医师、副主任医师、主任医师，开展临床诊疗业务。他虽已退休多年，但仍受聘于该院工作至今。

祖国医学源远流长、博大精深，他谨记“古为今用、洋为中用”，当好中医学的传承人。随着医疗科学技术的发展以及医学知识和技能的不断创新，他一直坚持走中医、中西医结合之路，遵照各自的理论和特点，自成体系，将中西医知识融会贯通、取长补短、互为利用、有机结合，多闻博识、注重实效，

勇于进取、共同提高，并以继承和发扬光大为宗旨，以救治百姓为己任。

刘成报认为，中西医结合诊治疾病，对认知病的机理和病人的个体差异更全面、更科学，其疗效更确切可靠，更易达到治病必求其本、标本兼治的目的。

从医五十余年来，刘成报一直从事临床一线的诊疗业务，从未间断。他博览群书、勤求古训、博采众术、取其精华，不断提高自己的临床水平，具有扎实的中医理论造诣和丰富的临床经验，尤长于内、妇、儿、皮肤等科常见病、多发病及慢性疑难重症治疗。他以整体观念为指导思想，以辨证施治为治疗原则，选方用药精确得当，均能达到药到病除、立竿见影的独特效果。

刘成报曾先后在国家、省级等专业期刊公开发表论文十余篇，其中多篇为国内核心期刊发表，撰写全国医学学术经验交流文章二十余篇，其中多篇被评为优秀论文。

## 医案医话

医书万卷，学派林立。刘成报本人学习《伤寒杂病论》、金元四大家等学派学说后，所得以下临床感悟。

### 一、研悟活用生姜泻心汤

《伤寒论》曰："伤寒汗出，解之后，胃中不和，心下痞硬，干噫食臭，胁下有水气，腹中雷鸣，下利者，生姜泻心汤主之。"

在临证时，只要病人觉有脘腹部痞满、时痛、嗳气、打嗝、反酸或呕吐、泄泻、肠鸣沥沥有声等症时，查体扪之腹部有振水音或肠鸣音亢进者，中医辨证属脾胃虚弱、升降失司、水湿内停、客于中焦者（如各种胃炎、肠炎、胃肠功能紊乱、消化道溃疡、幽门梗阻病等），用之皆见特效。

## 二、善用茵陈五苓散治肝病

肝炎，特别是急性黄疸型肝炎，其早期治疗十分重要，其病机多因湿热内蕴于里、水湿内停而致，或湿重于热，或热重于湿，加味用之皆效。经曰：“郁热在里，身必发黄。”“诸病黄家，但利其小便之论。”

方以茵陈、栀子、金钱草、大黄，清泻湿热，退疸除黄；白术燥湿；山楂、鸡内金消导化积散滞；茯苓、猪苓、泽泻、苡仁化利水湿。诸药合用对尽快恢复肝功能、消除自觉症状、退祛黄疸等效十分明显。

慢性肝炎，多因久治未愈，劳伤肝脾，病久必郁，气滞、肝血瘀阻，水湿运化失司而结肋下，积聚成块或为癥瘕或为膨胀（肝硬化腹水或癌变）。治以化湿利水为先，疏肝解郁、活血化瘀并用。

方以五苓散合逍遥散化裁加卷柏、莪术等，以调和肝脾、柔肝养阴。若注意饮食，适当休息，对极早恢复肝、脾受损，均有事半功倍之效。

## 三、妙用大补阴丸疗阴虚诸病

老年性外阴炎、阴道炎、尿道炎伴尿路感染及长期习惯性大便秘结而干，反复频发。其主要表现以外阴部灼热干燥、阴道干涩而痛、尿频数有热感、目干、手心烦热等阴虚证者均可用之。

中医认为，年老体虚，真阴不足，虚热内生耗津，阴精亏损，虚火内炽下焦而病。方以大补阴丸合二至丸加味同用，有滋补肝肾、填真阴固命门、降火养阴润燥而达阴平阳秘、虚火乃祛之效。

## 四、自拟止咳宁喘散方

咳、喘、哮病，乃属慢性气管炎、支气管哮喘、肺气肿、肺心病等范畴。其主要表现反复咳嗽、痰多，吐白色泡沫样痰，或黄色黏稠脓痰，喘促、胸满闷、心累、气喘等，重者伴有颜面、全身浮肿等症状。其病机为正虚邪盛、脾失健运、肺失清肃、痰饮内停、水湿壅肺、肺气上逆而发病。自拟止咳宁喘散

（方由党参、白前、前胡、桔梗、百部、紫菀、款冬花、葶苈子、紫苏子、浙贝母、地龙、麻黄、甘草组成），肺卫同治而清表里，宣肺止咳，化痰消饮，平喘降逆，行气利水，而达止咳宁喘之目的。

## 五、中医药治疗新冠肺炎及阳康后并发症的体会

1. 主要临床症状表现

新冠肺炎病毒感染后，传播快、起病急，来势迅猛，不分地域、季节，不论男女老幼，均被广泛感染，发病症状多变、转化快，持续时间较长，其主要表现为周身酸软无力、关节酸痛、身畏寒、恶寒重，继有发热、咽痛、咳嗽等特点。

早期症状类似“感冒”，主要是身倦、畏寒恶风、纳差、不欲饮食（但不厌油），约 1～3 天后伴有发热重（体温多在 38～39℃内），但亦有持续高热数日不退者，全身肢体疼痛明显加重，约持续 4～6 日后有胸闷、心累、气紧、心悸等（尤以劳累后明显加重），咽喉干痛、咳嗽，始以干咳少痰或无痰，继有咳吐大量黏稠脓痰等症出现。

2.“阳康”后并发症

因人而异，出现诸多症状或自感不适，如失眠、味觉差、食谷无味、持续性咳嗽，多以干咳为主，夜间明显，或有潮热盗汗、自汗出、双目干涩、皮肤干燥、头昏、眩晕、耳鸣等。

3. 辨证施治与选方用药

（1）初期：初始感染者，症状多以临床表现为主，结合中医四诊，进行辨证施治（选方用药）。如初期感染多以表证偏风寒为主者，方以“荆防败毒散”或“十神汤”加味治之，效佳；若兼热证明显者，方以“银翘散”“清瘟败毒饮”加味。

（2）中期：新冠感染数日后，多以表邪入里、出现寒热兼证者，用“大青龙汤”或“银翘麻杏石甘汤”或“小柴胡汤”加味治之。

（3）阳康后期：症状表现多以虚证为主，如身无力、易汗出、倦怠、干咳、潮热等，多因热盛伤阴、肺阴不足者，治以养阴清肺止咳，方以“养阴清肺汤”

“三甲复脉饮”或“青蒿鳖甲汤”加味；若口淡无味、不欲饮食，治以益气健脾和胃，方以“香砂六君子”或“柴平汤”治之；若以气血亏虚为主者，方用“十全大补汤”或“枸菊地黄汤合二仙汤加味”治之。

## 六、疑难杂病（针药并举）

经曰：“医有宛陈则除之法。”医者用火针点刺法加拔罐治疗带状疱疹，针刺（围刺法）治疗腱鞘囊肿，三棱针刺血法（耳部）治疗麦粒肿，真是得心应手、针到病除。

脱发，特别是斑秃性脱发，中西医均属难治之症。全身与局部同治，辨病与辨证相结合，中西医两法并用，对病因、病机的认识更全面而深刻，疗效更显著可靠。曾撰文发表于《中国中西医结合杂志》等。

（蓬安县人民医院供稿）

# 勤于临床学验俱丰的姚杰良

## 医家小传

姚杰良，男，1954 年 11 月生，蓬安县新园乡（原碧溪乡）人。中共党员，南充医专、成都中医学院毕业，主任中医师。曾任蓬安县人民医院副院长、蓬安县医学会中医专业委员会主任、川北医学院兼职副教授。出生中医世家，幼承家学，熟读岐黄，深得众多名家教诲，不断耕耘，与时俱进。酷爱中医药事业，潜心医疗、教学、科研。长期在临床一线工作，擅长中医内科疾病的治疗，对疑难杂症的诊治有独特的见解和经验，疗效显著，远近闻名，常年诊治病人日均七八十人次，在病员及同道中享有较高声望。曾在蓬安县中医进修班、卫生进修学校任教，为基层医院培养业务骨干 200 余人。先后在省级及以上期刊发表专业学术论文 26 篇，并获四川省中医药管理局重点科研项目立项 2 项，四川省科学技术委员会科技成果鉴定证书 1 项，蓬安县政府科技进步奖 7 项。被评为蓬安县有突出贡献拔尖人才、首届蓬州名医。从医近 50 年，常以“杏林有路勤为径，医海无涯苦作舟”自勉，追求精诚，守正创新，勤于临床，屡起沉疴，现择验案举隅于后。

# 医案医话

## 一、阳强案（急性白血病）

李某，男，17岁，学生，因阴茎勃起坚硬不衰10天伴高热2天，在院外治疗无效，于1980年9月14日转入某院内科。查血常规：WBC27.6×$10^9$/L，HB116g/L，PLT57×$10^9$/L，幼稚细胞20%。骨髓穿刺：骨髓增生明显活跃，以中晚幼粒细胞增多为主，呈病理性改变，原始粒细胞46%，嗜酸性粒细胞6%，原单6%，幼单9%。西医诊断：急性白血病。经内、外科治疗罔效，求治于中医。刻诊：症见面红目赤，阴茎坚挺，肿胀疼痛，触之痛甚，身热，烦躁易怒，胸闷脘痞，口苦、口臭，大便干结难下，小便黄浊涩痛，舌质红，苔黄腻，脉弦滑数。观其历用方药，多为知柏地黄、丹栀逍遥之类，询问家长得知，患者性情急躁，嗜食肥甘厚味，喜冷饮，爱游泳。证属肝火炽盛、湿热蕴结、宗筋阻滞，治宜清肝泻火、清热利湿、疏经通络。以龙胆泻肝汤加味：龙胆草10克，黄芩10克，栀子10克，木通6克，泽泻10克，车前子10克（包煎），柴胡6克，当归10克，羚羊角6克（磨汁分次兑服），龟板30克（先煎），生地20克，生甘草10克。取2剂，一日一剂，水煎服，每次200毫升，一日四次。服后阴茎肿胀疼痛大减，又进2剂，阳强症状消失，效不更方，继以原方再服7剂，病情好转出院。采用龙胆泻肝汤、参苓白术散加减，扶正祛邪，标本兼治，交替服用三个月，并嘱其调情志，适运动，忌肥甘辛辣饮食。后回院复查，血常规：WBC8.4×$10^9$/L，HB118g/L，PLT78×$10^9$/L，白细胞分类未见原始及幼稚细胞。基本恢复正常，返校读书，随访一年未见复发。

按：阳强，又称强中、阴纵、强阳不倒，指阴茎易举，或久举不衰之证。中医认为：阳强多由肝旺、阴虚、瘀血、痰火所引起。《灵枢·经筋》云：“足厥阴之筋……伤于热则纵挺不收。”患者肝阳偏亢，水湿素盛，复以嗜食肥甘厚味，渐致肝阳化火、湿热内蕴。湿性黏腻重浊，善趋下焦，湿热下注，纠缠胶着，阻滞肝脉。肝脉络阴器，阴茎为宗筋所聚，故其病位在肝、在血。然下焦湿热，久而化火，火急生风，风火相煽，热盛成毒，热毒入血，故而阳强不倒，高热不退。其肝火炽盛，湿热蕴结是其关键。故选用龙胆泻肝汤加味，用黄芩、栀子、龙胆草清肝泻火，凉血解毒，直折火势；配羚羊角，专入肝经，平肝息风，清热解毒；伍龟板平肝潜阳，软坚消肿；用生地清热凉血，滋阴壮水息火；配当归养肝血，益肝体，制肝亢；更用木通、泽泻、车前子利湿通络，令湿有出路，寓湿祛热孤之妙；少用柴胡引药入肝，直达病位；重用生甘草清热解毒，缓急止痛。诸药合用，配伍全面，直中要害，令火毒湿热之邪尽除，故疗效斐然。尤其值得一提的是，四十年前，尚能从湿热火毒之邪论治急性白血病，其经验与近年众多临床工作者将温热毒邪作为急性白血病病因的观点，竟不谋而合，实属难能可贵。



## 二、食已即吐案（急性腹膜炎）

周某，男，40 岁，农民，1999 年 10 月 10 日诊。患者因腹痛腹胀伴发热呕吐 1 周，在当地治疗无效，而入住某医院外科。诊断：急性腹膜炎，经抗感染、解痉止痛、止吐等治疗半月，症状稍减，但呕吐依旧，故邀中医会诊。刻诊：症见痛苦面容，精神萎靡，食已即吐，吐势急迫，腹痛按之痛甚，大便不畅，小便黄少，舌质红，苔黄燥，脉沉有力。证属腑实热结、浊气上逆，治以通腑泄热、和胃止呕。拟大黄甘草汤加味：生大黄 30 克（后下），生甘草 10 克，黄芩 10 克，黄连 10 克，木香 10 克，枳实 15 克，赤芍 20 克，蒲公英 30 克，建曲 20 克。取二剂，水煎服，每次 300 毫升，一日三次。药后片刻腹痛肠鸣，排出大量黑色粪块及奇臭粪水，症状锐减，二剂服完，能进饮食，精神转佳。再予原方，用量酌减：生大黄 10 克（先煎），生甘草 6 克，黄芩 10 克，黄连 10 克，木香 10 克，枳实 10 克，赤芍 10 克，蒲公英 15 克，建曲 10 克。又服三剂，腹痛止，呕吐除，饮食及二便正常。续用六君子汤加减善后，诸证消失，痊愈出院。

按：本证食已即吐，与《金匮要略》大黄甘草汤证吻合。治以通腑泄热导滞，收到和胃止痛止呕之效。《高注金匮要略》有云："此胃热上熏之吐，为吐家之变证变治，而非胃反也。以苦寒泻火之大黄为君，而佐以守中之甘草，不特浮大黄下趋之性，使从胃脘而下，且治急冲者，惟宜以缓降胜之也。"本案取效关键在于，临床上要抓主证、明主因，力求方证相符，对症下药，有的放矢。

## 三、顽固冷激性瘾疹案（慢性荨麻疹）

刘某，男，45岁，拖拉机手，2008年12月20日诊。8年前因触摸冷水出现片状风团，先发于身体暴露部位，后渐及全身，瘙痒难忍，愈痒愈抓，愈抓愈痒。经中、西医治疗，仍反复发作，久治不愈，苦不堪言。刻诊：症见颜面、颈部、手部呈淡白色密集风团，大小不等，遇风寒、触冷水症状复发，小便清长，舌淡苔白，脉浮紧。证属营血亏虚、寒滞经脉，治以温散寒邪、养血通脉。投当归四逆汤加防风、炙黄芪、制何首乌：当归30克，桂枝20克，芍药15克，细辛10克，通草6克，大枣25克，炙甘草10克，防风20克，炙黄芪60克，制何首乌15克。取二剂，水煎温服，每次200毫升，每日4次。药1剂，风团减少，痒亦减轻，服完2剂，病情大减，药已中的，叠进7剂而愈。后用当归补血汤合玉屏风散加减，连服10剂以巩固疗效，随访至今未发。

按：《古方选注》言"当归四逆不用姜、附者，阴血虚微，恐重劫其阴也，且四逆虽寒，而不至于峻冷，亦惟有调和厥阴，温经复营而已，故用酸甘以缓中，辛甘以温表，寓治肝四法，桂枝之辛以温肝阳，细辛之辛以通肝阴，当归之辛以补肝，甘、枣之甘以缓肝，白芍之酸以泻肝，复以通草利阴阳之气，开厥阴之络。"本证因营血虚弱、寒滞经脉所致，故以温散寒邪、养血通脉为法。取当归甘温养血和血行血，则血行风自灭，桂枝辛温，温通血脉，合为君药。细辛温经散寒，助桂枝温散寒邪，白芍养血和营，助当归补益营血，共为臣药。通草通经脉，畅血行，大枣、甘草，益气健脾养血，共为佐药。重用大枣，既合归、芍以补营血，又防桂枝、细辛燥烈太过，伤及阴血。甘草兼调药性而为使药。配伍防风意在增强治风之力，风祛痒止。配制何首乌意在养血，助当归养血增强治血治风之效。《黄帝内经》云："正气存内，邪不可干，邪之所凑，其气必虚。"故重用炙黄芪，益气固表，有扶正祛邪、正胜邪却之妙。而炙黄芪、当归、制何首乌配伍，更有气血双补之功。本案辨证准确，用药精当，药证相符，看似方药平平，实则疗效显著。

## 四、蛇串疮剧痛案（无疹型带状疱疹）

刘某，男，42岁，县公安局干部，2019年6月10日诊。因右侧肋部、胸背部剧痛，曾住某医院外科，治疗月余，疗效不显，寝食难安，非常痛苦。而请中医治疗。刻诊：症见痛处皮色不变，亦无皮疹，亦无红肿，呈阵发性、针刺样、火烧火燎疼痛，伴心烦、口苦、口干，舌红苔少，脉弦有力，此为无疹型蛇串疮。证属邪在少阳、邪热壅滞、气滞血瘀，方以小柴胡汤合瓜蒌红花汤加薏苡仁、土茯苓、露蜂房：北柴胡15克，黄芩15克，人参10克，大枣20克，生甘草20克，生姜10克，半夏10克，全瓜蒌30克，红花10克，薏苡仁30克，土茯苓30克，露蜂房30克。取2剂，二日一剂，水煎，饭前温服，每次250毫升，每天4次。连服4天，剧痛显著减轻。原方又进5剂，症状消失。随访未复发。

按：无疹型蛇串疮，临床亦不少见，其特点为皮肤剧烈疼痛而无皮疹，常易误诊。本案右侧肋部阵发性、针刺样、火烧火燎疼痛，并沿肋骨放射，时作时止，属典型少阳证。而少阳经脉循胸布胁，位于太阳、阳明表里之间，邪犯少阳，邪正相争，正胜欲拒邪出表，邪胜欲入里于阴。少阳病往来寒热诸症，与本证之表现颇为相似。《伤寒论》云："伤寒中风，有柴胡证，但见一证便是，不必悉具。"故取小柴胡汤之法，和解少阳，转枢气机，透邪外出。因正不胜邪，邪毒内陷，经久不愈。妙用人参大补元气，配大枣、生甘草合而用之，益气健脾，鼓舞正气，驱邪外出。瓜蒌红花汤利气活血，为治疗蛇串疮之要药。《证治准绳》："泄其肝者，缓其中，且其为物，柔而滑润，于郁不逆，甘缓润下，又如油之洗物，未尝不洁，考之本草，瓜蒌能治插肋之痛，盖为其缓中润燥，以致于流通，故痛自然止也。"再配土茯苓、薏苡仁、露蜂房，增强祛风除湿、通络止痛之效。上十二味，既益气扶正，又和解透邪，既活血通络，又解毒止痛，使邪毒解，剧痛止。药中肯綮，药到病除。

## 五、腰痛重症案（腰椎间盘突出症）

蔡某，男，50岁，农民，1986年6月30日诊。因腰腿疼痛10年，伴右下肢放射疼痛。X 光拍片：腰椎生理弧度变直、椎间隙变窄、椎体骨质增生，以 L3/4、L4/5 明显。诊断：腰椎间盘突出症。经多处治疗无效，且反复发作，逐渐加重，活动受限，生活无法自理，痛不欲生。因惧怕手术，经人介绍来诊。刻诊：症见由家人搀扶并拄杖而至，时虽六月仍冬装厚衣。诉腰腿疼痛难忍，站也痛，坐也痛，睡觉也痛，活动更痛，夜不能寐，遇冷疼痛更甚。面白神倦，语声低微，舌淡苔白，脉沉弱。此属阳虚寒凝、经脉闭阻之证，治以温阳补血、散寒通络、温经止痛。方用阳和汤加麝香、当归、川芎、怀牛膝：熟地 30 克，鹿角胶 30 克（烊化分次兑服），肉桂 10 克（打碎），干姜炭 10 克，生麻黄 6 克，白芥子 10 克，炙甘草 10 克，麝香 0.1 克（分次冲服），当归 20 克，川芎 20 克，怀牛膝 15 克。取 2 剂，水煎服，日 3 次，每次 200 毫升，两天一剂。一剂后，疼痛减轻，两剂后，疼痛大减。又进 5 剂，诸证减轻。原方随证加减再进 30 剂，X 光拍片，见腰椎生理弧度变直有所恢复，椎间隙变窄、椎体骨质增生有所改变。临床症状消失，病获痊愈，生活生产回归正常。经随访未见复发。

按：患者因常年劳作，耗伤气血，寒湿入侵，久羁经脉。而素体阳虚，阴寒凝滞，经络不通以致腰腿疼痛。治宜温阳散寒、通经止痛，故取阳和汤加麝香等药治之。方中重用熟地，滋补阴血，填精益髓，配以重剂血肉有情之品鹿角胶，补肾助阳，益精养血，两者合用，温阳养血，以治其本，共为君药。寒滞经脉，非温通而不能化，故用肉桂、姜炭温阳散寒，通行血脉，以治其标，共为臣药。寒性收引主痛，用少量麻黄，开腠理，以宣散体表之寒凝，用白芥子利气豁痰，宣通气机，除皮里膜外之痰，两药合用，既散寒宣通气血止痛，又令熟地黄、鹿角胶补而不滞，共为佐药。炙甘草调和诸药。麝香走窜飞扬，内透骨窍脏腑，外达皮肉筋经，其性剽悍，善于穿透开散，用治久痹经络阻塞之顽疾，力专效宏。《本草纲目》："盖麝香走窜，能通诸窍之不利，开经络之壅遏，若诸风、诸气、诸血、诸痛、惊痫、癥瘕诸病，经络壅闭，孔窍不利者，安得不用为引导以开之通之耶？"伍以补血要药之当归，血中气药之川芎，直达病所之怀牛膝，相须为用。综观全方，补血与温阳并用，化痰与通络相伍，益精血，扶阳气，化寒凝，通经络，温阳补血治本，通络止痛治标，双管齐下，故令沉疴之疾而收立竿见影之效。临床上，凡遇颈椎病、腰椎病、骨关节病、风湿诸病，证属阳虚寒凝、经脉阻滞，且疗效不佳、久治不可愈者，常以阳和汤加麝香等治疗，每可收到满意效果。然疼痛重证，又非乌附止痛，寓不通则痛、不荣则痛、温通止痛、补虚止痛之意。看非止痛之剂，竟收止痛之功，乃阳光普照、阴霾自消也。

## 六、失语案（脑挫伤）

伍某，女，14 岁，学生，1984 年 10 月 5 日诊。半年前因车祸伤致头皮破裂，昏迷伴呕吐，在某医院脑外科住院治疗，行头颅 X 光摄片检查：见左侧颞叶血肿及颅脑挫裂。诊断：头部帽状血肿、颅脑损伤、脑震荡。经外科治疗，生命体征正常。唯后遗失语一症，经中医、西医、针灸治疗，病情无好转，家人心急如焚携女来诊。

刻诊：症见失语状态，面色黧黑，形瘦神疲，舌质暗红，舌苔微腻，脉象细涩。证属痰瘀互结、语窍不通，以活血化瘀、清热化痰、通窍开闭为法，拟方通窍活血汤加味：赤芍 10 克，川芎 10 克，桃仁 10 克（研泥），红枣 10 克，红花 10 克，鲜葱 3 根（切碎），生姜 9 克（打碎），麝香 0.15 克（分次兑服），半夏 6 克，陈皮 6 克，大黄 6 克（酒炒、后下），石菖蒲 10 克，郁金 10 克，黄酒适量同煎。取 2 剂，水煎服，每日 1 剂，日服 4 次，每次 150 毫升。

二剂后，家属欣喜来告，该女已开口说话。继用原方服 10 剂，能进行简单对话交流。为巩固疗效，以白芷易麝香，去黄酒，大黄用量减半同煎，并加党参、黄芪、当归、龙眼肉各 10 克，又服 30 剂，说话基本正常。仍以前方加减，再服 20 余剂，语言交流如常，翌年返校。多年后结婚生子，家庭幸福。

按：本案因脑外伤瘀血，与痰热互结，阻于脑窍，语窍闭塞不通而致失语。方中赤芍、川芎行血活血，桃仁、红花活血化瘀，葱、姜通阳，麝香开窍，黄酒通络，佐以大枣缓和芳香辛窜药物之性。其中麝香味辛性温，功专开窍通闭，解毒活血。现代医学认为其含麝香酮等成分，能兴奋中枢神经系统、呼吸中枢及心血管系统，具有一定抗菌和促进腺体分泌等作用，而为要药，与姜、葱、黄酒配伍，通络开窍。用赤芍、川芎、红花、桃仁活血化瘀，与郁金、石菖蒲解郁化浊，相辅相成，协助麝香共奏开闭通窍之功。酒炒大黄既活血祛瘀，又清热解毒、通腑泄热，寓上病下取之意，收事半功倍之效。诸药合用，切中病机，疗效卓著。

## 七、肺胀案（肺性脑病）

陈某，女，60岁，农民。患慢性支气管炎伴肺气肿30余年，每因换季或着凉而病情加重，曾多次住院治疗。近日受凉后，出现咳嗽气喘，心累头昏，时有神志不清，经自服药和当地医院治疗无效，并逐渐加重，于1982年12月17日入某院内科。西医诊断：慢性支气管炎急性发作、肺气肿、肺心病、肺性脑病。治疗半月，病情不减，反日渐危重，医嘱准备后事。患者家属要求中医会诊。刻诊：症见阵性昏迷、谵语，时而呼之不应，时而两手撮空、循衣摸床，呼吸急促，口唇紫绀，发热汗出，入夜更甚，舌光红无苔，脉细数。证属肺热阴伤、肺病及心、心神受扰，治宜清肺养阴、清心安神。拟玉女煎加减：石膏60克（打碎先煎），熟地黄20克，麦冬20克，知母20克，川牛膝10克，黄连10克，鲜竹心30根。取二剂，水煎服，每次100毫升，隔两小时一次。药后患者神志清醒，余证减轻，可进少量稀粥。前方剂量略作调整，又服5剂，诸症悉除，病人出院，继以香砂六君子汤加减调理善后。

按：肺性脑病，常因多种肺系疾病逐渐加重而成。肺脾肾三脏俱虚，肺病及心，脑窍蒙蔽，元神错乱。本案长期咳喘，复感外邪，乘虚入里，热盛津伤，真阴亏耗，痰热壅肺，清窍蒙闭。玉女煎出自张景岳《景岳全书》，临床多用治少阴不足、阳明有余之证。姚杰良家学渊源，临床善用此方，治疗热闭阴伤危重病症，每获奇效。方中重用石膏，辛甘大寒，清热泻火，熟地黄质润养阴，甘温护阳，滋肺肾之阴，两者相合，清火不阴伤，滋阴无碍火，共奏滋阴泻火之功。知母苦寒，清热泻火，配石膏清肺火，配熟地黄滋肺阴。麦门冬滋阴，与熟地黄、知母相伍增强滋阴清热润肺之效。川牛膝引热下行除上炎之火。黄连、鲜竹心清心泻火。合而用之，清补兼施，内热得除，阴虚得补，心窍得开，元神得宁，药证合拍，效如桴鼓。

（刘文全　罗瑞雪）

# 临床经验丰富的李陈泉

## 医家小传

李陈泉，又名李成泉（1954—2023），男，四川蓬安县新园乡人。大专文化，曾任蓬安县中医医院副院长，南充市名中医，主任中医师，肝病学科带头人。

李陈泉1971年9月初中毕业后跟随当地名医学医3年，考入南充医学专科学校中医班学习；1976年8月毕业后分配到四川省蓬安县金溪区卫生院工作；1983年3月至1984年12月在成都中医学院医学系进修；1989年12月调入四川省蓬安县中医院工作；1998年毕业于四川省委党校法律大专函授班。

李陈泉从事中医临床工作45年，擅长甲肝、乙肝、早期肝硬化、支气管炎、肺气肿、输尿管结石、肺心病、心脏病、骨质增生症、失眠、直肠炎、结肠炎、糖尿病等各种疑难杂症的诊治，临床经验丰富，在当地有较高的知名度。同时总结了不少临床经验，获蓬安县科技进步奖4项，在国家级、省级期刊发表学术论文40篇。如在《实用中医内科杂志》发表“人参乌梅汤加味治疗萎缩性胃炎”，《云南中医杂志》发表“逍遥散治疗慢性肠炎18例”，《四川中医》发表“柴平汤加味治疗急性胃炎82例”“旋覆代赭汤加味治疗新生儿幽门痉挛”等。《巴蜀中医文论》《男科临证新探》《中医男科临证研究》等书选用其文章多篇。他运用中医药治疗乙型肝炎效果良好，撰写的“自拟满天星灭澳汤治疗乙肝128例”在《四川中医》刊登。他平素学习努力，爱看业务书籍，不断总结工作的正误，门诊病人每天在40人次左右，每年带教实习生30余人次。

组织全院疑难病案讨论每周1次，讲课全年4次，单位在全体医务人员的努力工作中，时年已达二等乙级医院，“两个效益”不断增长，在全省县级中医院中名列第四名。

## 医案医话

### 一、满天星灭澳汤治疗乙肝

李陈泉自拟满天星灭澳汤治疗乙肝128例，收到了较好效果。

#### （一）临床资料

本组128例西医诊断均为乙肝，并经中西药治疗疗效欠佳或长期不愈者，其中男性71例，女性56例；年龄9～30岁42例，31～56岁86例；病程1～3年55例，4～9年47例，10年以上26例；小三阳85例，大三阳43例。

临床主要症状和体征为乏力、纳差、恶心、厌油、腹泻、腹胀、肝区痛等，有极少数患者无任何症状。化验检查：HB.Ag阳性、HB.Ag阳性、抗HB.阴性、抗HB.阴性，抗HB（1:100）阳性，或HB.Ag阳性、HB.Ag阴性、抗HB.阴性、抗HB.阳性、抗HB（1:100）阳性。

#### （二）治疗方法

128例均内服自拟满天星灭澳汤治疗，其组成为：满天星、茵陈、土茯苓各20克，山豆根、白花蛇舌草、半枝莲、金钱草、夏枯草、栀子、黄柏、苍术、厚朴、陈皮、丹参、虎杖、党参、女贞子、何首乌、仙灵脾、甘草（蜜炒）各15克，黄芪（蜜炒）80克，枸杞25克。水煎每两日1剂，每日服2次。治疗期间忌酒、烟、高脂肪食物。每30剂为1疗程。

#### （三）治疗结果

疗效标准。痊愈：临床症状和体征消失，生化检查、肝功正常，血清免疫学标记物检测阴性；好转：症状减轻，两对半有两阳；无效：治疗前后症状及体征无变化。按以上标准判定疗效，本组128例全部有效，其中痊愈92例，好转36例。其痊愈者，50例服药310剂，42例服药280剂；好转36例，服

120～200 剂，后来坚持治疗。临床服用本方未见副作用发生。

**（四）典型病例**

病案一：梁某某，男，40 岁，干部。平素嗜好烟酒，1985 年患乙肝，经县、市各级医院治疗三年，服中西药治疗无效，于 1988 年 11 月 6 日来诊。生化检验大三阳，肝功转氨酶 100 单位，伴有肝区不适、身软、乏力、纳呆、厌油、腹胀，舌苔黄腻，脉弦濡。给予自拟满天星灭澳汤加白蔻、五味子各 15 克治疗。服药 310 剂，肝功能及乙肝两对半正常，症状全部消失。追访两年未见复发。

病案二：李某某，男，35 岁，工人，1990 年 3 月 10 日就诊。主诉身软乏力，纳呆，腹泻，肝区轻微疼痛。肝功能化检转氨酶 60 单位，两对半化检小三阳。处方同病案一。服药 150 剂后，诸症减轻，复查肝功及两对半，转氨酶正常，两对半还有两项阳性。继服 148 剂，诸症痊愈，两对半化验正常，追访两年未见复发。

**（五）体会**

乙型病毒性肝炎属祖国医学胁痛范畴，西医认为人的免疫机能下降，容易感受乙肝病毒所致。其主症是乏力、纳差、恶心、呕吐、厌油、腹泻、腹胀、肝区痛、肝肿大、肝功能异常。可见本病主因湿热、瘀血相搏、肝失疏泄，湿热瘀留不去或再度感受湿邪，导致正虚邪恋、湿热瘀结、阻塞络脉致肝功调控失衡。从本组病例分析，其病因病机乃正气不足，湿热留恋，瘀血阻滞于肝，致肝脾肾三脏受损，乙肝病毒乘虚而入。方中满天星对 HBV—DNA、HB.Ag 有抑制和杀灭作用；山豆根、半枝莲、白花蛇舌草、土茯苓清热解毒、抑制体液免疫反应；党参、黄芪通过扶正补虚达到增强和调节免疫功能，促进抗体生成，诱发干扰素，抑制乙肝病毒繁殖；女贞子、何首乌、枸杞、仙灵脾调节免疫功能提高肾上腺皮质功能、促进抗体生成等，且对 HBV-DNA 有抑制作用；丹参、虎杖活血化瘀，抑制 HBV—DNA 复制；茵陈、栀子、苍术、厚朴、陈皮、白蔻、楂榴、金钱草、夏枯草清热除湿、利胆退黄、健脾消食，降低血清胆红素，消炎降酶，抗肝脏损伤，防止肝细胞变性坏死；黄柏有抑制 HB.Ag 作用及利湿退黄。诸药合用，则乙肝病毒得解，正气得复，HBV-DNA、HB.Ag 得灭，肝脾肾得健，乙肝自愈。

## 二、人参乌梅汤加味治疗萎缩性胃炎

病案一：梁某，男，35岁，教师，1990年2月5日胃痛入院，经西药治疗，疗效不佳，4月5日停服西药，改为中药治疗。

主诉：平素嗜食肥甘辛辣食物后，胃痛隐隐，胃中有灼热感，口渴不欲饮，大便干燥，舌红少津，脉细数。X光胃肠钡餐透视，诊断为萎缩性胃炎，系中医胃阴不足，投以人参乌梅汤：人参10克，乌梅5克，木瓜12克，山药15克，莲米12克，甘草6克，加麦冬12克，沙参18克，黄连6克，吴萸5克。水煎，口服2次。6剂后，胃中已无灼热感，诸症减轻。继用人参乌梅汤：人参10克，乌梅18克，山药15克，莲米15克，生地8克，麦冬12克，玉竹12克，蜡梅花15克，甘草10克。水煎，每日2次。服药10剂后病愈出院。

病案二：吕某，男，42岁，农民，1990年7月1日就诊。自诉胃痛一年余，经服中西药治疗无效。后到县人民医院胃肠钡餐透视，报告为萎缩性胃炎。胃脘部隐隐作痛，伴有灼热感，口渴不欲饮，大便干燥，舌红少津，脉细数。投以人参乌梅汤：人参10克，乌梅18克，木瓜12克，山药15克，莲米15克，甘草6克，生地18克，麦冬12克，沙参12克，黄连5克，元胡12克。水煎，每日2次，5剂尽，诸症好转，仍用上方加减：人参10克，乌梅18克，山药15克，莲米15克，甘草6克，沙参18克，乌贼骨20克，蜡梅花20克，玉竹12克。15剂后痊愈。

体会：萎缩性胃炎系祖国医学胃脘痛范畴，因素体阴亏，又过食辛辣肥甘等，或寒邪化热，气郁化火，胃热炽盛，致使水热之邪迫灼胃阴，胃阴枯耗，胃体萎缩。采用人参乌梅汤健脾益气、养阴益胃，诸药合用，胃液得生，胃气得补，胃体得养，达到祛邪扶正、养阴益胃的作用。

（刘文全）

# 精勤笃学重临床的肖祥成

## 医家小传

肖祥成，男，1956年出生于蓬安县利溪镇冯家坝村。中共党员，大专学历，主任中医师。

肖祥成祖父肖家真，在民国时期曾悬壶桑梓，长于中医外科，医术远近闻名，颇有声誉，1946年因诊治一狂犬病人不幸被咬伤而英年早逝。父亲医业亦半途而废，致遗憾终生。因父亲交友颇多，遂命其学医，认为一是可继承祖业以行医于乡里而悬壶济世，补自身医业未成之憾事；二是学一门技术可受益终身。

1974年2月拜蓬安县中医院名中医章榜举为师学习中医学，1979年2月毕业于南充卫生学校中医专业，1981年被选送至成都中医学院中医师理论提高班学习1年。临床工作后多次到中国中医研究院、重庆中医药研究所、泸州医学院等进修学习。2011年晋升为主任中医师。先后在蓬安县罗家区卫生院、蓬安县中医医院、蓬安博爱医院工作。曾兼任中国国际医疗保健促进会胃病专业委员会理事、中国中西医结合学会会员、四川省中医药学会外科分会会员。现于成都龙泉驿开办“致知中医诊所”，以“致用岐黄精气神、知行辨证内妇儿”为准则，秉承“传承国医、融汇中西”的治疗理念及“守正、笃实、格物、致知”的精神，全心全意为民众的健康服务。

忆往昔，学基础、诵经典，求古训、览众方，读《易经》、品杂学，唯以多读书为乐、以多问师为快；多处求学，真乃高山流水、空谷足音，尤似醍醐灌顶、甘露洒心。虽不说“三更灯火五更鸡”，但亦知“黑发不知勤学早，白首方悔读书迟”之古训真谛。始终牢记孙思邈所说“读方三年，便谓天下无病可治；及治病三年，乃知天下无方可用。故学者必须博极医源，精勤不倦。”

## 医案医话

### 一、学术思想

#### （一）诵经典，理论实践相辅成

肖祥成认为，熟悉中医理论，研读中医经典，就能够调整我们的临床思路，发挥中医的优势和特色，从而提高临床疗效。诵读中医经典，就是要强调基本理论和基本知识等基本功的训练。因此，肖祥成从学习中医学之初开始，除特殊情况外，基本上每天早晨，即携一本医书到山上空气清新、人员较少的地方诵读，其乐自在其中，自以为收获满满。惜未能坚持终身至半途而废，以至于坚持了 20 年的早上诵读经典的习惯亦因事繁而停止。

肖祥成认为，祖国医学博大精深，理论学习能够指导实践，实践既可以丰富理论又可以加深并巩固理论知识，理论与临床二者是相辅相成、互为依托、不可偏废。常言道：“纸上得来终觉浅，绝知此事要躬行。”“中医的生命力就在于临床”，学习理论的根本目的就是为临床服务，因此理论学习要实、要深，临床辨证要审、要细。临床上讲究的就是一个“细”字，问诊要细，辨证要微，用药更要胆大心细。以孙思邈所言“省病诊疾，至意深心，详察形候，纤毫勿失，处判针药，无得参差。”如新冠肺炎之咳嗽（也包括其他原因的咳嗽），无论早中晚期，咳嗽都是一个很常见的症状，但咳嗽很难治，故有“咳嗽咳嗽，医生的对头”之说，其难治程度亦可见一斑。虽说“五脏六腑皆令人咳”，但“咳嗽不止乎肺而又不离乎肺”。因此除了辨肺之外，重点就是辨痰之颜色及咯痰之难易程度。一般认为，痰白清稀量多，咯之易出，无腥臭味，遇冷则咳，多属寒痰；痰黄带绿而黏稠，咯之难出，有腥臭味者，多为热痰。但临床上单凭痰之颜色判断寒热并不一定准确。如痰虽白，但黏稠难咳出，虽无腥臭味，也与热有关；痰虽黄，但仅晨起才有，亦非热痰。此外，咳嗽的频次、时长，咳嗽时咽喉痒不痒，是白天咳甚亦或夜晚咳甚等，必须详询清楚，才能对咳嗽辨证准确、才能药到咳止。特别是麻黄一味，为治疗咳嗽必用之品，无论或寒或热，无论内伤、外感，皆可据其肺气闭郁之程度以决定用量之多寡及是否用炮制之品。

### （二）学易理，医易相通助临床

肖祥成在学习易学过程中深有体会，中医学之于《易经》，可以说是源于《易经》而又异于《易经》。而《易经》的阴阳变易之理，则是中医阴阳学说的根源。中医学借助于《易经》的思想方法与理论框架，又独创性地构建了完整而系统的理论体系。张景岳说：“不知易，不足以言太医。”故《黄帝内经》有“阴阳者，天地之道也，万物之纲纪，变化之父母，生杀之本始，神明之府也”的经典论述，所以中医学有一句名言，叫作“医易同源”。正如张景岳所说：“易者，易也，具有阴阳动静之妙；医者，意也，合阴阳消长之机。”可见医与易之相通相连。

如临床治一刘某，男，36 岁，2018 年 6 月 27 日初诊，述大便稀溏不成形，反复迁延近 10 年，多方服药，疗效不显。每晨 5 ~ 6 时急于如厕，便稀不成形，腹胀不适，如厕后即舒，日大便 3 ~ 4 次，神疲乏力，精神不振，形体消瘦，语音低微，舌淡苔白，边有齿痕，脉沉细。用《易经》八卦辨证，脾为艮卦，肾为坎卦，虚为艮卦，寒为坎卦，艮为土，坎为水，水反侮土，至脾气运化失司，肾虚而水湿泛滥，则阻碍脾的运化，重点温肾制水，运脾化湿，用附子理中汤加味：制附片 30 克（先煎半小时），炒党参 15 克，炒白术 20 克，炮姜 10 克，陈皮 10 克，厚朴 20 克，吴茱萸 6 克，小茴香 15 克，艾叶 10 克，淫羊藿 15 克。10 剂。复诊时甚喜，言可起床后再如厕，偶有两次大便，略成形。后以上方加减，巩固治疗 3 月，痊愈而安。

### （三）重人文，医患沟通锦添花

肖祥成认为，无论传统的中医还是西医，医学直接面对的都是人，研究的对象是人，服务的对象还是人，是直接服务于人的一门科学。因为疾病是人的痛苦，医患的交往是人与人之间身心交流的关系，不是人与机器之间的关系，更不是人与金钱的关系。如《论医》指出：“夫医者，非仁爱之士，不可托也，非聪明理达，不可任也，非廉洁淳良，不可信也。”因此医生必须具有人文精神，掌握与患者的沟通技巧，从心底关心患者、尊重患者，“凡大医治病，必当安神定志，无欲无求”，对患者需有足够的爱心、耐心、真心，只有这样，患者才会感受到医生对他的尊重，进而对医生充满信任，并积极配合治疗，增强消除病痛的期望与信心。可以这样说，患者对医生的信赖程度越高，治疗的预期效果就越好，患者对医生的信赖程度越低，治疗的预期效果就越差。肖祥成在诊断过程中，耐心倾听患者的讲述，详细询问患者的症状，认真解答患者的疑问，特别是一些情志郁结、情绪低落的患者，更是认真倾听，取类比象，反复沟通，取信于患者，增强治病的信心，从而有利于疾病的治疗。

如一杨姓男患者，58 岁，慕名前来，自述患焦虑症（郁证）已 6 年有余，经中西医多方治疗，疗效时效时不效，就诊时见患者虽面容忧愁，但精神尚佳，语音虽低但有力。患者心细如发，详细记录了 6 年多的中西医治疗经过及用药（其中近两年有不少滋补肝肾之味）。详询得知，起因乃邻里纠纷再遇父辈因疾而逝，遂耿耿于怀，情绪低落，郁郁寡欢，心绪不畅，懒言怠事。自述服药甚多，疗效欠佳，食欲不振，两胁不舒，入眠较难且噩梦多易惊醒，观其苔微腻而白，中部微黄，根部微厚，脉沉弦而细数。辨其为肝气郁结不舒，脾胃运化失司，日久夹瘀夹湿夹热，以柴胡疏肝散与越鞠丸加味。同时与患者详细、反复交流沟通，嘱其放下包袱，放下恩怨，转移思路，寄情于锅碗瓢盆，寄情于山水之间，劳其力安其心。经四个月余的调理，痊愈而安。

**（四）详辨证，疏肝调脾治疑难**

肖祥成在近五十年的临床工作中，继承了其师章榜举治疗脾胃病方面的经验，形成了“五脏病重肝脾、六腑疾重肠胃”“治肝病先调脾，疗脾病先疏肝”的学术思想，特别长于肝胆脾胃（包括消化系统）疾病与疑难杂症的治疗。对肝胆脾胃疾病及其相互关系的认识尤为深刻独到。认为肝与脾关系着全身气机的调节，因为肝主疏泄，性喜条达而恶抑郁，肝之疏泄功能的正常发挥，能使气机条畅，精神舒畅；而人的情志舒畅，又反助于肝之疏泄功能的正常发挥，使气血调畅。脾得肝之疏泄，则升降协调，运化功能则健旺。脾主运化，为气血生化之源，脾气健运，则水谷精微充足，就能不断地输送和滋养于肝，肝才得以发挥正常的疏泄作用。总之，肝之疏泄功能正常，则脾胃升降适度，运化正常。同时认为“养脾胃就是养元气，养元气就是养生命”，因为脾为“后天之本，气血生化之源”“脾胃内伤，百病由生”，很多慢性疾病的治疗、调理都与脾胃关系密切。因此，在临床上运用调补脾胃方法甚为广泛，如健脾养肺治咳喘、健脾温肾治泄泻、健脾养心疗心悸等。

在临床上，运用《金匮要略》“见肝之病，知肝传脾，当先实脾”理论并结合全国肝病专家关幼波的“益气活血法”治疗早、中期肝硬化取得了显著疗效，在调补脾胃的基础上重在益气活血、化瘀消癥，以脾为后天之本，认为运化健则疏泄利，疏泄利则气血行，气血行则肝阴得滋、肝气得补，而肝之疾自愈。

同时认为，医学科研无论理论还是临床都是不可或缺，特别是临床科研工作，既是理论与临床的有机结合，又可理论指导临床实际，更是总结临床经验、提高理论素养的必要措施，二者相得益彰。在临床工作中，积极开展临床医学科研工作，除参加章榜举老师的省级课题《紫牛黄精汤治疗原发性血小板减少性紫癜》外，按科研要求自行设计临床课题，运用自拟的疏肝系列方剂，如“疏肝解毒汤”治疗乙肝，“舒经活络汤”治疗顽固性头痛，“温经除湿汤”治疗寒湿痹，“加味化瘀汤”治疗卵巢囊肿，“益气解毒散”治疗癌症放、化疗后遗症，“益气活血汤”治疗中风后遗症等，都取得了较好的临床疗效。同时承担了省市县多个临床科研课题，先后在国家级、省级等刊物发表论文数十篇。

临床工作中，肖祥成带教了成都中医药大学、川北医学院、南充卫生学校等实习生以及徒弟。带教过程中，本着互教互学、教学相长的原则，常与同学们讨论问答，要求学生问诊要翔实全面、用药要细心斟酌；不要陷入“熟读王叔和，不如临证多”的误区，既要“熟读王叔和”，更要“临证多”才行；要做到理论与临床不可偏废，二者相辅相成，才能快速提高、快速成才；要认真总结临床经验、创新临床思维，尊古而不泥古、尊师而不泥师，能够学到某老师的某方治某病固然很重要且必不可少，如能把某老师临床诊疗的思维方式学到手才是最重要的，才能获益终身。

## 二、医家医案

### （一）疏肝和胃治胃炎

胃炎（胆汁反流性胃炎）是消化系统最常见疾病之一。胆汁反流性胃炎是因过多的胆汁反流入胃，致胃黏膜特殊的反应性变化，发病的关键在于幽门功能低下，致胆汁反流于胃，使胃黏膜组织充血、水肿、糜烂，属祖国医学“胃脘痛”“呕胆”“痞证”等范畴。其因多为肝失疏泄，肝气郁结，郁久化热，移热于胆；或因胆腑湿热内蕴致胆腑气血壅滞，疏泄失时，使胆液不循常道下降于肠腑以助消化，反流于胃而损胃络。以自拟的疏肝和胃散（疏肝和胃散方为：柴胡、枳实、薤白各 10 克，白芍 30 克，黄连、醋制大黄各 6 克，吴茱萸 3 克，厚朴、佛手各 15 克，延胡索、丹参、蒲公英各 20 克。两肋胀甚加醋炒香附 10 克，泛酸甚加海螵蛸 20 克）治疗本病，水煎，每日 1 剂，分早、中、晚 3 次饭前温服。本方具有疏肝行气、和胃降逆、利胆消炎之功，以达肝气疏、胃气和之目的。如钟某某，女，38 岁，2002 年 4 月 23 日初诊。患者述 1998 年下半年开始出现胃脘部胀满不适，时有疼痛连及两胁，偶见嗳气、泛酸，诊为慢性胃炎。多方服药，时有好转，每遇情志不舒则病情加重。近 2 个月来觉胸骨后有烧灼感，胃脘部疼痛加重，日 5～6 次，疼痛时长时短，长则半小时，短则几分钟，且痛连胁肋，口干口苦，嗳气、泛酸，大便 3～4 日 1 次、状如羊屎。刻诊，胃脘部按之疼痛，舌质偏红，苔微黄稍腻，脉弦，胃镜见胃内大量胆汁附着，胃黏膜被染成黄色，并见充血、水肿，胃小弯及胃窦部见两处 1cm 左右的溃疡面，伴出血点，诊为胆汁反流性胃炎及糜烂性胃炎。用疏肝和胃散加海螵蛸 20 克，日 1 剂。7 剂后诸症减轻。上方加减治疗 1 个月后无不适感。胃镜复查仅见胃黏膜轻度充血水肿，胃内未见胆汁附着及糜烂。继用上方加减巩固治疗 1 个月。

**（二）疏肝宁神疗失眠**

失眠（中医称“不寐”）原因颇多。纵观临床，心肝病机为主要，情志郁结，扰动心神，神不得安卧则难眠。以自拟疏肝宁神汤（疏肝宁神汤方为：百合 30 克，生地 30 克，柴胡 10 克，当归 15 克，茯苓 30 克，白术 20 克，白芍 20 克，炒枣仁 30 克，柏子仁 30 克，菖蒲 10 克，龙骨 30 克，牡蛎 30 克。心烦口苦者加黄连 6 克，大便干燥者加火麻仁 20 克，饮食量少加神曲 20 克，胸肋胀满加佛手 15 克、枳壳 15 克，头痛加川芎 10 克）治疗，水煎取汁 300ml，分早、中、晚上睡觉前各 100ml 温服，每日 1 剂，30 天 1 疗程。）治疗，以使肝郁得疏、心神得宁而睡眠改善。如母某某，男，62 岁，会计。2007 年 8 月 25 日初诊，患者述 1998 年因工作原因致心情不舒，后即出现睡眠不好，初时未予重视，随时间的推移入睡越来越困难，先前每晚尚能入睡 4 ~ 5 小时，后入睡时间愈加减少，有时 1 ~ 2 小时，更有甚者通宵达旦不能入睡，次日感到精神不振、体力不佳，甚至紧张不安、有焦虑感。先后到南充、攀枝花、成都等地医院咨询治疗，曾经服用劳拉西泮、唑吡坦、左匹克隆等，服药期初疗效很好，睡眠质量改善，久服则疗效不佳。亦经中西医多方治疗，时效时不效。近 2 个月每晚入睡 1 ~ 2 小时，心情烦躁，头晕不适，饮食量少，口微干，大便干燥，患者深以为苦。诊时见形体消瘦，情志抑郁，舌体瘦小，舌质稍红略粗糙，脉沉细弦数。予以疏肝宁神汤加黄连、大黄、神曲治疗。5 剂后，睡眠时间有所改善，饮食量增加，大便稍软。已见疗效，原方不变，再进 5 剂后，每晚能入睡 3 ~ 4 小时，但易醒，饮食量尚可，大便已软。去黄连、大黄、神曲，再服 5 剂，睡眠时间增加。后以该方为基础调理 3 个月余，每晚能入睡 5 个小时以上。随访半年，未再反复。

### （三）疏肝运脾疗厌食

小儿厌食多以饮食不节、喂养不当为主因。现今，情志因素亦严重影响小儿脾胃受纳运化功能。如小儿挨打生气，所求不得、所愿不遂而不得饮食，临床以自拟疏肝运脾汤（疏肝运脾汤方为：苍术 15 克，柴胡、黄芩、党参、佛手、苏梗、砂仁、神曲、鸡内金、使君子各 10 克，薤白 6 克，甘草 3 克。兼有外感者加藿香 10 克，脾虚明显者加土炒白术 10 克，大便干燥者加火麻仁 10 克）治疗本病，遵“健脾不在补而在运”的原则，以苍术为君重在运脾，以柴胡、佛手、苏梗疏肝醒脾为佐，共奏疏肝运脾、开胃消食之功。如付某某，男，6 岁零 10 个月，2006 年 4 月 15 日初诊。患儿祖母述，患儿近半年来饮食量明显下降，近 2 个月更是饭量减少，有时不思饮食，甚至拒进饮食，因其父母在外打工，祖父母比较娇惯患儿，患儿平时性情急躁，一切以自己为中心，一不如意就发脾气，甚则吵闹。初诊见患儿形体消瘦，活泼好动，大便 2 ~ 3 日 1 次，舌质红，苔薄黄，脉微数。予疏肝运脾汤加火麻仁 10 克、蒲公英 10 克，并辅以说服引导。连服 4 剂后饭量明显增加，大便每日 1 次。再进 3 剂，食量大增，大便已为软稀便。去火麻仁加白术 10 克、怀山药 15 克，连服 10 剂。随访半年，患儿身体健康，脾气好转。

（致知中医诊所供稿）

# 活用半夏泻心汤的张忠良

## 医家小传

张忠良，1950年1月出生于蓬安县巨龙镇山合村（原高庙乡山合村）。1968年（老三届）回家务农时，开始随父学医。1970年参加村合作医疗任赤脚医生，从事基层防病治病工作。1973年参加第一次国家考试后，进入南充医学专科学校（现川北医学院）中医专业七五级学习。1975年在河舒区医院工作，1981年调至金溪中心卫生院工作至退休。1999年晋升为中医副主任医师。2012年起受聘于蓬安颐康医院（原蓬安惠民医院）。

1975年8月14日，张忠良学校毕业分配到蓬安县河舒镇中心卫生院（原蓬安县河舒区医院）报到。当时医院邀其试诊一患儿姜石全，男，7岁，利溪公社13村人。因患乙脑曾先后在县人民医院、蓬安县中医医院住院治疗2个月余，继在河舒区卫生院治疗，效果不佳。仍感身热面赤，目赤，躁狂不安，神志不清，夜不能寐，烦则咬人，饮多食少，溲黄便燥，舌红无苔，脉细数，西医称之为“乙脑后遗症”。归属中医温病：病及下焦、末期，属于壮大复炽、真阴欲绝之阴虚阳亢之证，以清热育阴黄连阿胶汤加减：黄连10克，黄芩15克，阿胶20克（烊化兑服），白芍30克，玄参15克，麦冬15克，五味12克，龙牡各40克，甘草6克，鸡子黄（每次一枚）。当天两服后，安然入眠。2剂后身凉人静，能与人对话交流，饮食如常。此患儿治愈后，轰动全镇，业务由此迅速展开，当地许多常见病、多发病、疑难病症患者蜂拥而至。因疗效不错，就诊患者众多，门诊量年年突破。因业绩突出，曾多次参与河舒镇、罗家镇赤脚医生培训授课。

1980 年调金溪镇卫生院。1983 年参加南充地区中医理论进修班培训，后又参加成都中医学院函授学习。在临床工作中协助参与卫校新生任教工作，从事《内经》《伤寒论》及医古文、内科、方剂等教学。1992 年晋升为中医内科副主任医师。2011 年退休，退休前每年门诊超万人次，住院患者超千人次。

在长期的临床工作中，张忠良对常见病、多发病、疑难杂症有自己的见解，临床治疗效果明显，颇受患者好评。曾在国家级、省级期刊发表《半夏泻心汤临床治疗经验举隅》《阳痿从瘀论治》等专业文章 20 余篇。

## 医案医话

半夏泻心汤出自张仲景《伤寒论》，为因失治、误治导致邪气内侵、寒热错杂、气机逆乱变生痞满、呕恶、下利而设，方由半夏 15 克、黄连 5 克、黄芩 15 克、干姜 15 克、炙甘草 10 克、人参 15 克、大枣 15 克组成。

张忠良在临床实践中并不拘于呕、利、痞等症，紧紧把握本方具有辛开苦降、平调寒热、理顺气机、补虚扶正、调和阴阳的基本方义，广泛用于多种慢性疾病。

### 一、脾胃系疾病

相当于现代医学之消化系统疾病，如：急慢性胃肠炎、胃窦炎、消化道溃疡等，临床他多以此方为基本方进行加减。若脘胁胀痛、嗳气、打嗝者，加羌活 13 克、佛手 13 克、枳壳 40 克、紫苏梗 18 克；若嘈杂泛酸者，加乌贼骨 40 克、瓦楞子 40 克、法罗海 15 克、白及 15 克；若脘腹畏寒喜暖者，加附子 10 克、吴茱萸 10 克、良姜 12 克，且重用干姜；若肠鸣腹泻者，加煨粉葛 60 克、木香 15 克；若大便数日而解、呈颗粒状、腹胀痛者，加大黄 10 克、芒硝 6 克（兑付），取大黄苦寒，芒硝寒咸通下；若大便色黑有出血者，加田七、藕节、侧柏炭、花蕊石。

他认为，本方运用要明确病机，最重要的是精准把握寒热虚实、气机偏差的尺度，若组方用药得当，则可效如桴鼓。

病例：陈某某，女，50岁，家住蓬安县城，多数时间在成都带孙子。因胃脘胀痛、呕恶不思饮食，在华西等多家医院就诊，均诊断为胃窦炎伴糜烂。经中西医治疗3个多月，症状缓解不明显。经人介绍于2022年3月16日到张忠良门诊处就诊。时人面色皖白，神疲乏力，嗳气，嘈杂，食则脘胀，不食则嘈，肠鸣失气，大便溏薄，舌淡苔腻，口苦，脉弦细。此乃脾胃升降失常、肝木侮土，治以疏肝理气和中。处方：半夏泻心汤加减。

半夏12克，黄连6克，黄芩15克，干姜10克，党参15克，厚朴18克，枳壳40克，紫苏梗8克，羌活15克，乌贼骨40克，瓦楞子40克，法罗海15克，白及15克，煨粉葛60克，木香15克，二芽各15克，砂仁10克，神曲15克，炙甘草15克。

一剂之后感觉良好，诸证若失，又服两剂，欣喜告愈。

## 二、病人术后调理

特别是各种肿瘤切除术后（如食道癌、胃癌、肠癌、肺癌、肝癌、乳腺癌、子宫癌等），还有不少患者需要进一步行放化疗，这样就很容易导致身体虚弱、精神萎靡、倦怠乏力、呕恶不思饮食等。张忠良认为用本方中正平和，颇切中病机。用时常略加荷叶、豆卷、砂仁、二芽等。清香醒脾、开胃益中，可达缓解症状、增进食欲的效果。

病例：姚某某，男，65岁，家住石梁乡。2018年8月，患者一月前做食道癌手术。术后嗳气、反酸、呕恶，伴胸骨柄处灼痛，脘胀不能平卧。今化疗后呕恶加重（变得更为频繁），脘胁胀痛，大便干燥，不思饮食，口苦舌淡苔腻，脉弦细。因食道癌手术后，胃脘位置改变，胃液上泛，故不能平卧，胸骨柄疼痛；化疗后脾胃虚弱、气机失和，致呕恶、脘胁胀痛、不思饮食；浊阴不降，致大便干燥不爽。处方：半夏泻心汤加减。

半夏12克，黄连8克，黄芩15克，干姜8克，党参18克，厚朴18克，紫苏梗18克，羌活鱼15克，枳壳40克，乌贼骨40克，瓦楞子40克，法罗海 15 克，白及 15 克，火麻仁 40 克，郁李仁 15 克，荷叶 20 克，二芽 15 克，豆蔻 20 克，神曲 15 克，甘草 6 克。

患者服药后，诸证缓解，自诉效果明显。而后此方加减 15 剂而痊愈（每次化疗后服 3 剂）。这种病例在其几十年临床诊治中不胜枚举。

## 三、多种慢性疾病

张忠良认为，半夏泻心汤临床应用并不只局限于上述疾患，还可以用于治疗其他多种慢性疾病。比如高血压、糖尿病、冠心病等，这些病病程长，西医强调终生用药。但最终都会导致多脏器功能受损，必定累及三焦气化失常、正虚邪恋，如此则不可一味攻伐，可用半夏泻心汤之和解法，扶正祛邪、疏利气机，而病可得好转控制。

病例：谭某某，女，81 岁。患者因糖尿病、高血压、冠心病并发心梗住院治疗 10 天后，仍感胸闷、胸胁胀痛、肠鸣矢气，证见短气懒言、神疲乏力、面色㿠白、舌红苔腻、脉沉细，大便量少、干燥，小便因服用强心利尿药尚可。他认为此乃病及三焦气化，故用半夏泻心汤加减调和中焦、宣上通下。

太子参 20 克，半夏 10 克，黄连 8 克，黄芩 15 克，干姜 10 克，厚朴 18 克，枳壳 20 克，瓜蒌皮 30 克，郁金 15 克，桃仁 10 克，火麻仁 40 克，郁李仁 15 克，杏仁 10 克，炙甘草 10 克，紫苏子 15 克。

一剂后自觉舒缓，再服用两剂后诸证皆愈。

张忠良认为，传统中医认为治疗疾病总以阴阳平衡、整体观念为理论核心，并以此作为辨证论治的本源。随着社会历史变迁、科学发展进步以及自然环境因素改变等，医学与疾病都在不断发生变化。不论何时总有很多疾病我们还不能认识或者认识不全面，并且随时可能出现新的疾病。但不论疾病或者外在因素如何演变，中医辨证论治的核心理念是不会变的。正所谓“以不变应万变”，这就是中医厉害独到之处。亦如本文应用半夏泻心汤能治疗多种病证，这是值得所有中医人认真领悟并善加运用，从而以此来促进中医药事业不断发展、造福世代。

（蓬安颐康医院供稿）

# 深研古籍临证不惑的黄庆放

## 医家小传

黄庆放，男，汉族，大专文化，中医副主任医师。1950年8月出生于蓬安县锦屏镇中坝社区（原长梁乡中坝村）。1966年初中毕业，开始自学中医，反复习诵《黄帝内经》《难经》《伤寒论》《金匮要略》《神农本草经》等，对金元四大家之刘河间、张子和、朱丹溪、李东垣，以及温病学派之叶天士、薛生白、吴鞠通、王孟英的著作，认真研读。1972年到三坝乡卫生院，跟随杨昌岐再学习中医。1979年参加四川省中医药师选拔考试，被国家录取，成为四川省“八百名壮士”之一。1980年由蓬安县卫生局安排到长梁乡卫生院从事中医临床工作。1987年毕业于成都中医学院函大，毕业论文获大学优秀论文奖。1994年晋升为中医主治医师。2009年晋升为中医副主任医师。2010年从长梁乡卫生院退休后在蓬安县政府街开诊所，继续为中医事业贡献余热。

黄庆放从事临床工作五十余年，积累了丰富的临床经验，擅长治疗多种疑难杂症。他认为，要当一个合格的中医师，必须熟记并深刻理解《伤寒论》《金匮要略》《神农本草经》《温热论》《温热条辨》《血证论》等重要中医药学名著。特别是《伤寒论》和《金匮要略》的条文、方剂，要熟练掌握，静心领悟，铭刻于心。几百个方剂，每方多少药物，每味药多少剂量，以及煎法服法，必须了然于胸，方能临证不惑，一剂中的，频收奇效。

## 医案医话

**案一　血淋（膀胱癌）**

沈某，男，50 岁，雅安汽修厂技术员，长期嗜好辛辣厚味、腌卤煎炒油炸食品，嗜酒（每日至少二餐）。一天突发尿血，淋漓刺痛，日渐加重，遂到雅安市医院检查。膀胱镜提示：膀胱壁如菜花样，诊断为膀胱癌晚期。医院要求其手术治疗，初步方案是：切取病人结肠一段，经改造用作膀胱；肛门改道，粪便经腹部的造瘘口排出体外。病人恐惧改道，认为既痛苦，又花费巨大，还不能保证效果。便放弃手术治疗，回老家找黄庆放用中医中药治疗。

症见：尿色鲜红，夹有紫暗血块，尿时短急，灼热刺痛，口渴，舌红苔黄，脉数有力。遂诊断为湿热下注损伤血络之血淋病。拟犀角地黄汤合十灰散加减：犀角 10 克，鲜生地 30 克，白芍 15 克，牡丹皮 10 克，白茅根 30 克，百草霜 30 克，藕节 30 克，地榆 30 克（炒炭），槐角 30 克（炒黑），鲜竹叶心 30 支，栀子 15 克，黄柏 15 克，甘草 10 克，蒲公英 30 克，马齿苋 20 克，蒲黄 30 克（炒黑布包）。服药一剂，尿血即减少了一半，三剂血止，淋漓刺痛全消。嘱坚持服药，禁食辛辣。半年后随访，尿血未见复发。

黄庆放认为，本案病人长期嗜食辛辣厚味，热蕴脾胃，久而化热成毒，热毒逼迫营血，深入下焦膀胱，致小便尿血，刺痛不已，终成痼疾。唐宗海《血证论》言：“人之一身，不外阴阳，阴阳二字即是水火，水火二字即是气血，水即化气，火即化血。膀胱与血室并域而居，热入血室则蓄血，热结膀胱则尿血，其血溺出，皆有淋滴不通之象，乃尿血之实证也。”故遵叶天士“入血唯恐耗血动血，直须凉血散血”之旨，拟清热解毒、凉血止血之法。取犀角、生地黄清热凉血，栀子泻三焦之火，黄柏去下焦湿热，蒲公英、马齿苋清热解毒，白茅根、百草霜、地榆炭、槐角炭、蒲黄炭、藕节凉血止血，竹叶心清热利尿。诸药合伍，既凉血清热，又解毒通淋，共奏止血之功。

**案二　外痈（脓毒性败血症）**

卢某，女，3 岁，长梁乡中坝村人。1974 年 3 月，因发热高烧 40℃去县一医院治疗，住院月余，仍反复高热，继则手臂、大腿、腰腹遍发脓包，诊断为脓毒性败血症。使用四环素、土霉素、青霉素、先锋霉素等各种抗生素及中成药无效，出院请黄庆放诊治。症见全身多处红肿包块，并有脓液溢出臭秽，伴高热、口渴、舌红苔黄，指纹紫滞。显系邪毒重聚，致使营卫不和、经络阻塞、气血凝滞，即以五味消毒饮加减清热解毒：野菊花 30 克，一支箭 30 克，奶浆菜 30 克，紫花地丁 30 克，败酱草 30 克，薏苡仁 15 克，桔梗 10 克，淡竹叶 15 克，金银花 20 克，铧头尖 30 克，甘草 10 克，煎服。三日后，病孩爷爷到其家，告之孙女好些了。原方继服，三个月后，脚可动了，脓包全消。调理一年乃愈。

黄庆放认为，医生不可墨守成规，有时剑走偏锋，可出奇制胜。本案脓毒性败血症，属中医认为外科外痈范围，是热毒极盛之症，故用五味消毒饮加减，以金银花、野菊花、紫花地丁、败酱草、一支箭清热凉血解毒，桔梗排脓，薏苡仁、淡竹叶清利湿热。血属火，脓属水，利湿就可排脓，一清一利，脓包自然消失。后期兼以健脾养胃，以滋化源，故康复较快。

**案三　中风（脑出血）**

陈某，男，75 岁，蓬安县正源镇石牛山湾人。2002 年 4 月，因劳热负重后突然昏倒，不省人事。家人急送一医院，经 CT 检查发现颅内出血，诊断为脑出血。住院七天，不见好转，通知家人，领病人回家，准备后事。出院后，因病人呼吸尚存，家人不忍就此放弃，请黄庆放诊治。诊得脉弦细，神志昏迷，呼之不应。黄庆放细思，天热劳累，血气并上，突然昏仆倒地，系血从气逆，上冲于脑，导致血溢脑脉之外的中风病，诚如《素问·调经论》所云："血之与气，并走于上，则为大厥。"其病在脑，与心肝脾肾密切相关，本病本虚标实、上盛下虚、肝肾阴虚、肝阳上亢、气血逆乱。治宜平肝潜阳、息风镇静、化痰开窍。药用天麻 30 克，钩藤 15 克，防风 10 克，菊花 20 克，生地 15 克，龙骨 20 克，牡蛎 20 克，菖蒲 10 克，郁金 10 克，浙贝母 10 克，甘草 8 克。三剂，病人苏醒，喂稀粥半碗。后调理三个月，病人可坐起，开口讲话，神识清醒，饮食尚可。本症用天麻、钩藤、菊花平肝息风，龙骨、牡蛎重镇潜阳，浙贝母化痰，菖蒲、郁金芳香开窍，药症相符，故一药见效、起死回生。

**案四　中风中脏重症**

卿某，男，60 岁，原长梁乡狮儿梁村人。因孙女婚宴，兴奋，席间酒过三巡，忽滑倒地上，不省人事，牙关紧闭。黄庆放诊得，脉洪大，面潮红，口噤不语，神识昏迷。细思之，患者素体肥胖，年过六十，肾水亏虚，不能滋养肝木，复因情绪波动，酒助火力，肝阳暴亢，气血并走于上，则发大厥，其口不能言，为中风中脏重症，拟平肝潜阳、息风镇静、豁痰通络、开窍醒脑为治：菊花 20 克，夏枯草 15 克，钩藤 15 克，荆芥 10 克，防风 10 克，生地 20 克，半夏 10 克，白术 10 克，茯苓 15 克，石决明 20 克，川贝母 10 克，郁金 10 克，石菖蒲 10 克，山楂 10 克，甘草 10 克。送服安宫牛黄丸一粒。十余剂后，病人苏醒，问其家人，“我睡了好久”，答曰，“整整一个月”。

黄庆放认为，本例病人，虽昏迷一个月，因治疗及时，此方荆芥、防风疏解外邪，钩藤、菊花、夏枯草、石决明疏风散热、平肝潜阳，生地滋肾，天麻滋水涵木、平息肝风，半夏、白术、茯苓、川贝母健脾化痰，郁金、菖蒲开胸解郁、化痰开窍，山楂消食化滞，甘草调和诸药；安宫牛黄丸，清心醒脑，开窍通神。其中，安宫牛黄丸为中药三宝（安宫牛黄丸，紫雪丹，至宝丹）之一，其性最凉，开窍醒脑，功效显著。他曾用于流行性脑膜炎、乙型脑炎、神智昏迷、高热惊厥者，效若桴鼓。后也曾多次用于中风后遗症、半身不遂、口眼歪斜、语言蹇涩，均收良好效果。

**案五　奔豚病（冠心病）**

任某，女，六十岁，南充市高坪区江陵镇人。因心累、少气、乏力，在上级医院被诊断为冠心病，冠状动脉狭窄，二尖瓣、三尖瓣关闭不全。住院一个月，因家贫无钱买起搏器，遂出院回家，请黄庆放诊治。诊得脉结代，神疲乏力，饮食减少，卧床不起，病发作时似有一物从少腹上冲至心，人即昏厥，四肢僵直，两眼直视，气息微弱，几分钟后，叹一口大气方醒，日发数十次。因思张仲景奔豚汤证：“奔豚病，从少腹起，上冲咽喉，发作欲死，复还止，皆以惊恐得之。”正合此病表现，遂开奔豚汤原方，药有：葛根 15 克，黄芩 12 克，川芎 12 克，当归 15 克，甘草 15 克，半夏 10 克，白芍 20 克，甘李根白皮 30 克，一剂。服后诸症若失。调理三个月而愈。

现代研究葛根有疏通冠状动脉的作用，川芎活血化瘀，能通达全身血脉，故也能通心脉。如今速效救心丸，主药就是川芎、冰片。此方脉证相符，故一剂见效。

除上病案外，黄庆放还擅长治疗麻疹、肝炎、脑膜炎、肺炎、胆囊炎、肾炎、胃肠炎、月经病等。几十年来，奇案无数，不胜枚举。他认为，行医无捷径可走，要几十年如一日，勤求古训，博采众方，抗志以希古人，虚心而师百氏，目如电、心如发，智足以周乎万物，博览载籍，上下古今。对病人，无论贫贱富贵，长幼妍痴，皆如至亲之想，一心赴救。临症胆大心细，行方智圆，务使一发中的。诚如吴鞠通所言："治外感如将，去敌务尽，善后务细，治内伤如相，无功可言，无德可见，而人登寿域。"但无论外感内伤，都不能忽略胃气，人有胃气则生，无胃气则死。这是医者必须遵循的一大原则。很多疑难杂症，演变到最后，都是胃气损伤、化源告竭，回天乏术、悔之莫及。观今之医，不念思求经旨，以演其所知，各承家技，始终顺旧，夫欲视死别生，实为难矣。

（黄庆放口述　任丽华整理）

# 精研医理辨治独到的曹习诠

## 医家小传

曹习诠，男，中共党员，1953 年 3 月，出生于蓬安县金溪镇（原金溪区万和乡）紫石坝村，父母皆为教师。1956 年随父母工作调动到蓬安县徐家区完全小学上学。1968 年 7 月，蓬安县徐家民中毕业。

1969 年 3 月至 1977 年 3 月，上山下乡在蓬安县徐家镇太阳村当知青 8 年，其中，1973 年 1 月至 1977 年 3 月拜蓬安县中医妇科名老中医唐遇如先生学习中医。1977 年 3 月至 1979 年 3 月，考入川北医学院（原南充医学专科学校中医班）读书学习。1979 年 3 月至 1992 年 7 月，于川北医学院毕业分配至蓬安县金溪区卫生院工作，任门诊部主任、党支部委员、工会主席，其中，1983 年 9 月至 1984 年 2 月任蓬安县卫生进修学校教师；1983 年 10 月至 1987 年 10 月，于成都中医药大学函授部中医专业学习毕业，同年晋升为中医师；1986 年 9 月至 1990 年 12 月任蓬安新生卫校教师。1992 年 7 月至 2013 年 3 月，作为业务骨干调入蓬安县中医医院工作。1993 年 12 月晋升为中医妇科主治医师，2004 年 6 月晋升为副主任中医师。先后担任医务科长、工会副主席、副院长、医院分级管理达标领导小组副组长兼领导小组办公室主任、工会主席。1993 年 12 月至 2002 年 9 月，任中华医学会蓬安县分会第三届理事、常务理事、副秘书长，中医专业委员会秘书。1995 年 9 月，受聘为蓬安县农村卫生专业技术初级职称评审委员。2002 年 9 月至 2013 年 3 月，任中华医学会蓬安县分会第四届理事、常务理事、副秘书长，中医专业委员会副主任委员。2013 年 3 月在蓬安县中医医院到龄退休后留院工作。

曹习诠曾任蓬安县卫生进修学校、蓬安新生卫校专职教师，多次参加县卫生局对乡村医生的培训授课。其间，善于理论联系实际，广引博征，深入浅出，不断启发学员思维，教法上亦庄亦谐，生动有趣，教学效果良好。他经常关心学员生活及学习，为学员排难解惑，深受学员的敬重，受到卫生局领导的好评。主持并担任蓬安县中医医院中医基础、中医妇科临床、中医药研究新进展的学术讲座授课老师。曹习诠能熟练运用中医药理论和技能，指导下级医师开展对危重病的抢救、疑难病症的诊断和鉴别诊断，指导中药人员掌握中药炮制与保管方法及中药材真伪鉴别等技术。带教见习、进修医师 40 余人，其传道授业解惑，注重基础理论、基本技能与辨证施治结合的培养，讲解同病异治、异病同治的正确把握，比较同类方剂组成和主治的异同变化，分析典型和特殊病例等，使其医疗水平提高很快。

曹习诠有较强的医疗业务水平和管理能力。担任蓬安县中医医院医务科长、副院长、医院分级管理达标领导小组副组长兼领导小组办公室主任期间，积极协助院长抓好医院管理，主持制定和完善各类人员的《质量考核标准》等质控规章制度，经常深入各科室了解和掌握情况，检查督促各种操作常规和制度的执行情况并亲自示范，狠抓医疗质量、病历书写和三级医师查房制度的落实，促进了医院整体医疗质量和业务技术水平的提高，用自己的专长和中医特色创建了月经病专科，为蓬安县中医医院顺利达标国家二级甲等中医医院和三级乙等中医医院作出了贡献。

## 医案医话

曹习诠通过师传和国家中专、大学正规培养，刻苦研读古典医籍和近现代名医著作，自学西医高等院校教材，博采众方，汲取古今医术精华。经过 50 余年的临床实践，精通中医理论，具有系统的中医内、妇、儿科专业知识和现代医学知识，已掌握本专业临床操作技能和相关的现代科技知识，能得心应手地处理本专业复杂的专业技术问题。熟悉中医各家学说和本专业国内外学术动态，不断吸收新理论、新知识、新技术用于临床，尤其擅长中医妇科。

曹习诠具有丰富的临床工作经验，能熟练地运用中医理、法、方、药进行辨证施治和辨病论治，重视“天人相应”的辨证方法，主张应结合春夏秋冬四季的气候特点，正确分辨正常气候与反常戾气对人体的影响。注重“整体观念”指导下的辨证施治，主张灵活运用五脏配属五行（肝属木、心属火、脾属土、肺属金、肾属水）的生克制化关系趋利避害，并根据病人个体差异、居处环境、生活习性、劳动性质，灵活辨证，合理用药。十分注重将现代医学知识和中医学、中药药理学研究成果应用于临床。尤其对妇女崩漏、带下、杂病有独特见解。

他认为，根据妇女数伤于血的生理特性，治法上应青春期重视补肝肾、育龄期重视补气血、绝经后重视健脾胃，并时时注意疏肝理气。治疗崩漏应注重三法：一是“塞流”，止血乃是当务之急。治崩应固摄升提，以免失血过多；治漏宜养血行气，以免血止成瘀。二是“澄源”，正本清源、求因治本，为治疗崩漏的重要阶段，切忌不问缘由，概投寒凉或温补之剂。塞流、澄源两法应同步进行。三是“复旧”，崩漏血止后，应理脾益肾，重建月经周期，才能使崩漏得到彻底治愈。

曾治愈妇女白带如崩、经间期出血、产后血晕、性交疼痛、不孕等妇科疑难重症和新生儿大便不通、成人房事昏厥、阳痿、血精等疑难病。

1987年7月，一少年因高烧、烦躁、神志不清入院，西医诊断为“乙脑”，治疗两天症状不减，全身现红斑。住院医师动员转院治疗。病孩父亲慕名来请曹习诠用中药治疗。时值炎夏，患者高烧、烦躁、神昏，身现红斑，舌红苔黄脉滑数。他认为，此乃暑温病热入营血证。治以清营解毒、凉血散血、透热养阴法，用吴鞠通《温病条辨》清营汤和安宫牛黄丸治之。一剂热退神清，二剂红斑渐消。后随症加减，一周后痊愈出院。

1993年初夏，一婴儿未满月，因面赤目闭多眵，全身肿胀，腹大如鼓，小便黄赤点滴而下，大便秘结近半月，多处医治无效，慕名来诊。经仔细检查、问询，知儿母孕期极嗜辛辣，以致胎毒内结所致。治以清热解毒、泻火导滞，用陈复正《幼幼集成》沆瀣丹加木通、大腹皮、白茅根。一剂大便软，二剂二便通，三剂双目睁，四剂肿胀消，后随症调理半月而愈。

1996 年 6 月，一农妇因带下如注、腰痛如折、四肢无力、头晕欲仆、卧床不起，来请出诊。经详细诊察病人，知为房劳多产、下元亏损、封藏失职所致。用温肾培元、固涩止带法，以吴立本《女科切要》内补丸加味。3 剂显效，8 剂治愈。调理休养 3 个月后身轻体健，已能从事重体力劳动。

1998 年 1 月，一患者慢性肺心病急性发作，呼吸困难，喉中痰鸣，呼之不应，瞳孔对光反射迟钝，颈静脉怒张，面赤唇青，汗出肢冷，舌紫红，脉浮大无根，来院抢救。即指导住院医师采取持续低流量给氧，解痉除痰，运用肺脑合剂，减少脑细胞因缺氧造成的损害。积极控制感染，维持水和电解质平衡，对症支持等急救措施。用中成药生脉注射液和清开灵注射液交替静脉滴注，参附汤中化入黑锡丹频频灌服。经过紧张抢救，病人终于脱离危险。后又用开郁、化痰、降气、平喘、补肺、纳气等法，3 天后病人完全清醒。后经随症加减用药治疗，好转出院。

针对农村妇女多患湿热带下，曹习诠曾自拟樗根白皮汤：樗根白皮 30 克，白术、白茯苓、白鲜皮各 15 克，白芷（炒黄）、白果各 12 克，黄柏 10 克，蒲公英、海螵蛸各 20 克，清热燥湿为主，配以扶正固涩，寒热并投，动静结合，散涩兼用，治疗 182 例湿热带下患者，收到满意效果。

又如，因肾中精血亏损，阴虚内热，热伏冲任而致妇女经间期出血，本傅青主“只专补水，水既足而火自消”意，自拟滋肾固冲汤（生地黄、熟地黄、白芍、麦冬、玄参、阿胶各 20 克，知母、地骨皮、女贞子各 12 克，旱莲草 30 克，生甘草 3 克），治疗 57 例，效如桴鼓。

因善治疑难杂病，临床用药主张精练、适量、中病即止，病员花钱少，效果好，慕名就医者络绎不绝。

临床间隙，曹习诠积极从事医学科研及医学论文撰写。1999 年 4 月，其担任主研的《紫牛黄精汤治疗原发性血小板减少性紫癜的研究》科研项目荣获蓬安县科技进步二等奖。2008 年 4 月，独立完成的《滋肾固冲汤治疗妇女经间期出血的研究》项目，荣获蓬安县第十一届科技进步二等奖。2011 年 7 月，其独立完成的《活血定痛汤治疗少女痛经的研究》《益阴固冲汤治疗青春期功能失调性子宫出血的研究》分别荣获蓬安县第十二届科技进步二等奖，《益肾安胎饮治疗肾虚胎动不安的研究》荣获蓬安县第十二届科技进步三等奖。曾在《四川中医》等省级核心期刊发表中医学术论文 7 篇，在全国、省、市学术会议交流医学论文 14 篇。在蓬安县科委主办的《致富之友报》发表科普文章 25 篇。

此外，他还大力推广应用“清开灵注射液”“生脉注射液”“参附注射液”“葛根芩连微丸”“甘草甜素注射液”等中药科研成果，使中医院辨证应用中成药蔚然成风。

（蓬安县中医医院供稿 ）

# 治疗脾胃疾病独具匠心的杨国荣

## 医家小传

杨国荣，副主任中医师，1955 年 8 月生于蓬安县巨龙镇中兴街社区（原盘龙区中兴公社一大队），1978 年 9 月毕业于成都中医学院（今成都中医药大学），分配至蓬安县徐家镇中心卫生院工作。曾历任门诊部主任、院长、书记。2002 年 5 月调蓬安县人民医院中医科工作。2015 年 8 月退休。现受聘于蓬安县城东社区医院。

杨国荣自幼聪慧，喜欢读书，学业优秀。弱冠之年，被推荐上大学后，更是求知若渴，博览群书，百读不厌。在汗牛充栋、浩如烟海的中医书籍中，熟读经典名著，尽阅释文评述，旁参考证、明鉴伪真，汲取精华、去伪存真，勤求古训、博采众长，融汇新知、充实自己。并充分认识到，就读中医学院，必然学习中医，读中医书，学中医术，从中医业，做中医人。要学好中医，一定要学习好基础理论，掌握好基本技能。既要学习先圣名著，借鉴前人经验，也要参研后世医书，应用科研成果，真正做到古为今用、洋为中用，遵古而不拘泥，继承而有创新。只有这样，才能保持中医特色，促进中医发展，保障人民健康，推动社会进步。因此，在校学习期间，杨国荣专注教学课堂，浏览报馆书房，不耻下问求知，常随老师临床。通过不懈努力，坚持刻苦学习，熟悉了理论知识，掌握了临床技能，为后来从事中医工作奠定了扎实牢固的基础。

杨国荣毕业后回到蓬安，分派去了边远小镇。当时当地，贫穷落后，缺医少药。医院规模小，医疗设备少，仅有普通照光机、血尿化验仪，最多再算上血压计、听诊器。病人看病，需要早出晚归，翻山越岭，少不了行走几十里山间小道。医者行医，常跋山涉水，走村串户，多施诊于农家院坝、田边地角。工作生活的艰辛，不失为苦难磨炼。随着时间推移，进入20世纪80年代，医院扩建，设备增添，医疗环境、工作条件渐有改观，但仍不尽完善，依然坐诊于医院诊室，巡诊去乡镇街坊，出诊到病人床前，会诊在医院病房。他待人谦逊，医风正派，救死扶伤，热情服务，出诊不拒，风雨无阻。他接诊病人，至意深心，详察形候，审慎辨证，细心治疗，严防误诊。他白天忙于诊务，夜晚挑灯学习，录下繁杂病案，总结教训经验。亲临床，多实践，业精于勤。多年来摸爬滚打、勤学苦练，升华了理论知识，增强了专业技能，提高了医术水平，丰富了临床经验。擅长中医治疗疑难杂症，对脾胃疾病的治疗独具匠心、得手应心。先后发表学术文章10篇，充分反映了他的学术思想。

## 医案医话

### 一、临床运用补脾法的几点体会

虚者补之，损者益之，以补益之法治疗虚损之疾，是中医临床治疗重要措施之一。脾乃后天之本，气血生化之源。脾虚则后天失养，化源不足，多种虚弱性疾病由此而生。故补脾是补法中的重点，临床广泛运用。如何恰当地运用补脾法，有其个人临床体会。

#### （一）补脾宜首先开胃

胃主受纳，脾主运化。身体要摄取饮食营养，服药要获得治疗效果，都必须通过胃的受纳、脾的运化才能实现。胃之所以能纳，全赖胃气。胃气全无或衰败固不能纳，胃气因浊邪闭塞亦不能纳。胃不能纳则脾无以化，饮食不能化精微以营养身体，药物也不能被吸收以发挥治疗作用。临床常可见到有些脾虚病证，除见一派虚弱征象外，多伴有食欲不振、胃纳不佳、稍进食则腹胀等症。见其虚弱，施之以补，不独无益，反而食欲下降，胃纳减少，腹胀增剧。究其原因，胃不纳食，不因胃气衰败或不足，乃由脾虚不运，消化力弱，湿浊停滞，闭塞胃气所致。治用参、芪、术之类壅塞呆滞之补剂，胃气更加闭塞，故其病有增无减，难以见效。治疗此类病证，欲补脾宜先开胃。临床常选用藿香、砂仁、白豆蔻、草果、陈皮、神曲、谷麦芽、鸡内金等芳香化湿、开胃醒脾之品，组方治疗或酌加二、三于补剂之中，以消除胃气闭塞之因。胃气开而能纳食，食欲正常之后再进补剂，其效才佳。

### （二）补脾宜升中有降

脾主升清，胃主降浊。脾宜升则健，胃宜降则和。根据脾胃之特性，治脾宜升，治胃宜降。但在临床上有些慢性虚弱性脾胃病，其升降功能紊乱严重，脾气不升或下陷多伴有胃气不降或上逆。或因素体脾虚，中气下陷，脾气陷而胃气逆；或由脾虚气陷，治以升补，升提太过，致胃气不降而逆。临床既可见脾气不升、中气下陷之内脏下垂、自觉腹坠、久泻脱肛、气短乏力等症，也同时见脘腹胀满、嗳气不舒、恶心欲呕等胃失和降、气逆于上之症。治疗时就不能单一升补脾气，升提清气，宜升中有降、升降并调，升举脾气而勿忘和降胃气，升多降少，寓降于升。升补脾气多选用黄芪、人参、白术、苍术、升麻、柴胡、荷叶，和降胃气常用半夏、砂仁、陈皮、藿香、苏叶。升降多少，全凭临床辨证。只有把握病机，抓住重点，分清主次，恰当用药，才能取得满意疗效。

### （三）补脾宜燥而兼润

脾喜燥恶湿，胃喜润恶燥，乃脾胃之生理特性。温燥胜湿以健脾，濡润滋阴以养胃，乃其治疗常法。在临床上单纯的脾虚湿困或胃燥津亏者固不少见，然而脾虚湿困与胃燥阴伤同时兼见者亦非鲜有。或由脾虚湿困，过用温燥，脾湿未尽而胃阴已伤；或因素体阴伤，滋养过腻，胃阴未复而脾湿滋生。临床表现既可见脾虚湿困之身倦乏力、食少腹胀、舌苔厚腻之症，也同时兼见口渴咽干、舌干乏津、或舌苔花剥、或胃脘有灼热感等胃阴受损之症。治疗此症就不能一味地燥湿，或一味地滋阴。健脾燥湿，非性温干燥之剂脾湿不去，纯燥或过温易致损胃伤阴；养胃滋阴，非甘寒濡润之品胃阴难复，纯滋或太腻又致碍脾生湿。临床常选用苍术、白术、白豆蔻、半夏、厚朴、陈皮配以黄精、山药、扁豆、沙参、玉竹，健脾燥湿而不烈，养胃润燥而不腻，燥湿不伤胃阴，养阴不妨脾湿，燥而兼润，刚柔并用，不偏不倚，方可收效。

### （四）补脾宜柔肝平逆

脾虚之证，治以补益，药证相符，理应有效。但临床上有些脾虚之证，屡用补剂，不见其功，仍缠绵难愈。详询其症，细审其因，这类病证不仅脾虚，常兼肝气偏旺，横逆乘脾。或有胁痛，或兼易怒，或生气则腹泻，或腹痛即欲大便，便后痛止，或脉弦有力。脾主运化，肝主疏泄，脾之健运有赖肝之疏泄功能正常。肝气过旺，疏泄失职，横逆犯脾，本可导致脾虚；脾土虚弱则更易遭受肝木乘之，其脾愈虚。虽进补剂，但补其脾，未调其肝，愈补肝愈旺，气愈逆，故脾虚难已。治疗时既要补脾益气，亦需柔肝平逆。临床常选用人参、党参、黄芪、白术、山药、扁豆甘温补中、益气健脾，以扶虚弱之脾土；白芍、乌梅、木瓜酸涩敛肝、柔肝安脾，以抑横逆之肝木。肝气横逆消除，脾气自然舒展，肝气得平，脾气得复，补益之剂发挥治疗作用，脾虚之证即可治愈。此治肝补脾之要妙也。

## 二、温胆汤加味治疗慢性胃炎118例

治疗慢性胃炎，从“痰”立论，治“痰”为主，观点新颖，疗效显著。

慢性胃炎，乃属中医“痞满”“嘈杂”“腹胀”“胃脘痛”等范畴。以心下痞塞不通、脘腹胀闷不舒、伴嗳气吞酸、恶心呕吐、食欲减退为主要临床表现。多因饮食不节、七情内伤、损及脾胃、脾失健运、胃失和降所致。《兰室秘藏》说：“脾湿有余，腹满食不化。”《张氏医通》说：“心下痞闷，内有痰湿也。”对本病的治疗，《证治汇补》说：“初宜舒郁化痰降火，久之固中气佐以他药；有痰治痰，有火清火，郁则兼化。”《丹溪心法》说：“嘈杂，是痰因火动，治痰为先，姜汁炒黄连，入痰药。”

处方：半夏30克，枳实30克，厚朴15克，黄连10克，竹茹15克，陈皮15克，莱菔子30克，茯苓30克，甘草5克。

方中半夏燥湿化痰，降逆止呕，消痞散结，为治痰要药；枳实行气化痰，消积除痞；厚朴理气化痰，消胀除满；黄连清热燥湿，泻火解毒，擅长治中焦湿火郁结，除脾胃大肠湿热；竹茹清热化痰，除烦止呕；陈皮醒脾开胃，理气化痰；莱菔子下气化痰，消食除满；茯苓健脾渗湿，利水消痰；甘草调和诸药。

全方合用，除湿理气，重在治痰，脾气顺痰消而痞开满除，诸证平复。

方中用药，据现代药理研究，均有不同程度的抑制幽门螺旋杆菌的作用，故治疗慢性胃炎有明显疗效。

## 三、自拟白术通便汤治疗便秘66例

白术治疗便秘，医书杂志少见，临床应用多效。老药新用，颇有新意。

处方：白术60～120克，当归20～40克，生地黄20～40克，枳实20～40克，升麻6～12克，甘草10～20克。

白术性温，味甘苦，益气健脾，生津润肠，大剂重用，通畅大便。中医传统习惯多将白术用于治疗脾虚泄泻，谓多用可致便秘。然而临床重用白术反能通便。白术通便，《伤寒论》174条有“大便硬加白术四两”的记载；现代药理研究发现白术有“促进肠胃分泌的作用”，“使胃肠分泌旺盛，蠕动增速”；临床实践证实大剂量白术治疗便秘，能使大便变润、变软，容易排出。当归性温，味辛甘苦，养血和血，润燥滑肠。生地黄性寒，味甘、苦，清热生津，滋阴润燥。白术伍归、地，温通配凉润，通调大便，其效更佳，且补而不滞，滋而不腻，共为主药。枳实宽肠下气，通腑荡浊。升麻轻宣清气，升清降浊。枳实、升麻，一升一降，两药同用，意在调理脾胃升降，遂其胃肠通调，以协同主药通调大便。甘草益气生津，调和诸药。全方合用，共奏益气生津、润肠通便之功。临床运用并不引起腹泻，且无复发之虞。若以此方再加人参10～20克、黄芪20～40克补益元气，强力助推，治疗老年便秘，效若桴鼓，屡试不爽。

（蓬安县城东社区卫生服务中心供稿）

# 理论与实践并重的黎忠民

## 医家小传

黎忠民，1958 年 9 月出生于南充市顺庆区凤山乡蔡家沟村（原凤仪乡蔡家沟村），副主任中医师，南充市首届基层名中医。1979 年考入南充卫校学习中医，1982 年毕业分配至蓬安县兴旺镇海田乡卫生院从事中医临床工作。1983 年，作为蓬安县首批学员之一，考入成都中医学院函授班半脱产学习 4 年。1985 年调入蓬安县锦屏中心卫生院。从事中医门诊、住院临床工作共 40 余年，发表中医专业学术论文 40 余篇，科研项目《中药量化煎服》荣获蓬安县科技进步二等奖。带教中医进修生 10 余人。业余喜习书法，常为医院书写健康宣传板报。

## 医案医话

中医是一门科学，博大精深，延续几千年，岐黄肇始，秦汉奠基，唐宋发展，明清名医辈出，为中华民族繁衍昌盛作出了巨大贡献，由此也造就了一大批中医名家。黎忠民在从事中医工作中深深体悟到，业医首先须怀精诚之志，要医志坚、医心慈、医术精、医表端、医风正、医纪严，牢记古代医家业医格言，言行一致。其次是要在继承中医理论的基础上求发展，在发展中求创新。是故他怀救世之心，秉超悟之哲，嗜学不厌，研理务精，抗志以希古人，虚心而师百氏。他业余研读《黄帝内经》《伤寒杂病论》《丹溪心法》《脾胃论》《温病条辨》《医学衷中参西录》等著作及《中医杂志》。学习后，一方面对先贤经验加以总结，撰写心得体会，如张仲景小剂量用药、反成用药、量化煎服、治法优化、吴鞠通治湿病的宣气化湿法探讨、柳宝诒托法治伏温经验、程门雪制方用药特色等。另一方面将先贤临床经验赋予实践，师其法，用其方，变其制，稍加损益，收效甚佳。如运用张仲景半夏泻心汤治疗胃肠疾病、朱丹溪二术二陈汤治妇人带下、张锡纯活络效灵丹加减治疗颈肩腰腿疼痛等。如：十年前曾治一男，40岁，农民。其半年前胃脘胀闷，似痛非痛，在上级医院检查确诊为慢性非萎缩性胃炎，遍服健脾、理气、止痛等药未效。慕名求其治之，问其症，常见口苦口干，脘痞闷胀，便秘；望其舌，质红，苔黄厚腻；诊其脉滑数。其以为乃湿热阻滞中焦、脾胃气机不利，治宜清泻湿热、调畅脾胃气机，于是用张仲景之方，取鞠通宣气化湿法，以半夏泻心汤出入治之。药用黄连8克，黄芩10克，苦杏仁12克，炒枳实12克，清半夏12克，瓜蒌壳15克，厚朴15克，白豆蔻12克。水煎服，四剂后病减大半，再于原方出入四剂而愈。

临证必先识病，识病然后议药，病有千变，药亦有千变。所以临证之要，务守病机。因此业医要注意三点：

一是应理论与临床实际相结合，然后再把实践得来的资料上升为理论，不断总结，不断提高，如此方能知常达变。如小儿疳积，为乳食不节，肥甘无度，停积中脘，传化迟滞，脾胃受损，久生积热，热甚则耗气血，煎熬津液，致脾胃津亏，胃津不足则不能磨谷而为脾提供营养物质，脾阴不足则不能助胃而为胃行其津液，以致实者不消而愈虚其津，虚者不复而愈甚其积，虚虚实实，反复缠绵，生化乏源，气日益虚，脉道不利，筋骨肌肉皆无气以生，久渐成疳。治疗当滋脾阴，助脾以为胃行其津液，拟方：淮山药12克，莲子10克，苍术8克，白术8克，龙胆草3克，石斛10克，葛根6克，炙鸡内金10克，胡黄连8克，炒三棱8克，甘草3克。因小儿脏气灵，故用药以平补为贵，方中山药、莲子、石斛甘淡实脾，旨使阴充脾旺则生化有源，苍术、白术健脾运脾，葛根、石斛益胃生津，胆草、胡黄连清疳热，鸡内金、炒三棱去其积滞，诸药合用，使其补而不滞，消而不伤，共成滋脾阴，消疳积之法。若气虚加党参、黄芪；胃阴不足口渴甚者，加天花粉、玉竹；脾虚肝旺加炒白芍；阴损及阳加人参、附子。

二是要注重整体观念，辨证论治特色，熟练运用五诊（望、闻、问、切、查）十纲（阴、阳、表、里、寒、热、虚、实、已、未）。所谓“查”，即包括切诊部分和现代医学的辅助检查，辨别病之深浅轻重和审察病机，是确立治法、用药的重要环节之一。“已、未”是辨别已病和未病，能直接指导临床用药。如肠痈病，相似于现代医学的阑尾炎，以持续性伴有阵发性加剧的右下腹痛、肌紧张、压痛和反跳痛为特征，初诊时若能在四诊的基础上配合辅助检查，则能减少误诊，有助于确定治疗方案。

三是要中西汇通。因中医是以东方哲学思想与丰富的临床经验为理论源泉，以阴阳五行为指导的脏腑、经络、精气神、天人相应学说为依据，以辨证论治的理、法、方、药为手段来处治疾病，具有整体性、宏观性、系统性、辨证性和全息性特征，与自然密切相关，与西方医学处治疾病的方法有别。所以临证要中西结合、取长补短、去伪存真。

黎忠民临证 40 年，认为时有温热凉寒之别，证有表里新伏之分，体有阴阳壮弱之殊，法有补散攻和之异，设不明辨精确，妄为投剂，鲜不误人。是故临证也要注意三点：

一是长于小剂量用药，取“四两拨千斤”之法，旨在“轻以去实”。以为体弱及老幼用药量宜小，治疗次要兼证剂量宜小，疏肝解郁剂量宜小，引火归原药量宜小，升提的风药用量宜小，芳香开窍用药量宜小，引经报使者用量宜轻，佐药用量宜轻，多味相须用药量宜小，剧毒药物宜小剂轻用，峻猛之药宜小量慎用。

二是复方多法，取精用简。如治外感咳嗽，若患者既感风寒，又内有痰湿兼夹，时久迁延，风寒化热，致病机复杂，寒热湿痰并存。每以麻杏石甘汤、二陈汤、平胃散合方加桔梗、紫菀、冬花、桑白皮等味，融宣肺、散寒、清热、除湿、化痰、止咳诸法于一方。若热重者增加石膏用量；痰湿较重者，增茯苓、苍术用量；兼表邪加荆芥、防风或银花、连翘；气虚合生脉散，每收良效。

三是随机用药，补偏救弊。如痰证，不治痰而治气，因痰是一种病理性产物，为脏腑功能失调、水津不布，停蓄为痰。所以《杂病广要》云：“人之一身，无非气血周流，痰亦随之。夫痰者，津液之异也，流行于上则为痰饮，散周于下则为津液，其所以流行上下者，亦气使之然耳。大抵气滞则痰壅，气行则痰行。”故丹溪有云：“善治痰者，不治痰而治气，气顺则一身之津亦随之而顺矣。”所以他治痰证每从补气、理气、化气、降气四个方面着手。补气常用甘草生姜汤、六君子汤，理气多用二陈汤加枳壳、桔梗或顺气化痰法，降气首选香苏散合半夏厚朴汤、苏子降气汤、三子养亲汤、小半夏加茯苓汤合泽泻汤、旋覆代赭汤，化气每选理中化痰丸、苓桂术甘汤、肾气丸等。再如泄泻，本于脾胃，又每与湿阻有关，治当健脾除湿。在临证中他每于其中加入少量风药，如羌活、防风、白芷、独活、升麻、柴胡、葛根等味，多获良效。李中梓云：“气属于阳，性本上升，胃气注迫，辄而下陷，升、柴、羌、葛之类，鼓舞胃气上腾，则注下自止。又如地下淖泽，风之则干，故风药多燥，且湿为土病，风为木病，木可胜土，风亦胜湿，所谓下者举之是也。”曾治一女，45 岁，教师，患泄泻两年，曾去上级医院检查，诊断为慢性肠炎，服消炎止泻之品方能暂止，停药后仍大便溏泻，日三、四行，如此迁延不已，反复发作。后找黎忠民诊治，从问诊得知其腹胀肠鸣，鸣后即泻，进食油腻之后则泻下次数增多，食欲不振，观其面色浮黄，精神倦怠，再察舌脉，舌质淡胖，边有齿痕，苔白，脉濡缓。显系脾胃虚弱、升降失调、浊湿内阻之证。拟方：土炒苍术、土炒白术各 12 克，煨葛根、煨升麻各 8 克，荷叶 15 克，防风、陈皮各 10 克，莲子 12 克，山药 12 克，砂仁 10 克。连服 4 剂，诸证大减，仍守原方，再服 4 剂，诸证愈失。5 个月后随访，未再复发。

总之，医贵精，学贵博，识贵卓，心贵虚，业贵专，言贵显，法贵活，方贵纯，治贵巧，效贵捷，勤求古训，博采众长，至精至诚，若能如此者，方可为济世活人之良医也。

（蓬安县锦屏中心卫生院供稿）

# 中西医结合治疗与康复并重的张爱民

## 医家小传

张爱民，男，1969 年 3 月 13 日出生于蓬安县巨龙镇龙云寺村（原盘龙区龙云公社四大队），副主任中医师、川北医学院副教授。1987 年考入成都中医学院首届骨伤专业，全日制五年本科。在校期间，张爱民刻苦学习，专业课程成绩全班第一，1992 年毕业，授予医学学士学位。毕业后分配到南充市中心医院（原南充地区人民医院），曾在中医骨科、康复医学科等科室工作。先后在四川大学华西医院、四川省人民医院、四川省中医院等医院学习。曾任南充市中心医院康复医学科副主任，南充市中医药学会骨伤专委会副主任委员，南充康复医学质量控制中心副主任，南充市医学会物理医学与康复专委会常委，四川省医疗卫生与健康促进会骨伤科专委会常委，四川省中西结合学会骨科专委会委员，四川省中医药学会骨伤科专委会、运动医疗专委会、风湿病专委会委员，四川省针灸学会肿瘤康复专委会委员，四川省医学会运动医疗专委会委员。

张爱民从事中医骨科及康复临床工作，擅长运用中西医理论对腰椎间盘突出症、颈椎病、骨关节炎、骨关节感染等骨科疾病诊治，有丰富的临床经验。对传统手法整复外固定，中药内服外敷，结合现代骨科技术治疗骨折、脱位、软组织损伤等有独特的疗效。应用自创的膝舒洗剂治疗膝关节的慢性损伤效果显著。对骨与关节损伤、脊髓损伤、软组织损伤及粘连等骨科疾病及并发症、后遗症的康复治疗亦有很好的疗效，在业内评价较高。开展临床工作的同时，张爱民还积极传授中医药知识，带教临床的实习、进修医师，并承担川北医学院的“中西医临床骨伤科学”本科教学工作。

张爱民心系病人，常因病人较多需其治疗而早出晚归。下班后，无论春夏秋冬，常因小儿发生桡骨小头半脱位（俗称牵拉肘）疾病，他总是在家中深夜热情接待病人家长，开展复位工作，毫无怨言，还免费诊治，得知家庭贫困的孩子还给予经济物资上帮助。他一直坚持“以病人为中心”，从不收受患者红包，其良好的医德医风，受到广大患者的赞誉。

张爱民先后在核心期刊发表了《牵引推拿治疗腰椎间盘突出症》《依托芬那酯凝胶治疗膝骨关节炎》《中医复位手法治疗老年桡骨远端骨折临床疗效分析》《中医熏蒸联合针灸在四肢骨折患者术后关节僵硬中的效果及对证候积分的影响研究》《中医骨伤手法按摩配合八段锦气功对中年腰椎间盘突出症患者的效果观察》等多篇论文。

## 一、中医熏蒸联合针灸在四肢骨折患者术后关节僵硬中的效果探讨

四肢骨折，是指四肢处骨骼由于高空坠落、跌倒及车祸等意外伤引起的成骨连接性中断。其引发的病因包括直接暴力与间接暴力两种，并以骨骼畸形、关节活动受限为主要表现，影响患者肢体功能及生活质量。手术治疗是四肢骨折常用的治疗方法，借助手术能促进骨折部位愈合，多数患者可从中获益。但是患者术后由于恢复较慢，治疗时间较长，导致患者术后关节僵硬发生率较高，不仅影响患者治疗效果，亦增加术后并发症发生率。张爱民认为，针灸具有舒筋通络、调整气血效果，具有治疗起效迅速、副作用少及价格低廉等优点，使用较为方便，适合在临床广泛开展。而中药熏蒸属于我国传统疗法之一，药物蒸汽中含有有效化学成分，经皮肤吸收能渗透到病变部位，可扩张血管、疏通人体经络，改善局部血液循环。因此，张爱民以四肢骨折术后关节僵硬患者为研究对象，探讨中医熏蒸联合针灸在四肢骨折患者术后关节僵硬中的效果，报道如下。

采用中医针灸治疗。以患者膝关节为例，穴位选择血海、阳陵泉、膝阳关、绝骨、三阴交等，对上述穴位常规局部消毒，并采用 0.35 × 75 mm 针灸对穴位

进行针刺，待得气后留针。常规采用长为 15 cm 的艾条套在针柄上，准备完毕后点燃艾条下端，待艾条燃烧完毕后，去除灰烬，将针灸针取出，每周治疗 3 次，连续治疗 2 周（对于其他部位骨折患者，选择相应穴位进行治疗）。

中医熏蒸治疗。熏蒸中药包括：苏木 20 克，当归 20 克，川芎 20 克，红花 20 克，桂枝 12 克，川牛膝 20 克，生川乌 20 克，伸筋草 20 克，透骨草 20 克，鸡血藤 15 克。将上述药物加水煮沸，每次熏蒸 30 ~ 45 min，每天 1 次，治疗 2 周后评估患者效果。

## 二、中医复位手法治疗老年桡骨远端骨折

老年桡骨远端骨折是临床骨折最常见的类型，是指桡骨下端三厘米以内的内折。主要表现为局部疼痛、肿胀、畸形，克雷氏骨折正面呈刺枪样畸形，史密斯骨折呈银叉畸形。该病多见于老年人，因其体内钙流失比较多，会出现骨质疏松的问题，在受到暴力等外界因素影响时，导致其容易发生桡骨远端骨折。发生桡骨远端骨折时，患者会有明显疼痛感，此时对患者进行 X 线检查，会发现其骨密度降低、骨皮质变薄。由于骨质疏散问题与钙缺乏有很大关系，因此患者首先要补充钙剂。容易发生骨质疏松性骨折的高危人群，在日常生活中也应注意补充钙剂，避免骨折的发生。

对于老年桡骨远端骨折患者主要采取保守治疗，以前主要用石膏固定，配合牵引复位。近年来随着医学技术的发展，中医界逐渐认识到手法复位对于老年桡骨远端骨折的重要性，并且在临床中不断实践。张爱民应用中医复位手法治疗时，要求患者位于功能位，协助患者进行手法复位，纠正患肢畸形，同时指导患者进行功能锻炼，辅助骨折的恢复，嘱咐患者定期拍摄 X 线复查骨折恢复情况。

### 医案医话

髌骨骨折术后膝关节僵硬病案。患者阙某某，男，48 岁，农民。2020 年 7

月 14 日，因“髌骨骨折术后 2+ 月伴膝关节僵硬”入院，遂来张爱民诊室诊治。症见：患者膝关节稍肿胀，疼痛，屈伸不利，关节僵硬，舌苔白，舌上有瘀点，脉细弦。DR 摄片提示：髌骨骨折术后。患者自诉无法下床活动，膝关节屈伸不利，关节僵硬。中医诊断为：骨痹（气滞血瘀）。西医诊断为：膝关节僵硬。治法：疏通经络、通利关节。张爱民医生给予治疗方案如下。

1. 采用中医针灸治疗。选择该病人血海、阳陵泉、膝阳关、绝骨、三阴交穴位，对上述穴位常规局部消毒，并采用 0.35 × 75 mm 针灸对穴位进行针刺，待得气后留针。常规采用长为 15 cm 的艾条套在针柄上，准备完毕后点燃艾条下端，待艾条燃烧完毕，将灰烬去除，并将针灸针取出，每周治疗 3 次，连续治疗 2 周。

2. 采取中医熏蒸治疗。熏蒸中药包括：苏木 20 克，当归 20 克，川芎 20 克，红花 20 克，桂枝 12 克，川牛膝 20 克，生川乌 20 克，伸筋草 20 克，透骨草 20 克，鸡血藤 15 克。将上述药物加水煮沸，每次熏蒸 30 ~ 45 min，每天 1 次，继续治疗 2 周。通过以上 2 周中医针灸和中医熏蒸后，患者膝关节屈伸灵活，僵硬症状明显好转。继续中医熏蒸治疗 4 周，病告痊愈。

（聂俊宝）

# 学以致用灵活用药的张应均

## 医家小传

张应均，男，1964 年 10 月出生于广安市武胜县金牛镇沙牛滩村，大专文化，主任中医师，从事中医临床工作 40 年。1984 年 7 月毕业于南充卫校，同年 8 月分配到蓬安县徐家镇中心卫生院。1989 年 6 月毕业于成都中医学院，后任职于巨龙镇中心卫生院，2014 年 6 月调入蓬安县城南社区卫生服务中心。1985 年 9 月获得中医士资格，1992 年 9 月取得中医师资格，1998 年 1 月获得中医执业医师资格，2000 年 12 月取得主治中医师资格，2009 年 1 月取得副主任中医师资格，2009 年 10 月获得中医全科医师资格，2021 年 12 月取得主任中医师资格。曾在蓬安县人民医院、蓬安县中医医院、南充市第四人民医院、南充市中医医院、南充市第二人民医院进修学习。先后担任蓬安县徐家中心卫生院、蓬安县巨龙中心卫生院片区农村卫生工作办公室专职副主任、副院长，片区农村卫生工作办公室主任、党支部书记、院长。2017 年被评为蓬安县“名中医”，2017 年至 2018 年主持蓬安县创建“全国基层中医药工作先进单位”工作。

多次为全县基层中医药人员传授中医药适宜技术，带教进修、实习生十余人，多次参加国家、省、市、县举办的中医学术会。系四川省中医学术会会员，四川省中医眼科学术会会员，南充市中医学术会会员。在《医疗世界》《名医》等刊物发表中医专业学术论文 6 篇。

# 医案医话

祖国医药学博大精深、源远流长，是一个伟大的宝库，储聚着数千年形成的完整的理论体系、丰富的实践经验和卓越的临床效应。从医者只有不断学习，在学习中继承，在学习中发扬，博采众长，学以致用，不拘一格，灵活变通，才能取得满意疗效，为患者解除疾苦。中医诊病疗疾的一大特色就是辨证论治，施治之时，皆据证议法遣方立药，每随患者具体证情加减化裁。

## 一、食醋妙用治崩漏、湿疹

张应均刚参加工作时曾用食醋作为主药治疗崩漏、湿疹取得满意效果。醋，在一般人印象中只能起到调味佐餐的作用，作为药用治病则鲜为人知。《医宗金鉴·外科心法》中，醋作为主药或辅药治疗疾病达 15 处之多。其中云："血崩不去防滑脱，地榆苦酒煎止崩。"苦酒，即醋的别名。又如《圣惠方》用地榆同醋煎服治疗"妇人漏下赤色不止"。由此可见，醋作为药用早已为古代医家所应用。

案一：患者李某某，女，46 岁，住徐家镇 6 村 6 社，住院号 006541。1986 年 9 月 14 日诊，反复阴道流血 2 年加重 10 天入院，经检查诊断为功能性子宫出血，因患者及家属拒绝手术治疗，邀中医会诊。刻症：阴道流血，淋漓不断，夹有少量凝血块，手足心热，入夜尤甚，盗汗，面色萎黄，食欲不好，舌质红，少苔，脉虚数。查体：生命体征平稳，B 超检查无特殊，血常规检查：白细胞总数及分类正常，血红蛋白 56g/L，红细胞 $1.87 \times 10^{12}$/L。诊断：崩漏。辨证：肝肾阴虚，气血两亏。治法：益气固冲摄血，滋补肝肾。处理：除按西医常规治疗外，再结合用中药治疗。方药：①食醋 250 克，地榆 60 克；②熟地黄 12 克，白术 10 克，黄芪 30 克，当归 12 克，炮姜 8 克，党参 30 克，炙甘草 8 克。煎服法：将食醋同地榆同煎至醋干为止，再将地榆纳入处方②同煎，一日一剂，空腹温服。二剂后，患者出血大减，未见血块，仍手足心热。上方加地骨皮 15 克，连服三剂，诸症痊愈出院。

案二：青某某，本院护士，24 岁，1987 年 2 月 24 日诊，患者双手出现分布不均的丘疹，水疱，结痂，奇痒，手背成片脱屑，边缘整齐，皮肤粗厚，手指关节皲裂。曾先后在本院及上级多家医院检查，均诊断为神经性皮炎、过敏性皮炎（患者青霉素过敏），治疗效果不佳。平时自用肤轻松、去炎松控制症状。诊断：湿疹。外治法：祛风止痒。方药：大枫子仁、明矾、红花、荆芥、皂角刺、防风各 15 克，加醋 3 斤，密闭浸泡三天，滤去药渣备用。用法：用时先洗净双手，擦干，将手放入药液中浸泡 30 分钟，浸泡结束用温水清洗患处，每日一次。三天后丘疹、水泡开始消退，皮肤略润，半月后诸症全消，双手完好如初。

体会：醋有收敛固涩、解毒杀虫的作用。除治疗崩漏、湿疹，还可用于治疗手足癣、胆道蛔虫、肠蛔虫、小儿流涎、疔疮等。

## 二、重用川芎治头痛

张应均在一次继续医学教育的学习中，了解到有专家、教授重用川芎治头痛取得很好疗效的案例。遂其临床在辨证准确的情况下，亦每加量用之，疗效确切。

案例：卿某某，男，61 岁，住巨龙镇 12 村 5 社，石工。2003 年 4 月 4 日初诊，诉头胀痛 20 余年，时痛时止，常因受寒和精神紧张复发或加重，痛时难忍。曾到上级医院多项目检查，未见特殊异常，无外伤史，经人介绍到张应均处诊治。现头胀痛一周余，偶有刺痛，以前额两侧为甚。神差，微恶寒，脉细，舌淡苔薄白，查体生命体征正常。治以养血活血、祛风止痛。方药：川芎 40 克，白芷 6 克，细辛 5 克，当归 12 克，丹参 30 克，延胡索 15 克，地龙 10 克，全蝎 10 克，黄芪 40 克，蔓荆子 15 克。水煎两次 600 ml 混合备用，日三次，每次 100 ml，温服。

2003 年 4 月 6 日二诊，诉头痛大减，感疲乏，继用上方川芎加至 50 克，加老葱，两剂，煎服法同上。

2003 年 4 月 11 日再诊，头痛已消失，要求继续吃中药以巩固疗效。遂以桃红四物汤加黄芪善后，随访未再复发。

体会：川芎为伞形科多年生草本植物，川芎主产于四川，性味辛温，归肝、胆、心包经。功效为活血行气，祛风止痛，常用剂量 6 ~ 9 克。重用川芎治头痛可能与以下因素有关：“川芎主要含挥发油、生物碱（如川芎嗪）、酚性物质等，川芎嗪能抑制血管平滑肌收缩，降低外周血管阻力。”“川芎水煎剂对动物中枢神经有镇静作用。”《本草纲目》载，川芎名芎䓖，“此药上行，专治头脑诸疾，故有芎䓖之名。”“主治中风入脑头痛，川芎上行头目，下行血海……能散肝经之风，治少阳厥阴经头痛及血虚头痛之圣药也。”“头痛必用川芎，如不愈，加各引经药。”李寿山教授认为，“川芎最小量起于 15 克以后递增。对头痛剧烈者，经常用至 50 克以上，实践中并无证明香窜之弊。”杜雨茂教授认为，对于风、寒、瘀、痰致头痛，“川芎祛风散寒化瘀，集三任于一身，恰中病机，宜放胆大量使用，减量或用常量则方效大逊。”颜德馨教授以为此类头痛“必须重用川芎，最大用量至 60 克一剂。对头痛效果既效又速。”同时，川芎“能降低血小板表面活性，抑制血小板聚集。”“川芎为动血之品，其性温燥，体虚而无瘀滞及阴亏热甚者，乃是应当慎用和禁用的。”“芎䓖不可久服，多令人暴死。”虽然川芎为治头痛的圣药，但是运用川芎治头痛应该因时因地因人，在辨证施治原则指导下灵活运用，该重的宜重，该轻的要轻，不能千篇一律加大川芎治头痛的用量。张应均经过临床实践认为，大抵头痛属于风寒、风湿、痰浊挟湿、血虚、血瘀、肾阳虚的宜重，风热、气虚、肝阳上亢、肾阴虚头痛用量宜轻，才能在临床上运用川芎治头痛取得满意效果。

## 三、自拟方药治眩晕

眩晕属于脑科中常见病，严重威胁人类健康，且不利于生活与工作的正常开展。常规西药疗效不尽如人意，中医药则凸显出独特优势。现代医学认为眩晕为运动幻觉，在空间关系下肌体出现平衡或者定向感觉障碍，在高血压及梅尼埃病中较为常见，主症为头晕、眼花，或者外界景物与自身处于旋转状态。病者轻时闭上眼睛症状即可停止，病情严重时仿佛置于车船中，无法站立，旋转不停，亦有出汗、恶心、呕吐及晕倒等并发症。中医将情志不遂、饮食不节、头脑损伤及年高肾虚作为主要病因，将清窍失养与邪扰清窍空作为主要病机。

中医辨证施治时主要从两个方面入手，分别为辨脏腑与辨标本虚实，且认为与肝脾肾密切关联。经多年临床发现，其中跟脾关系最为密切，认为主要病机为脾虚清阳不升，治疗重点在于健脾化痰、益气升清。

自拟升清止眩汤。组方：黄芪 45 克，葛根 30 克，党参 24 克，茯苓 20 克，荷叶 15 克，川芎 12 克，清半夏 10 克，炒白术 10 克，升麻 10 克，陈皮 10 克，柴胡 9 克，炙甘草 6 克。煎服法：先将药浸泡冷水中，30 分钟后煎煮，将首次药液滤出，再煎煮取药液，混匀两次药液后空腹温服，两日一剂。

案例：郑某某，男，42 岁，屠工，住巨龙镇郑家湾。2004 年 3 月 14 日初诊。诉反复头晕半年，病友介绍家属扶来就诊。今头晕眼花，恶心欲吐，闭眼缓解，动则加剧，气短懒言，乏力，饮食不佳，舌质胖嫩，脉细弱。曾到上级医院检查 CT 提示：颈 5—7 椎间盘膨出，治疗效果不显。病属眩晕，证为清阳不升，治宜益气升阳、健脾化痰，方用升清止眩汤加天麻息风止痉、平抑肝阳、祛风通络。两剂，空腹温服，两日一剂。2004 年 3 月 18 日二诊，头晕减轻，饮食尚可，自行走来，言效果还行。继用上方上法，三剂后诸症消失。

体会：黄芪升阳固表，健脾补气为君药。臣药用党参、白术、茯苓健脾益气，生津补肺，利水渗湿。佐药则为荷叶、葛根、川芎、清半夏、炒白术、升麻、陈皮、柴胡、陈皮健脾理气，燥湿化痰，半夏化痰燥湿，升麻升举阳气，柴胡解郁疏肝，荷叶升清阳，葛根生津止渴升阳，川芎祛风行气活血化瘀。炙甘草益气健脾、调和诸药。诸药共用补气健脾，补中寓升，化痰升气。且现代药理表明半夏可有效镇吐，川芎、白术及葛根降低血浆黏度，改善脑细胞供氧。

## 四、临证灵活治疫病

疫情之时，随着奥密克戎病毒致病性的减弱，感染后多数人居家治疗，中医药能发挥很好的预防治疗作用。专家表示，对轻型、普通型病例第一时间采取中医药治疗，可以改善症状、缩短病程，向重症和危重症转化的情况也会大大减少，特别是感染新型冠状病毒后出现咳嗽、咽痛、食欲不佳等症状，中医药治疗优于现代医学。专家们也着重提醒，在预防、治疗新型冠状病毒和促进新冠肺炎患者康复过程中，中医药应该辨证论治，在临床诊治疾病时，需要对患者的主要证候特点进行分析总结，找到疾病的核心病机，确定治疗方案。

案例：陈某某，男，67 岁，蓬安县新河乡拖木村人，住蓬安帝景家园。2022 年 12 月 16 日初诊，浑身疼痛、咽喉痛伴咳嗽 3 天。恶心，纳差，言其全家均已感染“新冠”。查舌边尖红少苔，脉浮数。诊断为时行疫病。证型：风热夹湿。治法：疏风宣肺、除湿健脾。药用：桑叶 12 克，菊花 12 克，桔梗 20 克，连翘 15 克，芦根 20 克，薄荷 10 克，水半夏 20 克，陈皮 10 克，白芷 6 克，紫苏梗 12 克，藿香 15 克，建曲 30 克，炒麦芽 20 克，谷芽 20 克，炒苍术 20 克，甘草 3 克。二剂，先将药浸泡冷水中，20 分钟后火煎，将首次药液滤出，再煎煮取药液，混匀两次药液后分服。

2022 年 12 月 19 日二诊，病情好转，仍咳嗽，食差，口淡无味，上方去桑叶、菊花、桔梗、连翘、芦根、薄荷、紫苏梗，加款冬花 15 克、蜜紫菀 15 克、蜜百部 10 克、炒白术 20 克、山药 30 克、厚朴 20 克，以增强宣肺止咳、健脾燥湿功效。二剂，煎服法同上。

2022 年 12 月 21 日三诊，患者诉仍有轻微咳嗽，喉中有痰，饮食基本正常，要求再服一剂中药巩固疗效。于上方中加瓜蒌皮 20 克、浙贝母 20 克润肺化痰止咳。

中医认为，新冠疫情仍属于中医“疫病”范畴，核心病因仍是感受疫疠之气，病位在肺，基本病机特点为“湿、热、毒、瘀”。中医药治疗疾病有多成分、多环节、多靶点的作用特点和优势。由于各地环境气候不同，各地人群体质不同，病毒特征也不相同，所以中医药预防和治疗方案也应有所区别，不要盲目同药同方，要因人、因时、因地制宜，辨证论治，适时调整治疗方案。

## 五、助力中医药传承

张应均认为，五千年中医药文化能够源远流长，离不开历代中医药人的努力和传承。其本人由于工作性质、工作任务的原因，从 1998 年起，每年对辖区内基层医务人员进行中医药基础知识培训，带教实习生、进修生，参与对全县确有专长中医药人员进行现场考核和评审。2017 年 3 月至 2018 年 12 月，在蓬安县卫生和计生局的领导下，他参与并主持全县创建全国基层中医药工作先进单位工作。按照创建工作要求和创建工作实施方案，首先对全县各医疗卫生单位的主要负责人和创建工作人员进行培训，明确工作职责；然后分片对全县基层中医药人员及村卫生室人员进行初步培训，明确工作任务；继而会同县中医医院对全县基层中医药人员和村卫生室人员分期分批集中培训，传授多项中医药适宜技术。创建办每月督查，督促各基层医疗卫生单位按照实施方案完成各阶段工作任务。可以说，全县所有甲级村卫生室都留下了张应均的足迹。最终，全县每个乡镇（中心）卫生院、社区卫生服务中心都设立了中医药集中服务区或中医馆，中药饮片 300 种以上，中成药 100 种以上，能开展 10 种以上的中医药适宜技术；70% 的村卫生室中药饮片 100 种以上，中成药 50 种以上，每个村卫生室能开展 6 种以上的中医药适宜技术，每个基层中医药人员掌握了多项中医药适宜技术。通过开展创建工作，推动了全县中医药工作再上新台阶，顺利通过了市、省和国家评审，完成了全国基层中医药工作先进单位创建任务，为蓬安县中医药事业的发展做出了努力。

（蓬安县城南社区卫生服务中心供稿）

# 矢志岐黄之路做济世中医人的袁晓明

## 医家小传

袁晓明，男，汉族，1971 年 6 月出生于蓬安县平头乡三元贯村（原石梁乡三元贯村），主任中医师，成都中医药大学毕业。1991 年在蓬安县中医医院工作，从事中医门诊及住院部相关工作。2007 年由蓬安人才引进到金堂县中医医院工作至今，在医院一直从事门诊中医大内科、针灸、康复、科室管理等工作。曾任第十七届成都市人大代表、政协金堂县第十三届委员会委员、政协金堂县十四届委员会常委，现任政协金堂县十五届委员会常委，九三学社金堂支社副主委，四川省金堂中学健康副校长。任金堂县中医医院康复医学科主任、中医名医馆主任，国家执业医师资格考试考官、成都市名中医、四川省中医药管理局第六批学术技术带头人、世界中医药学会联合会中医治未病专业委员会理事、全国卫生产业企业协会治未病分会理事、中国针灸协会会员、四川省中医药管理局高级职称评审专家库成员、四川省针灸学会第六届理事会理事、四川省中西医结合学会第六届理事会理事、四川省及成都市中医适宜技术推广专家、成都市中医药管理局高级职称评审专家库成员、成都市长期照护保险评定专家、九三学社成都市委医卫委员会专家、金堂县科学技术协会第七次代表大会委员、金堂名中医、金堂工匠。

袁晓明成长于中医世家，世代行医已百余年，其祖父袁德山系蓬安县石梁乡一代名医。他薪火传承和临证应用先辈诊治经验，后随成都中医药大学李仲愚、谢春光、钟以泽、杨殿兴、张新渝等名师学习中医理论，先后又拜四川省名中医夏时金及成都市名中医罗康正、罗远达等多位名医为师学习临床，2022年顺利通过考试成为成都市首届中医岐黄班学员（学制三年）。擅长内、妇、儿、外等中医全科常见病多发病及疑难杂症的诊治，尤其对调节免疫功能、调理胃肠功能、调理亚健康、未病防治等方面有较深入的研究，在国家级、省级期刊发表论文 10 余篇。袁晓明市级县级名中医工作室已通过验收，袁晓明国家级名中医工作室已申报。其主研科研项目多项，其中 2 项发明获国家专利证书，多次获省市相关单位的表彰。

## 医案医话

袁晓明从事临床工作 30 余年，诊治的病人每年超万例，从一名普通的医学院校毕业生成长为主任中医师及医技出众的名医，回首这些年遇到疑难杂症时的处理经过，他时常感叹：自然界所有的问题，在其中均可以找到答案。只要做一个有心人，去发掘，去思考，不断运用专业领域的新技术、新方法，总结临床工作中遇到的问题，去形成自己的较为完备的诊疗体系。

袁晓明认为，中医要走大内科之路。随着阅历增长，门诊病人逐步增多，会遇到很多各科疑难杂病，也就是通常所说的中医大内科。大内科疾病要求中医功底必须深厚，对临床各科必须熟悉，做到融会贯通、灵活运用。如临床中各种急、慢性咳嗽，哮喘，过敏性疾病，发热性疾病，食管炎，胃病，肠道病，湿热类疾病，各类结石，眩晕头痛，耳鸣，失眠，心悸，脱发，汗症，风湿骨关节性疾病等；女性月经紊乱，白带异常，痛经，闭经，不孕，乳腺增生结节，盆腔积液，妇科炎症，子宫肌瘤，卵巢囊肿，输卵管阻塞等；儿童体虚易感，发热，咳嗽，扁桃体炎，消化不良，多动症等；多种顽固性皮肤病，面部黑斑，蝴蝶斑，妊娠斑，痤疮，湿疹，荨麻疹，银屑病等；男科阳痿，早泄，少精，遗精，前列腺病；以及免疫功能调节、亚健康调理、肿瘤的防治等。这些患者或经介绍或慕名而来，时常遇到的最困惑的问题是：治疗有效说不出因何有效，无效却不知错在哪里，感觉理论和临床都进入了瓶颈期，因此时时需要通过读书、临证，再读书、再临证，与名师探讨，与同道共商，力争疗效进一步提高，始终如一地坚持走中医大内科路线。

袁晓明认为，中医要走经典之路。他家中和诊室，中医药经典、古籍琳琅满目，他常说这些书籍是古代先贤毕生的心血总结，与长期临床实践经验荟萃。综观古今圣贤、名医名师，无不谙熟中医经典。他常说，《黄帝内经》《难经》《伤寒论》《金匮要略》《汤头歌诀》《濒湖脉学》《临证指南医案》《温病条辨》等相关著作都应该阅读，对于难懂的知识点要勤做笔记，做好标注、摘抄，反复体会，加深理解，利用碎片化时间多多阅读，不断精进。中医的生命力在于临床，中医讲究整体，讲究辨证论治，其中最关键在于贯穿辨证施治的基本法则，坚持理法方药的基本步骤。临床辨证的关键是辨清病性与病位，临床施治的关键是因证选方、因方遣药，真正做到学经典、用经典。

袁晓明认为，中医要走中西医结合之路。中医的辨证论治精神，尤其是对疾病机制的总体认识，与现代医学对疾病的解读不同。西医药物以化学制药为主，中医药物则以植物药材为主；西医外科具有明显优势，中医则在内科上有独到之处；西医主要治疗手段是服药和手术；中医则有服药、针灸、艾灸、气功、导引、砭石、推拿等；西医治疗综合下来副作用较大，中医治疗则相对副作用较小；西药具有对症性强，可谓精准打击效果最佳，而中药则可以针对不同疾病，以原有药材灵活配伍，组合成新药以应对新的疾病，是谓“以不变应万变，万变不离其宗”；西医重视发病后的治愈，中医则看中未病前的调养，除了治疗，预防疾病和病后养生康复才最关键；西医主要靠设备的检查和经验指标，中医主要有赖医生诊疗过程中的望闻问切；等等。通过以上对比，可以看出，西医与中医是两个截然不同的医疗体系，两者各有千秋，优势完全可以互补。他曾治一患者，其曾患支气管扩张伴咯血，经常肺部感染，在医院多次使用抗生素治疗，但效果不佳，遂来求治，他用中药汤剂配合西药进行治疗，感染很快得到控制，支扩咯血的症状也逐步改善，疾病随之也得到全面康复。他坚持将现代西医的康复理念与中医药、针灸、推拿等适宜技术相结合，创建了颇具特色的中西医结合诊疗新模式。

袁晓明善于针药并用，每获良效。针灸和中药都是建立在中医基础理论之上，在针药并用过程中，针灸与中药主要有同效相须、异效互补和反效制约三种关系，通过这三种关系，更好地发挥针灸和中药的各自优势，并将二者关系有机结合。在临床工作中他牢记药性、穴性、方剂配伍，熟练掌握中医基础知识，在临诊时按脉察舌观色，辨证论治，根据患者病情需要，以针、灸、拔罐为主要治疗手段，兼用汤药丸散、膏滋药酒、药熨熏洗、外敷搽涂等多种治疗方法，针药并用，内外同治，努力为患者解除疾苦。当运用针灸中药治病，其选用原则是根据病种的治疗需要，病症的轻重缓急，病灶的部位大小以及符合辨证施治的要求来决定取舍的。凡属全身性疾病和急重病症，大多以针药并用。如感冒发热，治当疏解，药则麻桂、荆防、桑菊、银翘等方选用；针必印堂、大椎、风池、曲池、合谷诸穴参治。其头项强痛者，药加葛根，穴加风池；内心烦热者，药用芩、连，穴取内关。如胃脘疼痛，药用保和、健脾、枳实消痞诸方；针取中脘、内关、足三里、胃俞等穴；中脘针后拔火罐，有消痞定痛之功；隔姜艾灸，有温阳化浊之效。

袁晓明运用传统中医药特色疗法在治疗常见病、多发病及疾病预防、康复等方面发挥了积极作用。经历多年临床实践，形成了一系列中医特色疗法，广泛开展汤剂、针刺、火针、艾灸、拔罐、中药外治、推拿、刮痧、药浴、中药熏洗、穴位贴敷等主要传统中医疗法 50 余种，先后率领科室医护人员开展的穴位贴敷疗法（三伏、三九天灸），将特制中药贴敷在人体相应穴位上，适用于小儿腹痛、夜惊、腹泻、厌食、便秘、慢性鼻炎、慢性支气管炎、哮喘、肺气肿、冠心病、免疫力低下等；中药外敷适用于小儿肺炎、痄腮、带状疱疹、慢性湿疹、退行性关节炎、急性乳腺炎等；耳穴压籽适应于失眠、疼痛性疾病、自主神经系统功能紊乱及过敏性疾病等；灸法用于治疗腹痛、泄泻、阳痿、痛经、面瘫、风寒湿痹、顽麻、痿弱无力等；小儿推拿疗法，其功效疏通经络，扶正祛邪，能增强机体的抗病能力，适用于感冒、咳嗽、发热、支气管炎、肺炎、食积、厌食、呕吐、腹泻、便秘、腹痛、遗尿、尿频、夜惊等。近年来，他承担了医院治未病中心病区的筹建工作，开展了中医体质辨识，针对亚健康人群，通过对个体的“辨体质、识未病、鉴状态、施干预”，达到“未病先防、已病早治、既病防变、愈后防复”的目的，扩大了科室业务范围，深得广大病员好评。

**医案一：脱发**

王某，女，22 岁，金堂县五凤镇人，2017 年 11 月 21 日初诊。主诉脱发 2

年余。诉近两年无明显诱因出现明显脱发，月经周期规律，量少有血块，纳眠可，二便调。舌暗淡胖，苔白腻，脉沉细。辨证为气滞血瘀。

治法：化瘀行气，用药血府逐瘀汤合二至丸加味。当归10克，生地黄12克，桃仁10克，红花10克，川牛膝10克，桔梗9克，川芎10克，赤芍12克，枳壳9克，柴胡10克，女贞子12克，旱莲草12克，卷柏10克，青葙子10克。10剂，水煎服400ml，每日1剂，分3次服。2017年12月5日二诊，服药后症状变化不明显，守上方继服10剂。2018年1月2日三诊，诉服药后脱发较前明显减少，舌淡苔白，脉沉细，守上方加桑叶15克、代赭石30克，继服10剂。

按语：肝藏血，肾藏精，发为血之余。脱发一病，历代医家多责之肝肾不足，血虚发脱。临床多选用七宝美髯丹滋补肝肾，或六味地黄丸养血生发，疗效确切。但临床应注意还有一些患者属血脉瘀阻、精血不荣毛发的脱发，单纯脱发即为血瘀之表现，若面、舌色暗，脉涩，则辨为瘀血更为明确，以血府逐瘀汤加减。方中血府逐瘀汤活血化瘀而养血，四逆散行气和血而疏肝，调气机，行气血，改善毛囊血供，促进毛发生长。

**医案二：喘证**

廖某某，男，42岁，金堂赵镇人，2019年1月13日初诊，以气喘、咳嗽反复发作10年，加重1年，主诉10年前因患感冒而咳嗽、气喘，服用西药后症状消失，但此后气喘经常复发，遇天气变化尤盛，从未痊愈，一直在本地从事重体力活，每次稍搬重一点的物体则气喘有声，喘鸣声特大，饮食、二便均正常。望诊：形体适中，面色略黯，舌质淡胖有齿痕，苔薄白水滑。切诊：六脉沉弦。

诊断：喘证。辨证：寒饮气逆。

治法：温肺化饮，降气平喘，用药小青龙汤合三子养亲汤加减（选用康仁堂公司出品的颗粒剂）。麻黄7克，桂枝9克，细辛3克，白芍12克，干姜9克，半夏8克，五味子9克，炙甘草8克，厚朴9克，苦杏仁9克，炒紫苏子9克，炒白芥子9克，炒莱菔子9克。上方温开水冲服，1日1剂，1日3次。服药6剂后，咳嗽气紧轻微缓解，自述仍然是搬稍重物体则气喘有声，喉间喘鸣声明显。

二诊：于2019年1月19日来诊，仍述咳嗽气紧，但比前次稍微缓解一些，搬重一点物体仍气喘有声，有较重喘鸣声音，舌质淡胖有齿痕，苔薄白水滑；切诊：六脉沉弦。诊断：喘证。辨证：寒饮气逆。治法：温阳化饮，宣肺降逆。方药：小青龙汤合五苓散加减（选用康仁堂公司出品的颗粒剂）。麻黄7克，桂枝9克，细辛3克，白芍12克，干姜9克，法半夏8克，五味子8克，炙甘草8克，姜厚朴9克，白术10克，猪苓10克，茯苓10克，泽泻15克，上方温开水冲服，1日1剂，1日3次。服药6剂后症状变化不大。

三诊：于2019年1月27日来诊，自述症状变化不大，自觉精神较以往有较大改善，咳嗽稍微咳得出来一点，其余情况无特殊，仍用原方继续服用。

四诊：于2019年2月8日来诊，自述昨日刚好服至12剂时，大便1日二三次，清稀如水，问是否药方子开错了。袁晓明仔细给患者查了体，询问病人情况，结果无任何不适，嘱其坚持服药，仍用原方继续服用。以后，患者每天大便逐渐恢复正常，咳嗽气喘明显减轻，当服至18剂时，搬重物已无任何不适现象，咳嗽气喘症状消失。

五诊：于2019年2月17日来诊，患者述说自己症状已全好，想调节免疫功能，其兄弟从西藏带回一些虫草，问袁晓明医生是否可吃，他回答：可以，需配方使用。于是，开了等量川贝粉，仿古方“二白散”之意，以达到“补肺益肾，止咳平喘”的作用，嘱其两种药粉混匀，适量断续服用2个月。于2019年6月13日电话随访，患者病情没有复发，身体情况良好。

按语：此证最初是因肺受寒邪，不能敷布津液，壅阻于肺，导致肺气宣降失常，因此咳嗽、气喘。予以西药治疗后，虽然症状暂时得到控制，但之后动则气喘，长达十年，说明肺气郁闭较重，三焦气化失常，体内痰浊水饮始终得不到有效化解，久而久之影响到脾肾两脏功能。故宜肺脾肾三脏同治，在上有麻、桂、细辛、五味宣肺降逆，中有姜、夏、术、朴温中消痰，下有二苓、泽泻利水渗湿。故选用小青龙汤合五苓散是治疗肺失宣降、寒饮内停的最佳方剂。

该病例有两点启示：一、病人要有信心，如果病人服上十剂八剂无效停止服药，即使治疗方案无误亦不能愈疾。二、医生要有信心，一旦诊断准确，要坚持守方，不要改弦更张。否则，如果服上十剂八剂无效改投他方，则前功尽弃。

### 医案三：特发性水肿

黄某，女，56岁，广汉市三水镇人，于2019年10月16日就诊。主诉颜面及两下肢浮肿1年余，1年前开始两下肢轻度浮肿，每因劳累后浮肿加重，渐至颜面浮肿，下肢肿甚，按之凹陷。就诊时症见：面色萎黄，精神倦怠，形寒肢冷，腰膝酸困，小便少、色清，舌质淡胖大、苔滑腻，脉沉细。经查尿常规无异常。诊断：水肿。辨证：脾肾阳虚，水邪停滞。

治法：健脾补肾，温阳利水，用药：真武汤合实脾饮加减。制附子15克（先煎），炒白术15克，茯苓15克，白芍12克，党参15克，黄芪20克，泽泻15克，川牛膝15克，防己15克，山萸肉15克，山药30克，大腹皮15克，肉桂6克，炒车前子15克，炙甘草8克，大枣15克，生姜15克，10剂，水煎服，日1剂，分3次温服。

2019年10月28日二诊，浮肿渐消，精神较前好转，小便量增多，舌淡、苔白腻，脉沉缓。仍守上方继服15剂。

2019年11月16日三诊，颜面浮肿消失，下肢水肿明显消退，肢体较前有力，舌淡红、苔薄白而腻，脉沉缓。守上方去防己、大腹皮，加薏苡仁30克，陈皮12克。继服15剂。

2019年12月6日四诊，浮肿消退，精神如常，余症悉除。舌淡红、苔薄白，脉缓和，较前有力。上方去车前子，继服10剂，以资巩固。

按语：由于脾肾之脏有相克关系，常互相影响，如脾不足，每因其不能制水而导致肾水泛滥；肾水泛滥，每因其阴邪太甚而反侮脾土。此案属脾肾阳虚阴盛，水邪泛滥，气化功能失调，发为水肿。方中党参、黄芪、白术、茯苓、防己、大腹皮、车前子、甘草益气健脾利水，山萸肉、牛膝、附子、肉桂、泽泻、山药补肾温阳化气行水，全方具有补肾健脾益气、温阳利水之效。

（郑申、李倩整理）

# 擅长肛肠疾病疑难杂症诊治的张先知

## 医家小传

张先知，男，中共党员，主任中医师，现任蓬安县中医医院副院长、工会主席。1973 年 4 月出生于蓬安县龙蚕镇鹭鸶田村，1994 年 2 月到蓬安县中医医院工作至今。第一届蓬州名医，四川省级重点肛肠专科学科带头人，先后任四川省中西医结合学会大肠肛门病专业委员会委员、四川省康复医学会盆底肛肠学病学会委员、南充市中医学会副主任委员、南充市中医肛肠医疗质控中心专家。全国基层名中医田光达主任中医师传承人。

张先知就读初中时住在一位名叫杨庆太的医生家里，杨医生见他平时聪明好学，经常教他几首汤头歌诀，恰逢张先知的母亲喘病多年，到处求医，未见治愈，很是难过，遂立志报考医学专业。1989 年考入四川省南充卫校。

1992 年 9 月，张先知在营山县中医院实习期间，受钟驰、李海涛等医家影响，潜心研究肛肠疾病，并到仪陇、德阳、重庆等地拜访名家。1994 年参工后跟师中医名家田光达，进一步学习中医治脾胃病、便秘病、男科疾病等。1999 年 10 月在成都中医药大学师从著名肛肠病大家曹吉勋、赵自星教授进修学习，后又在川北医学院附院、江油市中医院各进修半年。张先知在工作中不断努力学习，通过自考、在职教育（包括成都中医药大学本科、四川大学华西临床中西医结合研究生班）、参加各种高层次学术会议，他成为在省内同行中享有较高声誉的专家，在其努力和鼓励下，亲朋从事医学专业达 10 余人，在其言传身教下，女儿已成为四川大学华西医院在读博士。

张先知从事肛肠科业务近30年，将蓬安县中医院肛肠科从一个连独立诊室都没有，到2018年建成四川省级中医重点专科，他的业务不仅辐射县内外，也在南充市享有一定知名度，此外还有2名硕士研究生加入他的医疗专业团队。他临床经验丰富，特别是对肛肠科的疑难杂症，有自己的独特见解和治疗方法，年门诊量8000余人次，手术近1000台次，深受社会各界和老百姓好评。发表学术论文10余篇，其中《混合痔内扎外剥硬注悬吊术》获蓬安县科技进步奖。2022年结题省级科研项目1项。

## 医案医话

### 一、以锁肛痔（直肠恶性肿瘤等）为例进行总结

张先知对晚期直肠肿瘤（锁肛痔）中医治疗经验较为丰富，取得了一些成效。认为直肠恶性肿瘤致病，最易虚实夹杂，虚以气血亏虚为主，气短懒言，身软乏力，脉细，治以补气补血；实以湿热毒邪、蕴结不散，导致气血运行不畅，损伤血脉，则便血、肛门坠胀，治以清热解毒、化瘀通络、软坚散结。现举案如下：

**病例一：**田某某，女，76岁，直肠腺癌晚期，因多脏器疾病、身体消瘦，在多家三甲医院建议不宜手术的情况下，于2020年10月3日到其肛肠科就诊。症见：形体消瘦，面色苍白，气促乏力，行走困难，排便困难，日10余次，带黏液血，肛门疼痛，坠胀，舌质淡，有静脉迂曲，脉细弱。直肠指诊：触及齿线上3.0cm突起硬性肿物，包绕直肠周径约2/3，基底不能移动，指套血染。CT提示：肿物浸渍直肠固有肌层，腹腔多处淋巴结显示。病理诊断：直肠腺癌。中医诊断：锁肛痔，气滞血瘀，伴气血亏虚。西医诊断：直肠肿瘤伴淋巴结转移；慢性阻塞性肺疾病、冠状动脉硬化性心脏病。中医治疗：扶正祛邪，清解湿热。方药：白花蛇舌草20克，半枝莲12克，槐角10克，黄柏5克，当归12克，黄芪30克，党参15克，西洋参10克，麸炒枳壳12克，炒麦芽15克，知母 12 克，地榆炭 10 克，仙鹤草 20 克，白茅根 20 克，白及 6 克。共 6 剂，水煎服，日 1 剂。

方解：白花蛇舌草、半枝莲清热解毒，槐角、知母、黄柏清热解毒凉血，当归、黄芪、党参、西洋参补气益血凉血，麸炒枳壳行气，麦芽健脾，地榆炭、仙鹤草、白茅根、白及凉血止血，诸药合用，具有清热解毒，行气化瘀、补扶正气等作用。

2021 年 4 月 1 日复诊：患者形体消瘦，面色微润，身觉有力，排便困难，日 4～5 次，少量带黏液血，肛门疼痛坠胀减轻，舌质淡，脉细。上法去知母，加柴胡 10 克、葛根 20 克，再行 5 剂，水煎服。

近两年来患者就诊 20 余次，均在原方基础上变化加减，如饮食内停加炒山楂，或排泄过度加补骨脂、佩兰等，排便不畅加泽泻。其正气渐复，便黏液脓血时有时无，排便通畅，病情趋于稳定，未见转移和进一步恶化。

2022 年 8 月 8 日再次复诊：患者精神尚可，气色正常，大便日行 2～3 次，少量带血，无肛门疼痛，脉细，现患者气血有恢复正常，但肿瘤未见增长，处于稳定状态。需进一步清热解毒化瘀益气，原方不变，再次使用共 6 剂，水煎服，日 1 剂，以巩固疗效，门诊定时复诊。

**病例二：**张某某，女，91 岁，因“解暗红色黏液便 1+ 月”于 2022 年 6 月 24 日 17 时入院，症见：腹胀，腹痛，解暗红色黏液便，便次增多，日行 3～5 次不等，大便变细，不成形，伴头昏乏力，纳眠差，小便尚可，精神差，舌质红、少苔，脉细弱。专科情况：腹部平软，左上腹压痛，无反跳痛及肌紧张，肠鸣音正常。肛门截石位 7～11 点凸起新生肿物，大小约 0.5 cm × 2.0 cm。指诊触及质硬，伴疼痛，退指染血，肛管狭窄，进镜困难。全腹 CT：1. 直肠壁增厚并周围淋巴结显示，建议进一步检查；2. 左侧耻骨上、下支骨折，双侧耻骨联合骨质密度不均匀。病理检查：直肠腺癌。中医诊断：锁肛痔（气阴两虚证），中医治疗：扶正祛邪，清解湿热，活血化瘀。方药：当归 20 克，川芎 15 克，白芍 15 克，熟地 20 克，党参 20 克，白术 15 克，茯苓 20 克，玄参 15 克，麦冬 20 克，白花蛇舌草 30 克，半枝莲 20 克，三七 10 克，黄芪 20 克，海螵蛸 15 克，瓦楞子 15 克，甘草 5 克。共 6 剂，水煎服，日 1 剂。

方解：白花蛇舌草、半枝莲清热解毒，当归、白术、川芎、党参、熟地、白术、茯苓、黄芪补气益血，玄参、麦冬养阴生津，仙鹤草凉血止血，海螵蛸、瓦楞子收敛止血，三七活血止血，诸药合用，具有清热解毒、行气化瘀、补扶正气等作用。2022 年 7 月 4 日症状好转。

2022 年 7 月 14 日第一次复诊：患者形体消瘦，面色微润，身觉有力，排便困难，日 4 ~ 5 次，少量带黏液血，肛门疼痛坠胀减轻，舌质淡，脉细。考虑患者脾虚但仍需清热解毒、活血化瘀，药用白花蛇舌草 30 克、半枝莲 20 克、三七 10 克、黄芪 20 克、白头翁 20 克，再行 5 剂，水煎服。加龙血竭散化瘀止痛、敛疮生肌。

2022 年 7 月 27 日再诊：患者上诉症状有所减轻。考虑患者脾虚但仍需清热解毒、活血化瘀，原方基础上加海螵蛸 15 克、茯苓 20 克、白术 15 克、仙鹤草 30 克。

2022 年 8 月 27 日再诊：患者面色微润，身觉有力，能自行行走，肛门疼痛坠胀减轻，舌质淡，脉细。继续清热解毒、活血化瘀，加槐角 10 克、当归 15 克。

近两个月患者有 2 次门诊就诊，均有症状改善，病情趋于稳定，继续守方守药，仅加续断 10 克化瘀通络，木通 12 克利尿消肿。

## 二、自制“苦连柏液”熏洗坐浴治疗痔术后疗效满意

中医认为，肛门疾病术后肿痛，乃因手术对机体脉络损伤，使局部气血运行不畅，或创面局部湿热蕴结，或气滞血瘀或气血亏虚、运行无力等，不通则痛。张先知考虑是否通过局部熏洗坐浴来改善术后不良情况，减少静脉或口服给药给患者带来不良反应的风险，他通过查找大量资料和临床运用、观察、分析，最后总结形成了自己的经验方“苦连柏液”熏洗坐浴，疗效满意。其机理是利用热气与液体对局部进行熏蒸、洗涤，刺激肛门周围皮肤，促进肛门括约肌充分舒张，有益于淋巴、血液循环，改善局部微循环，在吸收中药有效成分的同时带走局部代谢废物，使水肿程度减轻，气血运行顺畅，进而缓解疼痛感。

张先知为研究自制“苦连柏液”熏洗坐浴治疗痔术后疼痛、水肿等症状的具体疗效，他选取了 300 例痔疮术后患者，时间为 2018 年 7 月至 2019 年 7 月，

将这些患者随机分为对照组 150 例（高锰酸钾溶液）与观察组 150 例（自制苦连柏液熏洗坐浴），研究观察指标包括患者水肿、疼痛、渗出物消失与创面愈合时间以及临床总有效率。

方法：所有患者术后均行抗生素及止血药治疗 3 天，同时观察组应用自制苦连柏液熏洗坐浴：苦参 20 克，黄连 20 克，黄柏 20 克，蛇床子 30 克，地肤子 30 克，白芷 20 克，金银花 20 克，石菖蒲 20 克，菊花 20 克，蒲公英 20 克，大黄 10 克，芒硝 20 克，经煎药机制成 100 ml、120 ml、150 ml 袋装。将提前配备好的药液倒置于熏洗盆内，先予创面熏蒸，待药液温度降至 40℃，坐浴浸泡 20 min，完成后缓慢站起，避免牵拉术口。对照组则用 1∶5000 高锰酸钾溶液熏洗坐浴。

结果：观察组各症状消失时间所记录数据均比对照组少，临床疗效系统评估 91.33%，高于对照组评估数据 68.67%，差异有统计学意义（$P<0.05$）。结论：对临床痔疮术后病患积极应用中药熏洗坐浴，有益于患者术后并发症缓解及创面愈合，应用价值突出。



## 三、一次性切开挂线根治术治疗肛周脓肿的效果和安全性分析

肛周脓肿指肛管、直肠周围间隙或者软组织内引发的化脓性感染，是一种肛肠科常见疾病，其发病率可占肛肠类疾病患者的 10%～25%。患者可能有肛门坠胀、排便困难、肛门红肿、疼痛等症状，如果治疗不及时，有可能沿肛周组织间隙侵袭发展，形成多间隙脓肿或高位脓肿，甚至发展为坏死性筋膜炎，也易形成肛瘘等并发症，治疗起来一是增加了难度，甚至反复难愈；二是增加了患者负担，费用增加，疼痛更明显，严重降低患者的生活质量。张先知经过多年临床试验，运用切开挂线法一次性根除肛周脓肿，不仅疗效好，且疗程较短，大大降低患者反复不愈和患肛瘘的概率。

他为研究一次性切开挂线根治术治疗肛周脓肿的效果以及安全性进行分析，将 2018 年 8 月至 2019 年 8 月收治的 50 例患肛周脓肿的患者作为研究对象。25 例患者作为对照组，使用切开引流术进行治疗；另外 25 例患者作为观察组，使用一次性切开挂线根治术治疗。结果：观察组患者感染控制、住院、创面愈

合的时间以及并发症发生率均低于对照组，且组间有差异（P<0.05）。结论：使用一次性切开挂线根治术对肛周脓肿患者进行医治临床应用效果明显，有效控制患者并发症发生率，在临床上具有推广意义。

方法：对照组患者采用传统引流术，将脓肿腔切开，用止血钳将脓肿腔分离，将脓液、坏死组织彻底清除。使用双氧水对创伤面进行冲洗，再使用生理盐水进行多次清洗，清理干净为止，最后使用凡士林油纱条填塞脓肿腔并持续引流。观察组患者采用切开根治的方法，进行常规麻醉和体位方法同前。为了明确脓肿位置以及深浅，将分叶肛肠镜放入患者的肛门内，观察脓肿外口及内口位置。放射状切开脓腔，将银质球头探针置入脓肿腔中寻找内口，找寻最薄弱处并缓慢轻柔从内口探出。将带线橡皮筋系于探针球头，探针再退回脓腔，使橡皮筋贯穿到外口或脓腔切口，拉紧两端使其有张力利用丝线进行结扎处理，再扩大脓腔，将坏死组织进行清理，及时止血，最后使用凡士林油纱条填塞脓肿腔并持续引流。若见马蹄形脓肿，外做分段式切口，橡皮筋浮线贯穿引流。两组患者手术后需要进行抗感染治疗 3～5 天，24～48 小时后可以排便，每日肛内纳入吲哚美辛栓，创口更换凡士林油纱条，外用无菌敷料覆盖固定。在更换敷料前，分别使用甲硝唑注射液对患者创口进行冲洗，将脓腐组织擦去。对患者引流情况进行定期检查，避免创伤口假性愈合。

结果：比较两组患者的感染控制、住院以及创面愈合的时间，观察组患者所用时间均低于对照组；比较 2 组患者的并发症情况，观察组患者并发症发生率低于对照组，且组间有差异（P<0.05）。

## 四、对便秘的论治见解

便秘是指大便秘结不通、排便时间延长、或欲大便而排出困难的一种症状。现代医学将便秘分为功能性便秘和器质性便秘。功能性便秘又分慢传输型便秘、出口梗阻型便秘和混合型便秘。器质性便秘是指患者本身胃肠道病变如肿瘤或有腹腔病变引起的压迫，导致肠道运动减慢。一般治疗寻找可能的诱因，如纠正不良饮食、排便、生活习惯而达到改善排便的目的。药物治疗，当前滥用泻药的较为普遍，需慎用。出口梗阻型便秘部分可行手术治疗，如耻骨直肠肌痉挛可行部分切除术、肛管狭窄行纵切横缝术等。器质性便秘针对性治疗或肿瘤切除术等达到通畅排便目的。中医认为便秘是由胃肠功能失调所致。“大肠者，传导之官，变化出焉。”《医宗必读·大便不通》说：“更有老年津液干枯，妇人产后亡血，及发汗利小便，病后血气未复，皆能秘结。”

常见病因有：热盛内结、血虚精亏、气机郁滞、气虚不行、寒气内结等。热盛伤津，则肠燥便秘；血虚精亏，则肠道干涩，大便难行；气机郁滞，则传导失司；气虚，则传导无力；寒气内结，则凝而不结。

张先知认为长期便秘者，久病必虚，久病必瘀。气虚、血虚、阴虚常见，或气血同病，气血亏虚，运行迟滞，肠道传输无力，进一步出现气滞血阻，大便坚涩难解。治疗应补血益气、行气活血、润肠通便为主。

其症状主要有：大便干结，或不甚干结，欲便不得出，或便而不畅，肠鸣矢气，腹中胀痛，胸胁满闷，嗳气频作，饮食减少，舌苔薄腻，脉弦；或粪质并不干硬，也有便意，但临厕排便困难，需努挣方出，挣得汗出短气，便后乏力，体质虚弱，面白神疲，肢倦懒言，舌淡苔白，脉弱；或大便干结，排出困难，面色无华，心悸气短，健忘，口唇色淡，脉细。治法以补益气血、行气活血、润肠通便为主。他自拟润肠通便汤治疗：黄芪 30 克，当归 15 克，木香 10 克，乌药 10 克，沉香 5 克，川芎 10 克，赤芍 15 克，姜厚朴 12 克，麸炒枳壳 15 克，火麻仁 20 克，桃仁 10 克，槟榔 10 克。应用时据证加减变化。

张先知认为便秘一病，若积极治疗，并结合饮食、情志、运动等调护，多能在短期内治愈。年老体弱及产后病后等体虚便秘，多为气血不足，阴寒凝聚，治疗宜缓缓图之，难求速效。

（蓬安县中医医院供稿）

# 运用仲景反成用药治疗下利的王万全

## 医家小传

王万全，男，1960 年 12 月出生于蓬安县正源镇深沟村，大专文化，中医副主任医师。1980 年 6 月高中毕业，经高考录入南充地区卫生学校中医专业，1983 年 6 月毕业，被分配到蓬安县巨龙中心卫生院从事中医工作。1985 年 9 月考入成都中医学院半脱产函授学习中医 4 年，至 1989 年 6 月毕业。先后在巨龙、正源、县妇幼保健院从事中医临床 40 余年直至退休。

王万全通过多年的中医理论与实践相结合，认真总结，刻苦钻研，积累了较丰富的临床技术与经验，特别是用经方治疗胃肠疾病有独特之处，得到了病人的好评。临证之余，积极撰写专业医学论文，如《多梦治验》《胃神经官能症治验》《半夏泻心汤治疗小儿消化不良 187 例》在《四川中医》杂志发表，《半夏泻心汤治疗小儿急慢性胃肠炎 140 例》《半夏泻心汤加味治疗功能性便秘 78 例》《仙人掌、冰片外敷治疗带状疱疹 78 例》分别在《中国乡村医生》《陕西中医》《中医外治杂志》杂志上发表，有的文章被《中华自然疗法汇粹》《男科医论》《前列腺疾病临床荟萃》等书籍选载。参加了 10 余次全国和省级学术研讨会，对医疗技术提高起到了积极作用。

# 医案医话

## 一、小儿急慢性肠炎

**例一：**李某，男，2岁，1990年6月15日诊。患儿母亲述其昨日赶集下午回家后给小孩喂了约300毫升的剩奶粉汁，晚上约11点就开始呕吐，第二天早晨约5点开始腹泻，9点来诊。从早晨5点到就诊时呕吐一次，腹泻5次，不思饮食、烦躁，大便呈蛋花样，黏液性，大便常规化验：脓球3，白细胞0～4，红细胞0～3，脂肪球6，体温38.3℃。西医诊断为“急性胃肠炎”，中医辨证为“寒热不和、食滞化热”，投半夏泻心汤加味：党参、半夏、大枣各4克，黄芩、厚朴、鸡内金各6克，黄连5克，甘草、干姜各2克，白术、茯苓、楂曲各10克。1剂而愈。

**例二：**吕某，女，6岁，1991年5月4日诊。患儿母亲述其3年前因吃花生过多后发生腹泻，到现在经常反复发作，便时干时稀，稍有饮食不节和寒暖起居不调就会发生，曾到上级医院多次检查治疗，诊断为“慢性肠炎”，服许多中西药效果不佳，遂请王万全诊治。刻诊：身体消瘦，面色萎黄，饮食不佳，大便多数呈溏便，大便常规化验未见异常。中医辨证为虚实夹杂、脾胃阴阳不调之泄泻病，药投半夏、干姜、黄芩各6克，黄连、大枣各4克，党参30克。连服4剂，症状基本消失。再以原方加砂仁6克，怀山药、茯苓、白术各10克，又连服4剂而愈。随访，至今未复发，且身体比以前健康。

按：小儿急慢性胃肠炎是常见的儿科病，可因寒、热、虚、实等多种原因而引起。例一案因饮食不洁而致吐利，属急性胃肠炎；例二案因饮食不节损伤胃肠，反复吐泻属慢性肠炎。两案临床表现和机理均符合半夏泻心汤的功效和适应症。①辛开苦降：由于小儿脏腑娇嫩，一旦病邪侵袭于胃，胃气易于上逆而发生呕吐，服药必先止呕，这是首要问题，半夏泻心汤具有辛开苦降的特点，对止呕吐效果尤佳。②寒热并用：由于小儿不知冷暖自调，易引起胃肠寒热不调，加之饮食不能自理，也易引起胃肠寒热不和而致吐利，半夏泻心汤又具有寒热并调的特点，使胃肠寒热之邪同时消除。③攻补兼施：由于小儿饮食不知饱足，易生积滞，消化不良，损伤脾胃，而致脾胃虚弱，由此往往会因虚致实或因实致虚，形成虚实夹杂的病变，用半夏泻心汤攻补兼施颇为恰当。④阴阳并调：由于呕吐、腹泻不断反复发生，可使脾胃阴阳互损，长此则会令阴阳失于平衡而加重病情。投以半夏泻心汤阴阳并调，使脾胃阴阳恢复平衡而吐泻可愈，从而体现了异病同治和同病异治的辨证论治思想。

## 二、小儿消化不良

**例一：**吕某，男，2岁，2009年7月25日初诊。患儿母亲代述：昨日下午因天气炎热而吃冰糕后，又吃压缩饼干，至午夜时分，先腹胀，呕吐，继又腹痛，腹泻，晨起吐泻4次，烦躁不安，大便如水样且黏，夹不消化食物，经西医以消化不良治疗，药后吐止，但大便溏泻，遂来余处求中药治疗。辨证为：冷热不和、食滞不化、胃肠功能失调之泄泻。投半夏泻心汤加味调和寒热、消食导滞、调整胃肠功能：半夏、党参、大枣各4克，黄芩、黄连、厚朴各5克，干姜、白术各6克，炒枳实4克，焦三仙各15克。1剂而愈。

**例二：**杨某，女，5岁，2009年8月5日初诊。患儿于2年前因吃香肠过多而呕吐，腹泻腹胀，虽经多医治疗，吐泻暂止，常因饮食不节而反复发作，伴厌食、偏食，曾多次赴上级医院就医，以消化不良、慢性肠胃炎而给予西药治疗，效果不佳，后经朋友推荐来诊。证为肠胃失和、积滞内停，拟调和肠胃、消复化积之法，施半夏泻心汤加味：半夏、干姜、黄芩各6克，黄连、大枣、甘草各5克，党参、炒山楂、炒神曲各20克，炒鸡内金、砂仁各10克。连服2剂症状改善，饮食增加。二诊仍守原法，于方中加入茯苓、白术、黄芪、怀山各20克，黄芩、黄连各减至4克，干姜减至5克，为散，米汤送服，每日3次，每次5克。3剂而愈，随访至今未发，身体亦健。

按：半夏泻心汤出自《伤寒论》，具有和胃降逆、开结除痞之功，主治心下痞、肠鸣、吐泻等病。王万全根据小儿易虚易实、易寒易热的病理特点，吕某案、杨某案均为饮食停滞不化、损伤脾胃，采用本方加减治疗小儿消化不良，方证对应，机理吻合。因为其一是辛开苦降，小儿脏腑娇嫩，形气未充，一旦病邪侵袭肠胃，不但易于饮食停滞不化而见脘腹胀痛，而且常影响肠胃功能，气机升降失调，既可见胃气上逆之呕吐，又可见大肠传导失职之泄泻，所以消食导滞、调和肠胃，以止吐泻当为首务，故取姜夏之辛、芩连之苦，苦辛通降，气机调和，升降复常，吐泻自止；其二是调和寒热，小儿寒暖不知自调，饮食不知自节，往往脾胃常因饮食之寒热所伤，致寒热夹杂、消化不良、呕逆吐泻等，故用芩连之寒以清肠热，姜夏之温以散胃寒，寒热并用，热清寒散，胃肠自和，饮食自消；其三是攻补兼施，小儿脏腑成而未全，全而未壮，加之小儿饮食不知满足，易于饮食停滞，一旦过食，则脾胃受损，形成虚实夹杂之候，施以参、枣、草以扶正，以治脾胃之虚，芩、连、姜、半调和寒热以疗脾胃之实，如此补虚泄实，其病可矣；其四是调理阴阳，小儿消化不良，食停中焦，滞而化热，易损脾胃之阴，或过食寒凉之物，滞而易伤脾胃之阳，故用姜、夏温胃之寒以扶其阳，芩、连清胃肠之热以救其阴，阴阳平，病乃愈。现代药理证实，芩、连能抗菌消炎，缓解恶心、呕吐等症状；半夏镇静，抑制中枢神经系统，可缓解胃肠平滑肌痉挛，减少分泌，消除胃肠淤积；参、姜温理肠寒，兴奋胃肠血行，促使胃肠功能回复和吸收。所以诸药配合消食导滞，能使肠胃功能平衡协调，消化传输吸收功能正常，气血阴阳生化有源，消化不良所致诸症自然消除。



## 三、产后下利

**案例：**陆某，女，24 岁，巨龙人。于 10 天前产下一子后食欲不振，口苦，继则泄泻，日五六行，腹部隐痛，肛门灼热。村医以葛根芩连汤，乏效，泻益甚。遂请王万全医生诊治，见其泄泻，口干，舌质淡红，苔白，脉细数。正合《金匮》“产后下利虚极”之证机，即拟清热泻湿、滋阴养血之法，用白头翁加甘草阿胶汤：白头翁 15 克，黄连 8 克，黄柏 8 克，秦皮 15 克，阿胶 15 克（烊化兑服），甘草 6 克。一剂，水煎服。二诊腹泻减轻，继以原方一剂病愈。

按：常言产前宜清，产后宜温。但产后多虚多瘀，临证应不拘于产后、不忘产后，有是病用是药。本案是由产后热利伤阴所致，故取白头翁清热燥湿、又解毒止痢，秦皮清热既助黄柏燥湿解毒，又收涩止痢，阿胶滋阴养血，甘草和药，诸药合伍共奏清热解毒，滋阴止痢之效。

相反相成是中医制方用药的重要方法之一。汉张仲景集《内经》《难经》之精华，参己验撰著《伤寒杂病论》，创立六经和脏腑辨证，体现了其辨证论治精神，其中寒温并用、升降结合、攻补兼施、平调阴阳等反成用药方法尤具特色。故王万全取其精华，运用仲景反成用药方法治疗下利收到良好效果。

（蓬安县妇幼保健院供稿）

# 三步疗法解患者难言之隐的痔瘘医家梅钦

## 医家小传

梅钦，男，1964 年 2 月出生于蓬安县河舒镇唐康村。1983 年高中毕业，拜民间中医胡安全为师，学习痔瘘科；1985 年，进入中医自修学校学习中医专业，1988 年毕业并开始行医；同年参加成都中医药大学（原成都中医学院）中医自学考试，于 1992 年毕业；国家《医师法》颁布后，于 1999 年参加全国第一次执业医师考试，获得执业医师证书；2000 年开设个体诊所；2005 年到中日友好医院学习安氏肛肠病疗法；2007 年晋升主治医师；2017 年晋升中医肛肠科副主任医师，开创了蓬安个体医生晋升副高职称的先河，掀起了当地个体医生晋升职称的热潮，为提升蓬安个体医生整体素质起到示范引领作用。

梅钦临床诊疗总能做到学以致用，善于总结。他先后在《中国肛肠病杂志》《医药前沿》发表《6 点位切口手术治疗陈旧性肛裂 114 例》《三联术治疗轻中度直肠前突 21 例》《双套结在混合痔术中的应用》《分段外剥内扎配合痔上黏膜套扎治疗环状混合痔疗效观察》等多篇论文。行医 35 年来，为众多痔瘘患者解除了病痛，其中有很多求诊者是慕名而来，在业内享有较高声誉。

梅钦的学术成就主要体现为痔疮三步疗法。痔疮是肛门部的多发病、常见病。痔是直肠下端、肛管和肛门缘的静脉丛淤血扩大和曲张所形成的静脉团。诱因多与长期久坐久立久蹲久行、负重远行、过度劳累、过食辛辣刺激食品、蹲厕时间过频过久、久泻久痢、长期便秘、妊娠分娩等相关。随着对痔的发病机制认识和深入研究，形成了多种学说。

静脉曲张学说认为，痔的形成主要由静脉扩张淤血所致。其中以截石位3、7、11点最为明显，这与直肠上动脉在直肠下端的分布差异有关。血管增生学说认为，痔是由血管增生形成的血管瘤，包括直肠下端黏膜下层丰富的动静脉交通吻合，具有勃起性，这与痔的特性是一致的。衬垫下移学说认为，痔是肛门直肠下端的血管性衬垫，这些衬垫主要由洞状静脉和平滑肌少量弹力纤维和结缔组织组成，当干硬、粗大的粪便排除时，推压衬垫向下移位形成二、三期痔。括约肌功能下降学说认为，由于肛门括约肌功能下降，组织结构松弛，导致肛管压降低，为维持肛管压常数，局部痔静脉丛代偿性扩张淤血而形成痔。

正因为痔疮病因病理复杂，临床表现多种多样，从古至今治疗痔疮的方法亦很多，如枯痔法、切除法、外剥内扎、套扎法、电凝法、注射法、痔上黏膜环形切除术（PPH术）、选择性痔上黏膜吻合术（TST术）等。虽然治疗方法不少，但每一种治疗方法都有它的局限性，而只能适用于部分患者；对某些患者又必须多种方法联合使用，如果选择不当，就达不到理想的疗效。为了解决痔疮患者的远期疗效，梅钦通过理论学习，综合临床实践，总结出痔疮三步疗法。

第一步：用切除、外剥内扎、电凝、套扎、注射等方法，祛除痔核。

第二步：闭塞母痔区，3、7、11点痔上动脉血管，减少母痔区的血供，使痔区静脉不扩张迂曲。

第三步：针对痔疮反复脱出致使直肠黏膜松弛内脱、肛垫下移，横钳或套扎直肠黏膜、上提肛垫，从根本上恢复肛门正常的解剖结构。

通过实践，灵活运用，确为很多病患特别是严重的环状混合痔患者解除了痛苦。

## 医案医话

### 一、环状混合痔治疗经验

环状混合痔因痔核多，治疗有一定的难度，痔上黏膜环形切除术（PPH）

或选择性痔上黏膜吻合术（TST）治疗，只解决了部分患者的病患，有些因外痔回缩不全，患者满意度差，在基层为了降低患者经济负担，采用传统的分段外剥内扎加套扎或内注术。只要在治疗中注意几点细节，就会取得良好的效果。

充分麻醉下，观察患者痔核的分布情况，用钳夹住向下牵拉了解脱出的状况，根据痔核的分布或自然界沟确定要保留的皮肤黏膜桥的位置，保留的皮桥要两条以上，以防术中把肛门皮肤切除过多，或没有皮肤桥，造成肛管狭窄的后遗症，这是低年资肛肠科医生最容易发生的事件，不忘“多留一分皮肤，就多一分生机，少一分后患”。

待切除痔核一定先用弯嘴止血钳钳夹，钳夹要达到齿线上。第一次钳夹不理想，可以重钳，直至留出满意的皮桥为准。切除时要紧贴钳下沿切开两边的皮肤，钝性剥离至齿线以上做内痔结扎。结扎的位置要高一点，可减轻术后及大便时疼痛。最好是用双套结结扎法，此法操作方便，安全可靠。

对所保留的皮桥如有静脉曲张或血栓，要用止血钳清除干净。对过长的皮桥可断桥缝合或用套扎器作直肠黏膜套扎。也可以在留皮桥所对应的直肠黏膜上，用 1∶1 的消痔灵注射 2～4 ml，总之根据松弛程度不同，选择不同的处理方法，能有效预防术后皮桥水肿的发生。

在 7 点或 3 点位的切口处，做内括约肌部分切断，可降低术后患者的疼痛，防止术后肛管狭窄及肛裂的发生。

做完整个痔核后，根据各伤口的情况做适当修剪，不留赘皮，保持引流通畅。总之，治疗环状混合痔就是在切与留中找到最佳平衡点，只要注意以上几点，环状混合痔术后近期及远期效果都非常良好，无后遗症发生。

## 二、双套结结扎法在混合痔术中的应用

双套结在生产生活中广泛应用，是防脱结之一。

方法，常规消毒，局麻或腰俞穴麻醉，用止血钳钳夹混合痔，切开钳下皮肤，钝性剥离至齿线上，用组织钳钳夹所对应的痔上黏膜，向下牵拉重叠两钳，在钳身上套上双套结，用镊子夹住双环线圈套在内痔核及痔上黏膜上，拉紧打三重结，离结扎线 1cm 剪去痔核残端。

内痔结扎有单纯、贯穿两种方法。单纯结扎必须牢固，防止滑脱以及痔核坏死不全；贯穿结扎不能缝扎过深，否则可能发生大出血，紧线用力要适中，用力过大对组织有勒割作用，导致过早脱落易造成大出血，用力过小结扎不紧，又导致延缓或脱落不全。双套结是双环，用同等的拉力，对所结扎组织的压力是单环的一半，双套结越拉越紧，拉紧后即使松手也不会松脱，再打三重结，达到断流作用，起到断流减积和悬吊功能。双套结操作方便不需助手协助，单人操作就可以顺利完成，这是梅钦长期使用的结扎法，无滑脱及脱落不全的事件发生。

## 三、自拟柴胡活血汤治肛门坠胀

肛门坠胀多继发于其他肛门疾病中，治愈原发病有些能缓解，有些不能。还有一些以肛门坠胀为主诉而求诊。肛门坠胀病因不明，虽不是严重疾患，但患者所感甚苦，求治心切，而多方检查求治，但效果甚微，严重影响患者的生活质量。梅钦医生对此病自拟柴胡活血汤内服，配合神阙穴拔罐治疗，取得良好的效果。

药方组成：柴胡 30 克，党参 30 克，黄芪 20 克，当归 20 克，红花 10 克，丹皮 20 克，紫草 15 克，百合 20 克，五味子 15 克，黄芩 15 克，银花 20 克，甘草 10 克，水煎服。

另神阙穴拔罐，每天一次，每次先拔罐 15 分钟，等 1 分钟后再拔 15 分钟，取下。

典型病例：患者张某，女，50 岁，于 2016 年 7 月 17 日初诊，患者因肛门坠胀，多方求医，各种检查无阳性结果。按“直肠炎”经中西药内服及灌肠治疗无效果，经人介绍到梅钦处求治。刻诊：肛门坠胀，时时欲便，坐立不安，每天蹲便 10 多次，大便时有时无，无脓血便，睡眠欠佳、心烦易怒，已回经一年多，食欲尚可，舌淡苔薄白，脉沉。处方：柴胡 30 克，百合 20 克，党参 30 克，黄芪 20 克，当归 20 克，红花 10 克，丹皮 20 克，紫草 10 克，五味子 15 克，甘草 10 克，夜交藤 30 克。三剂，每剂连煎三次，药汁混合，分六次服，每天三次。配合神阙穴拔罐，每天一次。

第二天患者前来拔罐，自述肛门坠胀有所缓解，夜晚睡眠尚可，经上方6剂、12天拔罐治疗，诸症消除。

肛门直肠的神经，在齿线以下为脊神经，齿线以上为植物神经，分别受交感和副交感神经支配。交感神经有抑制肠蠕动并使内括约肌收缩的作用；副交感神经有增加肠蠕动，促进分泌，使内括约肌松弛的作用，可感知直肠被粪便充满或完全膨胀的胀满及排便的紧迫感。肛门坠胀，便意频繁可能是副交感神经兴奋而造成。中医病机多认为是气血虚弱、中气下陷、气滞血瘀。神阙穴拔罐是一次偶然机会观察到对肛门坠胀、肛门不适有改善，神阙穴主治腹痛腹泻、脱肛虚脱，而拔罐有舒经活血之功。

针对此类患者因病程长，自己感觉很苦恼，而各种检查又无阳性结果，却总是怀疑自己得了不治之症，认为医生没有说实话。患者精神压力大，而表现为心情烦躁、失眠多梦，有些还有轻生的念头。故用柴胡活血汤重用柴胡配百合，疏肝解郁，清心安神，升阳举陷，现代药理实验证实柴胡有抗炎镇静、抗抑郁，大剂量可出现嗜睡。党参、黄芪补中益气升阳；当归、红花、丹皮、紫草配伍共达通血活血，改善微循环；五味子味酸收敛固涩，补肾宁心，现代药理研究证实五味子有镇静催眠作用；夜交藤养心安神。此类患者局部没多少阳性体征，重点是要改善患者的睡眠，解除过重的思想负担，睡得香比什么都重要，患者服药后确能改善睡眠，症状缓解。

## 四、鱼刺粪球阻于肛门诊治

在30多年执业中，有疑难杂症，有奇闻异事，更有想不到的特殊病例。如：杨某某，男，68岁，碧溪乡人，于2016年12月6日来诊。主诉：便血。经检查确诊为内痔。遂手术治疗，术中术后一切顺利。但到第10天，突感肛门疼痛坠胀，坐卧不安，频频蹲厕，解少许水样便。晚7点急忙来诊，查看伤口正常，肛门无硬结肿痛。遂塞入吲哚美辛栓一枚，当时自觉症状明显缓解。然半夜症状复现，第二天早上又来。只好在腰俞麻醉下，戴好手套触摸，触到像仙人球一样鸡蛋大小的粪球阻于肛门。一点一点地掏出来全是鱼刺。此时病人才想起，3天前喝鲫鱼汤把12条两指大小的鲫鱼不吐刺全部吃下，而结成仙人球状阻于肛门拉不出来。临床中有见到鱼刺、鸡骨、枣核等异物卡肛门的，却第一次遇见这种情况。遂把此病例发到 QQ 空间，网友们评论道，患者把自己当成水禽或猫了。食鱼吞刺能通过食道，未必又能通过肛门。从那以后，叮嘱术后患者喝鱼汤千万不要吞鱼刺。

## 五、远程诊疗阳明经证兼容性

现在网络发达，梅钦不但在网上学习，还为网友远程诊疗。如：某某梅，女，38 岁，中医爱好者，2018 年 8 月 10 日初诊。自述：反复发烧 4 天，前 3 天自己煲过麻黄汤和桂枝汤喝，出汗烧退。后温度又升高，反复不断。迫于家人的压力，不得不到当地医院看，但效果不佳。现发烧 37.8℃，头痛，走路只能慢慢的，手心热，出汗，口渴总想喝水，不恶寒也不恶热，舌稍红苔白无津。时值伏天，但当地天天下雨，气温不高。处方：石膏 50 克，知母 15 克，党参 20 克，粳米 50 克，柴胡 20 克，蔓荆子 20 克，薏苡仁 30 克，藿香 20 克，白蔻 10 克（后下），甘草 10 克。2 剂，水煎服。11 日早上反馈好转，下午反馈完全好了。本例虽发热不高，但口渴引饮，舌上无津，属《伤寒论》中的阳明经证，所以用白虎加人参汤，清热生津，考虑当地多雨兼暑湿，加入薏苡仁、藿香、白蔻解暑祛湿，不曾想效如桴鼓，足见中医之美妙！

（梅钦口述　梅琳整理）

# 学用结合经方惠民的刘文全

## 医家小传

刘文全，男，1968 年 4 月出生于蓬安县相如街道海林沟村（原白玉乡海林沟村）。中共党员，副主任中医师，全科医师，中药师。大学本科，川北医学院、成都中医学院毕业。南充市医学会社区医师分会副会长，南充市中医药学会中医内科分会委员，四川省中医适宜技术研究会会员。先后在国家级和省级刊物发表中医专业论文 7 篇、科普文章 9 篇。获蓬安县卫生健康局“优秀医师”“蓬州名医”、蓬安县精神文明办“逆行抗疫最美家庭”、南充市委市政府“新冠病毒肺炎抗疫先进个人”、四川省卫生健康委“第八批四川省基层卫生拔尖人才”等称号。热爱中医学事业，长期坚持在临床一线工作。善用经方和黄帝内针治疗临床常见病多发病及疑难杂症。开展亚健康中医养生和膏方调护。常以“医者仁心，经方惠民”为座右铭，心怀“见彼苦恼，若已有之”之心，视病人如亲人，全心全意，一心赴救。勤奋学习，不断进取，持续充电，学用结合。从医三十余年，年均诊疗病员六千人次以上，临床屡获良效，深受好评，在病员及同行中有较高知名度。

# 医案医话

## 一、学术思想

### （一）读经典

刘文全常年坚持每晚 1 小时以上学习雷打不动，尤其喜读《伤寒论》《金匮要略》《神农本草经》《温病学》《熊继柏黄帝内经精讲》《黄帝内针讲义》《胡希恕伤寒杂病论精讲》等经典名著，博采众长，用于临床，每获佳效。如 39 岁女性余某，因产后出院受寒，出现口泛清水，清涕连连，终日不断，遇冷更甚，久治不愈，深感痛苦，舌淡苔，白脉沉细。辨证属肺脾阳虚证，予附子理中汤加减而愈。又如 55 岁女性李某，因患复发性口腔溃疡，长期服用激素，出现肥胖、水肿、口干、尿少等症，苔白，脉浮。辨证属太阳蓄水证，予五苓散、桂枝、肉桂并用，研极细粉末、米汤兑服，诸症消失。再如 18 岁女性周某，“新冠”阳后，出现口淡味嗅觉减退，小腿挛急疼痛难忍，舌淡脉沉迟，经中西医针灸治疗无好转。辨证属营血亏虚、筋脉失养证，予桂枝加芍药生姜各一两人参三两新加汤，调营阴、益气血、通经脉而愈。

而常常品读经典，又总是反复思考，字斟句酌，感悟亦深，受益匪浅。如《伤寒论》25 条：“服桂枝汤，大汗出，脉洪大者，与桂枝汤，如前法。”刘文全认为此条问题有二：一乃服法有误，服桂枝汤本应“遍身漐漐微似有汗者益佳，不可令如水流漓，病必不除”，而此条“大汗出”多为未遵桂枝汤服法导致。二乃“脉洪大”为实热之象，当属白虎汤脉象，故此处“脉洪大”应为“脉浮”之误。脉浮是病位仍在表，表邪未除，故“与桂枝汤，如前法”。又如 38 条：“太阳中风，脉浮紧，发热恶寒，身疼痛，不汗出而烦躁者，大青龙汤主之。”此处“中风”应为“伤寒”，“不汗出”也有别于麻黄汤的“无汗”。证属寒邪闭表、阳郁化热、当发不发。挥发汗力最强方大青龙汤，故应特别注意“一服汗者，停后服，若复服，汗多亡阳”。再如 101 条：“伤寒中风，有柴胡证，但见一证便是，不必悉具。”认为此处的“一证”，应指符合小柴胡汤证病机的少阳病脉证，而不是随便一证。条文中“有柴胡证”，主要指的是“往来寒热，胸胁苦满，默默欲饮食，心烦喜呕”。而往来寒热又可以引申为反复发作、周期出现。故临床上，凡见往来寒热类证，小柴胡汤有效。如用小柴胡汤合当归芍药散加减，治疗女性桥本病、经前期紧张症、功能性水肿及多种过敏性病症，效果良好。又如《伤寒论》，太阳病变证水气病之67条“……身为振振摇者，苓桂术甘汤主之”认为是阳证中的虚证，振振摇是指站立不稳；而82条“……振振欲擗地者真武汤主之”认为是阴证中的虚证，此条的振振摇是指站立不稳欲倒之状；《金匮要略》痰饮咳嗽病脉证并治11条“……其人振振身瞤剧，必有伏饮，小青龙汤主之”则是外寒引动内饮证，振振摇指寒邪闭郁，身体震颤抖动之状；三者虽都有“振振身动”，但病因、病机、病位却迥然有别，治疗也大相径庭。此乃仲景同病异治之辨证论治思想的精华，故有“常须识此，勿令误也”之诫。如59岁张女士，眩晕常发，重时天旋地转，恶心呕吐，舌苔白滑，脉浮滑，辨证属脾阳亏虚、水邪上逆证，治以温中化饮，予苓桂术甘汤加泽泻，健脾温阳化饮而愈。又如83岁女性刘某，患肺源性心脏病，经治疗后，出现神疲乏力，畏寒肢冷，时有欲倒，舌淡胖，苔白滑，边有齿印，脉沉细，辨证属阳虚水泛证，治以温阳利水，予真武汤加人参而愈。再如70岁男性李某，患慢阻肺，遇寒加重，冬季尤盛，出现咳吐大量清稀泡沫样痰，动则喘甚，浑身颤抖，舌苔白滑，脉浮有力，辨证属水寒射肺证，治以温肺化饮，予小青龙汤加减而愈。因此，临床上，只有辨证准确，遣方恰当，方证相符，方能药到病除，并可避免误诊误治发生。

**（二）拜名师**

将孙思邈“凡大医治病，必安神定志，无欲无求，先发大慈恻隐之心，誓愿普救含灵之苦”，“不得自逞俊快，邀射名誉”“不得恃己所长，专心经略财物”等名句，制成展板挂于诊室，时时自省。并随川北医学院附院黄九龄教授临证，谨遵其“热爱中医，注重医德，努力学习，认真临床，不断总结，成为大医”之教导，精勤不倦，学习不止，不断丰富和提高理论水平、业务技能。多次参加南京中医药大学黄煌教授举办的脑病、妇科病、皮肤病经方培训班学习，运用其“经方惠民，左手拿草，右手拿针，善诊善治”之经验。临床上，常常针药并用，不仅疗效显著，而且简便验廉，方便群众，广受欢迎。先后赴成都中医药大学胡幼平教授古法针刺培训班、华西医院唐文富教授平脉辨证培训班以及邛崃市中医院缪奇祥教授举办的黄帝内针刺法培训班学习。在临床实践中领悟“善针者，从阴引阳，从阳引阴，以左治右，以右治左，以我知彼，以表知里”与治病不离阴阳之大法。取“上病下治，下病上治，左病右治，右病左治，同气相求，阴阳倒换求”之施针诀窍。临证用之，疗效斐然。如眩晕病，证属肝阳上亢，刺太冲或附近敏感点一针见效；急性腰扭伤刺一侧中渚、后溪（男左女右），加导引一针痛止；漏肩风取刺对侧同名经或者表里经敏感点，一针立缓。

## 二、医家医案

### （一）崩漏案（功能性子宫出血）

向某，女，47岁，农民。停经一年，于3个月前月经再来，经量甚多，未予重视，十余日后出血如故。于2018年5月13日就诊于某医院，诊断：功能性子宫出血，予诊刮、注射和服用止血药，虽血止数日，但少腹胀满时痛，且停药后又见出血不止来诊。症见经血淋漓不断，量少色黑，面色萎黄偏暗伴腰膝酸软，口干咽燥，舌质暗红，苔白，脉细涩。诊断：崩漏，证属冲任虚损，瘀血内停。治以温补冲任、养血祛瘀，拟《金匮要略》温经汤合三胶二至丸加花蕊石：吴茱萸9克，当归9克，川芎6克，白芍12克，人参9克，桂枝6克，阿胶9克（烊化分次兑服），丹皮6克，半夏6克，生姜6克，炙甘草6克，麦冬9克，鹿角胶6克（烊化分次兑服），龟甲胶6克（烊化分次兑服），女贞子12克，墨旱莲12克，花蕊石30克（先煎）。3剂，每日1剂，水煎服，每日3次。药后漏下明显减少，继服上方，随证稍作加减，又服7剂，诸证大减。再服15剂，气血充和，面色红润，漏下停止，病获痊愈，随访未见复发。

按：崩漏，是月经周期、经期经量发生严重失常的病证，病程半月以上甚者长达数月，似西医无排卵性功能性子宫出血。《金匮要略·妇人杂病脉证并治》：“妇人年五十所，病下利数十日不止。暮即发热，少腹里急，腹满，手掌烦热，唇口干燥，……当以温经汤主之。”患者年近五十，冲任虚损，天癸将竭，“病下利数十日不止”，与出血不止相暗合。方中吴茱萸、桂枝温经散寒，通利血脉，共为君药；当归、川芎活血祛瘀，养血调经，丹皮既助诸药活血散瘀，又清血分虚热，共为臣药；阿胶甘平，养血止血，滋阴润燥，白芍酸苦微寒，养血敛阴，柔肝止痛，麦冬甘苦微寒，养阴清热，三药合用，养血调肝，滋阴润燥；人参健脾益气，以资生化之源；半夏、生姜辛开散结，通降胃气，以助祛瘀调经共为佐药；甘草调和诸药为使药。合三胶二至丸兼补益肝肾、滋阴止血，重用花蕊石化瘀止血而不留瘀。诸药合用，共奏温经散寒、养血祛瘀之功，药中肯綮，疗效卓著。

### （二）风热疮案（玫瑰糠疹）

雷某，女，36岁，农民。2021年6月6日来诊，患者2个月前，全身出现红色皮疹，瘙痒难忍，在当地治疗无效，且病情日渐加重，心烦不眠，寝食难安，遂去上级医院就医，诊断为玫瑰糠疹，予抗组胺、抗炎、钙剂等治疗，疗效不佳，症状不减，经人介绍来诊。症见全身鲜红斑丘疹密布，大小不等，多呈椭圆形，斑片间有细碎鳞屑，伴烦躁不安，抓痕累累，目不忍睹，舌嫩红无苔，脉细数。诊断：风热疮。证属心肾同病，热毒炽盛，火盛生风。治宜清热泻火解毒、养血凉血息风止痒，投黄连阿胶汤合犀角地黄汤加减：黄连15克，阿胶15克（烊化分次兑服），黄芩20克，鸡子黄大者1枚（待药温60摄氏度左右，兑入和匀，分次兑服），白芍15克，水牛角30克，生地黄15克，牡丹皮15克，赤芍15克，紫草30克，蛇蜕15克（烧灰存性，分次兑服）。3剂，水煎服，一日一剂。3剂服完，心烦得平，夜寐安，瘙痒大减，仍以前方，又进3剂。所有斑片疹点及皮肤碎屑明显消退，继用前方，再服5剂。复诊痒已消失，皮肤如常，继以黄连阿胶汤用量酌减，服5剂后痊愈。随访1年未发。

按：风热疮，是一种斑疹色红如玫瑰、脱屑如糠秕的皮肤病。本案为热毒内盛、热伤阴液、血热化燥、燥盛生风、外发肌肤而成。“心中烦，不得卧”属少阴心肾阴虚火旺，虚火内灼，热扰心神所致。经云：“诸痛痒疮，皆属于心。”由于水不济火，心火炽盛，火盛则痒。心火独亢，扰动心神，则心烦不寐。故投黄连阿胶汤。取黄连苦寒以泻心火，黄芩苦寒以清肺热，二药相须为用，清热解毒，直折火势，其效更著，故身痒止心烦除。芍药滋阴养血，阿胶乃血肉有情之品，补血养血润燥滋肾水，二药并用，治血息风之力更强。《本草纲目》云“鸡子黄补阴血解热毒”。五药合用，清心滋肾，心肾同治，寓实则泻之、虚则补之之意。犀角地黄汤伍紫草、蛇蜕清热凉血、息风止痒。合而成方，共奏清热解毒、凉血息风、止痒除烦之功，故效如桴鼓。

### （三）顽固泄泻案（肠易激综合征）

患者胡某，女，41 岁，2021 年 3 月 28 日初诊。因反复腹泻 4 年来诊。4 年前，在外打工，生活不规律，风餐露宿，饮食不洁，导致腹痛腹泻，未予治疗，症状逐渐加重，腹泻次数增多，有时日达十五六次，西医诊断：肠易激综合征，予解痉、止泻、调整肠道菌群及中医治疗，未见好转来诊。症见形体消瘦，精神萎靡，四肢不温，大便稀溏，无脓血，无里急后重，伴肠鸣、心烦、口干，喜热饮，舌淡苔白，舌根黄厚，脉沉细弦。诊断：泄泻病，证属寒热错杂。拟乌梅丸加麸炒薏苡仁：乌梅 30 克（食醋浸泡两小时），人参 10 克，桂枝 10 克，熟附片 10 克（先煎半小时），干姜 10 克，细辛 6 克，蜀椒 6 克（去籽），当归 6 克，黄连 20 克，黄柏 10 克，薏苡仁 60 克（麸炒）。3 剂，水煎服，每日 3 次，嘱清淡新鲜饮食。二诊：诉大便稀溏明显好转，大便次数减少，余症悉减，方已中的，再加健脾补益的怀山药 30 克，黄连减至 10 克，守方续进 7 剂。三诊：大便基本成形，软便，日 1～2 次，精神好转。效不更方，乌梅 15 克（食醋浸泡两小时），黄连 6 克，黄柏 6 克，熟附片 6 克（先煎半小时），人参 10 克，当归 10 克，细辛 3 克，蜀椒 3 克，肉桂 6 克，干姜 6 克，麸炒薏苡仁 30 克，煨怀山药 30 克。20 剂，水煎服，每日 3 次，按五分之二服法（每日 1 剂，连服 5 天，停 2 天）。后随访 1 年，病愈未发。

按：泄泻病，是指因外邪、饮食、情志、脾胃虚弱等因素引起的以排便次数增多、大便稀溏，甚至泻下如注为症的病证。《伤寒论》第 338 条原文：“伤寒脉微而厥……乌梅丸主之，又主久利。”患者形瘦、肢冷、烦渴、喜热饮、久泻不止，与乌梅丸所治之证相符，故投乌梅丸。药用干姜、附子、细辛、桂枝、蜀椒大辛大热，辛温驱寒，温里温下；黄连、黄柏大苦大寒，清在上之热，解毒祛邪；人参、当归补气血；主用乌梅渍之苦酒，大酸大敛，其妙有三：一助人参、当归以补虚，二助黄连、黄柏以治泄，三制辛、附、姜、椒过于辛散；配麸炒薏苡仁健脾止泻；用煨怀山药补脾止泻。取“五分之二服法”，系南京中医药大学黄煌教授之经验，意在使机体既获休整，又可减轻胃肠负担。综观全方，寒热并用，攻补兼施，药证对应，而收治愈久泻之功。

（蓬安县锦屏中心卫生院供稿）

# 针灸攻其外药物治其内的医师龙泳

## 医家小传

龙泳，男，1971年10月出生于蓬安县平头乡，大学本科学历，毕业于成都中医药大学针灸推拿专业，副主任中医师，现任蓬安县中医医院内四病区主任、针灸康复科主任，南充市医学会治未病分会专家组成员、常委，南充市医学会针灸推拿分会常委，南充市医学会中医内科分会委员，南充市医学会康复分会蓬安质控中心副主任。擅长综合运用理、法、方、药、穴、术辨证论治，突出中医针药并用，发挥“针灸攻其外，药物治其内”、脏腑经络同治的优势，治疗手段丰富多样，临床治疗效果显著。尤其擅长诊治疼痛性疾病、慢性疾病及部分疑难杂症。

## 医案医话

### 一、针灸配合推拿治疗颈椎病

颈椎病又称颈椎综合征，是中老年人的常见病及多发病之一。目前该病发病率有日益增高且年轻化的趋势，患者出现头痛、头晕、颈肩上肢部疼痛发麻、胸痛甚至是下肢痉挛性瘫痪等症状及体征，是由于颈椎增生刺激或压迫颈神经根、颈部脊髓、椎动脉或交感神经邻近组织而引起的。症状轻的患者出现头、颈及肩臂麻木疼痛，症状重的患者可出现肢体无力，甚至大小便失禁及瘫痪等，严重影响患者的学习、工作及生活。

### （一）推拿治疗

患者取坐位或卧位，头部稍前屈，充分暴露施术部位，医者立于颈椎病患者身后采用常规推拿手法。先用医者拇指揉拨理筋、解痉通络止痛之法，在颈椎病患者风府至大椎段进行揉拔，在压痛点上反复施术。然后用医者拇指或掌根揉颈椎病患者第 1 椎至第 7 椎两侧，使颈椎病患者肌肉温热松弛。最后用定点旋转复位法，颈椎病患者低头，术后医者用一肘关节托住颈椎病患者下颌向前上牵引，医者另一手大拇指固定偏歪棘突处，在牵引颈椎状态下，当颈椎病患者关节旋到绞索处，于紧张状态时，适当用力旋转侧搬，常听到弹响声，小关节复位，左右各 1 次。以上手法共需 30 min，并依据临床分型进行加减手法。

### （二）针灸治疗

针灸治疗具体步骤及方法如下：患者俯卧或仰卧位，暴露针刺部位，局部常规消毒。根据颈椎病的临床分型选择针灸穴位。（1）神经根型：颈夹脊穴、风池、肩井、曲池、外关及合谷；（2）颈型：颈夹脊穴、风池、天柱、肩井及后溪；（3）椎动脉型：颈夹脊穴、风池及百会；（4）交感神经型：风池、内关、百会、合谷及大椎；（5）脊髓型：颈夹脊穴、风池、环跳、阳陵泉、足三里及昆仑。1 次 / 日，10 次 / 疗程，连续 3 个疗程。根据病变的相应夹脊穴寻找压痛点，阳性反应点局部放血，三棱针散刺，立即拔罐吸出淤血 5ml 左右。

## 二、针药结合治疗乳癖病

### （一）乳癖病的概念

乳癖病：乳房部位出现大小不等的硬结肿块。本病是乳房部位常见的肿瘤性疾病。由于乳房部位自觉症状不明显，肿块不易被发现，故名乳癖。其特点是：乳中结节，质硬，多无痛感，无寒热，推之可移，不溃破，皮色不变。古代文献有将乳癖与乳痞混称者。本病类似西医慢性纤维囊性乳腺病。

病因病机：本病多由情志内伤、肝气郁结、冲任失调、痰气交凝积于乳络而致。

### （二）治法：疏肝解郁，化痰消核

1. 方选乳癖散

方药组成：柴胡 10 克，当归 10 克，橘核 10 克，荔核 10 克，赤芍 10 克，白芍 10 克，香附 10 克，青皮 4 克，陈皮 4 克，炙僵蚕 12 克，炙蜂房 10 克，煅牡蛎 20 克，夜交藤 30 克，甘草 4 克。中药饮片颗粒剂 5 剂，一日一剂，一日三次，开水冲服。

方中柴胡、当归、橘核、荔核四药为君，疏肝活血消核。赤芍、白芍柔肝活血，香附、青陈皮三药疏肝理气，共为臣药。僵蚕、蜂房、煅牡蛎软坚消核，是方中要药，僵蚕既能化痰消坚，又有活络之功，蜂房既可散肿定痛，又能调理冲任；夜交藤养肝肾、通经络、定心神、消痈疮；甘草甘缓，既能防行气药耗散正气之弊，又调和诸药之性，共为佐使药。如此既治标，又治本，合之为方，收效较为满意，一般服 7 ~ 14 剂，可以获效。

2. 针刺疗法

针刺处方：肩井、足三里（均取双侧）。

操作方法：均用泻法，得气后留针 40 分钟。肩井不可向下深刺，以免伤及肺尖，针尖应向前或后下方刺入；其他腧穴常规刺，一般每日 1 次，急性发作者可每日 2 次。

乳癖患者多为成年女性，多因生活不遂，致肝气郁结，肝失疏泄，影响脾胃之运化，脾为生痰之源，乳房属胃，痰气交凝而成痰核，流注乳房而致本病。取之足三里，以疏通经气，调和气血，消阳明之结滞，以达化痰消核的目的。《百症赋》云“肩井乳癖而极效”，肩井穴为手足少阳经、阴维脉之交会穴，针刺此穴，有宣通经气、宽胸化痰之功效。

3. 放血疗法

《素问·血气形志》曰：“凡治病必先去其血。”点刺放血具有活血行气、消肿止痛、泻热开窍等作用，同时拔罐的罐内负压作用及其本身的温热反应，可以温经散寒、活血通络、消肿止痛，两者相结合，可以使瘀血除、新血行，经络通、郁结散，从而达到通则不痛的目的。

《灵枢·卫气》言：“胸气有街，腹气有街，头气有街，胫气有街……气在胸者，止于膺与背腧……。”根据气街理论，刺激天宗穴可以疏通乳房局部气血。

在病例中，配以放血疗法，发现能够明显缩短患者的疗程。具体操作如下：

根据气街理论远近配穴原则：

1. 取双侧少泽穴。局部常规消毒后用一次性三棱针点刺出血 3～5 滴，2 次 / 周。

2. 取双侧天宗穴。患者取俯卧位，局部常规消毒后用一次性三棱针挑刺反应点，并加拔火罐；若双侧肩胛区有明显压痛点者也可点刺压痛点加拔罐。留罐 5～10 分钟。2 次 / 周。

本病病变部位在乳房，少泽穴为治疗乳房疾病的特效穴。天宗穴位于肩胛部，与乳房前后相对，同属于胸中之气街，临床证明，多数乳房疾患，多在天宗或其周围有明显压痛。天宗穴乃手太阳经之穴，可调气血，通乳络，散瘀结，善治乳房病变，所以天宗穴刺络拔罐对于乳房部的痰气交凝、气血瘀滞有很好的疗效。

## 三、中医辨证针灸治疗腰脊痛

腰脊痛又称为腰痛，为临床常见的一种症状，其疼痛部位或在脊背中，或在一侧，或两侧俱痛。腰脊痛可见于任何年龄，是很多病症的常见症状之一。现代医学认为腰部软组织损伤，肌肉风湿病，及腰椎退行性病变均可引起腰脊痛。中医认为腰为肾之府，肾脉循行“贯脊肾”，说明腰脊痛与肾关系密切，而腰脊部经脉、经筋、络脉的病损也可以产生腰脊痛。近年来，龙泳通过中医辨证分型采用针灸治疗腰脊痛取得了一定疗效。

治疗方法：按照临床症状及体征不同大致分为三个证型，即寒湿阻滞、气血瘀滞、肾络亏虚。①寒湿阻滞证：表现为腰部重痛、酸麻、或拘急强直不可俯仰，或痛连骶、臀、股、腘，疼痛时轻时重，每遇天寒阴雨发作，苔白腻，脉沉。证候分析：风寒湿邪为患，故见腰部重痛、酸麻，或拘急不可俯仰。腰部经脉为风寒之邪阻滞，故见痛连骶、臀、股、腘，遇天寒阴雨发作。苔白腻，脉沉，为寒湿内宿之象。治法为祛除寒湿、温阳止痛，以督脉、足太阳膀胱经穴为主，处方为阿是穴、委中、肾俞、腰阳关、风府，随证配穴，恶寒发热者，加大椎、合谷。刺灸方法针灸并用，或加拔火罐。②气血瘀滞证：表现为腰痛，每遇劳累而发，腰部强直酸楚，其痛固定不移、转侧俯仰不利，腘中常有络脉淤血，舌下静脉可见曲张。症候分析：腰部长期失于气血濡养，故强直酸楚，其痛固定不移、转侧俯仰不利。气血运行不畅，瘀阻于足太阳经腘部，故腘部络脉瘀血。治法为舒筋通络、活血止痛，以督脉、足太阳膀胱经穴为主，处方为阿是穴、水沟、阳陵泉、委中、膈俞、次髎、夹脊，采用针灸并用，在胸部瘀血处施刺络出血。③肾络亏虚证：表现为起病缓慢，隐隐作痛，绵绵不已，如伴神倦肢冷、滑精、舌淡、脉细者，为肾阳虚；如伴有虚烦、溲黄、舌红、脉数者，为肾阴虚。症候分析：腰为肾之府，肾虚腰府空虚，故隐隐作痛，绵绵不已。其兼症为肾阴、肾阳虚的表现。治法为补肾壮腰，以足少阴肾经、足太阳膀胱经穴为主，处方为肾俞、志室、太溪、委中，随证配穴，肾阳虚者加气海、关元，肾阴虚者加照海。针用补法，可加灸。以上每日1次，每次留针20~30分钟。以连续治疗4周为1个疗程，再继续治疗4周后观察病情好转程度。

（蓬安县中医医院供稿）

# 中西医结合
# 治病救人的“多面手”文昱

## 医家小传

文昱，男，1972年10月出生于蓬安县徐家镇，大学专科，副主任中医师，现任蓬安县中医医院内二病区主任、脾胃病科主任。曾先后在四川省肿瘤医院、第三军医大学新桥医院、遂宁市中医院、广元市中医院进修学习。先后担任南充市第一届中医内科专业委员会副主任委员、南充市第二届消化内科专业委员会委员、第一届四川省科技创新研究会消化及消化内镜协同创新分会委员。从事内科临床工作30年，发表论文、论著及科普文章共10余篇，长期从事内科常见病、多发病及部分疑难疾病的诊疗工作，尤其擅长中西医结合治疗脾胃病。

## 医案医话

### 一、苏黄止咳散治疗小儿咳嗽变异性哮喘

咳嗽变异性哮喘是儿科临床发病率相对较高疾病，具有慢性、持续性、反复发作性等特点，由于该病并无典型特异症状，因此临床误诊情况并不少见，

近年来该病发病比例有所增高。其临床症状表现相当于中医学咳嗽（风邪犯肺型）的特点，中医药治疗小儿咳嗽变异性哮喘是目前必然发展趋势。

临床西医对此类患者主要通过抗组胺类、糖皮质激素药物等治疗，即给予孟鲁司特钠片，每天 1 次，年龄在 6 岁以下服用剂量为每次 4 mg，年龄在 6 ~ 11 岁的患儿服用剂量 5 mg，在 12 岁以上患儿每次服用剂量 10 mg，在晚上睡前服用；通过雾化吸入方式给予万托林，每次吸入剂量 0.1 mg，每天 2 次。疗程 3 个月。

文昱认为，常规西药治疗疗程较长，可能引发药物不良反应，降低患儿治疗依从性。采用苏黄止咳散治疗，临床效果明显优于西医。

苏黄止咳散主要组成药材：醋五味子、蜜麻黄、炒紫苏子、前胡、紫苏叶、地龙、牛蒡子、蜜枇杷叶以及蝉蜕等，分早晚服用。

苏黄止咳散对咳嗽变异性哮喘患儿治疗原则理论为：风邪犯肺，气道挛急。其组成药材中的蜜麻黄与炒紫苏子为君药，均有宣肺散邪以及止咳平喘等作用；臣药为醋五味子，可收敛肺气以及止咳化痰；佐药为前胡，本身可强化蜜麻黄的疏风效果；使药则为地龙、牛蒡子以及蝉蜕，可利咽止痒以及疏风散邪。各种药材相联合可产生协同效果，对患儿临床症状改善有明显价值。

文昱分析，麻黄中包含麻黄碱、甲基麻黄碱和伪麻黄碱等主要成分，有利于人体支气管平滑肌松弛并控制过敏介质的释放速度，具有令人满意的平喘效果，同时还能够缓解因为乙酰胆碱、抗组胺类药等引发的气道阻力提升现象。紫苏能够松弛支气管平滑肌，通过提高强化纤毛运动来保障患儿的化痰效果。地龙与蝉蜕等不但能够松弛气道，且在控制毛细血管渗出方面也有突出作用，毛细血管通透性被抑制，改善微循环，和组胺受体相结合还可发挥局部抗炎、免疫抑制，从而有效缓解患儿的痛苦，值得临床借鉴。

## 二、中医辨证分型治疗小儿肠系膜淋巴结炎

小儿肠系膜淋巴结炎为幼儿群体中最常见的疾病之一，其临床症状表现主要为腹痛、发热、淋巴肿大。

文昱认为，在治疗此类病症中，将中医的治疗手段与该病的实际治疗有机

融合在一起，通过有效的辨证论治，从而科学地对患儿进行对症下药，可以促进治疗该类疾病的时效性、有效性的实现。

采用中医辨证分型方式进行治疗，即在患者实际病情基础上，对小儿肠系膜淋巴结炎进行分型，可分为脾虚气滞型、阳虚腹痛证型、湿热蕴结型、饮食积滞型。对于脾虚气滞型而言，给予益气健脾、化积散结、行气止痛，选用的方剂是：五味异功散合参苓白术散加减治疗；对于脾肾阳虚腹痛型而言，主要予以温补脾肾、益气止痛，方剂选附子理中汤和四神丸加减治疗；对于湿热蕴结型而言，给予泄热通腑、行气导滞，方剂选香连丸合芍药汤加减治疗；而对于饮食积滞型而言，给予消食导滞、健脾止痛，方剂选香砂平胃散、保和丸、枳术丸加减治疗。

西医治疗此病所采用的药物为利巴韦林注射液，每日按 10 ~ 15 mg/kg 加入 0.9% 氯化钠注射液 250 ml 中静脉滴注。注射用头孢哌酮钠治疗量维持在每日 50 mg/kg 左右，加入 0.9% 氯化钠注射液 100 ml 中静脉滴注。同时给予患者山莨菪碱注射液 0.1 ~ 0.2 mg 静脉滴注以解痉镇痛，2 次 / 天，1 个疗程为 7 天，需要连续治疗 2 个疗程。经对比研究表明，中医治疗无明显毒副作用，在改善患儿症状的同时，还可将腹痛时间、发热时间、淋巴结消退时间缩短，弥补了单纯使用抗菌药物治疗效果不明显的缺陷。



## 三、自拟补气化痰驱风祛瘀通天汤治疗脑梗死

脑梗死在中医学中属中风范畴。西医认为，脑梗死常见的病因是脑血栓形成，为动脉粥样硬化和动脉炎，血栓塞为心源性和非心源性栓子；腔隙性梗死为高血压、动脉粥样硬化和微栓子等。

脑梗死病因及发病机制：（1）动脉硬化。是基本病因，特别是动脉粥样硬化，常伴高血压病，两者互为因果，糖尿病和高脂血症也可加速动脉粥样硬化的过程。脑动脉粥样硬化主要发生在管径 500 μm 以上的动脉，其斑块导致管腔狭窄或血栓形成，可见于颈内动脉和椎基底动脉系统任何部位，以动脉分叉处多见，如颈总动脉与颈内、外动脉分叉处，大脑前、中动脉起始段，椎动脉在锁骨下动脉的起始部，椎动脉进入颅内段，基底动脉起始段及分叉部。

（2）动脉炎。如结缔组织病、抗磷脂抗体综合征及细菌、病毒、螺旋体感染均可导致动脉炎症，使管腔狭窄或闭塞。（3）其他少见原因包括。药源性（如可卡因、安非他命）；血液系统疾病（如红细胞增多症、血栓栓塞性血小板减少性紫癜、弥散性血管内凝血、镰状细胞贫血、抗凝血Ⅲ缺乏等）；蛋白 C 和蛋白 S 异常；脑淀粉样血管病、烟雾病、肌纤维发育不良和颅内外（颈动脉和椎动脉）夹层动脉瘤等。缺血、缺氧性损害表现为神经细胞坏死和凋亡两种形式。脑缺血性病变的病理分期：超早期、急性期、坏死期、软化期、恢复期。

脑梗死病理生理表现为：脑组织对缺血、缺氧性损害非常敏感。不同神经元对缺血损伤耐受程度不同，轻度缺血时仅有某些神经元坏死，完全持久缺血将导致血区各种神经元、胶质细胞及内皮细胞全部坏死。

中医界目前认为：中风的病因，一是情志郁怒，《素问·生气通天论》云："阳气者，大怒则形气绝；而血菀于上，使人薄厥。"又《素问·调经论》曰："血之与气，并走于上，则为大厥。"二是饮食不节，过食肥甘醇酒。王肯堂指出："久食膏粱厚味，肥甘之品，损伤心脾。"脾失健运，聚湿生痰，痰郁化热，引动肝风，痰火上扰而发病。三是劳累过度。《素问·生气通天论》说："阳气者，烦劳则张。"说明人身阳气上扰太过，则亢者也要发病。四是气候变化，寒邪入侵可影响血脉循环。《素问·调经论》云："厥气上逆，寒气积于胸中而不泻，不泻则温气去，寒独留，则血凝泣，凝则脉不通。"中心主因有五：内风动越，五志化火，痰阻脉络，气机失调，气血瘀滞。不论缺血性中风或出血性中风，都是气滞血瘀、本虚标实。

文昱自拟补气化痰驱风祛瘀通天汤，治疗中医中风（气虚血瘀型），西医缺血性脑梗死。该方其组成为：

西洋参、全蝎、三七、红花、桃仁各 10 克，水蛭、白芥子、川芎、白芍、地龙、当归尾、天麻、胆南星、菌灵芝、丹参各 15 克，黄芪 40 克，穿山甲（炮）、甘草各 6 克。水煎服，每日 1 剂，日服 3 次。治疗期间忌辛辣厚味和高脂肪食品，糖尿病忌甜食，另控制饭量，忌房事，保持心情舒畅。

临床加减：如肢体疼痛者，加桂枝、羌活、防风各 15 克；如肾虚者，加枸杞、山茱萸、沙苑蒺藜各 15 克；如腰痛者，加杜仲、怀牛膝、山药各 15 克；如肝阴虚，加白芍 20 克，沙参 15 克，知母 15 克；如失眠者，加煅龙骨

（先煎 30 分钟）、煅牡蛎（先煎 30 分钟）、煅磁石（先煎 30 分钟）各 40 克；如血压高者，增加口服降压西药；血糖高者皮下注射胰岛素或口服降糖西药从而有效控制血糖。

典型病例：黄某某，男，47 岁，乡镇畜牧站干部，嗜烟酒，2010 年 11 月患脑梗死住入某医学院附院神经内科，经治疗 25 天，疗效不佳，于 2010 年 12 月 2 日到文昱所在科室治疗。自诉：头晕乏力，左侧瘫痪，半身不遂，靠坐轮椅锻炼，舌苔两边瘀斑，脉弦涩，查血压 140/95 mmHg，血脂高，医学院附院的 CT、MRI 的报告显示，腔隙性脑梗死。西医诊断：腔隙性脑梗死。中医诊断：缺血性中风（气虚血瘀型）。给予自拟补气化瘀驱风祛瘀通天汤加桑枝、粉葛各 20 克，150 剂，药后诸病缓解，能拄着拐杖慢步活动。出现肾虚现象，继用本方加紫河车、山茱萸、杜仲、怀牛膝各 15 克，320 剂，诸病痊愈，一切正常。随访 1 年，未见复发。

（蓬安县中医医院供稿）

# 善用针灸治疗内科疾病的唐永春

## 医家小传



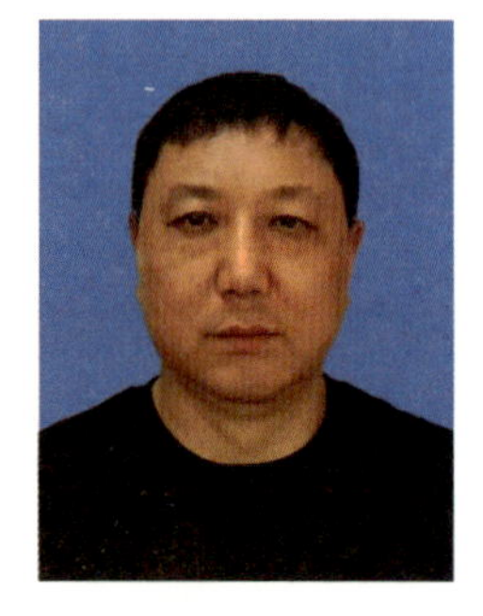

唐永春，男，1973年7月出生于四川省蓬安县巨龙镇，毕业于成都中医药大学，副主任中医师，蓬安县人民医院康复医学科主任，民盟盟员、蓬安县民盟总支委员、蓬安县政协委员，多次被评为优秀政协委员、优秀民盟盟员、优秀专业技术人员、优秀考官。现任南充市物理治疗与康复医学会蓬安县质控分中心主任、南充市针灸推拿学会常委、南充市物理治疗与康复医学会常委、南充市小针刀医学会常委、南充市疼痛医学委员会委员、四川省针灸学会会员、四川省中医药信息学会康复专委会委员、四川省医学科技创新研究会风湿免疫病学协同创新分会委员、中国针灸学会会员等，国家医师资格考试中医类别实践技能考试考官。在医学刊物（核心）发表文章十余篇，完成“基于《灵枢》‘解结’理论针药结合治疗骨质疏松性压缩性骨折的临床研究”省级科研项目一项。师承绵阳中医学校教授曹艳霞（成都中医药大学针推系研究生毕业），师承成都中医药大学教授唐勇（成都中医药大学针推系博士毕业，现任成都中医药大学针推系副主任），擅长针灸、推拿、小针刀治疗颈肩腰腿疼痛及多种慢性内科疾病，尤其对疑难杂症的针治，经验丰富，疗效显著，深受欢迎，在病员和同道中享有较高的声誉。

## 医案医话

### 一、针灸治疗顽固性呃逆

呃逆，古称“哕”，又称“哕逆”，是因气逆动膈，致喉间呃呃有声，声短而频，不能自控的病症。相当于西医医学的膈肌痉挛。除单纯性膈肌痉挛外，胃肠神经官能症、胃炎、胃扩张、胃癌、肝硬化晚期、脑血管病、尿毒症、胃或食道术后等亦可引起本病。

本病病位在膈，基本病机为气逆动膈。凡上、中、下三焦诸脏腑气机上逆或冲气上逆均可动膈而致呃逆。如上焦肺气或虚或郁，失于肃降；中焦胃气失于和降，或胃肠腑气不通，浊气上逆；下焦肝气郁结，怒则气上；肾不纳气，虚则厥逆等，均可动膈。临床以胃气上逆动膈最为常见，多由饮食不当、情志不舒和突然吸入冷空气而引发。

临床表现以气逆上冲、喉间呃呃有声、声短而频、不能自控为主症，常伴有胸膈痞闷、胃脘不适、情绪不安等。偶然发作者多可短时间内不治而愈，但胃癌、肝硬化晚期病人，多为顽固性呃逆，常持续数日甚至数月、数年不愈，多为胃寒积滞、胃气上逆、肝郁气滞、脾胃阳虚、胃阴不足所致。

针灸治疗：针灸治疗的具体步骤及方法如下：患者仰卧位，暴露针刺部位，局部常规消毒。根据临床辨证选择针刺穴位。1. 胃寒积滞、胃火上逆，选天突、膻中、膈俞、胃俞、内关、足三里、巨阙、攒竹等。2. 胃阴不足选天突、中脘、膈俞、膻中、内关、足三里、胃俞。3. 脾胃阳虚选天突、中脘、膈俞、膻中、内关、足三里、脾俞、胃俞。4. 肝郁气滞选天突、中脘、膈俞、膻中、内关、足三里、期门、太冲。方义：本病病位在膈，故不论任何呃逆，均可用膈俞利膈止呃；内关穴通阴维脉，且为手厥阴心包经络穴，可宽胸利膈，畅通三焦气机，为降逆要穴；中脘、足三里和胃降逆，不论胃腑寒热实虚所致胃气上逆动膈者用之均宜；天突位于咽喉，可利咽止呃；膻中穴位近膈，又为气会穴，功擅理气降逆，使气调则呃止。操作：诸穴常规针刺；膈俞、期门等穴不可深刺，以免伤及内脏；胃寒积滞、脾胃阳虚者，诸穴可用艾条灸或隔姜灸；中脘、内关、足三里、胃俞亦可用温针灸，并可加拔火罐。每日一次，十次为一疗程，轻者2～3次即可治愈，顽固性呃逆2～3个疗程即可治愈。

案例：王某，男，25岁。呃逆反复发作1年。1年前被人踢伤右肋，从而发生呃逆。呃逆时周身抖动，手足随之而动，状如舞蹈。平时三五日动辄发作1次。发则终日不休。呃声低微，短促而不得续，口干咽燥，饥不欲食，舌红、少苔，脉细数。取天突、中脘、膈俞、膻中、内关、足三里、胃俞。操作：诸穴常规针刺；每日一次，十次为一疗程。针4个疗程后，患者痊愈。三个月后随访，未复发。

按语：针灸治疗呃逆疗效显著，往往能做到针到呃止、手到病除，对于反复发作的顽固性呃逆，应积极查明引起呃逆的原发病。年老体弱和慢性久病患者（如胃癌、肝癌、膈肌癌、肺癌等）出现呃逆，往往是胃气衰败，病情危重的表现，针灸疗效欠佳。

## 二、针灸治疗面瘫

面瘫是以口、眼向一侧歪斜为主要表现的病症，又称为“口眼㖞斜”。本病可发生于任何年龄，多见于冬季和夏季。发病急速，以一侧面部发病为多。手、足阳经均上行头面部，当病邪阻滞面部经络，尤其是手太阳和足阳明经筋功能失调，可导致面瘫的发生。

本病相当于西医学的周围性面神经麻痹，最常见于贝尔麻痹。中医学认为劳作过度，机体正气不足，脉络空虚，卫外不固，风寒或风热乘虚入中面部经络，致气血痹阻，经筋功能失调，筋肉失于约束，出现㖞僻。

临床表现：以口眼歪斜为主要特点。常在睡眠醒来时发现一侧面部肌肉板滞、麻木、瘫痪，额纹消失，眼裂变大，露睛流泪，鼻唇沟变浅，口角下垂歪向健侧，病侧不能皱眉、蹙额、闭目、露齿、鼓颊，部分患者初起时有耳后疼痛，还可出现患侧舌前2/3味觉减退或消失、听觉过敏等症。病程迁延日久，可因瘫痪肌肉出现挛缩，口角反牵向患侧，甚则出现面肌痉挛，形成“倒错”现象。多为风寒证、风热证、气血不足所致。

针灸治疗：针灸治疗的具体步骤及方法如下：患者仰卧位，暴露针刺部位，局部常规消毒。根据临床辨证选择针刺穴位。1. 风寒证：阳白、四白、颧髎、颊车、地仓、翳风、合谷、风池。2. 风热证：阳白、四白、颧髎、颊车、地仓、翳风、合谷、曲池。3. 气血不足：阳白、四白、颧髎、颊车、地仓、翳风、合谷、足三里。抬眉困难加攒竹穴，鼻唇沟变浅加迎香，人中沟歪斜加水沟，颏唇沟歪斜加承浆。方义：面部腧穴可疏调局部经筋气血，活血通络。合谷穴为循经远端选穴，四总穴之一（面口合谷收），与近部腧穴翳风相配，祛风通络。风寒证加风池祛风散寒，风热证加曲池祛风散热，抬眉困难加攒竹，鼻唇沟变浅加迎香，人中沟歪斜加水沟，颏唇沟歪斜加承浆，恢复期加足三里补益气血、濡养经筋。操作：面部腧穴均行平补平泻法，恢复期可加灸法；在急性期，面部穴位手法不宜过重，肢体远端的腧穴行泻法且手法宜重；在恢复期，合谷平补平泻法，足三里施行补法。每日一次，十次为一疗程。轻者 1～2 个疗程治愈，重者 3～4 个疗程治愈。

案例：张某，女，65 岁。口眼歪斜 2 天。患者因沐浴后出汗较多，室内吹空调，入睡前自觉右耳部有不适感。次日晨起右耳后跳动，右口角麻木，漱口流涎，至中午右侧闭目露睛，右侧额纹及鼻唇沟消失，鼓腮漏气。查：舌淡、苔薄白、脉浮紧。证型风寒证。取阳白、四白、颧髎、颊车、地仓、翳风、合谷、风池。操作：常规针刺，面部腧穴均行平补平泻法；在急性期，面部穴位手法不宜过重，肢体远端的腧穴行泻法且手法宜重；每日一次，十次为一疗程。针 4 个疗程后，痊愈。

按语：针灸治疗面瘫疗效独特，目前治疗面瘫针灸安全有效，为首选的治疗方法。面部应避免风寒，必要时戴口罩；眼睑闭合不全的每日点眼药水 2～3 次，以预防眼睛感染。周围性面瘫与面神经的损伤程度有关，由无菌性炎症引起的面瘫预后较好，由病毒感染引起的面瘫（亨特征）预后较差。本病应与中枢性面瘫、外伤性面瘫鉴别。

## 三、针灸治疗失眠

失眠又称“不寐”“不得眠”“不得卧”“目不眠”。常见于西医学的神经衰弱、神经官能症以及贫血等疾病中。

中医学认为本病的病位在心。凡思虑忧愁、操劳太过、损伤心脾、气血虚弱、心神失养，或房劳伤肾、肾阴亏耗、阴虚火旺、心肾不交，或脾胃不和、湿盛生痰、痰郁生热、痰热上扰心神，或抑郁恼怒、肝火上扰、心神不宁等，均可导致失眠。

临床表现：患者不能获得正常睡眠，轻者入寐困难或寐而易醒、醒后不寐，重者彻夜难眠。常伴有头痛、头昏、心悸、健忘、多梦等症。多为心脾两虚、心胆气虚、阴虚火旺、肝郁化火、痰热内扰所致。

针灸治疗：针灸治疗的具体步骤及方法如下：患者仰卧位，暴露针刺部位，局部常规消毒。根据临床辨证选择针刺穴位。1. 心脾两虚：神门、内关、百会、安眠、心俞、脾俞、三阴交。2. 心胆气虚：神门、内关、百会、安眠、心俞、胆俞、丘墟。3. 阴虚火旺：神门、内关、百会、安眠、太溪、太冲、涌泉。4. 肝郁化火：神门、内关、百会、安眠、太冲、行间、风池。5. 痰热内扰：神门、内关、百会、安眠、丰隆、中脘、内庭。方义：失眠一症，主因为心神不宁。治疗首选心经原穴神门、心包经之络穴内关宁心安神，为治疗失眠之主穴；百会穴位于巅顶，入络于脑，可清头目宁神志；安眠为治疗失眠的经验效穴。诸穴合用，养心安神，恰合病机。心脾两虚加心俞、脾俞、三阴交，补益心脾，益气养血；心胆气虚加心俞、胆俞、丘墟，补心壮胆，安神定志；阴虚火旺加太溪、太冲、涌泉，滋阴降火，宁心安神；肝郁化火加行间、太冲、风池，平肝降火，解郁安神；痰热内扰加中脘、丰隆、内庭，清热化痰，和胃安神。操作：所用腧穴、神门、内关、百会、安眠、太溪、太冲、涌泉常规针刺。背俞穴注意针刺方向、角度和深度。以睡前 2 小时、病人处于安静状态下治疗为佳。每日一次，十次为一疗程。轻者 1～2 个疗程治愈，重者 3～4 个疗程治愈。

案例：李某，女，60 岁。因工作不顺，气郁引起失眠 10 余年。伴头痛、头晕、心烦易怒、记忆力减退、口苦咽干、时有耳鸣。经多方治疗效果不佳，每天服安眠药亦只能睡 3 小时左右，醒后头昏脑胀，严重时彻夜不眠，心情极为苦恼。查：舌质淡红、苔薄黄，脉弦数。证型肾阴不足、阴虚火旺。取神门、内关、百会、安眠、太溪、太冲、涌泉等穴位常规针刺。每日一次，十次为一疗程。针 3 个疗程后，已能完全正常入睡，半年后随访，未再复发。

按语：针灸治疗失眠有较好的疗效。因一时情绪紧张或因环境吵闹、卧榻不适等而引起失眠者，不属病理范围，只要解除有关因素即可恢复正常。老年人因睡眠时间逐渐缩短而容易醒觉，如无明显症状，则属生理现象。

（蓬安县人民医院供稿）

# 用药中正平和的罗瑞雪

## 医家小传

罗瑞雪，中医内科副主任医师、全科医师，蓬安县人民医院中医科主任。1977 年 6 月出生于四川省蓬安县锦屏镇（原两路乡），2002 年毕业于成都中医药大学临床医学院中医学专业，大学本科，医学学士。现任南充市中医药学会内科专委会委员、常委。2007 年 10 月至 2008 年 9 月进修于成都中医药大学附属医院名医堂，师从四川省名中医蒋建云、刘全让等名师。在医学刊物（核心）发表文章十余篇。

## 医案医话

中医不但要成为名医，更应成为明医。明医者，既要有渊博的理论基础，又要有丰富的临床经验，两者结合，才能更好治病救人。故习医者自当博学善思，兼采众长，勤于实践。

从医数载，罗瑞雪对内、妇、儿科的常见病、多发病有丰富的诊治经验，擅长肺病及脾胃病的中西医结合治疗，不囿于一家之言，一切以辨证论治为依据。在治病时更注重梳理调养与扶助正气，用药中正平和，于平淡中显神奇。现将其医案精粹分享如下。

## 一、治疗咳嗽，善用对药

### （一）宣肃肺气：麻黄配杏仁

肺为清虚之脏，以宣通为常，壅滞为病。麻黄性刚烈，杏仁性柔润，麻黄配杏仁，既防麻黄辛散太过，又助杏仁止咳之功，两者合用，一宣一降，宣降有职，刚柔相济，辛苦相配正合肺主宣发肃降的生理特性，如此则肺气通调，止咳平喘之力益彰。

### （二）利咽开痹：桔梗配生甘草

咽喉为肺之门户，与肺直接相通又在肺之上端，是邪气与肺气出入的必经之道。桔梗配生甘草，二药合用，一宣一清，宣肺祛痰、解毒利咽、消肿排脓之功增强。对于伴有喉痹之肺热壅盛、肺失宣降的咳嗽尤为适合。

### （三）祛风止咳：白僵蚕配蝉蜕

风邪既是外感咳嗽的主要原因，也是内伤咳嗽复发或加重的重要因素。虽然六淫之邪皆令人咳，但风为六淫之首，风邪上受，首先犯肺，肺失宣降，出现咳嗽，且内伤咳嗽也多由于风邪诱发而复发或加重。白僵蚕配蝉蜕，二药合用，祛风止痒、解痉止咳之力增强。

### （四）清热化痰：贝母配瓜蒌

肺体属金，其为娇脏，畏热怕火。贝母配瓜蒌，二药合用，一润一清，且皆具开散之性，故化痰止咳、清热散结之力增强。

### （五）理气化痰：法半夏配陈皮

痰是肺系疾病最重要的病理产物，也是一个关键的致病因素。痰除则咳嗽自愈。化痰药与行气药配伍，则气顺而痰消。半夏得陈皮之助，则气顺而痰消，化痰湿之力尤胜；陈皮得半夏之辅，则痰除而气下，理中气之功更著。二者相使相助，共奏理气健脾、化痰止咳之功，常用于痰多咳嗽、胸膈满闷之湿痰壅肺证。

### （六）开合同司：细辛配五味子

二药伍用，一宣一敛，一开一合，用辛散以开通肺气之壅遏，用酸涩以收敛肺气之耗散，散邪而不伤肺气，敛肺而不敛邪气，既无肺气耗散太过之弊，又无敛肺遏邪之虞；既调剂了药物之间的刚柔之性，又照顾到肺虚邪实的病理实际；既温散寒饮，又敛肺止咳，防肺气耗散太过，有相反相成之妙。开阖兼施，可使肺温饮蠲，对寒饮伏肺之痰多而稀的咳嗽甚为有效。

### （七）润肺化痰：紫菀配款冬

肺属秋金，其性本燥，燥邪最易伤肺。《内经》云“燥者润之”。两药合用，化痰止咳平喘效果甚佳。临床上无论寒热虚实之咳嗽皆可使用。

## 二、治疗杂病，同方异治

补中益气汤出自李东垣所著《脾胃论》，用以治疗脾胃气衰、元气不足、阴火独盛所致的“气高而喘，身热而烦，其脉洪大而头痛，或渴不止，其皮肤不任风寒而生寒热”等症。根据中医异病同治理论，以此方加减治疗多种疾病，颇有效验，现举验案数则如下。

### （一）肾病综合征

患者，男，56 岁，2008 年 2 月 16 日初诊。患者因眼睑及双下肢浮肿 6 个月就诊。患者于 6 个月前因劳累而逐渐出现眼睑及下双肢浮肿，当时查尿常规示：尿蛋白（3+），红细胞（+），血浆白蛋白 27g/L，诊断为肾病综合征，予泼尼松治疗 2 个月，查尿蛋白仍为 3+。此次就诊时症见眼睑及双下肢中度凹陷性浮肿，小便不利，面色萎黄，倦怠乏力，气短懒言，纳呆便溏，舌质淡，苔薄白腻，脉沉细。中医诊断：水肿。辨证：中气不足、脾失健运。治以益气健脾、利水消肿，方用补中益气汤加味：生黄芪 30 克，党参 30 克，生白术 20 克，生甘草 10 克，当归 15 克，陈皮 10 克，升麻 6 克，柴胡 10 克，泽泻 15 克，车前子（布包）15 克，茯苓皮 18 克，白茅根 15 克。服药 4 周后，水肿消退，诸症明显改善，食欲改善，舌质淡，苔薄白，脉细，查尿蛋白（2+），继予补中益气汤加芡实 30 克、金樱子 15 克，配合六味地黄丸治疗 3 个月尿蛋白转阴。

### （二）亚临床型甲状腺功能减退症

患者，女，38 岁，2006 年 4 月 19 日初诊。患者乏力气短 1 年。1 年前在上级医院确诊为亚临床甲状腺功能减退症，用小剂量左甲状腺素钠替代治疗，症状较为稳定。但近半年来，虽经服药，症状时有反复，故往罗瑞雪门诊处就诊。患者自感头晕，神疲乏力，纳减，汗少，怕冷嗜睡，记忆力减退，面色萎黄，大便时溏软，月经常 2～3 个月 1 行，量少色淡，舌质淡、苔薄白，脉迟弱。甲状腺功能检查显示：TSH13.4mU/L，FT3、FT4 均正常。西医诊断：亚临床甲状腺功能减退症。中医诊断：虚劳。辨证：脾胃气虚、清阳不升。治以益气健脾、温阳化湿，方用补中益气汤加味：生黄芪 20 克，党参 20 克，炒白术 10 克，炙甘草 3 克，柴胡 6 克，升麻 6 克，当归 10 克，仙茅 15 克，仙灵脾 15 克，补骨脂 10 克。服药 1 周后头晕、乏力转轻，无明显怕冷嗜睡，纳食增加，二便尚调，舌质淡、苔薄白、脉缓。前方去补骨脂，加益智仁 6 克，继进 2 周，诸症均好转。继以本方加减服药 1 月，复查甲状腺功能示：TSH、FT3、FT4 均正常，后随访半年未复发。

（蓬安县人民医院供稿）

# 专长耳鼻咽喉科疾病诊治的张勇

## 医家小传

张勇，1978 年 12 月出生于蓬安县金甲乡。大学本科，副主任医师，蓬安县中医医院党总支纪检委员，外二病区主任兼眼耳鼻咽喉科主任。自 2002 年至今在蓬安县中医院工作。南充市中医重点专科学科带头人、中国中药协会耳鼻咽喉药物研究专业委员会委员、四川省中医药学会耳鼻咽喉科分会常务委员、四川省中西医结合学会耳鼻咽喉科分会委员、南充市医师协会耳鼻咽喉—头颈外科分会常务委员、南充市耳鼻咽喉—头颈外科质控中心专家。先后在南充市中心医院、西南医科大学、成都中医药大学、四川大学进修学习。承担并完成了省级科研项目一项，发表学术论文数篇。工作期间，每年门诊诊治上万人，手术近千台。深受当地百姓的信任和爱戴。

## 医案医话

### 一、对鼻渊病（慢性鼻窦炎）文献见解

#### （一）鼻渊的文献

鼻渊首见于《素问·气厥论篇》“鼻渊者，浊涕下不止也”，以鼻流浊涕、量多不止为主要临床特征，常伴有头痛、鼻塞、嗅觉减退等症状。天气通于肺，

肺开窍于鼻，鼻流浊涕、量多不止，鼻塞不通、气道不利，病位责之于肺。究其病因，不离外邪和内热两端。外邪包括感受风寒或风热。外邪侵袭，肺窍不宣，故鼻塞；风邪外袭，循经上扰，阻遏清阳，故头痛；肺在液为涕，鼻流浊涕，量多不止，均为肺之病变。至于内因，乃今人多饮食不节，起居失常，致宿食停滞，又恣食煎炸辛辣，肥甘厚味，膏粱醇酒，酿痰生湿生热，故临床以肺经蕴热、肺胃热盛者居多。积热上熏肺窍，致肺窍不利，肺为水之上源，窍道闭阻，肺气宣发肃降失职，则津液敷布失常，故而成涕。临床上还有因精神紧张、情志不遂，导致肝失疏泄、气郁化火，胆火循经上炎，肝热上迫于肺，如《素问·气厥论篇》所说："胆移热于脑，则辛頞鼻渊。"另需要注意的是，在寒冷冬季，患者多为感受风寒之邪起病，但往往内因仍属实热。

**（二）辨证论治**

1. 强调局部辨证。鼻渊病局部辨证主要是辨头痛和鼻涕。头为诸阳之会，手足三阳经络皆循头面，故头痛可根据发病部位不同，参照经络循行路线加以判断，有利于对因施治。如太阳经头痛，多在头后部；阳明经头痛，多在前额部及眉棱骨处；少阳经头痛，多在头两侧，并连及耳部；厥阴经头痛，在巅顶部，或连于目系。鼻涕由稀变稠，量多不止，首先是津液敷布失常，责之肺气宣发肃降失职；涕由清变浊，是津液腐浊变化，更有痰热秽浊、瘀腐化毒，是为内热。这些局部辨证是治疗本病的重要指征。结合其他问诊、全身症状及舌苔脉象，方可辨证正确。

2. 治疗强调宣肺通窍、清热解毒、利湿化浊。宣肺通窍法是治疗本病的主要方法，也是中医耳鼻喉科常用之法。常用轻清、辛散、芳香、走窜之品，透邪外出，疏畅气机，使清窍通利。采用芳香通窍、化湿通窍、利胆通窍、清热通窍等法的同时结合引经药物，收效甚佳。如常用白芷、苍耳子，不仅具有芳香通窍的作用，二药还入肺经，作为引经药，引领诸药上循肺经，宣通鼻窍，疏畅气机。

尽管临床鼻渊单纯虚证很少，但常遇到老年或素体虚弱、或兼有气虚、脾虚的患者，此时用药应全面考虑，适当给予补脾益气之品，固护正气，免伤脾胃，同时对素体虚弱者，方中宜加入适量补益之品，如黄芪、茯苓、薏苡仁等，可起到保护脾胃、增强药力、扶助正气、托毒外出的作用。

3. 选药宜清、宣、通、利并举。《素问·太阳阳明论》说："伤于风者，上先受之。"故认为外邪宜散，宣肺通窍，常用辛夷、白芷、薄荷、僵蚕、羌活、细辛等，方选苍耳子散或白牛宣肺汤。苍耳子散出自《济生方》"辛夷仁半两，苍耳子两钱半，香白芷一两，薄荷叶半钱，上晒干，为细末，每服两钱"，食后用葱、清茶调下，取其疏风止痛、通利鼻窍的功效。清热解毒常用蒲公英、野菊花、败酱草、重楼、半枝莲、鱼腥草、金荞麦等，方用五味消毒饮加减。若病程日久、迁延难愈者，酌加活血通络之品，如川芎、桃仁、全蝎等。利湿化浊常用苦杏仁、薏苡仁、冬瓜仁、芦根、瓜蒌、胆南星、浙贝母等，方用千金苇茎汤、导痰汤清热利湿化痰，使停滞的水湿得以运化，清气得升，窍道通利。对病情复杂、反复发作的患者，则根据具体辨证，调整处方药物的剂量。

**（三）病例**

患者，女，35岁，银行职员，2012年1月2日初诊。鼻塞反复发作，头痛，脓涕2年余，加重3个月。2年前因感冒引起鼻塞、脓涕、头痛，经鼻窦CT检查，诊断为全组鼻窦炎，治疗后症状改善，但常鼻塞，遇冷或感冒后脓涕增多，伴前额疼痛，影响工作和休息。刻下：鼻塞，前额痛，脓涕色黄量多，时有鼻后滴漏，嗅觉减退，头昏，鼻息热，口渴，无口苦，无心烦，纳差，大便干、两日一行，舌尖红、苔黄根部厚，脉细略数。证属风邪外袭，肺胃热盛，治以疏风清热、通窍解毒：白芷10克，辛夷10克（布包），薄荷6克（后下），苍耳子6克，川芎6克，羌活10克，蒲公英30克，野菊花30克，黄芩10克，细辛3克。7剂，水煎服，每日1剂，分2次服。

2012年1月9日二诊：脓涕明显减少、色由黄转白，头痛减轻，夜间鼻塞，鼻息不热，口渴改善，大便可，舌尖稍红，苔薄黄，脉细。病证似有转机，守法再进，上方加枳壳10克以和胃气、利通窍。继服7剂。

2012年1月16日三诊：偶有白黏涕，头痛明显减轻，偶鼻塞，大便可，舌尖稍红，苔薄白，脉细。守方继服14剂以巩固疗效。

按：本案乃风邪外袭，循经上扰头部，阻遏清阳之气，故见头痛。风邪易犯肺，外邪宜散，故选用苍耳子散加减，取其疏风止痛、通利鼻窍之功；对鼻塞重者，酌加枳壳可增强通窍之功。

## 二、对脓耳病的论治见解

脓耳即现代医学的急性和慢性化脓性中耳炎，是指耳膜穿孔、耳内流脓为主要表现的疾病，中医又称聤耳、底耳、耳湿、耳疳等。本病是常见病、多发病，可发于任何年龄，而以小儿多见，可发于任何季节，而以夏热季节为多。且脓耳病易损害听力，影响患者学习、工作及生活，甚至可出现合并症，危及生命，故应积极做好防治工作。

脓耳病的辨证主要依据其症状，即起病的缓急，脓液的质、量、色，结合所兼症状及舌脉等情况，综合辨证。总的辨证原则：①起病情况：急症者多属实证，多为肝胆火热、邪毒外侵，或因脾虚湿困、上犯耳窍。缓症者流脓日久，多属虚证或虚中夹实之证，多见于脾虚湿困或肾元亏损者。②脓色：黄脓多为湿热；红脓多为肝胆火盛，热伤血分；白脓或青脓多为脾虚；流脓臭秽黑腐者，多为肾虚。③脓量：量多者属湿热或脾虚有湿，脓少者为热盛或肾虚虚火而致。④脓质：黏稠者多属火热偏盛，热聚化生脓汁；脓稀者，多属虚。

**（一）肝胆火盛，邪热外侵。**

病初起耳内胀塞感、微痛，随病情发展而出现耳内剧烈疼痛，呈跳痛或如锥刺样疼痛。耳内流脓，脓液初起可带有血性，脓质较稠，量由少至多。可见肝胆火热的全身症状表现为发热恶寒、头痛、鼻塞流涕，或见口苦咽干、小便黄赤、大便秘结、舌红苔黄、脉弦数等。小儿患者症状较成人重，多有高热、啼哭、烦躁不安，甚至出现神昏、抽搐、颈强等症状。检查见耳膜红肿，耳膜上脉络显露甚至整个耳膜呈鲜红色或暗红色，耳膜紧张部中央呈小穿孔或中度穿孔，听力减退。

治则：病初起，疏风散热，解毒消肿。方用蔓荆子散（蔓荆子、菊花、升麻、前胡、生地、麦冬、赤芍、桑白皮、茯苓）；肝胆火盛者，清肝泻火，解毒排脓，方用龙胆泻肝汤。

**（二）脾虚湿困，上犯耳窍。**

耳内流脓缠绵日久，时轻时重，反复发作，流脓量多而清稀，甚如水样，无臭味，听力下降或有耳鸣。全身或面色不华，头昏头重，倦怠乏力，纳少，腹胀，大便时溏。舌质淡，苔白，脉缓无力或细弱等脾胃虚弱、气血不足之证。

检查可见鼓膜浑浊或增厚，有白斑，多有中央性大穿孔，通过穿孔部可窥及鼓室，或可见肉芽、息肉。听力检查多呈传导性耳聋。

治则：健脾渗湿，补托排脓。方用托里消毒散加减（党参、黄芪、茯苓、白术、炙甘草、川芎、当归、白芍、金银花、白芷、皂刺、桔梗）。

**（三）肾元亏损，邪毒停聚。**

慢性脓耳缠绵不愈，脓液不多，污秽而臭，听力多明显减退。全身症状可见头晕，神疲，腰膝酸软，舌淡红、苔薄白或少苔，脉细弱。检查可见鼓膜边缘部或松弛部穿孔，有灰白色或豆腐渣样脓，听力检查呈传导性耳聋或混合性耳聋，颞骨 CT 或 X 线乳突摄片多示骨质破坏或有胆脂瘤阴影。

治则：补肾培元，祛腐化湿。肾阴虚者用知柏地黄丸加减；肾阳虚者用肾气丸加减。

## 三、对鼻鼽病的论治见解

鼻鼽，是指突然发作的以鼻痒、流涕、流清涕、打喷嚏等为主要特征的鼻部疾病。鼻鼽可常年持续性发病，亦可呈季节间接性发作，鼻鼽可诱发哮喘，是临床常见病和多发病。

鼻鼽与肺的功能失常关系密切。肺开于鼻，肺的主要功能是宣发肃降和通调水道，以使“上焦如雾”。正常情况下，肺气轻清，通过不断地呼浊吸清、吐故纳新，促进气的生成，调节气的升降出入运动，从而保证人体新陈代谢的正常进行。因此《灵枢·脉度》说：“肺气通于鼻，肺和则鼻能知臭香。”肺气和则呼吸利，觉灵敏。若肺气虚寒，宣肃失职，则雾露不清，水湿停聚，以致清涕长流，日久可因为水湿凝聚而发生鼻息肉。或因寒郁为热，煎灼肺津，上灼肺，而使鼻腔黏膜充血、干燥。肺通喉而开于鼻，外邪袭肺，多从鼻喉而入，肺的病变，也多见鼻塞、流涕、喷嚏、喉痒等症状。此外，鼻鼽还与脾、胃、心、肾、肝、胆的功能失常关系密切。

鼻鼽在临床上常常容易被误诊为与之症状相似的“伤风鼻塞”，临证需加以辨别。张勇认为，从发病病因来说，鼻痒、喷嚏、流清涕、鼻塞，可以因外感所致，也可以因内伤所致。从外感而致者，是外来之邪客于肺经，闭塞肺经清道，使肺气不得下降，因此而致鼻窍不通、清涕满溢，又因风邪动摇而致鼻痒、打喷嚏，患者必定会出现发热、恶风、恶寒、头痛、身痛等表证症状。从内伤而得者，多由心肺之阳不足，不能统摄津液，而致清涕流出。脾为肺之母，肾为肺之子，肾络又通于肺。脾阳不足不能温运津液，水湿内停，而塞鼻、清涕满溢；肾阳虚衰，阴寒内生，不能收束津液，而清涕溢出，患者没有外感表证症状，多伴有困倦无神，大便稀薄，或喷嚏不休，或畏寒背冷，或手脚冰冷。从喷嚏表现来说，伤风鼻塞引发的喷嚏频频，声多较响亮，这是因为阳气较充足，欲驱邪外出。其恶寒症状是由于阳气被遏郁，不能外达所致，属于表证、实证。而鼻鼽的喷嚏时作，其声相对低弱，甚至欲喷嚏难出，这是因为阳气不足，无力驱邪。其畏寒感觉是因为阳虚而致生的外寒，属于里证、虚证。但是鼻鼽亦有因于肺经蕴热者，其人可有表证的症状、体征，但是相对不明显，追索肺热鼻鼽的本源，总归是肺气不足，无以祛邪，属于“本虚标实”之证。因此，鼻鼽的辨证首要考虑的是由脏腑虚寒所致，以肺气虚寒为主，治疗当遵“急则治其标，缓则治其本”的原则，以温阳益气通窍为固本大法，酌情投以祛邪之法。

案例：患者刘某，女，20 岁，平素易感冒，就诊前日受凉后鼻痒，打喷嚏，流清涕不止。患者觉头晕，两太阳穴疼痛，舌红，苔薄黄，脉之两寸洪大。

处方：秦艽 10 克，黄芩 10 克，桑白皮 10 克，马兜铃 10 克，枳壳 10 克，蔓荆子 10 克，白芍 15 克，滑石 15 克，石膏 15 克，甘草 3 克。4 剂，水煎服，一日一剂，一天三次。

按：本案为表虚感寒后出现鼻鼽症状，主要表现为发作性喷嚏、流清涕不止为突出症状，两寸脉洪大，当属肺虚，风邪易感。医者根据急则治标，疏风清热，清利头目，病情得以缓解。实践证明，早期临床症状或表现为风寒或风热，临床上予疏风散寒或疏风清热，多能取得较好的症状改善，但治本之法，当追本求源，单纯治标则难以取得长久的疗效。

（蓬安县中医医院供稿）

# 辨病与辨证结合运用的叶小英

## 医家小传



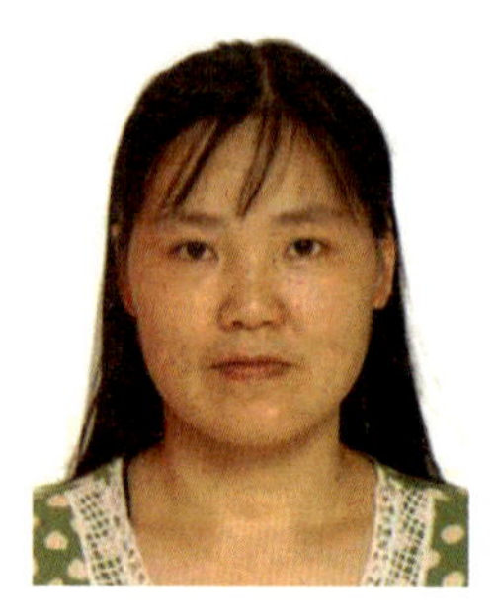

叶小英，女，1976 年 12 月出生于成都市简阳市禾丰镇普安社区（原简阳市普安乡大柏村），于 2002 年 7 月毕业于成都中医药大学，2002 年 7 月至 2009 年 12 月，在蓬安县中医医院从事中医临床工作，2010 年至今在蓬安县城南社区卫生服务中心工作。从事中医临床业务工作 20 年，积极开展中医业务，坚持辨病与辨证论治相结合，中西医优势互补，充分利用现代科学技术手段诊治内儿科疾病。工作中立足“边读书、边实践”的原则，经常总结与探索，对临床上的常见病、多发病积累了丰富的工作经验。

## 医案医话

辨病是现代医学的病，是其诊断疾病的方法，辨证是传统医学的证，是分析归纳疾病的手段。二者各有长处，但亦各有单独运用所不能达到疗效的不足之处。同时，随着社会变迁，人们生活方式改变，大量西药广泛用于临床，特别是抗生素的运用，一是导致人体的抗病能力发生变化，二是部分药物运用后掩盖了诸多疾病的临床外在表现，给辨病和辨证带来困难。因此，临床力求取效，应当辨病与辨证有机结合，取长补短，去伪存真，按照先辨证、后辨病的原则，通过对疾病表现出的各种现象对比、分析、辨别、判断，抓住本质，有的放矢，具体运用或无证从病，或无病从证，或舍证从病，或舍病从证的方法，指导进一步的临床实践，通过必要的实验及临床理论研究，得出新的认识，达到提高临床疗效的目的。故现就辨病与辨证相结合运用的案例举隅于后，以餐同道。

## 一、上呼吸道感染

上呼吸道感染是鼻腔、咽或咽喉部急性炎症的概称，属中医感冒的范围，为临床上的常见病，以鼻塞、流涕、喷嚏、咳嗽、头痛、恶寒、发热为主要特征。中医常依据病人体质和感邪轻重、性质，来确定治疗方法，或发散风寒，或疏风清热，或解表祛湿（暑、燥），或扶正解表治之。

如风寒感冒，主要表现一是风寒束表，肺卫之气不宣；二是邪阻营卫，经络不利；三是肺气不利，失于宣肃。症见恶寒重、发热轻，流涕，头身疼痛，喉痒咳嗽，无汗，舌淡红、苔薄白，脉浮紧、小儿指纹浮红。曾治一女，杨某，65岁，既往有支气管炎病史，反复治疗未愈，于3天前薄衣外出归来，即觉鼻塞、流清涕、咽喉不适、咯白痰，从问诊得知，感冒不断6个月，察其舌，舌质暗红、苔白腻，诊其脉浮无力，遂辨证为气虚夹痰感冒。拟益气解表、宣肺散寒、除湿化痰之法。以苍耳子散合玉屏风散、二陈汤加减。白芷12克，辛夷12克，苍耳子6克，黄芪15克，白术15克，防风6克，薄荷10克，桔梗10克，细辛3克，牛蒡子6克，半夏10克，陈皮10克，茯苓10克，豆蔻3克，丹参10克，通草6克。1剂水煎服。

二诊，诸症减轻，但遇风则流涕，咳嗽，于前方加牡蛎15克，五味子6克，1剂水煎服。一周后随访，诸症全消。

再如风热感冒，其表现一是风热犯表，二是邪热熏蒸清道，三是邪热犯肺，症见发热重、恶寒轻、汗出不畅，咽痛，头痛，咳嗽，口渴或不渴，舌尖红、苔薄白或黄，脉浮数，小儿指纹浮紫。曾治一女，姚某，19个月，鼻痒，流浊涕，色微黄1周，经服西药和补液治疗，停药后诸症如故。纳差大便稀溏，舌尖微红，指纹浮红，即辨证为风热夹滞兼湿之感冒，拟疏风清热、健脾消食之法。

药用白芷6克，辛夷6克，苍耳子3克，石菖蒲5克，连翘5克，淡竹叶5克，金银花3克，薄荷6克，牛蒡子6克，淡豆豉6克，防风6克，茯苓6克，白术3克，山楂6克。1剂水煎服，药后三天诸症痊矣。

按：感冒是由于风邪乘人体御邪能力不足之时，侵袭肺卫皮毛所致，其辨证要点一是要辨风寒风热，二是要辨不同兼夹，三是要辨偏虚偏实。如杨某案，既往患支气管炎病多年未愈，又反复感冒6个月，正气不足，复因外邪，病属体虚感冒，故以玉屏风散补正气，二陈汤燥湿化痰，苍耳子散寒解表通窍，舌质暗红必有瘀，故加丹参活血化瘀。诸药合用，药证相符，所以一药而愈。姚某案，属风热夹滞兼湿，且在运用抗生素，补液治疗无效后，方取中药治疗，属舍病从证，方取银翘散加减，疏风清热、健脾导滞，恰中病机，故收良效。

## 二、支气管炎

支气管炎是临床常见病之一，其有急性和慢性之分，主要表现为咳嗽、咳痰，或伴喘息，反复发作，属中医肺系疾病咳嗽的范畴。临证一是当辨证咳嗽的时间、节律、性质、声音以及加重的有关因素，如早晨咳嗽阵发性加剧，咳嗽连声重浊，痰出咳减者，多为痰湿或痰热，午后、黄昏咳嗽加重或夜间时有单声咳嗽，咳声轻微短促，多属肺燥阴虚。夜卧咳嗽加重，持续不已，少气或伴气喘者，为久咳致喘的虚寒证。咳而声低怯者属虚，洪亮有力者属实。饮食肥甘、生冷加重者多为痰湿，情志郁怒加重者因于气火。劳累、受凉后加重者多为痰湿、虚寒。二是辨虚实。新病病势急而病程短，多实；久病病势缓而病程长，多阴虚或气虚。体壮多实，体弱多虚，或虚实夹杂。三是辨痰。痰的色、质、量、味，咳而少痰多属燥、热、气火、阴虚，痰多常属湿痰、痰热、虚寒，痰白而稀薄为风寒，黄痰、黄绿痰、痰黄而稠、痰中带血多热，痰有热腥味或腥臭气者为痰热。咯吐血痰者有肺热或阴虚，如脓血相兼得，为痰热瘀结成痈之候；咳嗽，咯吐粉红色泡沫样痰，咳而气喘，呼吸困难，多属心肺阳虚，气不充血。痰白清稀透明呈泡沫样多为虚寒，痰白而黏为湿热，或为阴虚，燥热或用抗生素后黄痰转化而来仍为热。臭多热，量少不易咯出多燥；味甜者属痰湿，味咸者属肾虚。四是辨脏腑。《内经》云："五脏六腑皆令人咳，非独肺也。"

临床上肝咳则咳引胁痛，多为主气逆伤肺，肝火犯肺；脾咳则咳引肩背痛，常为痰湿犯肺，脾肺气虚；心咳则心胸痛，多为心肺气阴不足，心火灼肺；肾咳则腰背相引而痛，多为肾不纳气，肺肾阴虚所致。

**医案一：**李某，女，65 岁，5 天前背部受凉，颈项痛，而后流清涕，声音嘶哑，咳嗽，一过性咽痛，咽痒。辨证为风寒咳嗽，拟疏风止咳之法，药用桔梗 10 克，紫菀 10 克，荆芥 10 克，百部 10 克，陈皮 10 克，白前 10 克，白芷 10 克，辛夷 10 克，枇杷叶 10 克，茯苓 10 克，枳壳 10 克，甘草 6 克，山楂 10 克，神曲 10 克，板蓝根 10 克。一剂病愈。

**医案二：**邓某，女，75 岁。10 天前因劳热汗出，咳嗽，咯痰黄，气喘，脉数，舌质红，听诊呼吸音粗，未闻及干湿啰音，热则咳甚，痰少而黏。辨证为风热咳嗽，拟清热化痰滋阴之法，药用贝母 15 克，栀子 10 克，沙参 6 克，半夏 15 克，胆南星 6 克，陈皮 15 克，杏仁 15 克，枳实 9 克，瓜蒌皮 15 克，莱菔子 6 克，当归 9 克，甘草 6 克，桑白皮 10 克。3 剂后诸症减轻。

二诊于前方加白术 6 克，茯苓 10 克，五味子 6 克，麦冬 6 克，2 剂。2 周后随访，咳嗽愈矣。

**医案三：**田某，男，78 岁，既往有高血压、糖尿病、慢阻肺史，因咳嗽，夜间为甚，胸痛，不思饮食，住医院输液 20 天诸症仍在。舌质淡，苔白腻，脉滑，口臭，检查：血糖 7.8 mmol，BP144/66 mmHg，P101 次 / 分，血象 $13.5\times10^9$/L，即辨证为痰湿阻肺，兼气虚证。药用藿香 15 克，佩兰 15 克，厚朴 6 克，半夏 15 克，前胡 15 克，杏仁 15 克，黄芪 30 克，防风 10 克，茯苓 15 克，木香 6 克，砂仁 6 克，葛根 15 克，黄连 6 克，瓜蒌 15 克，甘草 3 克，浙贝 10 克。2 剂，水煎服。

二诊，服药后症状减轻，可以睡觉，无口臭，舌苔仍腻，前方去浙贝、瓜蒌，加苏子 6 克、莱菔子 6 克、白芥子 6 克，3 剂咳已。

按：张景岳云“咳嗽之要，止惟二证……一曰外感，一曰内伤而尽之矣。”李某案因风寒袭于肺卫而咳，故拟疏风散寒、宣肺止咳之法，用止嗽散加减而收效。邓某案属风热犯肺，迁延数日未愈，致热伤津液、肺气不利，以瓜蒌贝母散出入清热化痰，润肺止咳，二诊而愈。田某案，因既往基础疾病而致肺脾气虚、痰湿阻肺，治疗则以益气健脾、除湿化痰，施二陈汤加减而获效。这是舍病从证的体现。

## 三、高血压

高血压是常见的心血管疾病，常引起严重的心、脑、肾并发症，是脑卒中、冠心病的主要危险因素。临床上有继发性和原发性之分，属中医“头痛”“眩晕”的范围。其发病与食盐较多、肥胖、某些营养成分、遗传、职业环境等因素有关。中医认为，肝阳上亢、肾精不足、气血亏虚、痰湿中阻、瘀血内阻是发病的关键。病理本质是本虚标实、上盛下虚，临床表现归纳起来不外风、火、痰、瘀、虚几个方面。

**医案一：**杨某，男，75岁。既往高血压10年，中风后遗症2年，左侧肢体活动障碍。经常口服氨氯地平片、血塞通片、氟桂利嗪，血压控制满意。3天前头痛、头晕，自服药物无缓解来诊。查体：血压145/83 mmHg，舌质红，苔薄微黄，脉细数，手抖。辨证为肝阳上亢，拟平肝息风之法，用天麻钩藤饮加减：药用天麻15克，钩藤15克，决明子10克，杜仲15克，牛膝15克，桑寄生15克，黄芩9克，栀子9克，益母草15克，茯神10克，川芎15克，桃仁15克，枳壳10克。1剂水煎服。

复诊，昨日又出现后脑勺隐痛不适，但无刺痛，舌质红，苔白微腻，有裂纹，继以前方加首乌藤15克、半夏15克、白术9克、蔓荆子9克。煎服法：600 ml水煎服，取汁300 ml，分次温服，服药后头痛消失，血压124/72 mmHg。

**医案二：**晏某，男，75岁。既往患高血压10年，糖尿病3年，长期口服氨氯地平5 mgqd、坎地沙坦4 mgqd、二甲双胍0.25 bid、格列美脲2 mgbid。来诊时症见头晕，胸闷，咯痰，舌质淡，苔微腻舌体胖大，有齿痕，脉弦。检查178/76 mmHg，脉搏62次/分，空腹血糖10.5 mmol/L。遂辨证为痰浊上蒙，兼气虚证。拟化痰息风、健脾祛湿之法。药用天麻15克，半夏15克，白术10克，陈皮15克，蔓荆子15克，川芎15克，牛膝15克，葛根15克，黄芪15克，当归15克，山楂15克，熟地黄15克，党参15克，木香6克。600 ml水煎服，取汁300 ml，分次温服。1剂后症状明显减轻，血压、血糖控制理想，复诊2剂，调理善后。

**医案三：**潘某，男，68岁，患高血压9年、糖尿病2年，长期口服氨氯地平 5 mgqd、坎地沙坦 4 mgqd、格列美脲 2 mg。2 天前头胀痛，继后阵阵胸腹刺痛，舌质暗红，苔白腻，脉数。查体：血压 162/79 mmHg，空腹血糖 7.6 mmol/L。辨证为气滞血瘀证，拟活血化瘀、理气止痛之法。药用川芎 15 克，桃仁 12 克，红花 6 克，丹参 15 克，天麻 15 克，杜仲 15 克，牛膝 15 克，桑寄生 15 克，黄芩 9 克，益母草 9 克，瓜蒌皮 15 克，薤白 10 克，荆芥 15 克，防风 10 克。600 ml 水煎服，取汁 300 ml，分次温服。1 剂后症状明显减轻，血压、血糖控制理想，复诊 1 剂善后。

按：中医辨证治疗高血压，不在于单纯降低血压，而是重点在于调整机体阴阳的平衡，以期从根本上解除高血压病发生和发展的内在原因。如杨某案，因其阳热素盛，阴阳平衡失其常度，阴亏于下，阳亢于上，故以天麻钩藤饮加减平肝潜阳、清火熄风，药证对应，故头痛消失，血压下降。晏某案因其劳倦伤脾，致脾阳不振、健运失职，水湿内聚生痰，痰湿中阻、上蒙清阳所致，故以半夏白术天麻汤加减燥湿化痰、健运脾胃收效。潘某案，因头痛胸部刺痛，舌暗，显系气滞血瘀所致，故以血府逐瘀汤加减理气活化瘀而取效。

辨病与辨证是中医和西医处治疾病的不同方法，但殊途同归，临证将二者有机结合，取长补短，去伪存真，一定会对人类的健康事业作出新的贡献。

（蓬安县城南社区卫生服务中心供稿）

# 辨证施治收佳效的邓小华

## 医家小传

邓小华，男，1970年11日出生于蓬安县徐家镇蓬池坝村（原茶亭乡望月村），基层副主任中医师，全科医师，临床执业助理医师，执业药师（中药），先后毕业于蓬安县卫生进修学校中西医结合班、成都中医药大学中西医结合专业（大专）、成都中医药大学中医学专业（本科），三度进修于县级医院中医科，在省级医学刊物发表专业论文、科普文8篇，曾在蓬安县茶亭乡计划生育技术服务站、蓬安县茶亭乡卫生院工作，现就职于蓬安县徐家中心卫生院。从事中医药临床工作32年，诊治常见病、多发病、疑难病二十余万人次。

## 医案医话

辨证施治是中医认识疾病和治疗疾病的基本方法，只有牢固、灵活、准确无误辨别病因和病机，才能更好地消除患者的疾苦。

邓小华对脑、心、胃、皮肤、骨关节等常见病、多发病、疑难杂症有丰富的诊治经验，特擅长对中医内科脑系、心系疑难杂症的诊治，其往往通过辨证施治，精选中药方剂合用安宫牛黄丸、苏合香丸等中成药，巧妙灵活运用，屡显奇效，现将其病例精粹分享如下。

**病例一：**李某财，男，71岁，住营山县三兴镇开源村10组。诊前曾四处投医问药，找巫医，烧香拜佛，无济于事，病情一天一天加重，都认为活不过当年清明节，1996年4月3日请邓小华出诊，邓小华走进患者堂屋，一时傻眼了，患者家人已为病人备好后事，所需衣物等都已摆在病人后面，患者半卧在躺椅上，呼其名字，睁一下眼，很快又闭上了。邓小华想：自己行医时间还不长，患者病情危重，万一死了，恐怕以后真的是方道难开了。正犹豫不决之时，好在患者亲属壮胆说："莫来头，死马当着活马医，死了不找医生。"于是他嘱家属把原先的处方找来，发现前面的医生用了不少清热类药，又仔细诊察患者，症见：低头不语，神志不清，冷汗淋漓，汗液稀淡微粘手，面色苍白，手足厥冷，肌肤不温，呼吸气弱，舌质淡、微干，脉微欲绝。中医辨证考虑：亡阳证，为即将死亡之证，法当回阳固脱、补气养阴，方投，参附汤合生脉饮加减：人参30克，制附子15克，桂枝10克，麦冬10克，五味子8克，大枣10克，甘草5克。水煎200 ml，分次频频温服，一日一剂。连服四剂后，病情转危为安，随后方用四君子汤加减：人参15克，白术10克，茯苓15克，甘草5克，益气健脾扶正，一日一剂。连服三剂，患者最终痊愈。初诊方中人参复脉固脱、大补元气，附子回阳救逆，桂枝助阳化气、温通经脉，麦冬养阴生津、除烦，五味子益气生津、宁心，大枣、甘草缓和药性，诸药合用，回阳固脱、补气养阴。中医阴阳学说强调阴阳互根互用，阳气衰微可致阴液消亡。本病例亡阳亦见阴液虚损之征，据此立法遣方，救危难于既倒，让患者转危为安，再诊而痊愈。

其实，西医的心衰、呼衰等，最后人生的终点，都存在中医的亡阳、亡阴、阴阳双亡，根据中医理论、症状体征、临床经验，辨证施治，确能达到延长、挽救患者生命之目的。

**病例二：**李某霞，女，7岁，住蓬安县原茶亭乡将军村6组。曾就诊于县级医院，诊断为乙型脑膜炎，病情一天一天加重，家属要求出院，回家拟准备后事。因病人未断气，2001年5月4日，家人抱着试一试的态度，带病人前往邓小华处就诊。症见昏迷、睁眼不闭、翻白眼、目珠不动，牙关紧闭、肢体僵硬，两手握固，无知觉，面赤，大小便闭，体温正常，脉弦滑而数，病程已经超8天，怎么去诊治？听患者亲属讲，县级医院用的西医治疗，邓小华想换个诊疗手段，采用中医辨证施治，考虑属于阳闭证，治宜清热化痰、开窍醒神，方投羚羊角汤合用安宫牛黄丸加减：羚羊角粉 0.6 克，菊花 15 克，夏枯草 15 克，蝉衣 10 克，金钱白花蛇粉 1.5 克，生地黄 20 克，甘草 5 克。其中羚羊角粉、金钱白花蛇粉直接吞服，其余药水煎 150 ml，频频温服，一日一剂。服两剂后，病情日趋好转，续服三剂，其间安宫牛黄丸每次半粒，一日二次，连用五天，患者痊愈没有后遗症。

**病例三：**李某秀，女，16 岁，住蓬安县原茶亭乡将军村 4 组。曾因病经多家医院进行西医治疗无效，病情越来越严重，住进了重症监护室还是未见好转，医治无望，于是将其拉回家等死，但就是没断气。2020 年 11 月 5 日于邓小华处就诊，详细询问了发病时情况：突然昏倒，不省人事，牙关紧闭，口噤不开，两手握固，大小便闭，肢体强痉，面白唇暗，四肢不温。接诊后，症见昏迷、全身抽搐、眼珠翻白、舌苔白腻、脉沉滑，中医辨证为阴闭证，治宜温阳化痰、开窍醒神。投方涤痰汤加减合用苏合香丸：制胆南星 12 克，制半夏 12 克，茯苓 15 克，石菖蒲 10 克，陈皮 15 克，生姜 10 克，大枣 15 克，甘草 5 克，金钱白花蛇粉 1.5 克。金钱白花蛇粉直接吞服，其余药水煎 150 ml，频频温服，一日一剂。连服四剂，其间苏合香丸一次一粒，一日二次。连用四天，患者病情转危为安，但四肢不温明显，加桂枝 15 克，停用苏合香丸，续服三剂，痊愈没有后遗症，其亲属非常满意。

**病例四：**白某明，男，41 岁，住仪陇县二道镇光明村 7 组。2021 年 12 月 3 日在邓小华处就诊，症见半身不遂、肌肤不仁、口舌歪斜、语言不利、牙关颤抖不能食，面色无华、气短、乏力，舌质瘀斑、苔黄腻、脉细弦，病程已有 8 个月。询问病史，患者在一年半前有摔伤史，曾多处投医问药，症状都没有明显好转，还时常出现阵发性全身颤抖。症候分析：半身不遂、肌肤不仁，口舌歪斜、语言不利。牙关颤抖系内风旋动，舌质瘀斑系血瘀之征，面色无华、气短、乏力属气虚表现，综合舌脉，辨证为气虚血瘀。治宜益气扶正、活血化瘀、开窍。投方补阳还五汤加减合用安宫牛黄丸：生黄芪 60 克，当归尾 15 克，赤芍 15 克，川芎 15 克，桃仁 10 克，红花 5 克，地龙 15 克，金钱白花蛇粉 1.5 克，甘草 5 克。煎服法：金钱白花蛇粉直接吞服，其余药水煎 300 ml，分三次温服，一日一剂。连服四日，其间每日服安宫牛黄丸一粒，病情明显好转，停用安宫牛黄丸，续后加白术 15 克、神曲 15 克、生姜 10 克，患者开始进食，15 日后能搀扶走路，两个半月后能独立持杖行走。

综述病例一、三、四，都属脑系病证，《灵枢·海论》云：“脑为髓之海，其输上在于其盖，下在风府。”“脑为元神之府”，主管人的精神、意识、思维活动；“脑为清阳之府”，主司人的视、听、言、动、嗅。风、火、痰、瘀、虚五端，在一定条件下相互影响、相互转化，引起内风旋动、气血逆乱，横窜经脉，直冲犯脑，导致多种病证，应用中医理论，结合病史、症状、体征之特征，辨证施治，从而达到佳效。

（蓬安县徐家中心卫生院供稿）

# 活用经方的聂俊宝

## 医家小传

聂俊宝，男，汉族，本科学历，中共党员，1973 年 12 月 22 日出生于蓬安县睦坝镇广德村（原睦坝乡洞山村）。先后跟随蓬安县中医董文明、蓬安县名中医陈登华、四川省名中医唐茂清和杨莹洁学习中医学。

1998 年 12 月至 2008 年 10 月在睦坝乡洞山村卫生室工作。其间，2000 年 9 月至 2003 年 7 月在成都市卫生学校社区医学专业学习；2003 年考取执业助理中医师资格；2006 年 9 月在北京中医药大学中医学专业学习（三年）。2008 年 11 月考入蓬安县睦坝乡卫生院工作；12 月取得执业中医师资格。2015 年至 2018 年参加第五批四川省老中医药专家学术经验继承班学习。其间，2015 年 5 月考取中医内科执业主治医师资格；2016 年 1 月至 2016 年 9 月调蓬安县高庙乡卫生院工作；2016 年 10 月调蓬安县巨龙中心卫生院工作。2019 年 3 月在成都中医药大学中医学专业专升本学习（三年）。2020 年 11 月至 2021 年 11 月参加中医全科医师转岗培训学习。其间，2021 年 10 月在成都中医药大学参加中医馆骨干医师培训。2021 年 12 月评为基层副主任中医师。

多年来，聂俊宝一直在基层一线从事中医内科临床工作，是医院业务骨干、住院部主任、基层副主任中医师、儿科主治中医师、执业中药师、中医全科医师、第五批四川省名老中医专家学术经验继承人、蓬安县呼吸疾病质控会委员、蓬安县中医药联合协会会员、南充市中医药学会治未病中心第一届委员。

聂俊宝早年潜心研读《伤寒论》《金匮要略》并运用于临床，体会到这两部经典确能指导临床辨证论治。为了更好地领悟，他常结合伤寒大家胡希恕、郝万山的教学视频、讲稿学习。同时，还乐于参加各级医学学术交流活动，不断提升理论储备和临床实战能力。临床工作 20 余年，兢兢业业，一丝不苟，讲求实效，经方时方相结合，对冠心病、各型心衰、急慢性胃炎、胃溃疡、糖尿病、肾结石、关节炎等疗效显著。先后撰写《五积散治胃痛的临床举隅》《血府逐瘀汤治疗新生儿头皮血肿举隅》《民间验方祛湿化浊法治疗糖尿病 25 例探讨》《唐茂清老师学术思想研究和临床经验总结》等 6 篇医学论文。

## 医案医话

### 一、学术思想

#### （一）调和肝脾，透邪解郁，疏肝理脾，活用四逆散

临床上，聂俊宝常用经方治疗诸病。认为只要方证病机吻合，便可以放心运用。他常用四逆散治疗泄泻、痢疾、胃脘痛（消化性溃疡病、胃炎、十二指肠炎）、胁痛（慢性肝炎、慢性胆囊炎）、腹痛（急慢性阑尾炎）、疝气等病症，疗效显著。其中《伤寒论》少阴篇所载："少阴病，四逆，其人或咳，或悸，或小便不利，或腹中痛，或泄利下重者，四逆散主之。"即指出了四逆散的主要适应证。其病机主要是少阴和少阳的枢机不利，因少阴病不能转枢，连累了少阳亦不能运转。由于少阳忙于协助转运阴枢，被迫放弃本职，因而阳枢会寂然不动，阴枢阳枢不能转，则阴枢和阳枢不能顺接，阴阳气不相连接则产生四逆散证。本方透邪解郁，舒畅气机，主治阳郁厥逆证。其临床运用体会：1. 肝气犯脾或土虚木乘。症见胃脘痛，腹痛，腹胀，嗳气食少，时常大便稀，腹痛则泻，舌苔白，脉细弦，四逆散合痛泻要方。2. 肝胃不和，痰气交阻。症见胃脘痛，胃胀，嗳气，纳差，咽部不适，舌苔薄白，脉细弦，四逆散合半夏厚朴汤。3. 肝胆气郁。症见上腹疼痛，嗳气吞酸，口苦，善太息，舌苔薄黄，脉弦数，四逆散合左金丸加味。4. 肝气郁滞、气滞痰凝或气滞湿阻成痰。症见上胸闷，脘腹不舒，咳嗽，

咳痰，咳喘，纳差，舌苔白厚腻，脉弦滑。四逆散合二陈汤加苏子、莱菔子。5.肝气瘀滞，脾气所困，阳气郁滞，不达四末。症见身体某局部冷感或手足不温，阳痿，不射精，舌苔白，脉弦濡，四逆散加味。

**（二）六经辨证，和解少阳，内泻热结，妙用大柴胡汤**

大柴胡汤为表里双解剂，具有和解少阳、内泻热结之功效。主治少阳阳明合病。常见往来寒热，胸胁苦满，呕不止，郁郁微烦，心下痞硬，或心下满痛，大便不解，或协热下利，舌苔黄，脉弦数有力。临床常用于治疗急性胰腺炎、急性胆囊炎、胆石症、胃及十二指肠溃疡等属少阳阳明合病者。聂俊宝还探索大柴胡汤用于高热证、哮喘、胸痹、腹痛等病证，取得较好疗效。临床运用体会：1.症见寒热往来，口苦烦躁，咽干口渴，胸胁苦满，心下痞硬拒按，大便干燥，舌质红，舌苔黄，脉弦数，辨少阳阳明合病，大柴胡汤。2.症见哮喘发作时胸胁苦满，呼吸困难，心下急，口苦咽干，大便干燥，舌质暗，舌苔白腻黄，脉弦数，辨痰热挟瘀的实证属于少阳阳明合病，大柴胡汤合桂枝茯苓丸。3.症见胸闷如压重物，心动悸，心慌易惊，大便不畅，舌质红，舌上有瘀点，苔薄白，脉沉弦，辨少阳阳明合病兼痰瘀阻胸，大柴胡汤合桂枝枳实生姜汤。

## 二、医家医案

**医案一（胃痛）：**章某某，男，71岁，农民。2022年6月15日就诊。主诉：间断胃胀痛伴咳嗽3年，加重2天。患者胃脘痛胀、嗳气、纳差，咽部不适，咳嗽，咯白色黏痰，舌苔白厚，脉细弦。西医多次诊断为：慢性胃炎、慢性支气管炎；中医诊断：胃痛（肝气犯胃，痰湿中阻），咳嗽（痰湿蕴肺）。治法：疏肝和胃，化痰止咳。处方：四逆散合半夏厚朴汤加味。

柴胡12克，枳实15克，白芍15克，甘草5克，半夏12克，厚朴15克，茯苓15克，紫苏15克，莱菔子15克，生姜10克，藿香15克，佛手15克，瓦楞子30克（先煎）。

日一剂，水煎600 ml，每次服200 ml，一日3次。2剂后，患者咳嗽、胃脘痛、胃胀症状明显好转。医嘱患者平时饮食清淡，保持乐观情绪。上方去生姜继续服5剂后，胃痛、胃胀症状消失，胃纳转佳，咳嗽咳痰已减，继续调理善后。

**医案二（腹痛）：**涂某某，女，53岁，农民。2022年5月23日就诊。主诉：下腹疼痛20年，加重2天。患者胸胁苦满，腹部胀，打嗝，纳差，大便干燥，小便频数，小腹坠胀，疼痛拒按。舌苔厚腻微黄，脉弦滑数。西医诊断为：慢性盆腔炎。中医诊断：腹痛。辨为痰热挟瘀的实证，属少阳阳明合病。治法：和解少阳，内泻痰热，活血化瘀。处方：大柴胡汤合桂枝茯苓丸加瓜蒌皮。

柴胡18克，黄芩15克，半夏12克，枳实12克，白芍25克，大黄9克（后下），大枣15克，甘草10克，桂枝10克，牡丹皮15克，茯苓20克，桃仁12克，瓜蒌皮15克。

日一剂，水煎600 ml，每次服200 ml，一日3次。一剂后腹胀、腹痛症状好转。继续服6剂后，腹胀、腹痛症状消失，病告愈。

**医案三（疫病）：**汪某某，男，63岁。农民。巨龙镇东岳村1组。既往身体健康。患者于2022年12月16日无明显诱因出现恶寒（体温36.9℃）、流清涕、身痛困倦，偶咳嗽，痰少。起病后来医院门诊给予乙酰氨基酚片、盐酸溴己新片等对症治疗，症状稍缓解。12月30日，仍恶寒咳嗽，在川北医学院医院门诊查新型冠状病毒核酸检测为阳性。为进一步诊治，于2022年12月31日收住我院。

患者恶寒（体温36.5℃），身痛，神差乏力，咳嗽，咯白痰，稍纳差，二便可。入院复查新型冠状病毒核酸阳性；血常规示白细胞、中性粒细胞正常，血小板稍偏高，C反应蛋白46.2 mg/L，超C反应蛋白5.0 mg/dl，肝肾功能示正常，肌酸激酶同工酶13.67 ng/ml；外周血氧饱和度96%；心电图正常。胸部DR提示支气管炎改变。舌苔白稍腻，脉浮紧。西医考虑新冠病毒感染。中医诊断：疫病（风寒湿）。治法：疏风散寒，宣肺止咳。处方：三拗汤合止嗽散加减。

麻黄12克，杏仁10克，炙甘草5克，百部15克，白前15克，陈皮15克，桔梗12克，荆芥15克，蜜紫菀15克，款冬花15克，僵虫15克，苍术12克，藿香15克，两剂。

水煎服400 ml，分早、晚服。忌生、冷、油腻、辛辣之饮食，穿戴合适，防寒保暖。服2剂后，患者恶寒、流涕、身疼已解，咳嗽症状减轻。继服5剂后，患者咳嗽痊愈，苔薄，脉缓，食欲尚可。

病案分析：本案老年男性，西医诊断新冠病毒感染明确。中医属疫毒（风寒湿邪）侵袭肺卫、损伤卫阳所致。卫阳受遏，肺气不宣，肺窍不利，则恶寒、流涕；寒湿困阻肌腠，故身痛体倦；肺卫寒湿所侵，肺失肃降，故咳白痰；舌苔白稍腻，脉浮紧，皆为风寒湿郁肌表。选方三拗汤、止嗽散散寒止咳，另加藿香、苍术芳香化湿浊疫毒，僵蚕祛风止咳，辨证用药合理，收效甚佳。

（蓬安县巨龙中心卫生院供稿）

# 治学严谨精于临床的岐黄医家吴鸿

## 医家小传

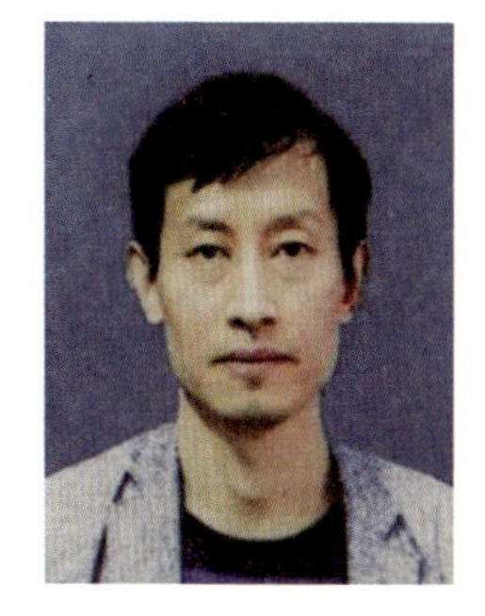

吴鸿，男，生于 1974 年 2 月，蓬安县兴旺镇（原天成乡）人。中共党员，副主任中医师，全科医师。中国抗癌协会皮肤肿瘤专委会会员，南充市中医药学会中医内科专委会委员。历任蓬安县原天成乡卫生院副院长、原高庙乡卫生院院长。业医近 30 年，坚持学习，不断临证，对内、妇、儿、皮肤科等常见病、多发病临床经验丰富，对部分疑难杂症有独特见解。尤擅长运用中医辨证论治、中西医结合治疗呼吸、消化、内分泌、心脑血管疾病及多种慢性疾患等。发表专业学术论文、科普文章 10 多篇。

吴鸿自幼身体素质较差，早年因感冒发热，医生过用退烧药（安乃近）致体弱升学无望而选择从医。1993 年初，他在县新华书店购买了《中医学基础》（第二版，李向中主编，人民卫生出版社出版）。这是他第一次在县新华书店购书，也是他最早接触医学书籍。其他还有《汤头歌诀》《伤寒论》《金匮要略》等。

从那时起，他便开启了并不容易的医学历程。从阴阳五行、藏象经络、药物方剂到辨证论治，整个过程从简单机械地背、记、学到逐步地理解参悟，一路走来，颇为不易。好在其外祖父也是一名老中医，后又跟师，于 1997 年 1 月在当地做起了乡村医生。同年 4 月起参加国家高等教育自学考试，于 2001 年 4 月考完全部课程，取得成都中医药大学中医学专业专科学历，圆了他一直以来的大学梦。2002 年、2004 年均以优异成绩分别考取了执业助理医师、执业医师资格。2006年曾自费在县人民医院学习临床内科、普外科。2010年考取主治医师资格。2013年上半年参加西充县乡镇中心卫生院招考，以所选岗位笔试、面试总成绩第一录取后又因蓬安本地招考而放弃，并于同年8月考入蓬安县原天成乡卫生院工作。2015年8月至2016年底，先后在成都中医药大学、南充市中心医院、南充市中医医院等参加临床类别全科医师转岗培训、南充市中医骨干医师培训。其间于2016年6月起任天成乡卫生院副院长。2017年3月在成都中医药大学本部接受中医学专业本科学历教育，同年通过副主任医师资格考试。2018年3月调任蓬安县原高庙乡卫生院院长。12月被评为副主任中医师资格。2020年1月本科毕业。2021年12月，因行政区划调整借调蓬安县城东社区卫生服务中心。

三十年问道岐黄，一路坚持，从未放弃。也因此收获了很多救治成功的喜悦。而最令他难忘的还是乡村从医经历。由于地处农村，交通闭塞，山路崎岖，日常诊疗工作几乎都是靠双脚丈量，有很多典型案例一直都让他记忆犹新。也正是这些案例和不断地学习使他获得了提升，为其后来临床工作打下了坚实的基础。

## 医案医话

吴鸿很重视中医基础理论知识的学习掌握。比如中医基础的阴阳五行、藏象经络等，中药学的药物性味归经、升降浮沉、有毒无毒、十八反、十九畏等，方剂学的方剂组成及配伍原则等，诊断学的六经辨证、八纲辨证、脏腑经络辨证、气血津液辨证以及卫气营血辨证、三焦辨证等。强调扎实的理论基础，是临床诊疗的前提和根本。同时，也注重临床科目和经典理论的探究钻研，主要根据所从事诊疗方向有针对性地选择，结合基础理论学深学透，达到融会贯通、学以致用。

在学习诊疗过程中，他总是坚持理论联系实际，用理论指导临床，用临床检验理论。他认为，日常所学所用都是借鉴他人成果经验并结合自身理解加以运用。为避免医疗差错或失误，强调要对所学理论、观点或者经验始终保持探索求证的态度。凡事问个子曰，甄别权衡可行再纳为己用。他认为，医学关乎生命健康，务求严谨，不容马虎。尤其在初入门时，更是如此。完全可能因为理论实践缺乏，不能认识或者认识不够，导致学偏、学误。再者每个人所处的环境不同，个人领悟、学识毕竟有限，不论是谁，多大名气，不可能什么都是正确的。所以，他一直做到学有取舍，保留有用的，摒弃无用的，正所谓“尽信书，不如无书。”在学习临证中，不断累积经验，提升识辨能力，再发现、再提炼，从而对诸多问题、理论有着他自己的见解和发挥。他常说“时刻不忘学习提高，常怀救死扶伤理念，不做糊医、庸医，是作为一名医生的职责和本能。”

中医临床诊疗注重整体观念，辨证论治，既讲求人体内部阴阳平衡，也十分重视人与自然协调统一。在吴鸿看来，辨证论治的最终目标就是调整阴阳，达到阴平阳秘、以平为期。阴阳趋于平衡，疾病才能向愈。强调调阴阳是手段，也是根本目的，是利用药物之偏性调整人体阴阳之偏性，从而达到治疗疾病之结果。要做到有是证用是药，不滥用，不过用。避免药物滥用、过用造成人体继发的阴阳不平衡、新发的不必要的损伤。俗语“是药三分毒，用药见七八分好就收不必尽剂”等，说的也是这个道理。而现代医学也认为，人体在面对疾病所造成的损伤时本身就具有一定的自我保护和修复能力。故其临床治疗用药始终注意把握度，中正平和，不偏不过。

**案例一：**唐某某，女，80 岁，原蓬安县天成乡人。2004 年 12 月 23 日清晨由其长子延吴鸿往诊。右侧肾区、右侧腹部剧烈疼痛伴呕吐 1 天。1 天前做家务时突发上述部位疼痛，时痛时止，自服止痛药无效。就诊前夜疼痛加重，严重时翻爬呻吟不止，不能寐，伴呕吐汗出，小腹逼胀，每次小便尚能解完，但解后痛胀不减，大便正常。腹部按压腹软、疼痛无增减、无反跳痛。患者体胖，既往有患肾结石。舌苔略黄腻，质淡，脉濡软乏力略数。初步诊断考虑尿路结石、石淋，辨证属气虚湿热型。治疗：清利湿热，益气排石，理气活血。处方：五苓散加味。

黄芪 20 克，肉桂 10 克，白术 15 克，猪苓 12 克，泽泻 12 克，茯苓 15 克，枳壳 15 克，延胡索 15 克（醋炒），金钱草 30 克，木通 10 克，丹参 20 克，海金沙 15 克（布包煎）。一剂痛止，两剂愈。

按：本案女性，高龄体胖，既往有患肾结石，现又复发。疼痛难忍，多是结石嵌顿。病因属湿热内蕴、炼液为石。故用五苓散加木通、金钱草、海金沙清利湿热、排石；年高且脉显乏力示气虚明显，故加黄芪联合白术、茯苓益气排石；加延胡索、枳壳、丹参意取理气活血止痛。全方有的放矢，故收效甚好。

**案例二**：吴某某，男，59岁，蓬安县新园乡人。2005年3月17日早晨就诊于吴鸿处，腹痛腹泻伴头昏、流涕2天。本次发病因于农村平整秧田受寒导致头昏流涕，随即腹痛腹泻，泻后疼痛可暂缓。腹胀肠鸣，泻如水，夹有少许黄色粪便，日解10多次，来诊当日清晨即泻4、5次。无呕吐，腹部按压软伴疼痛不适，无反跳痛，无包块，偶咳嗽无痰。平素常腰痛，时腹泻，自述有慢性肠胃炎。体瘦弱，抽烟，一日三餐不离酒。体温36.5℃，血压98/60 mmHg。舌苔淡白、质淡，脉浮滑、重按无力。西医初步考虑普通感冒、急性胃肠炎。经用氨苄西林、庆大霉素、氯化钾等抗炎补液、调整水液平衡处理，口服贝诺酯、藿香正气液等2天，效果不明显而考虑结合中药治疗。中医诊断：感冒（阳虚感寒）、泻泄（脾肾阳虚、寒邪直中）。治疗：外散风寒，内温脾肾。处方：自拟方结合理中汤、四神丸加减。

荆芥10克，防风12克，藿香12克，葛根15克，党参20克，干姜12克，肉豆蔻12克，炒白术18克，补骨脂10克，吴茱萸6克，白芍10克，枳壳12克，木香12克，陈皮10克，甘草5克。一剂。

当时输着液，输液前还泻了一次。因担心脱水，于是急煎服上中药。服一次腹痛即减，并觉胃肠暖和，后直到液停亦未再泻。遂主动要求停止输液及西药治疗，改服中药善后而愈。

按：本案平素脾肾不足、阳气虚弱，此次下田受凉致感冒而泻不止。主要原因还是外感风寒直中，内有脾肾阳虚，属虚实夹杂，治疗用药当虚实兼顾。之前有用藿香正气液，可用于寒湿泄泻，然不能温补脾肾，故而无效。此例足可以说明中医并非慢郎中，不是只能治疗慢性病。中医中药只要辨证准确、用药无误完全可以治疗急性病，有时甚至比西医西药收效还快、还理想。

**案例三**：雷某某，男，66岁，蓬安县新园乡人。2007年12月17日上午请吴鸿往诊。患者胸闷心悸伴双下肢浮肿2年。2年前不明原因出现心悸，稍事活动即累，双下肢轻度浮肿。在其老家大竹县中医医院诊断为风湿性心脏病、二尖瓣狭窄伴右心衰，心功能3级，治疗后缓解。1年前再发病，一直在吴鸿处治疗，但治疗时有中断。近日病情加重，即使静息状态下心悸气促亦十分明显，不能动弹。偶有咳嗽，痰呈清稀泡沫样，全身高度浮肿以下肢、腹部为甚。面色萎黄，口唇青紫，目睛黄染明显。自述食少腹胀，夜不能卧、不能寐，大便溏少次数多，小便少而频。腹按如鼓，移动性浊音；肝肿大明显质稍硬；颈静脉充盈怒张。听诊心音较弱，心律不齐，强弱不一。双肺呼吸音粗而促。体温36.5℃，血压120/66 mmHg，舌苔白腻、质显瘀紫，脉沉细伏弱。其他还有异常怕冷、流清涕不断、肩背部酸痛。无发热。诊断：心悸，水肿。证型属心脾肾阳虚，兼淤夹饮。治法：温阳益气，化瘀利水。处方：真武汤、苓桂术甘汤加味。

黄芪30克，制附片15克（先煎30分钟），桂枝12克，白芍12克，杏仁10克，桔梗12克，川芎10克，丹参20克，白术25克，茯苓30克，泽泻15克，木通12克，牡蛎30克，生姜15克，炙甘草5克。三剂。

服后胸闷心悸明显缓解，腹软，全身水肿基本消退，只是足踝部还有轻度浮肿，能独自活动。后继续温补脾肾调理好转。

按：本案中西医诊断明确，只是比起初发病时更显危重，具进展而不可逆，西医治疗效果不理想。而中医在辨证清楚的情况下，治疗也颇为棘手，不过所幸还能收到如此好的效果，足见中医魅力！

**案例四：**姚某某，女，17岁，蓬安县徐家镇人。2014年4月2日上午由其母亲陪诊。月经量多伴心累乏力3天。患者3天前来月经，量多如注，色红，有少许血块。经前有小腹坠胀，无腰痛、腹痛。伴头晕、乏力、心累、心悸。望面色萎黄苍白，口唇淡白，极度疲倦貌。查眼睑结膜几无血色，手指爪甲颜色苍白。偶有幻觉、说胡话。夜间常潮热，睡眠差；食少，大便干结，小便可。体温正常，血压88/56 mmHg。舌苔薄白、质淡，脉弱虚浮。患者13岁月经初潮，至初潮以来，均量多，不易止。经深圳某大医院、华西医院、川北医学院及县医院多次检查，均诊断为青春期功能性出血。多次住院、输血，花费不少钱，却收效甚微。每次经期间隔一般不超过20天，少则10天左右。此次即是10天前才结束。家人甚是着急，到处打听哪里有好医生，经人介绍来诊。诊断：月经量多。证型：心脾两虚，气血欲脱。治疗：补益心脾，益气固脱，养血止血。

处方：归脾汤加味。

人参 15 克，黄芪 30 克，熟地黄 25 克，当归 12 克，白芍 12 克，山药 30 克，炮姜 10 克（炒炭），仙鹤草 30 克，炒白术 25 克，茯苓 15 克，木香 12 克，远志 12 克，龙眼肉 20 克，酸枣仁 20 克，大枣 15 克，炙甘草 6 克。三剂。

4 月 6 日二诊，因觉心累，本人未来。其母转述经量明显减少。但仍觉疲倦思睡，心累心悸，夜间发热，仍偶有幻觉、胡话，大便溏，日解 1 次，小便可。方已对证，原方继进三剂。

4 月 11 日三诊，言二诊第一剂尚未服完，血便干净。之后直到剩下两剂结束亦未再出血。为了稳妥，遂再来求诊。面色、精神状态有好转，夜间仍发热，无幻觉、胡话。大便先干后溏（日 1 次），小便可。继以归脾汤加减，减止血药，加助运化之品善后。嘱继续用药，定期随访。

按：本案病情凶险危急，因大量出血，气随血脱，致心脾气血大虚，心神失养。急当固本塞流、益气止血，后再澄原复旧。归脾汤补益心脾，调养气血，能塞能补，乃当然之选。

**案例五：**荣某某，女，75 岁，住蓬安县周口街道办。2022 年 12 月 17 日诊。主诉：头昏口干伴咳嗽 2 天。上述症状以口干咽燥最为突出，咯浊黄色痰难出。同时伴有流涕、轻度恶寒、身酸痛，活动气促心累。其同住家人先发类似症状。时值新型冠状病毒感染管控全面放开一周余，且新型冠状病毒核酸检测结果呈阳性。至此，新型冠状病毒感染确诊无疑。患者年龄偏大，既往身体素质较差，易感冒。现纳食无味，体温血压基本正常，二便睡眠尚可。自述在症状出现时即有就诊，前医用药有中药菊花等（其他组成不明）及连花清瘟胶囊之清解疏散为治。一次旋即出现手足冰凉、异常怕冷，并伴腹泻。后改服姜汤、藿香正气液缓解来诊。虽仍为轻症，因年高体弱，亦当引起足够重视。查舌呈镜面，质略红，脉浮弱显无力。诊断：疫病。证型：气阴两虚，风毒外感。治法：疏风解表：益气养阴。处方：自拟方。

荆芥 12 克，防风 10 克，白芷 10 克，细辛 5 克，川芎 10 克，党参 20 克，熟地黄 20 克，沙参 20 克，麦冬 12 克，杏仁 10 克，桔梗 15 克，生姜 12 克，大枣 12 克，甘草 7 克。三剂。

12 月 21 日再诊，症状明显减轻，唯咳嗽咽干尚存，活动显累。继以益气养阴、化痰止咳善后约半月而愈。

按：从接诊众多新冠病毒感染患者来看，证型多以风毒或风寒疫毒侵袭肌表为主，亦可能入里犯肺或者伤及其他脏腑，依体质类型更可能兼或不兼湿邪或化热，治疗视正气强弱兼顾气血阴阳而调。至于随着病情进展可能出现痰气瘀阻等继发证候，又当随证施治。但不论病情如何发展演变，强调人体正气至关重要。而正气中唯身之阳气又最为重要。这里尤其注意不论有无阳气损伤或不足，皆当固护为要。此例即是明证。正如经言“正气存内，邪不可干”“阳秘乃固”。切不可见口咽干燥、咯痰色黄就轻易诊断为实热证，妄用清解，必适得其反，变象丛生。若问咽干舌燥、咯痰色黄何以释，乃本有阴虚火旺且受外感疫毒诱导作用使然。终归，辨证确，才能治疗明。

（蓬安县城东社区卫生服务中心供稿）

# 善于辨证分型相应组方的唐智先

## 医家小传

唐智先，男，汉族，1970 年 4 月 19 日出生于蓬安县巨龙镇柏林村（原高庙乡柏林村），专科学历。1995 年在成都中医药大学中医学专业就读，于 1997 年获得中医自考大专学历。2001 年取得中医执业助理医师资格，2005 年取得中医执业医师资格。2007 年 5 月，被考聘为蓬安县高庙乡卫生院院长，2009 年调入蓬安县巨龙镇群乐卫生院，2014 年 12 月取得中医内科中级专业技术资格，2020 年 2 月取得全科医师资格。2015 年 2 月，被蓬安县巨龙镇群乐卫生院聘为中医内科主治医师。2018 年 9 月至 2019 年 3 月，在蓬安县中医医院中医内科进修半年。2021 年 9 月取得基层副主任中医师资格，现任蓬安县巨龙镇中心卫生院副院长，在一线从事中医工作。

曾在《东方药膳杂志》《现代养生杂志》等医学期刊刊载《慢性支气管炎患者的饮食宜忌》《养生当先健脾》等学术论文。

## 医案医话

唐智先擅于辨证施治、相应组方疗治慢性支气管炎。唐智先认为，慢性支气管炎是一种非特异性炎症疾病，主要是气管、支气管黏膜及周围组织受到感染性或非感染性因素影响所致。该病起病隐匿，早期无明显症状，后期症状逐渐加重，并且常年存在。其主要病机是肾、脾、肺等脏器虚损，相互之间关系失衡，同时受到瘀、火、痰等因素影响，呈现出本虚标实的特点。风寒热燥之邪，经由口鼻或皮毛侵入体内，束缚肺气，进而导致肺失肃降，引发疾病。脾虚导致水湿无法运化，痰湿上渍于肺，对气机通畅造成影响，进而出现咯痰咳嗽的症状。肾阳亏虚，导致津液输化失司，阻碍肺气升降，导致气化功能异常，无法宣化水气，进而形成痰，对气道造成阻塞。肾阴亏虚可灼伤肺津，导致肺失宣降，肺气上逆形成咯痰咳嗽。

治疗慢性支气管炎，唐智先认为，可在明确病因病机的基础上，运用辨证施治的原则，采取合理的中医疗法，能取得不错的效果。

## 一、针对实证的中医疗法

慢性支气管炎的实证对应急性发作期和慢性迁延期，对于外寒内饮，可采取宣肺化饮、解表散寒的原则，使用小青龙汤加减治疗。麻黄辛温发汗虚表，宣肺平喘，兼以利水饮；桂枝辛甘温，既助麻黄解表散寒，又能通阳化饮降逆；细辛、干姜、半夏散寒宣肺，温化水饮，和胃降逆；五味子敛肺止咳，防麻黄发散太过，耗伤肺气；芍药配桂枝以调和营卫，其酸寒益阴之性，又可防诸辛温发散药耗伤阴血；炙甘草益气和中，调和诸药。此方发而不过，温而不燥，散敛结合，燥润有度，共奏内除水饮、外散风寒之功效。对于痰湿内聚，可采取化痰平喘、温阳健脾的原则，使用苓桂术甘汤合二陈汤加味治疗，方用祛痰化饮、健脾渗湿的茯苓，配伍温阳化饮的桂枝、健脾燥湿的白术、益气和中的炙甘草，合理气燥湿化痰的陈皮、半夏及宣肺止咳的杏仁。对于燥热伤肺，可采取润燥化痰、辛凉清肺的方法，使用清燥救肺汤加减治疗，方用宣肺止咳的杏仁、桑叶，清热润燥、滋液养阴的知母、麦冬、南沙参，利咽生津的甘草、桔梗，润肺降燥的枇杷叶。

## 二、针对虚症的中医疗法

慢性支气管炎的虚症对应临床缓解期，对于脾肺两虚，采用益气固表、补肺健脾的原则，使用玉屏散、六君子汤治疗。甘草、山药、白术、黄芪、党参可健脾补肺，配伍防风可驱邪不伤正、固表不留邪，苏子、茯苓、半夏、陈皮可化痰降气平喘，共同发挥化痰平喘、益气固表、补肺健脾的功效。对于肺肾两虚，采取纳气平喘、补益下元的原则，使用生脉散加味治疗。五味子、麦冬、党参可补肺养阴。对偏阴虚的患者，可以合用六味地黄丸，山药、诃子肉、山萸肉可滋阴敛液，乌梅、炙鳖甲、银柴胡、功劳叶可滋阴退热。偏阳虚的患者，可合用肾气丸，沉香、补骨脂、紫石英、核桃肉、肉桂、附子可温肾纳气、补益下元，泽泻、山萸肉、茯苓、熟地黄可补养肾阴。

## 三、慢性支气管炎的中药成药治疗

在慢性支气管炎的中药成药治疗中，可以使用安喘舒片，用作治疗慢性支气管炎急性发作的控制，每日 3 次，每次 4～5 片，连服 3 个月。息喘平胶丸，可治疗老年慢性支气管炎，每日 3 次，每次 6～8 粒。消咳喘，治疗慢性支气管炎急性发作，每日 3 次，每次 20 毫升。百合固金丸，可治疗肺肾两虚的慢性支气管炎，每日 2 次，每次 1 丸。复方蛤蚧散，可治疗喘息型老年慢性支气管炎，在春初或秋末服用，每日 2 次，每次 8 克。化痰平喘片，每日 3 次，每次 5 片，服用 7 日为 1 个疗程，连服 3 个疗程。十味贝砂散，可治疗慢性支气管炎喘息型，每日 3 次，每次 5 克。四佛合剂，可用于慢性支气管炎迁延期，每日 3 次，每次 20 毫升，连服 1 个月。固本咳喘丸，可治疗慢性支气管炎合并咳喘，每日 2 次，每次 40 粒，连服 3 个月。

## 四、慢性支气管炎的其他中医疗法

例如针刺治疗，选择膻中穴、中喘穴、定喘穴、肺俞穴、丰隆穴、孔最穴等穴位针刺。耳针可选取肾上腺穴、平喘穴、神门穴针刺。艾灸，使用艾条对足三里穴、石门穴温和灸，时间分别为 10 分钟和 5 分钟，每日起床时和睡前各 1 次，以皮肤轻微发红为度，避免烫伤。穴位贴敷，采取冬病夏治的原则，使用细辛、甘遂、玄胡、白芥子等药材研磨成粉，在夏季三伏天治疗。每次取适量药粉，用姜汁调成膏状，在背部膈俞穴、心俞穴、肺俞穴贴敷，并用胶布固定，每次 4 ~ 6 小时，隔 10 天治疗 1 次，分别是初伏、中伏、晚伏，连续使用 3 ~ 5 年，对于改善和预防慢性支气管炎有很好的效果。

王某，男，72 岁，原群乐乡三河沟村人，于 2020 年 3 月 5 日以咳嗽、气喘、咯痰、气紧而入院。入院情况：15 年前在县人民医院诊断为支气管炎、肺气肿、肺心病，每于冬春季节气候变化咳嗽咯痰加重伴气紧，10 天前因在家休息，不慎感受风邪，咳嗽气喘加重，咽痒而咳，逐渐加重，阵发性多声咳，夜间为甚，咳声重浊，咽痛，闻到油烟时咳嗽加重，咳久则牵扯致胸痛，患者为方便治疗，就近选择我院。入院来精神欠佳，饮食少，入睡困难，慢性病容，神志清楚，精神萎靡，面色萎黄，舌质红，苔黄腻，脉滑。胸部片示：支气管炎、肺气肿、心脏增大，心电图示：双房、右室增大。综上主要症状：咳嗽、气喘，咽痒而咳，阵发性多声咳，夜间为甚，咳声重浊，咽痛，痰黏稠，闻到油烟时咳嗽加重，咳久则牵扯致胸痛，食差，小便短少，舌质红，苔黄腻，脉滑。

中医诊断。病名：咳嗽，肺胀。证名：痰热郁肺、痰热壅肺。治法：清热化痰、止咳平喘。处方，清金化痰汤加减：桑白皮 15 克，黄芩 10 克，栀子 15 克，知母 10 克，浙贝母 20 克，瓜蒌 20 克，桔梗 10 克，茯苓 15 克，橘红 10 克，杏仁 10 克，苏子 15 克，甘草 3 克。水煎凉服，每日一剂，每日三次。调护：卧床休息，避免受寒，保持室内安静，良好通风；低盐清淡饮食，不宜肥甘厚味，不吃辛辣，不喝酒，适量食用水果；平时适当参加体育锻炼，增强体质，提高抗病能力。

按：此例由于感受外邪日久，入里化热，灼津为痰，痰热壅阻肺气，肺失清肃，故咳嗽、气喘，胸部胀痛，咳时引痛，痰多黏稠，痰热郁蒸则咽喉肿痛，小便短少。舌质红，苔黄腻，脉滑均为痰热蕴肺之证。

此病需与肺胀、哮病、喘证、肺结核、肺癌、矽肺等鉴别诊断。

（蓬安县巨龙中心卫生院供稿）

# 擅长诊治肛肠道疾病的刘翠屏

## 医家小传

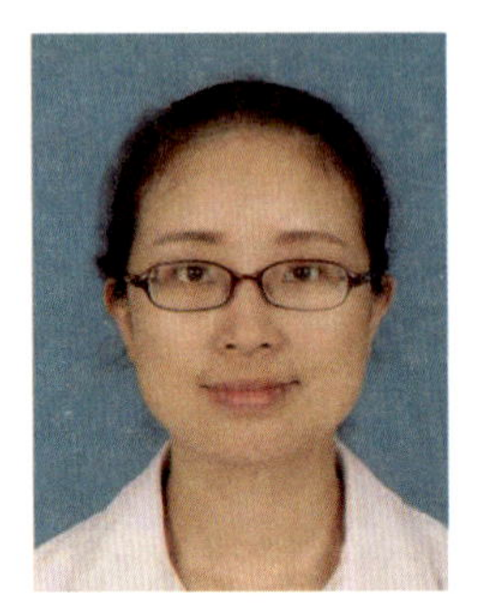

刘翠屏，女，1982年7月出生，蓬安县巨龙镇人，中共党员，大学本科学历，中西医结合副主任医师，现任蓬安县中医医院肛肠科副主任。毕业于成都中医药大学，先后于南充市中心医院、成都中医药大学附属医院肛肠科进修学习。自2008年从事肛肠专科临床工作至今，擅长内痔、外痔、混合痔、肛裂、肛瘘、肛周脓肿、直肠脱垂、骶尾部囊肿、直肠前突、陈旧性会阴裂伤等肛门的常见病、多发病药物及手术治疗，擅长运用中西医结合方案治疗便秘、泄泻、便血等肠道急性、慢性疾病，临床经验丰富。

## 医案医话

### 一、中药外洗方治疗炎性痔

炎性痔为肛肠科常见病及多发病，为外痔一种，多是由于肛门边缘皮肤感染或破损导致，多伴有肛门疼痛，排便时疼痛增加，伴有大便出血，并伴有少量的分泌物。经局部检查可见肛门周围肿胀，充血明显，颜色红，触摸有疼痛感，疾病进展或伴有高热等全身不适等症状，严重影响患者身体健康。炎性痔大多由于感染导致，可见明显的肛门皮赘物，肛门皱襞红肿，伴有分泌物，临床根据疾病特异性多建议采用外洗治疗，改善疾病临床症状，临床操作简单，治疗快捷，临床疗效反馈效果较好。随着我国传统医学发展，中药外洗疗效得到临床认可，为了探究中药外洗方治疗炎性痔临床应用价值，刘翠屏自拟中药外洗方治疗。药物包括苦参 30 克，黄连 30 克，黄柏 30 克，地肤子 30 克，蛇床子 30 克，金银花 20 克，菊花 20 克，蜂房 10 克，细辛 10 克，芒硝 30 克，白芷 20 克，混合研磨细末，采用 3000 ml 开水浸泡 30 分后，进行坐浴熏洗，建议每次持续 20 分为宜，日 1 剂，分早、晚熏洗 2 次，于熏洗后涂抹少量的痔疮膏，7 剂后症状好转，继续治疗 14 剂后痊愈。

刘翠屏认为，我国传统医学认为痔疮多是由于湿热下注于大肠，阻滞气机运行，气血运行不畅，阻滞肛肠经脉，导致络脉破裂，血溢于脉外，从而导致疾病发生。炎性痔多伴有肛门局部肿胀、潮红、灼热及疼痛等情况，根据疾病特异性，建议采用活血化瘀、清热解毒、消肿止痛方法治疗。中药外洗处方中以苦参为主药，苦参味苦性寒，具有清热燥湿功效，可有效杀虫、祛风止痒，主治痔漏、肠下血、脱肛等症状；用大黄进行解毒消痈、去热除湿、活血止痛；用马齿苋进行清热消肿、收湿止痒；用蛇床子收敛止血，起到燥湿止痒的功效，配以蜂房消炎止痛、去腐生肌；白芷解热、抗炎、镇痛。诸药配伍，相辅相成，起到治疗炎性痔的效果。

根据上述描述的机理，采用该处方中药外洗可有效改善炎性痔脱出、嵌顿等症状，帮助患者改善临床症状，缓解疾病痛苦，临床应用价值较高。中药外洗可有效将药物直接作用于病变局部，药物中含有的有效成分接触皮肤渗透达到病灶区域，临床使用见效快，对患者机体无损害，临床应用兼具有效性及安全性。同时，药物外洗，借助温热蒸气及药液的熏洗可有效改善病灶区血液循环，温通局部气血经络，增加局部病灶血运情况，起到控制疾病的效果，还可有效减少不良刺激，促使创面尽快愈合，利于疾病恢复。临床研究反馈，药物洗剂对炎性痔具有显著的疗效，临床使用无明显的不良反应，表明药物外洗在炎性痔治疗中具有良好的疗效，药物使用安全性高，重复使用次数无限制。加之临床操作简单，外洗时可增加患者舒适度，临床应用价值高。

综上，于炎性痔治疗中开展中药外洗治疗，可提高临床治疗有效率，帮助患者尽快改善临床症状，值得临床推广应用。

## 二、半夏泻心汤加减配合中药保留灌肠治疗溃疡性结肠炎

溃疡性结肠炎又称“慢性非特异性溃疡性结肠炎”，是目前临床上消化系统最为常见的慢性疾病。致病因素尚不明确，可发生于结直肠的任何部位，其中以乙状结肠和直肠最为常见，并集中发病于青壮年时期。患病后，患者会呈现出腹泻、腹痛、腹胀、食欲不振、恶心、呕吐等情况，部分患者还可伴营养不良、发热等情况。随着病情的发展，还会诱发口腔溃疡、外周关节炎、结节性红斑、强直性脊柱炎等，降低患者的营养健康水平，增加患者的不适感。对于溃疡性结肠炎来讲，其发病缓慢、病程较长，通常需要长期的药物进行治疗。但是由于常规的西药治疗，会因长期的服用，增加药物的耐受性以及依赖性，导致后期的治疗效果不佳。伴随着中医诊疗技术的不断完善和推广，应对中医的治疗方式进行深入性研究。因此，刘翠屏以蓬安县中医医院收治的溃疡性结肠炎患者为例，总结治疗的经验，选取半夏泻心汤加减配合中药保留灌肠为治疗方式，探究治疗效果以及推广价值。

中医认为，溃疡性结肠炎多由外感六淫之邪、内伤七情及饮食不节、劳倦过度所引起。《素问·太阴阳明论》说：“食不节饮，起居不时者，阴受之。阳受之则入六腑，阴受之则入五脏……入五脏则满闭塞，下为飧泄，久为肠澼。”其治疗，应按临床不同证型辨证施治。

1. 中药方剂口服

①通因通用基础方剂。半夏泻心汤：大枣 20 克，人参 20 克，黄芩 10 克，干姜 10 克，半夏 15 克，炙甘草 10 克，黄连 6 克。随症加减。

②脾虚湿热型。理中汤合白头翁汤加味：党参、炒白术、莲子肉、地榆炭、枳壳各 12 克，白头翁 30 克，金银花、秦皮、黄柏、炮姜炭、槟榔、葛根各 9 克，黄连、木香各 3 克，甘草 6 克。随症加减。

③肝旺脾弱型。痛泻要方合逍遥散加减：柴胡、煨生姜、甘草各 6 克，防风、白术、白芍、陈皮各 9 克，茯苓 12 克，赤芍、薏苡仁各 15 克，白及粉 3 克。随症加减。

④瘀阻肠道型。膈下逐瘀汤合芍药汤加减：当归、赤芍、川芎、五灵脂（包煎）、没药、延胡索、黄芩、黄柏、乌药、槐花、槟榔各 9 克，红花、白及粉

各3克，木香、甘草各6克，地榆15克。随症加减。

⑤脾胃虚弱型。补中益气汤加味：黄芪、山药各15克，党参、白术、茯苓各12克，柴胡、陈皮、甘草各6克，升麻、莲子肉、当归各9克，木香、砂仁、桔梗各3克，大枣15克。随症加减。

⑥阴虚内热型。驻车丸加味：生地、地骨皮各12克，当归、白薇、黄芩、白芍、阿胶（分加，烊化）各9克，黄连3克，炮姜、甘草各6克。随症加减。

⑦脾肾阳虚型。真人养脏汤合四神丸加减：党参15克，白术、肉豆蔻、补骨脂、诃子、罂粟壳、白芍、当归各9克，甘草、炮姜、木香各6克，肉桂、五味子、吴茱萸各3克，大枣15枚。随症加减。

2. 中药保留灌肠

选取白头翁、秦皮、黄连、黄柏、黄芪、白芍、赤芍、龙血竭、鱼腥草、败酱草、白及、木香、五倍子等中药水煎约400 ml。于患者睡觉前给予灌肠处理，嘱患者在灌肠治疗前排空二便，并做常规的肛门清洁，每次灌肠液用量应控制在50～200 ml，药量从少逐渐增加，肛管插入深度在20～30 cm，并以每分钟30滴的速度注入。在整个操作的流程中，需要询问患者的感受，如果没有便意，并出现下腹温暖，说明该方剂和操作合理，待灌肠结束后，需要叮嘱患者保持卧位，做好充足的休息。

3. 针灸疗法

取穴脾俞、中脘、天枢、章门、足三里、上巨虚、下巨虚穴。留针20分钟，隔日1次，可灸。

4. 中成药

①选取黄连素片口服治疗，一天三次，一次2片。

②选取固本益肠片口服治疗，一天两次，一次4片。

③选取六神丸、锡类散、云南白药，以上三药可同时内服，亦可用于灌肠。

5. 简便方剂

①白头翁30克，黄芩、槟榔各9克，黄连、木香各6克。用水煎煮，每日1剂。

②槐角9克，地锦草30克，薏苡仁、扁豆各15克。用水煎煮，每日1剂。

总结体会：溃疡性结肠炎是消化系统常见的慢性疾病，同时也是一种病因尚不明确的疾病，多数伴有脓血、黏液等情况，并常有发作和缓解交替进行。

由于该疾病的致病因素较多，所以在中医的辨证分型中，可以划分较多种类，具体内容如上所示。在中医学上，该疾病属于“痢疾”“便血”“脏毒”“泄泻”“肠澼”等范畴，起病急、发展缓慢，并且反复发作，较难治愈，严重影响患者的健康和生活质量。有研究学者指出，该疾病与自身免疫的调节能力、遗传均有关系，同时还与饮食、精神、劳倦、感染等存在关系，所以本病常见湿热蕴结、气血失调、脏腑积滞、邪气外袭、内生邪气、虚实夹杂之候。本文中药联合保留灌肠方式可以起到标本兼治及综合的临床治疗效果。其中，半夏泻心汤为通因通用的基础方剂，再联合中药灌肠可以通过汤药的浓缩，再进行直肠滴注给药，药液直达病灶处，使得黏膜进行修复。而半夏泻心汤加减治疗可以根据患者的实际情况来抑制胃肠蠕动亢进，调节肠胃功能，缓解患者的临床症状，改善患者的胃肠血运，保护胃黏膜，提升血药浓度，加速患者的新陈代谢等。此外，还需要结合实际病例特点，进行辨证施治。其中，脾虚湿热型患者主要以化湿消滞、清热解毒为治疗的原则；肝旺脾弱型患者以止泻止痛、抑肝扶脾为治疗的原则；瘀阻肠道型患者以逐瘀止泻、理气活血为治疗原则；脾胃虚弱型患者以健脾止泻、益气升阳为治疗的原则；阴虚内热型患者以清热止泻、滋养阴血为治疗原则；脾肾阳虚型患者，以温补脾肾、涩肠止泻为治疗原则。

综上所述，在溃疡性结肠炎患者中实施半夏泻心汤加减配合中药保留灌肠治疗，可以明显地提升患者治疗效果，促进患者的病情改善，恢复患者的胃肠功能等。再联合患者自身的分型，实施辨证治疗，可以提升效果，促进身体的恢复。因此，半夏泻心汤加减配合中药保留灌肠值得临床借鉴和推广。

（蓬安县中医医院供稿）

# 忠于职守扎根基层的村医唐健证

## 医家小传

唐健证，男，汉族，1967 年 12 月出生于蓬安县利溪镇三坝村（原三坝乡汪家坡村），中专学历，中医主治医师，1992 年参加农村医疗卫生工作，现任汪家坡村卫生站站长。

从事乡村医生工作 30 年，他把自己的青春献给他钟爱的农村卫生事业，三十年如一日，从一个不谙世事的农家孩子，成长为对中医、西医治疗技术熟稔于心的乡村医生；从一个默默无闻的农村青年，成长为数千农民群众患病后“钦点”的最放心的人；从一个最基层最普通的乡村医生，成长为数以万名百姓公认的“喜来乐”医生。他以精湛的医术造福农村群众，以高尚的医德全心全意为病人服务，生动诠释了“大医精诚、大爱无疆”的为民理念。

1985 年 7 月，唐健证初中毕业，拜当地老中医唐典五为师，学习三年，出师后深感自己学医不精，不能为父老乡亲解除病痛折磨而愧疚。1988 年至 1991 年在成都中医学院刊授学院中医专业学习并结业，同期参加中医专业自考。1992 年 5 月考取乡村医生。2005 年 5 月在南充卫校乡村医生中西医结合班学习，2008 年 7 月毕业，获得中西医结合中专学历，同年 8 月考取中医执业医师。2017 年 8 月晋升为中医主治医师。他擅长运用传统中医技术诊治农村基层的常见病、多发病，如慢性咽炎、消化道疾病、上呼吸道感染、风湿性关节炎等，效果都很显著。特别是对中风症、三叉神经痛、腰椎间盘突出的治疗有独到方法，治愈率达 80 % 以上。30 年来，他平均每年都要诊治患者 6000 余人次，其中运用中医诊治达2000余人次。

30年来，三坝、利溪等乡镇数十个村庄沟寨，都反反复复留下他的足迹。作为一位普通的乡村医生，唐健证同志一直坚持在工作第一线，为当地群众提供就医服务，确保群众小病不出村、花小钱就能治好病。他对1200多个村民家的情况烂熟于心，对一些常年患病者电话号码更是过目不忘，有大病流行时便开展逐家逐人排查，标准化实操作，为当地政府部门及时消除隐患。2020年"新冠"流行期间，传染病疫情一直牵挂着唐健证的心，为了让群众预防为先，唐健证亲自为全村群众入户宣传，全村1200多村民无一被感染。他还为支援武汉抗疫，积极加入志愿者行列，认真开展网上问诊。这些年的春节和重要节假日期间，他始终战斗在为群众提供医疗服务一线，医疗技术过硬，让很多群众一些小病可以在村卫生室得到较好的治疗。

## 医案医话

唐健证从成为乡村医生之时起，就为自己定下了从医行规，即在群众常见小病面前，是医生；在大病情形下，是参谋；在病人重病时候，自己扮演的就是病人家属角色。每遇家境困难的病人，他总是主动减免医药费，或者免费为他们治疗，坚持让每一个病人用得起药，看得起病。

2019年，村民李某某，因患有高血压，不按时服药，出现昏迷不醒，请唐健证出诊，他建议转诊县医院，患者家属当时就难住了，因家里没有钱，唐健证知道这个情况后，当即为他垫付了5000元。1个月后，患者病情得到好转，回家调理。

余某，男，63岁，患者有高血压、反流性胃炎、肺结节等慢性病3年。2021年7月20日初诊，证见：患者形体消瘦，胸部闷痛，头晕，心悸气短，活动后加重，周身倦怠乏力，纳差，呕吐酸水，舌质淡，苔白腻，脉结代。辨证：胸痹，痰饮壅盛，痹阻胸阳，饮邪犯胃。治法：通阳散结，祛痰宽胸和胃。处方：瓜蒌薤白半夏汤合温胆汤加味。瓜蒌15克，薤白15克，半夏12克，丹参20克，川芎10克，黄芪30克，山药20克，砂仁10克，鸡内金15克，甘草5克，竹茹 10 克，茯苓 15 克，陈皮 15 克，枳实 15 克，山楂 15 克，建曲 15 克，生姜 15 克。五剂，水煎服，每日一剂。

二诊，上述诸证有明显好转，仅有活动后心悸气短仍感不适，仍予原方 10 剂后，诸症消失。

按：患者恣食肥甘厚味，日久损伤脾胃，脾胃运化失司，聚湿生痰，上犯心胸清旷之区，清阳不振，气机不畅，心脉痹阻，发为胸痹，或痰浊久留，痰瘀交阻形成本病；或饱餐伤气，推动无力，气血运行不畅，饮邪犯胃而发本病。方用瓜蒌薤白半夏汤以宣通胸阳，佐黄芪、山药益气健脾，砂仁、茯苓、陈皮化湿和胃。痰浊阻滞易致气滞血瘀，故用丹参、川芎活血祛瘀，鸡内金、山楂、建曲，消食健胃，生姜和胃止呕。综观全方脾气健则水湿痰浊无以停留，胸阳振，血脉通，则诸症自除。

30 年来，唐健证一直在乡村医生这个岗位上默默奉献。近年来就诊患者连年增多，邻近乡镇也有患者慕名而来。但他的收入却逐年下降，认识他的人都知道，这是他多年扶危济困、心系病人的结果。他认为，一个真正救死扶伤的医务工作者，是不能单凭经济效益来衡量的，乡村医生唐健证犹如照亮他人的蜡烛，燃烧自己，照亮别人。

（蓬安县利溪镇卫生院供稿）

# 深得患者信赖的乡村中医吕茂胜

## 医家小传

吕茂胜，男，汉族，1968 年 1 月出生于蓬安县利溪镇挖龙坳村，大学本科学历，中医主治医师职称，中医全科医师。

1985 年初中毕业后，便立志学医，并跟随当地名医楚龙云医师学艺 3 年。1988 年至 2007 年 5 月，在利溪镇开办茂盛诊所并随当地中医儿科名医杨世镒学习，得到了老中医吴成达、伍光照、肖兴强的悉心指导。1991 年 1 月至 1992 年 12 月参加成都中医学院自修学习。2009 年 3 月至 2012 年 1 月在川北医学院大专班学习。2009 年 2 月至 2009 年 4 月参加四川省卫生厅、省中医药管理局举办的乡镇卫生院中医人员培训项目学习，在成都中医学大学冯全生等教授指导下，对《黄帝内经》《伤寒论》《金匮要略》《温病学》进行了较为系统的学习。2016 年 3 月至 2019 年 1 月在西南医科大学本科班学习。于 2001 年取得师承中医执业助理医师资格，2006 年取得师承执业医师资格，2015 年取得中医全科医师资格，2020 年取得中医主治医师资格。

吕茂胜在利溪镇开设茂盛个体诊所时，便立下“不为良相，愿为良医”的宏愿，从此踏上了医学道路的艰辛历程。他常说：“我们永远是医学生，我们每天面对的不同病人就是我们要答的每一道题，如果没有丰富的知识，就无法做好，将被患者抛弃，永远得 0 分。”为此，他从不间断对祖国博大精深的医学知识学习，自学、培训、进修之余，要么虔诚请教上级医师和当地名医，要么虚心求学于同行。总之，从不放过一丝有助于提升自我医学修为的机会。

2007 年，吕茂胜积极响应县卫生局号召，考聘为蓬安县乡镇卫生院院长职务，从该年 5 月至 2021 年 11 月分别任天成乡、利溪镇、徐家镇诸家卫生院院长，现任四川省蓬安县新园乡卫生院副院长。从事医疗工作 30 余年。他认为兵法医理，齐贵神速；教贵在严，学贵在实；疗疾在精，治病在时；善辨阴阳，慎守病机。在治病过程中，医生本身要首先静下来，不要盲目去用药治病，要用药物本身引领人体正气来治疗疾病，以达到“慎守病机，勿忘阴阳，把握整体，辨证施治”的原则。同时，要将现代医学与中医学有效连接，但不能混淆。毕竟，西医是实体的，某脏器的病是实在的；中医却是运用中国古代哲学、阴阳五行学说来进行辨证施治。更要反对伪中医，将某中药用西医方式定性。他将自己所学通过四诊八纲、辨证论治运用于临床，在理论中求实践，在实践中求理论，不断提高医疗水平。

30 年来，吕茂胜坚持运用中医“上工治未病，中工治已病，下工治末病”医学观点，倡导“有病早治，无病早防”，不断奔波于利溪、天成、三坝、马回、诸家、新园等乡镇，他在誓言中拼搏，在迷茫中探索，在努力中前进，为群众提供就医服务，为高危病人奉献爱心，深得患者信赖。

## 医案医话

**案例一：**在治病人，袁某某，男，于 2007 年起咳嗽气喘，吐黄脓痰，心悸心累。2020 年不咳嗽，出现下肢水肿，喘促气短，心悸心累，枯瘦如柴，面色晦暗，饮食无味，冷汗较多。一天喝大约 100 ml 稀米粥，疲软无力，腰膝酸软，无法站立，起卧盖均需人护理，拉不动热天的被子。四肢冰冷，舌质淡白，水滑苔，脉沉细。

诊断：虚损（肺脾肾阳虚）。

初诊分析：久病肺虚及肾，故喘促气短、心悸心累，下元亏虚，根本不固，故腰膝酸软，无法站立。肺、肾虚弱及脾，故饮食无味，疲软无力。肺、脾、肾三藏虚衰，不能通调水道，阳气不得敷布全身，故下肢水肿，冷汗多，枯瘦如柴，面色晦暗，无法站立，四肢冰冷，舌质淡白，水滑苔，脉沉细。

治法：先天在肾，后天在脾。脾肾双补，益气健脾，健脾养心。

拟用归脾汤、参苓白术散加减。服用后效果为可以吃饭，但第三天粒米不进。

分析：因病人病程长，现在大肉已脱，胃气衰败，阳气衰微，虚不胜补。采用药物本身去引导人体正气，带动人体正气。后改用治法，醒脾健胃、温阳益气：炒白术 6 克，党参 6 克，茯苓 6 克，干姜 3 克，炙甘草 6 克，淮山 18 克。1000 ml 水煎至 500 ml，分 3 次温服，每日 1 剂，服 14 剂。目前，每顿可食用 500 ml 米饭，可以站立行走 7 ~ 8 步。

**案例二：**2011 年，吕茂胜正在门诊应诊，一名女患者拉住他说："我等会要哭，请你将我放在床上，不要管我，我哭够了就行。"不一会儿，该患者果然嚎啕大哭约 10 分钟。该患者，女，家住绵阳市，到利溪镇万桑园村走亲戚，年龄约 30 岁，面色如常，言谈举止正常，仅不由自主哭，曾经多处求医，效果不佳，为此比较痛苦，舌苔薄腻，两边如线，舌质红体胖大有齿印，脉弦细。询问家庭状况，其夫妻恩爱，经营汽修，精神未受打击，自患者生小孩后情形一直如此，小孩已 3 岁。用过精神类药品，效果不好。诊断：脏燥（肝郁血虚）。初诊分析：该病人生小孩后发病，脉弦细，舌体胖大齿印，爱哭，是血虚无法柔肝，肝气失和，心阴受损。治以养心安神、和中缓急：甘草 15 克，浮小麦 15 克，大枣 30 克，合欢 10 克。2000 ml 水煎至 1200 ml，分 3 次温服，每日 1 剂，7 剂。第 3 晚，病人打电话感谢。后问其亲戚，未复发。

**案例三：**中医治疗新型冠状病毒及后遗症。一批学生于 2022 年年末 2023 年初感染新型冠状病毒，发烧、咳嗽、咽痛症状不一，辨为疫疠毒气侵袭肌腠。治以疏风、解表、蠲饮、止咳平喘、泄热通便，用大小青龙汤、防风通圣散加减，按法服后即趋于康复，陆续恢复上学且复诊较少。

现在有许多"新冠""后遗症"，咳嗽气喘，口干咽痒少痰气喘，心悸心累，厌食，舌质红、少苔，治以扶正祛邪、止咳化痰、开胃消食，用"香砂六君子汤"加减：沙参 20 克，茯苓 15 克，白术 15 克，炙甘草 10 克，陈皮 15 克，法半夏 15 克，前胡 15 克，桔梗 15 克，枳壳 15 克，麻黄 15 克，射干 15 克，淫羊藿 15 克，稻芽 15 克，木香 10 克，砂仁 5 克，五味子 10 克，冰糖适量，生姜 5 片。体虚再加玉屏风散。经了解，服用后效果比较理想。

（蓬安县新园乡卫生院供稿）

# 不慕名利仁爱笃行的梅开明

## 医家小传

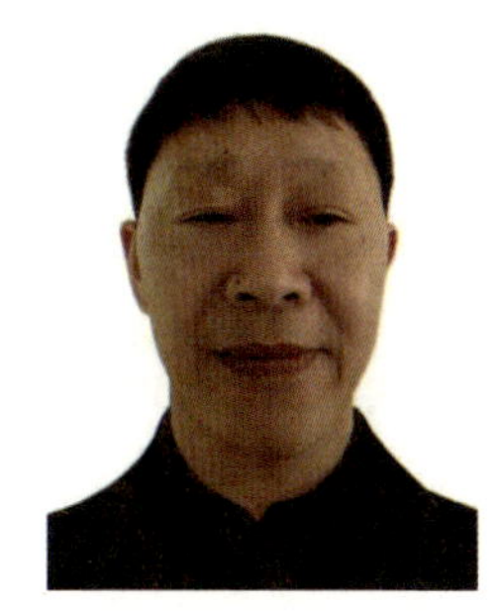

梅开明，1965年10月出生于四川省蓬安县龙云镇医学世家，大学学历，主治医师，中医全科医师。现就职于蓬安县罗家中心卫生院，负责南燕分院工作。

梅开明父亲原系蓬安县乡镇卫生院主治医师，擅长中医专业，行医60余载，曾扬名于蓬安县，方圆百里的病人慕名求诊。从小目睹父亲不辞辛劳、不分昼夜，对危急重症和疑难杂症病人开展救治，特别是父亲用中医治疗小儿脑膜炎成效斐然，让患儿免于病痛折磨和智力损伤，挽救了一个又一个家庭，康复病人送来一面面锦旗挂满了诊所墙壁，年少的梅开明被父亲精湛的医术和高尚医德深深感动，对中医学产生了浓厚兴趣，立志学好中医，发扬国粹，救助病患。

1984年中学毕业后，他毅然随父学医，从此走上了漫漫从医之路。1986年在蓬安县卫生进修学校系统学习，成绩优秀。1993年12月参加蓬安县卫生局卫生技术专业知识考试，成绩优异。1999年8月获得四川省人事厅颁发的初级医士资格证书，1999年12月取得国家中医助理医师资格证书，2006年取得国家卫生健康委员会颁发的中医执业医师资格证书。随后多次在蓬安县中医医院、县人民医院、南充市中心医院、川北医学院附属医院、南充市中医院进修学习，同时参加了数十次学术交流活动；2016年1月取得在职大学学历，毕业于成都中医药大学；2018年6月取得国家人力资源和社会保障部及国家卫生健康委颁发的中医中级专业技术资格证书；2020年12月取得四川省中医药管理局颁发的《中医全科医师转岗培训合格证书》。2023 年 7 月国家卫生专业技术人员副高级资格中医内科专业考试成绩合格。

在 38 年工作中，一直勤勤恳恳、任劳任怨，常常“五加二”“白加黑”，取得一个又一个优异的成绩。1993 年至 1999 年期间多次荣获县主管部门“先进个人”表彰；2013 年荣获蓬安县疾控工作“先进个人”；2016 年，蓬安县广播电视局拍卫健系统纪录片，其医疗卫生工作先进事迹被专项报道，同年，荣获蓬安县“优秀医生”称号；2021 年荣获蓬安县卫健系统“先进个人”；2020 年至 2022 年连续 3 年年度考核被评为优秀。2017 年至 2021 年在南燕乡卫生院任院长期间，该院医疗收入 5 年内增长了 4 倍。在新型冠状病毒肺炎疫情蔓延期间，他亲自走村入户，为群众接种新冠肺炎疫苗三轮次，所在乡镇新冠肺炎疫苗接种率达 100%。

30 多年来，通过不断学习和临床实践经验积累，他对中医学有了更深层次的认识理解，特别对腰椎间盘突出、腰椎骨质增生、慢性胃炎、乙型肝炎、肝硬化、肺心病、小儿夜啼、遗尿、疝气、阴囊鞘膜积液、小儿过敏性支气管哮喘、小儿先天性心脏病、过敏性鼻炎、顽固性咳嗽、各种月经病、妊娠病、骨关节脱臼及各种闪挫等多种疑难杂症具有独到的经验和治疗方法。他能准确判断，对症下药，简便高效地解决人民群众的疾苦，其医名不仅传遍十里八乡，更有福建、广东、重庆、成都、南充等多地病人慕名而来，其精湛医术和救死扶伤的品德受到广大人民群众的一致好评和认可。

时光荏苒，从一个风华正茂的小伙子已到了退休之龄，但他告诉我们，如果群众需要他，他还会在这坚守，不求名，不求利，有方有守，仁爱笃行。

## 医案医话

### 一、中西结合，补益肾脾肺，治疗支气管哮喘

临床经验丰富的梅医生，在治疗小儿过敏性支气管哮喘、成年人哮喘时，善于根据临床辨证施治，病例在急性发作期采用中西结合的方法快速缓解症状，

后以补益肾、肺、脾为主要方法治疗，一般 10 岁以下儿童在 2 周至一个月内治愈，成年人在 2 个月至一年内取得较好疗效。

陈某，男，16 岁，家住蓬安县巨龙镇板桥子村。2002 年 8 月初诊：某患者 2 岁多时因受凉后出现高烧惊厥，继出现支气管哮喘伴支气管肺炎，经县医院治疗一周好转出院，因未得到妥善治疗，开始 2 周左右复发一次，继而 1 周左右发作一次，再后来 2 ~ 3 天复发一次，2 年后每天必须吃药 2 ~ 3 次，冬春季节更加明显。先从村到乡、从县到市到省等多家医院进行治疗，后无数次辗转全国各地寻医治疗均无满意疗效。一次偶然机会被熟人介绍来他处治疗。入院时主诉：反复哮喘 14 年多，发作时伴咳嗽、胸闷、呼吸困难。入院时气粗息涌、咳喘阵作、喉中痰鸣频频，烦闷不安，每走 20 ~ 30 米远就出现呼吸困难，必须停下来歇息一阵子才能继续行走。同时伴有口渴，咽痒，咯痰，痰多带黄色，便干乏力，消谷善饥。查体：T：36.8℃，P：108 次 / 分，R：28 次 / 分，血压：126/74 mmHg，体重 72 kg；查体：听诊双肺叶满布响亮的哮鸣音及双肺底湿啰音，舌质红，苔黄腻，脉弦滑。

西医诊断：支气管哮喘发作期。西药输液治疗：头孢他啶钠 4.0g 静脉滴注，2 次 / 日；双黄连粉针剂 1.2 g 静脉滴注，2 次 / 日；氨茶碱注射液 0.25 g+ 地塞米松磷酸钠注射液 10 mg 静脉滴注，2 次 / 日。雾化治疗：舒喘灵，雾化吸入或用定量气雾剂。异丙托溴铵：超声雾化吸入。

中医诊断：哮证。辨证：热哮发作期。治宜清热宣肺、化痰定喘，方用定喘汤加减，药用麻黄 10 克，桑白皮 30 克，款冬花 10 克，法半夏 12 克，桑白皮 15 克，苏子 10 克，杏仁（去皮尖）15 克，黄芩 15 克，生石膏 60 克（先煎），川贝母 6 克，葶苈子 10 克，沙苑子 10 克，菟丝子 10 克。水煎温服，150 ml/ 次，第 1 ~ 2 天，4 小时 / 次，服药 3 次后，症状明显改善。3 天后改为一日 4 次，7 天后咳喘平息，胸闷及哮喘明显改善出院。出院后给予继续口服中药 6 剂，方药如下：

蜜炙麻黄 10 克，胆南星 10 克，桂枝 12 克，桑白皮 15 克，盐水炒苏子 10 克，炒芥子 15 克，黄芩 15 克，瓜蒌 15 克，南沙参 30 克，葶苈子 10 克，沙苑子 10 克，菟丝子 10 克，旋覆花 15 克。患者口服 6 剂后精神明显好转，活动有力，饮食正常，患者停药 2 周后因受凉后复发，但是较之前症状轻微，给予上方剂再服 6 剂后，偶有轻度气喘，感觉一身轻松，活动各方面与其他同学没有区别，体重下降 8 kg。然后建议继续用中药作水蜜丸善后，以防复发。方药如下：

人参 100 克，大黄芪 500 克，蛤蚧 2 对，紫河车 120 克，熟地 300 克，山茱萸 300 克，山药 300 克，泽泻 150 克，丹皮 150 克，茯苓 250 克，白术 250 克，附子 60 克，肉桂 20 克，黄芩 250 克，全瓜蒌 250 克，胆南星 150 克，炒白芥子 150 克，巴戟天 100 克，仙茅 100 克，补骨脂 150 克，柴胡 150 克，蜜炙麻黄 150 克，浙贝母 150 克，天冬 200 克，加蜂蜜 500 克，水适量调和，机器制作水蜜丸烘干备用。口服 10 g/ 次，每日三次，连服 1 个月后症状彻底消失，其中受凉感冒一次也没有发生哮喘。家属非常高兴，问是否继续服完药物，梅医生建议继续服完丸药，总疗程半年。随访至今未复发。

此病多由小儿患有支气管哮喘疾病治疗不当迁延而致，由于小儿脏腑娇嫩，形气未充，素体肺、脾、肾三脏不足，卫外机能未固，易受六淫之邪侵入，外感时邪每易犯肺，使肺失清肃而发生咳喘，久之痰饮留伏，遇诱因而发病。现在一些人图方便快捷只相信西医治疗，往往难以治愈，导致部分人几十年甚至终身不能治愈。另外本病与过敏体质诱发因素增多有关，再则因外邪侵袭导致感冒而发作有关。

梅开明认为，哮喘的形成主要原因是正气不足或者耗伤，久之宿痰留伏。其发病机理，在于留伏之痰饮遇诱因而触发。病位在肺，病根在肾。哮病日久，肺气耗伤，母病及子，金不能生水，导致肾阳更加不足，阳不足则卫阳不固，卫阳不固则更容易受外邪侵袭而频繁发作，反复发作正气进一步耗伤，加之治疗不当，病久及脾，脾伤则宿痰易伏留，周而复始，正气进一步耗伤，这是不能根治之根本原因。本病证的治疗，朱丹溪指出，“未发以扶正气为主，既发以攻邪气为急。”因此治疗时发作期根据表里、寒热虚实进行辨证论治；缓解期当以扶正固本，采取补肺、健脾、益肾等法。因此，他认为补肾尤为重要，加以补肺益气、健脾，佐以解痉、祛痰、清热达到标本兼治的目的，从而治愈。经过多年研究发现，此治疗方法不仅对支气管哮喘有效，而且对慢性阻塞性肺病加入人参、黄芪、桂枝，肺源性心脏病再加灯草、猪苓、泽泻等效果依然显著。

## 二、根据标本缓急，采取相应方法治疗慢性胃炎

现代西医中的慢性胃炎在中医归为“胃痛”。其病因有饮食不节、情志不遂、寒邪客胃、脾胃虚弱等因素。病变部位主要在胃，常常累及脾，病变脏腑多与肝脾二脏有关。他在多年的治疗中发现，约 75% 的病人伴有焦虑、失眠多梦（患有胃神经官能症），约 55% 的病人伴有口苦，50 岁以上病程在 20 年以上的病人有不同程度的胃下垂等。他认为治疗可根据标本缓急分别采取相应的治法。部分慢性胃炎病人西医诊断多是幽门螺旋杆菌感染、胃下垂、胃糜烂，西药更难根治。临床上要多与病人交流，做好心理疏导尤为重要，避免刺激性食物，如辛辣厚味、高淀粉、腌制等食品。偏实证用西药治疗的基础上联合中药治疗，临床症状改善快，且无明显不良反应。偏虚证基本全中医药治疗。

方选参苓白术散合左金丸加减：党参 15 克，白术 15 克，茯苓 15 克，甘草 9 克，黄连 12 克，吴茱萸 3 克，生姜 10 克，大枣 10 克。若失眠多梦者，可加远志 10 克、夜交藤 10 克、酸枣仁 10 克；若咽喉梗阻感加乌梅 15 克、郁金 15 克；若嗳气口苦者，可加柴胡 25 克、香附 10 克、云木香 15 克、竹茹 15 克、栀子 15 克；若胃下垂气血亏虚者，可加升麻 15 克、黄芪 30 克、人参换党参 15 克；若有湿滞中焦者，可加苍术 15 克、厚朴 15 克、陈皮 15 克；若饮食积滞者，可加焦三仙 15 克、鸡内金 15 克、炒莱菔子 15 克；若有胃糜烂定痛拒按者，可加蒲黄炭 15 克、五灵脂 15 克、延胡索 15 克；若冷痛喜按者，可加入高良姜 15 克、春砂仁 6 克、大枣 12 克、生姜 3 片；若反酸吐清水者加瓦楞子 30 克、海螵蛸 20 克、牡蛎 30 克。每两天一剂，水煎服，每日 4 ~ 6 次，两周为一个疗程。症状消失后继续服用中药两周以巩固疗效。

## 三、采用推拿，结合中医药，治疗腰椎间盘突出

近十年，梅开明在 200 多例腰椎间盘突出病例临床研究中发现：多数病人都是突然出现腰背部疼痛，经检查均有不同程度的腰椎间盘突出或者膨出。许多人久治不愈，迁延数月或数年。

梅开明采用推拿及口服中药相结合的治疗方案，初始病人治疗时间在 2 周

内可以痊愈。方法是推拿治疗1～7次，同时结合中药口服，方药以桃红四物汤加减，药用：桃仁10克，红花10克，川芎15克，赤芍15克，当归15克，杜仲20克，川牛膝30克，续断20克，自然铜30克，苏木30克，丹参30克，甘草9克。如果患者腰部重着疼痛，舌苔白腻者用肾着汤加苍术20克、薏苡仁30克、桂枝15克；若舌苔黄厚腻者，用加味二妙散加防己30克、海风藤30克；如腰痛如锥刺，舌紫暗加乳香15克、没药15克、蜈蚣5条；如腰背隐痛，下肢酸软乏力，手足不温，舌淡者，用左归丸。

## 四、温中散寒，清心安神，辨证施治小儿夜啼

小儿夜啼是比较常见的新生儿病，影响家人正常休息，长时间导致家长抵抗力下降，甚至造成抑郁症。经过多年研究认为：小儿夜啼主要是由脾寒、心热、惊恐等所致。治疗以温中散寒、清心安神辨证施治。药用小茴香3克，橘核6克，青皮6克，钩藤6克，蝉蜕3克，灯芯草1克，茯苓6克，甘草3克。水煎服15～30ml/次，一日3～4次。一般情况3天可以完全正常入睡。

## 五、方用五子衍宗丸加减，治疗小儿遗尿

小儿遗尿多数病因是肾气不足。其治疗经验方用五子衍宗丸加减疗效良好。药用覆盆子15克，菟丝子10克，益智仁6克，补骨脂10克，沙苑子10克，桑螵蛸6克，金樱子6克，党参6克，黄芪15克，五味子9克，甘草6克。3岁以下1～2剂可愈，10岁以下3剂可愈。

## 六、当归芍药汤加减治疗阴囊鞘膜积液

阴囊鞘膜积液目前归属外科疾病，病因暂时不明，考虑多数是由于小儿出生前筋膜闭合不全或者阴囊内浆液分泌和吸收不平衡所致。西医上做“鞘膜翻转术”手术治疗。梅开明探索发现，此类病例属于寒滞肝脉所致，因此用当归芍药汤加减治疗，收到意想不到的效果，几岁的小儿1～2周内可以治愈。

患者：县税务局祝某某，40 岁。2011 年梅开明在县医院 B 超室进修学习时遇到，检查发现阴囊鞘膜积液，病程 3 年有余，积液约 40 ml，医生建议手术治疗。因患者与他相识，他建议中医药保守治疗，患者接受了其建议。患者阴囊胀大，行动不便，舌质淡，舌苔薄白，脉弦细。方药用当归芍药汤加减，药用：当归 9 克，川芎 12 克，白芍 18 克，小茴香 15 克，橘核 15 克，荔枝核 15 克，柴胡 12 克，木香 9 克，青皮 15 克，甘草 9 克。口服 3 剂后复查，积液约 15 ml。继续口服 3 剂，积液基本消失，随访未复发。

## 七、采用大黄牡丹皮汤加减治愈阑尾炎

梅开明据近年来国外专家研究表明“阑尾可分泌一种物质，参与人体的免疫功能”这一发现，积极推崇中医保守治疗，该法省时省事省钱，还保留了器官。

三十余年来，他采用大黄牡丹皮汤加减治愈了许多阑尾炎患者。药用：大黄 12 克，牡丹皮 6 克，桃仁 15 克，冬瓜仁 30 克，芒硝 30 克（兑服），延胡索 15 克，木香 10 克，蒲公英 15 克，金银花 30 克，川楝子 15 克，败酱草 15 克，甘草 9 克，可根据病情调整药物及用量。后期给予补气健脾的党参、茯苓、白术、山药、神曲等，彻底治愈后不易复发。

## 八、针灸治疗月经痛

梅开明认为，月经痛主要是由于寒滞冲任，或者素有情志不疏，导致气滞血瘀。年轻妇女患此病较为常见。主要表现在月经前期或者伴随整个月经期间出现下腹疼痛。针灸治疗取穴：合谷、足三里、中极、关元、归来穴，有肝气郁结配太冲穴。其治疗多个病例效果显著，一般治疗 3 次可痊愈。

## 九、用当归芍药散加减治愈经行口腔糜烂

梅开明认为，妇女月经期间患口腔糜烂，此为较少见的病症。主要表现在

月经前 1 ~ 2 天咳嗽，舌头及口腔黏膜溃烂疼痛，不能饮食。一般是阴虚火旺、胃热熏蒸所致，但也有例外。

患者雷某某，43 岁，罗家镇野猪寨村人。从 13 岁月经初潮开始经常性口腔糜烂，持续 30 余年，大小医院均治疗过，花钱无数却未治愈。患者月经周期正常，行经 4 ~ 5 天，口腔溃烂 7 ~ 10 天，停经 2 ~ 3 天口腔溃疡自愈。月经期间无腹痛及其他不适，口干不苦，舌质淡嫩，有浅齿印。其研究发现，该病例属于血虚气滞寒凝所致，方用当归四逆汤加减。药用当归 6 克，川芎 9 克，白芍 18 克，小茴香 15 克，橘核 15 克，荔枝核 15 克，柴胡 9 克，木香 9 克，甘草 9 克。月经前 2 天开始服药。2 天后月经来时只有轻度口腔溃烂，连服 2 剂后口腔溃疡消失。下一个月经周期前 3 天再次服药 2 剂，月经来之后没有出现口腔溃疡。随访至今未复发。

（蓬安县罗家中心卫生院供稿）

# 自拟便方探索用药的刘进刚

## 医家小传

刘进刚，男，出生于1969年3月，蓬安县利溪镇人，大专文化，主治中医师。师承其父亲，学成后即在利溪镇万桑园村卫生站从事乡村医生工作。后历任开元乡卫生院院长、石梁乡卫生院院长、平头乡卫生院副院长。从医30余年，对农村多发病、常见病临床经验丰富，擅长运用中医辨证治疗心脑血管病、慢性支气管炎、肺气肿、风湿病及多种皮肤病等。

## 医案医话

### 一、自拟升麻葛根解毒汤治疗蛇串疮

蛇串疮是一种皮肤上出现成簇水疱、多呈带状分布、痛如火燎的急性疱疹性皮肤病，相当于西医的带状疱疹病。其特点是：皮肤上出现红斑、水疱或丘疱疹，累累如串珠，排列成带状。在腰部或者身体的一侧呈带状分布，因形状似蛇，而起名缠腰火丹。地方名“蛇缠腰”“火带疮”“蛇丹”“蜘蛛疮”等。

诊断：发病初期，其皮损为带状红色斑丘疹，粟米至黄豆大小簇集成群的水疱，聚集一处或数处，排成带状，疱群之间间隔正常皮肤，疱液初澄明，数日后疱液混浊化脓，或部分破裂，重者有出血点、血疱或坏死，轻者无皮损，仅有刺痛感，或稍潮红，无典型水疱。发于头面部者，尤以发于眼部和耳部者病情较重，疼痛剧烈，甚至影响视力听觉。

发病前皮肤有感觉过敏、灼热刺痛，伴全身不适、疲乏无力、轻度发热等前驱症状，疼痛伴皮疹同时出现，有的疼痛发生 1～3 天后或更长时间才出现皮疹。皮肤刺痛轻重不等，儿童疼痛轻微，老年体弱者疼痛剧烈，常扩大到皮损范围之外，可遗留顽固性神经痛，常持续数月，甚至更长时间。病程 2 周左右，老年人 3～4 周。

治则：中医认为带状疱疹是由于内热以及外感邪毒所导致，应以透疹，辅以清热解毒、活血凉血，疼痛剧烈者常加用虫类药，可增强通络止痛作用。如果治疗不及时、处理方法不得当，致邪毒深入，伤及经络，常留下慢性疼痛后遗症，令人寝食难安。生于头面部、邪毒严重时，可能入侵大脑成为恶候，危及生命。针对此种病证，刘进刚习惯用自拟方升麻葛根解毒汤治疗。

方药：升麻 20 克，粉葛 30 克，桔梗 15 克，牛蒡子 12 克，蒲公英 30 克，紫花地丁 30 克，黄连 15 克，淡竹叶 15 克，生地黄 30 克，赤芍 15 克，牡丹皮 15 克，丹参 15 克，金银花 30 克，连翘 20 克。

煎服方法：加冷水 2000 毫升，文火煮取 1000 毫升，5 次分服，3 小时一次，一日一剂。

加减：疼痛剧烈加服止痉散（蜈蚣、全蝎各等份）一次 1～3 克，研细冲。为达到最佳止痛效果，可适当加量。

方解：本方用升麻、粉葛、发表透疹，桔梗、牛蒡子、竹叶散热；金银花、连翘、蒲公英、紫花地丁、黄连清热解毒；生地黄、赤芍、丹参、牡丹皮凉血活血；止痉散（蜈蚣、全蝎）祛风止痉、通络止痛。

治疗期间饮食清淡，忌腥、辣食品，如鱼虾、牛肉、生姜、辣椒、卤菜、烟、酒等。居住环境清凉，不晒太阳，注意保持皮肤清洁。

病例：患者，张某，女，金溪镇石门社区人，72 岁，2022 年 8 月，天气炎热，腰背部带状疱疹发作半月，先后经两家医院用西医抗病毒治疗，效果不明显。患者精神差，不发热，部分疱疹破裂，疱疹周围皮肤赤红，皮肤像火烧火燎样疼痛、针刺样痛，昼夜不息，痛苦不堪。经邻居介绍到刘进刚处就诊，当天服用升麻葛根解毒汤合止痉散，患者疼痛缓解，入夜能平静安睡，病情随即好转。半个月内连续服用四剂后康复，无后遗症。

本方加减还可以用于急性牙周疾患、急性咽喉炎、过敏性皮肤疾病等属风热、热毒炽盛者。

## 二、小儿咳喘治验

病例：李某某，男，2016年11月生，1岁时因腹泻三月，身体虚弱，感冒后经常出现咳喘，去大医院西医治疗效果不佳。于2018年11月来刘进刚处就诊，患儿咳嗽气喘伴痰鸣，鼻流清涕，面色㿠白，其母言每次感冒都会出现咳嗽气喘，平常口气多呈酸味。舌苔白润，舌尖略红。诊断：喘证，属风寒犯肺兼痰饮湿滞，治宜祛风散寒、除湿化痰。

方药：百部15克，杏仁10克，紫菀12克，冬花12克，法半夏10克，薏苡仁30克，茯苓15克，防风12克，黄芩15克，大枣30克，麦芽20克，麻黄10克，白前胡15克，甘草8克，苍术10克，加生姜10克。

服法：加水800毫升，文火熬至200毫升，每次取20毫升，间隔4小时服，一日3次。服用后第二天咳喘症状缓解，饮食增加，病情好转。后再发病亦开具此方，随症加减即能收效，4岁后感冒哮喘亦未再发。

用药探索：本方用黄芩15克反佐麻黄10克之宣散，苦寒恐伤小儿脾胃，倍用大枣30克，辅以麦芽、薏仁、苍术、生姜保护脾胃，临床能有效地防治小儿肺炎。

此方加减亦可用于慢性支气管炎、感冒、咳嗽等属伤风、风热或风寒轻证。若风寒重证去黄芩加细辛、五味子、桂枝，阳虚畏寒加附片，脑梗合并慢阻肺加地龙、蜈蚣通络。

## 三、顽固性腹泻治验

病例：祝某某，男，66岁，平头乡沙坝村人，2022年8月因腹泻、乏力来院就诊于刘进刚处。自诉一日大便五六次，大便不成形30余年。平素血压低

（当时血压 96/68 mmHg），面黄肌瘦，行动无力，怕冷，夏季晚上亦需盖棉被。曾到大医院治疗收效甚微。诊断：泄泻，证属少阴病，脾肾阳虚、虚寒内盛，治宜温运脾肾、回阳救逆。

方药：补骨脂 20 克，肉桂 15 克，炙附片 45 克，炙甘草 30 克，干姜 20 克，白术 30 克，薏苡仁 40 克，吴茱萸 6 克，大枣 40 克，生姜 20 克。

服法：加冷水 2000 毫升，文火煮取 1000 毫升，多次分服，一日一剂。附片加水单独先煎 1 小时，以煮透不麻口为宜。

服药后患者乏力症状缓解，排便次数减少，畏寒症状减轻，血压 108/72 mHg，精神好转。第三日复诊原方加黄芪 60 克，患者服用后觉胸中气阻不适。此乃补气过早，后去黄芪继用原方。连服 10 余剂，一周一剂，腹泻症状消失，身体畏寒消除，病情基本恢复。

用药探索：大剂量应用附片治疗阳虚、沉寒，辅以干姜、吴茱萸助阳，炙甘草和中解毒，往往有神奇疗效。有时候医生根据药典剂量谨慎用药，畏首畏尾，局限于“安全”剂量，往往治疗无效，不妨学习李可先生，用药风格不拘一格，拓展用药思路。



## 四、治疗新冠肺炎“白肺”后遗症一例

病例：祝某某，男，51 岁，平头乡大垭口村人。气喘怕冷 25 天。患者 2023 年 5 月因二次感染新冠肺炎病毒，出现呼吸困难、胸片显示“白肺”。先后在省、市、县数家大医院治疗 20 余天，“白肺”有好转，治疗期间亦未出现发热。出院后轻微活动仍气喘、心累，于 6 月 16 日到刘进刚处就诊。除明显气喘外，自觉怕冷（身着多件厚衣），神差，面色㿠白，食少恶油腻，不能平卧，入睡困难，舌苔白腻水滑，脉沉弱。诊断：喘证（新冠肺炎后遗症），证型属寒饮伏肺、阳气虚衰，以小青龙汤合四逆汤加减。

方药：麻黄 12 克，北细辛 6 克，苍术 15 克，五味子 8 克，龙骨 60 克，牡蛎 60 克，杏仁 15 克，藿香 30 克，半夏 12 克，桂枝 30 克，白芍 30 克，炙附片 25 克（先熬 60 分钟），炙甘草 25 克，薏苡仁 30 克，白芥子 10 克，生姜 30 克。

服法：加冷水 2000 毫升，文火煮取 1000 毫升，少量多次分服，一日一剂。嘱附片加水单独先煎 1 小时，煮透不麻口为宜。

6 月 20 日复诊，患者自诉服药后效果明显，呼吸困难改善，畏寒减轻，能缓慢散步。守原方，炙附片增加到 35 克。

6 月 26 日复诊，患者畏寒、呼吸困难持续改善，但觉爬楼梯仍困难，饮食增加，睡眠好转。原方炙附片增加到 40 克，加干姜 20 克。

6 月 29 日复诊，患者病情继续好转，饮食可。原方炙附片增加到 45 克，加干姜 20 克、槟榔 12 克、大枣 30 克、麦芽 30 克。

7 月 3 日复诊，患者自诉烦躁，其他病症减轻。原方炙附片减少到 40 克，加干姜 20 克、槟榔 12 克、大枣 30 克、麦芽 30 克。

7 月 8 日复诊，患者病情好转，呼吸功能改善，活动不受限，能爬楼，食欲佳。原方炙附片 40 克，去桂枝加肉桂 12 克，加山药 30 克、黄芪 30 克扶正。

7 月 10 日复诊，患者自诉服药无不适感，有时感觉腹部热辣，基本康复。

用药探索：本案西医诊断“白肺”，经治疗留下气喘后遗症，中医辨证为“支饮”，用中医中药治疗效果明显。这足以说明中医中药在当今西医看似如此发达的情况下，仍然大有舞台。作为中医人，更当夯实理论、深耕临床，必大有可为！

（蓬安县平头乡卫生院供稿）

# 以精诚之心行中医之道的何纲

## 医家小传

何纲，男，出生于1970年12月，蓬安县新园乡（原碧溪乡）人。中国民主同盟会成员，系民盟蓬安县总支第八届副主委，中医主治医师，成都中医药大学中西医结合专业毕业，本科学历。四川省中医药信息学会县级医院发展分会第二届理事，四川省社区卫生协会中心主任联盟第一届委员，南充市中医药学会治未病专业委员会第一届副主任委员，蓬安县中医医疗联合会第一届理事长；蓬安县第十五届人大代表，蓬安县第十六届、第十七届人大常委会委员，政协蓬安县第十一届委员会常委。先后任职蓬安县柳滩乡卫生院院长、蓬安县碧溪乡卫生院院长、蓬安县城东社区卫生服务中心主任、蓬安县中医医院副院长等职务。

1988年6月至1991年7月，何纲拜蓬安县名老中医李世杰（誉称“李大包”）副主任中医师为师学习中医学，李老临床上擅长使用中医“霸道法”（用药独特，剂量大）治疗危急重症和慢性疑难杂症。得李老心传口授，责以背诵，释以浅义，熟读了《黄帝内经》《伤寒论》《金匮要略》《温病条辨》《医学衷中参西录》等古今经典医著，临床上运用中西医结合治疗内科、妇科疑难杂症每获奇效。先后在《实用中医药杂志》《中国民间民族医药》《大众健康报》等报刊发表学术文章10余篇。

何纲认为学医心要静、身要动，心静则知己不易，身动尚且知易行难。学医难，学好中医更难，其体会是需要青灯黄卷、皓首穷经。他认为中医和西医非相对立，而是相辅相成的关系，中医和西医不同的地方在于思维和方法的区别，西医讲究"见病治病"，而中医讲究"辨证治病"。中医把人看作一个整体，而人和整个大环境有着密不可分的关系。社会上很多人对中医的偏见在于他们认为中医慢、西医快，其实这并不能一概而论。中西医其实在治疗时可以相互结合、相互补充，共同发挥作用，将治疗的效果发挥到最大。

## 医案医话

### 一、逍遥散加味治疗手汗病例

手汗，是指手局部汗出，而其他部位无汗或汗出不明显。手足心微汗出，多属生理现象，若手足汗出量多，则为病理性汗出。一般而言，手足心多汗有几种情况：若手足心多汗伴有手脚心热、口咽干燥、潮热盗汗等，多属于阴虚有热；若手足汗多伴纳呆、口淡无味等，多属脾虚运化失常，津液旁达四肢而引起；若有手足心多汗伴随口干、牙龈肿痛等，多属于胃热；《伤寒论》180条曰：阳明之为病，胃家实是也；若手足心多汗伴随腹部胀满疼痛，大便不通，多属于肠道内有积粪的实热证。然亦有其他变证者。笔者因曾偶遇一例手汗重症者求治，采用疏肝健脾、养心安神之治法，其症状终获改善。现介绍如下。

案例：陈某某，男，14岁，初中生，于2011年8月16日由其母带来求治。自诉近两年常手心汗出，近半年来，症状加重，见手心汗出如渗水，须臾时分，手指缝汗水直滴，纸巾常握手中，尤其是握笔写字不堪其扰，书本常会被浸湿。求治西医无效，转中医治疗效果不显。症见小孩瘦弱，面色无华，精神萎靡，默默不语，纳可，眠安，无口干口苦，大便正常成形，小便量少，舌淡苔湿滑，脉细数，摸之手心明显水滑如刚洗手一般，尤其把脉过后，其手所放桌面之处，可见水湿一片。

初诊，因见舌淡苔湿滑，脉细数，小便量少，故考虑水湿困脾，脾失运化，水液不从小便走，而乱窜手心，因而健脾渗湿，引水下行。方药：茯苓15克，猪苓12克，白术15克，泽泻15克，陈皮12克，苍术15克，薏苡仁15克，车前仁 15 克，通草 5 克，滑石 15 克（仅外用，汗出甚时，洒于手心）。两剂，一日一剂。二诊，三日后，症状未见变化。但见小孩精神萎靡，不欲言语，详加询问，得知该患者正值初二，学业较重，面临升学压力，父母给予期望较高。考虑思虑过度，忧思伤脾，肝失疏泄，肝脾失调，故改用逍遥散加味治疗，方药：柴胡 12 克，当归 12 克，白芍 12 克，白术 12 克，茯苓 15 克，薄荷 10 克，甘草 5 克，浮小麦 20 克，麻黄根 20 克，龙骨 25 克，牡蛎 25 克。三剂，一日一剂。三日后再诊，手汗症状减轻。宗"效不更方"之旨，再三剂。四诊，该患者由于已开学而未能来门诊，其母来诉，经过 6 剂中药治疗，手心汗基本消失，遂仍以逍遥散为主，去浮小麦、麻黄根、龙骨、牡蛎，加太子参、黄芪、炒二芽各 15 克以调理脾胃，再进 5 剂以巩固疗效。随访未见复发。

按：手心为劳宫穴的范围，为手厥阴心包经之所在，厥阴经属心包络，且汗为心之液，精气为之化，心为君主之官，心包代心受邪，而且血汗同源，血不养心，心神难安，汗不循经而外泄手心，故手心汗出，因此当是心经之病。因心属火，脾为土，肝为木，小孩默默不语当是肝郁不舒，火生于木，故心经为之病；肝木克于脾土，脾为之病，脾为心子，心亦为之病。脾相对于心是为母旺子弱之象，治以泄母补子。由于此证已经两年，小孩定承受无比压力，故肝郁愈甚，因此选用逍遥散去姜，疏肝健脾养血为治本；佐以浮小麦、麻黄根养心敛汗，龙骨、牡蛎镇纳浮阳、安神镇心、固摄阴液以治标。全方清养固摄，标本兼顾，故而应效。

## 二、崩漏验案

张某某，女，46 岁，已婚，务农，2002 年 12 月 20 日初诊。患者月经如期而至，持续 29 天，血净不久，又来 6 天，血量较多，色淡质薄，伴面色㿠白、神倦肢软、少气懒言、心悸，脉细濡，舌淡白，边有齿痕。病因脾虚、血失统摄、冲任二脉亏损，治宜养血固脾止崩。

处方：党参 30 克，黄芪 30 克，白术 10 克，酸枣仁 15 克，木香 5 克（后下），桂圆肉 20 克，茯苓 10 克，金樱子 30 克，芡实 20 克，仙鹤草 30 克，炙甘草 5 克，一剂。

二诊：崩血稍止，血色鲜红成块，神倦无力，面色白无华，腰酸，脉濡苔白。继续用前法，上方去仙鹤草，加阿胶15克（冲服）、杜仲10克，服4剂，药后崩漏已止。唯体力虚弱，面色无华，心悸，腰酸，食欲不振，脉濡苔白。宜扶脾养血，上方去阿胶，改用当归5克，后又复诊两次，共服药10剂告愈。

按：本例系脾虚型崩漏，出血持续月余，脾统血，脾虚则气陷，统摄无权，冲任不固，故出血量多。脾气虚弱，血失温煦，故色淡而质薄。中气不足，面色白，心悸，脉细舌淡，治疗采用李老崩漏自拟方加减，以取补气摄血、健脾益心为主，前后门诊6次，服药10剂而告愈。

## 三、缺乳验案

吕某某，女，25岁，已婚，务农，1996年2月10日初诊。患者平时身体素质好，求子心切，月初分娩一女婴，其间和家人争吵多次，心情不悦。产后乳汁越来越少，胸闷纳滞，口苦而腻，舌苔较浊，脉弦。拟为肝气怫郁、气滞湿阻，治予疏肝解郁、通络催乳。

处方：柴胡10克，白芍20克，香附10克，当归6克，青皮6克，郁金10克，王不留行10克，穿山甲9克，路路通10克，通草5克。服两剂。嘱其注意调节情绪，家人多加关爱。

2月13日复诊，用药后乳行较畅，临床症状缓解较多，唯感口干。苔浊较退，色微黄，脉息如旧，继以上方加减续服用。

处方：柴胡10克，白芍20克，香附10克，丹参6克，青皮6克，郁金10克，王不留行10克，穿山甲9克，路路通10克，通草5克。服两剂告愈。

按：《三因极一病证方论》产妇有两种乳脉不行，有气血盛而壅闭不行者，有血少气弱涩而不行者。虚当补之，盛当疏之。本例缺乳患者身体素质好，因产一女婴，和家人争吵多次，心情不悦，属七情伤感，肝气怫郁，脉络涩滞，阻碍乳汁运行所致。经疏肝解郁、通络催乳，服药二剂，乳行较畅。二诊时口干不适，舌苔微黄，考虑初诊用药偏温燥，故减香附量至5克，当归改用丹参。

（蓬安县中医医院供稿）

# 辨证分型论治痹证的蒋光鹏

## 医家小传

蒋光鹏，男，出生于1972年9月，四川蓬安人，中共党员，毕业于西南医科大学中医专业，1993年7月参加工作，曾在蓬安县中医院、河舒中心卫生院、金溪中心卫生院、徐家中心卫生院、龙蚕镇卫生院、平头乡卫生院等单位工作，先后任医师、副院长、院长。现任蓬安县杨家镇卫生院副院长、蓬安县中医联合会副会长。

## 医案医话

痹证是临床上的常见病、多发病、难治病之一，其因风寒湿邪着于肌肉、经络、关节，令气血运行不畅，致肌肉、筋骨、关节发生酸楚、疼痛、麻木，重则关节屈伸不利、僵硬、肿大、变形等，轻者病在四肢关节，重者可内舍于脏腑，类似于现代医学的风湿性关节炎、类风湿性关节炎、强直性脊柱炎、骨关节炎等疾病。《黄帝内经》对其病因、发病、证候、分类、演变早有论述，曰："各以其时，重感风寒湿也。""风寒湿三气杂至，合而为痹，风气胜者为行痹，寒气胜者为痛痹，湿气胜者为着痹。""五脏皆有合，病久而不去，内舍于其合也。"

蒋光鹏在临证中体会到痹证发病有二，一是感受外邪，多因居处潮湿、涉水冒雨、气候剧变、冷热交错等致风寒湿邪入侵，留滞经络、关节，痹阻气血，或素体阳盛，阴虚有热，再复感风寒湿热，邪留关节，郁而化热而成。二是久病体虚，劳逸过度，肝肾气血不足，邪入留昔，无力排除所致。其病理转归有三：一是痹久气血运行不畅，而瘀血痰湿痹阻经络关节；二是病久气血伤耗，形成气血两虚证候；三是痹久不愈，复感于邪，内舍脏腑，形成脏腑痹。临床通经活血、疏散邪滞为治痹大法，新痹以祛邪为务，久痹补泻兼施、寓散于补。故现就具体辨证分型论治痹证的体会陈述于后。

## 一、行痹

乃风寒湿邪侵袭人体筋肉、关节，而以风气偏胜为主要表现的痹证，常表现为肢体关节酸痛，游走不定，屈伸不利，或伴见恶风、发热，舌苔薄白、脉浮等。治疗以散风为主，而以除寒祛湿佐之，大抵参以补血之剂，所谓治风先治血，血行风自灭也之法。基础方药为：防风 15 克，独活 12 克，当归 15 克，白芍 20 克，茯苓 15 克，桂枝 10 克，甘草 8 克，川芎 12 克，羌活 12 克。临证依据病情加减：若腰背酸痛甚者，加杜仲 30 克、巴戟天 30 克、桑寄生 30 克、淫洋藿 30 克、土鳖虫 30 克、续断 30 克，独活增至 15 克，以补肾强腰；下肢痛甚者，加川牛膝 15 克、萆薢 20 克、苍术 12 克、白术 20 克，以祛风健脾除湿；上肢疼痛者，加蜂房 15 克、海桐皮 15 克、姜黄 15 克、赤芍 15 克，以祛风止痛；关节肿痛，有化热之象者，合四妙散寒温并用，祛风除湿清热。

案例：李某某，男，50 岁，2009 年 4 月 10 日初诊，自诉 10 天前冒雨劳作，衣里冷湿，是夜即感四肢关节酸痛，游无定处，次日即去村医疗站治疗，与布洛芬，药后疼痛减，但停药即发，遂来蒋光鹏处再诊。从问诊得知，其关节游走酸痛，屈伸不利，伴见畏寒恶风、微咳，望其舌白苔薄腻，诊其脉浮，思其冒雨受寒，风寒湿邪入侵关节，即诊为痹证（行痹），法拟祛风除湿散寒、通络止痛，于基础方加苍术 12 克、秦艽 12 克、蔓荆子 15 克、杏仁 12 克，二剂。药后复诊，诸症减，再以原方二剂而愈。

按：痹证有内因和外感两个方面形成，外感者为风寒湿停，内因者为脾胃湿热所致，本案恰逢春季冒雨受寒，风寒湿浸关节，故用羌防祛风胜湿，桂枝散寒通络，苓、杏宣气化湿，归、芍、芎养血活血，秦艽镇痛，诸药合伍，集神术散、羌活胜湿汤、防风汤于一体，共建祛风除湿、健脾散寒之功，故病愈矣。

## 二、痛痹

是风寒湿滞关节、气血不畅，而以寒气胜为主的痹证，表现为肢体关节疼痛较剧，痛有定处，得温痛减，遇寒痛甚。关节屈伸不利，局部不红不肿，伴见舌白苔薄、脉紧，治宜散寒为主，而以疏风燥湿佐之，大抵补火之剂。基础方药：制乌头 10 克，麻黄 9 克，白芍 15 克，黄芪 20 克，甘草 10 克，制附子 10 克，当归 15 克，干姜 10 克，细辛 6 克，蜂蜜 100 克。若关节发凉痛甚者，加制草乌 10 克，以散寒止痛。

案例：何某，女，40 岁，2011 年 12 月 15 日初诊，主诉 2 个月前在自家鱼田涉水捕鱼，回家后感上下肢疼痛，自服解热镇疼药，疼痛稍减，继复发，遂去村卫生站以中药（处方不详）治之，疼痛仍在，即来蒋光鹏处就诊。知其四肢关节疼痛，遇冷痛甚，遇热痛减，触其皮肤冰凉，舌白，脉弦紧，虑其为寒湿入侵关节阻滞气血所致，诊为痹证（痛痹），法拟散寒除湿止痛。药用基础方加苍术 12 克、防风 12 克，三剂，并以五积散加制川乌、制草乌、生姜、葱头共研细，用盐水浸湿加热外熨。药后复诊，疼痛减轻，继以原方四剂，去五积散，药毕疼痛消失。再以温阳活血、强筋利节之剂善后而愈。

按：痛痹之证，乃寒湿偏胜，阻滞气血。故本案取乌头、附子，配麻黄既散寒除湿止痛，又开皮毛，令寒湿从汗而解；配黄芪之补托，既助乌头温经，又监麻黄过散；以芍药甘草汤佐之，活血通经，缓急止痛，白蜜甘缓，解乌头之毒；附子、干姜、细辛温经散寒止痛。合而用之，共收散寒除湿止痛之效，再以五积散外治增强其功，故痛愈矣。

## 三、着痹

以湿留关节为主，表现为肢体关节重着、酸痛、肿胀、痛有定处、手足沉重麻木、活动不便等症，伴见脘闷、便溏、苔白腻或黄腻，脉濡，治宜燥湿为主，而以祛风散寒佐之，大抵参以补脾之剂，盖土旺则能胜湿，而气足自无顽麻也。基础方为：苡仁60克，防风12克，苍术12克，羌活10克，独活10克，制川乌8克，麻黄6克，桂枝8克，当归15克，川芎10克，白术20克，猪苓15克，防己12克，甘草6克。若关节肿胀甚者，加萆薢15克、土苓40克、茯苓20克、泽泻15克，以增强除湿之功。肌肤麻木者，加海桐皮15克、乌梢蛇30克、木瓜15克、豨莶草20克，以通络除湿治痹。脘闷，苔腻者，加白蔻12克、藿香12克以宣气化湿。

案例：陈某某，男，62岁，2015年8月21日初诊，患者反复关节肿痛3年，曾经多处以中西药治疗，诸症如故。后经朋友介绍来蒋光鹏处诊治，见其关节肿胀，按之凹陷不起，纳差，脘闷，便溏，苔腻脉濡，思其病机为湿阻中焦、流注经络关节，即拟基础方去乌头、麻黄，加茯苓20克、泽泻15克、白蔻12克、黄芪20克，增健脾利湿之功。五剂，药后复诊，诸证减轻，再以原方五剂，后以独活寄生汤善后调治。

按：本例乃脾肾亏虚为本，水湿不化而留滞为标，故先以健脾除湿、通利关节治其标证，再以健脾胃、补肝肾治其本证，符合仲景“夫病痼疾，加以卒病，当先治其卒病，后乃治其痼疾也”之旨。

## 四、热痹

乃以湿热留昔关节、壅滞气血为主，表现为关节红肿热痛，得冷则舒，遇热痛甚，且痛不可触，常病及多个关节，兼有发热口渴、烦躁不安、舌红苔黄、脉数之证。治宜清热通络、祛风除湿，兼以活血凉血。基础方为：石膏30克，知母10克，桂枝10克，苍术12克，黄柏12克，牛膝12克，防己12克，滑石30克（布包），苡仁40克，赤小豆15克，蚕沙30克（布包），甘草6克。若皮肤红肿，加丹皮12克、赤芍15克、生地30克、紫草20克，以凉血活血；咽痛、恶寒发热者，加银花30克、连翘15克、薄荷12克、桔梗10克，以清热解毒；口燥咽干者，加生地20克、玄参15克、蒲公英30克，以养阴清热解毒。

案例：苏某某，女，49岁，2017年5月17日初诊，自诉2年前值农忙劳热之季，常贪凉洗冷，渐觉关节疼痛，经当地村卫生室治疗，疼痛暂时缓解，移时复痛，并伴关节红肿，反复治疗至今未愈，故慕名来蒋光鹏处诊治，见其关节红肿，口干口苦，胃脘不舒，大便溏而黏滞，小便黄，舌苔黄腻，脉滑数。思其湿热过盛、阻滞中焦、留滞关节所致，即拟宣气化湿、清热通络之法，以基础方加杏仁 12 克、赤芍 15 克、土鳖虫 30 克宣气化湿、清热活血止痛，五剂。药后复诊，诸证减轻。仍宗原法，石膏、滑石均减至 15 克，加白术 20 克增健脾之效，再服五剂，后以健脾除湿、补养肝肾之剂调理善后。

按：《内经》云“其热者，阳气多，阴气少，病气胜，阳遭阴，故为痹热。”是案乃脏腑经络先有蓄热，复遇风寒湿气客之，热为寒郁，气不得通，久之寒亦化热，壅滞经络气血而成。故治疗先宣气化其湿热，再以健脾之法助其健运，补肝肾强其筋骨关节而收效。

## 五、痰瘀痹阻

以风寒湿痹阻或热痹日久不愈，气血运行不畅，久致瘀血、痰湿阻滞经络关节为主要表现，常见关节刺痛，或关节肌肉紫暗、肿胀，肢体麻木或重着，或关节变形，屈伸不利，结节、瘀斑形成，或胸闷痰多，舌质暗有瘀斑，苔白腻，脉弦涩。治宜健脾益气、活血化瘀、蠲痹通络，拟桃红四物汤合二术二陈汤加味，药用桃仁 10 克，红花 8 克，当归 15 克，川芎 12 克，赤芍 15 克，生地 30 克，苍术 12 克，白术 15 克，陈皮 12 克，半夏 12 克，茯苓 20 克，白芥子 12 克，三七 12 克，苡仁 40 克。若痰湿留滞，阻碍气机，加香附 12 克、天竺黄 12 克，理气化痰；关节肿大强直，加土鳖虫 30 克、川牛膝 12 克、川断 30 克，活血化瘀；疼痛不已者，加全虫 8 克、乌梢蛇 30 克、蜂房 15 克，通络止痛；兼热象存，可加黄柏 12 克、丹皮 12 克、土苓 30 克，清热活血除痹。

案例：宋某某，男，65 岁，2011 年 9 月 21 日初诊，患者于半年前双下肢疼痛，曾在上级医院检查治疗，诸证如故，其既往有高血压、糖尿病史，来诊时见其双下肢肿痛，行动不便，便秘，尿黄，舌质紫暗，苔白腻，脉滑，虑其痰瘀阻痹经络关节，腑气失畅，拟活血化瘀、理气通滞之法，药用桃仁四物汤合二术二陈汤加火麻仁 30 克、乌梢蛇 30 克、土鳖虫 30 克、枳壳 12 克、黄芪

30 克活血化痰、理气通滞。五剂，药后复诊，诸症略减。再以原方五剂，肿痛减轻。后仍宗原法，加减十剂，肿痛全消，再以独活寄生汤善后调理。

按：本案系本虚标实之证，痰瘀阻滞，腑气不畅之标证明显，而肝肾之虚不显，故先以活血化痰除湿止痛治其标为先，再以补益肝肾气血治其本在后，全程治疗对湿邪、气滞、瘀血、痰邪、热邪兼顾，故而收效。

## 六、肝肾气血两虚

痹证日久，必损肝肾气血，关节屈伸不利，腰膝酸软乏力，或畏寒肢冷，短气，或劳热心烦，舌红苔白，脉沉细弱或细数，治宜补益肝肾、滋养气血、舒筋止痛，拟独活寄生汤加减，药用独活 12 克，桑寄生 30 克，茯苓 15 克，当归 15 克，川芎 12 克，熟地 30 克，白芍 20 克，防风 12 克，党参 30 克，黄芪 30 克，秦艽 12 克，杜仲 30 克，乌梢蛇 30 克，土鳖虫 30 克，续断 30 克，防己 10 克，炙甘草 8 克，怀牛膝 15 克，巴戟天 30 克。若兼外感或加羌活 10 克、桂枝 10 克祛风散寒，或加忍冬藤 30 克、秦艽 12 克清热除痹。

案例：杜某某，65 岁，2010 年 7 月 18 日初诊。3 年前其腰腿疼痛，伴下肢麻木，经上级医院检查诊断为腰椎骨质退行性改变，骨质增生，坐骨神经痛，服中西药后，疼痛暂缓，移时复发。后来蒋光鹏处诊治，见其腰腿疼痛麻木，屈伸不利，膝软畏寒，伴头昏眼花乏力、舌淡苔白、脉沉细。虑其肝肾亏虚、气血不足，治宜补肝肾养气血、除风湿，拟上方加制附片 10 克、徐长卿 20 克，温阳益气养血止痛。五剂，药后复诊，诸症减轻。再以原方十剂，并给壮腰健肾丸，病渐趋好转，再以原法调理半年，麻木疼痛消矣。

按：久病必虚，久病必瘀。是案病久，肝肾亏虚，气血不足，经络不畅，故以独活寄生汤加减补肝肾养气血、除风湿、通经络，为增强疗效，善后以壮腰健肾丸补肾气、壮腰膝，故收效也。

痹证除了内治法外，还可以配合运用针灸、小针刀、熏蒸、按摩、推拿、艾灸、电疗、冷热敷等中医外治法，对痹证的治疗收效更佳。

（徐家中心卫生院供稿）

# 守护一方百姓健康的滕中林

## 医家小传



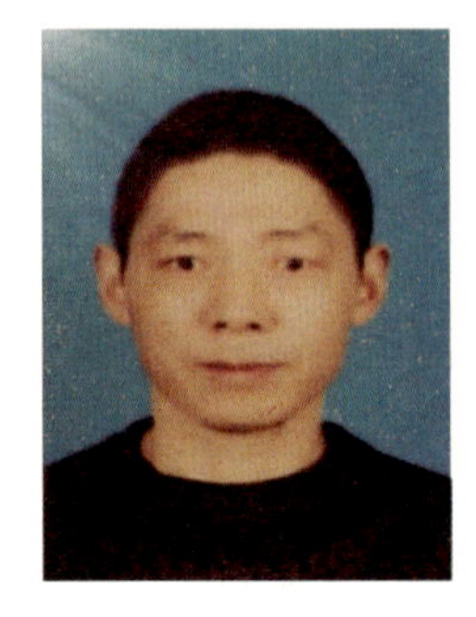

滕中林，男，出生于1974年9月，蓬安县兴旺镇（原海田乡）人，大专文化，中医主治医师。师承张心海、章继财等老师，后随父滕宇在当地行医看病，先后为海田乡竹山观村卫生站乡村医生、诸家乡卫生院业务骨干、平头乡卫生院业务骨干。曾多次入蓬安县人民医院、蓬安县中医医院以及南充市中心医院进修。从医20余年，擅长运用中医治疗呼吸系统、消化系统、风湿免疫等疾病，对慢性病和疑难杂症有独到见解。

小时候，滕中林经常对师公（陈常，蓬安县名老中医，济渡人）家牌匾上的“悬壶济世”和父亲（滕宇，蓬安县名老中医，主治医师，海田人）常年贴在门前的“继仲景辨证精，承扁鹊疗疾灵”对联琢磨不已。目睹家中琳琅满目的各种中药，细嗅房间里中药充斥的各类味道，清晨黄昏，打望络绎不绝来家中看病的患者。回眸处，木箱子里装满《黄帝内经》《伤寒论》《温病条辨》等各式各样古典医学著作。日转星移，耳闻目染，滕中林对祖国医学产生了极大的兴趣。往往不经意间，他瞧见患者脸上流露的微笑，以及父亲诊室墙上满挂的锦旗，陡然觉得治病救人神圣、伟大，有成就感。

彼时，逢年过节，父亲总是带上滕中林，顺带买上一些小礼品到师公家做客。当时他不明白父亲为何要坚持那样做，直到后来滕中林步入医门才明白那是每个医生必备的尊师重道风尚。

初中毕业后，父亲将滕中林送到蓬安县卫生学校进行了为期两年的系统学习和一年期的住院医生实习，让其从中医基础理论到临床通通学习了一遍。当时让滕中林记忆犹深的是，张心海、章继财老师给他们上课时，竟然不看教材可以从第一章讲到最后一章，这让他佩服得五体投地。于是暗下决心，要以二位老师为榜样，将中医学好学扎实，为患者带去福音。皇天不负有心人，毕业实习时滕中林以优异成绩完成各科实习要求。后来他便跟随父亲，翻山越岭，为患者解除病痛，得到了广大患者认可。在随父出诊的那段时间，他接触了大量病人，从内科、妇科、儿科、外科通通看了个遍。在一边看病一边学习中，滕中林于 2000 年考取了执业助理医师资格，于 2005 年考取了执业医师资格。后来，他又多次到蓬安县中医医院、县人民医院、南充市中心医院进修，并顺利结业。回到当地医院后，他大力发展医疗业务，为医院增加了业绩，还获得了患者赠送的三面锦旗，其医术同时获得上级医疗主管部门和单位领导的表扬与认可。2018 年、2019 年度，获优秀医师称号；2022 年度，获卫健系统先进个人称号。

众多荣誉面前，滕中林没有一丝骄傲，反而觉得肩上担子沉重，只有不断提高服务技能、服务态度、服务理念，才不会辜负领导和广大患者的信任。带着这份理念，他在祖国医学的海洋里继续遨游、吸取精华，后来不但以优异的成绩一次性考取了 2022 年度主治医师职称，并在临床中总结了一套优秀的诊疗方案，特别是运用中医理论和方药治疗急性不完全性肠梗阻以及风湿关节炎有非常好的疗效。

随着业务水平的不断提升，滕中林接触的患者越来越多，目前一年的门诊量约 6000 人次，收治住院病人年约 600 人次，运用中医药治疗 70% 以上，总有效率 90% 以上，获得了广大患者一致好评，守护了一方百姓健康。

## 医案医话

患者，王某某，女，60 岁，平头乡 9 村 4 组人，于 2022 年 6 月 19 日下午因腹胀痛伴停止排便排气 2 天急诊入院。入院时患者表情痛苦，扶入病房，自述：两天前不明原因出现腹胀痛伴停止排便排气，伴纳差，进食减少，停止排便、排气，伴腹部胀痛不适，无明显呕吐、恶心，无畏寒、发热、咳嗽、咳痰，无晕厥、意识障碍等不适。查体：T36.6℃，P73 次 / 分，R18 次 / 分，BP130/72 mmHg，患者营养中等，表情痛苦，皮肤巩膜无黄染，浅表淋巴未肿大，双侧眼睑无下垂，瞳孔等大同圆，对光反射灵敏，听力正常，口气臭秽，舌红苔黄腻而厚，咽反射正常，颈软无抵抗，颈静脉无怒张，甲状腺无肿大。双肺叩击呈清音，未闻及干湿啰音，心律齐，各瓣膜未闻及病理性杂音。腹胀，中上腹及脐周区压痛（+），无反跳痛，肠鸣音稍亢进，肝脾胁下未扪及，肝肾区无叩击痛，双下肢无水肿，停止排便排气，肛门坠胀不适，脉滑数有力。肌张力正常，生理反射存在，病理征阴性。既往健康状况良好，自述八年前曾做过肠梗阻手术，否认患“高血压”“糖尿病”等慢性疾病，否认“肝炎”“结核”等传染性疾病，否认食物、药物过敏史，否认新冠肺炎疫区接触史。

诊断：西医为不完全性肠梗阻；中医为腹痛（气滞食阻型）。

西医治疗：禁食，止痛，导泻，助消化，补液。

中医治疗：苦寒泻下，消食行气活血。

方药：炒莱菔子 40 克，厚朴 30 克，枳壳 10 克，桃仁 12 克，赤芍 12 克，芒硝 15 克（分次兑服），大黄 12 克（另包后下），甘草 6 克。本方证主要表现为腹痛，腹胀，大便不通。病变部位在肠，病机为积滞内阻、气血失调。根据六腑以通为用以及通则不痛、痛则不通的理论，本方有大黄、芒硝、莱菔子泻热导滞，枳壳、厚朴行气宽中，桃仁、赤芍活血行瘀，使腑气得通，气血调畅，甘草调和诸药。

另在局部用药：芒硝 250 克，小茴香 250 克，加热后进行腹部外敷。可起到行气导滞、排便的作用。经过 6 天的治疗后患者痊愈，于 2022 年 6 月 24 日出院，一个月后电话回访无不适。

（蓬安县平头乡卫生院供稿）

# 用心守护健康的刘丹英

## 医家小传

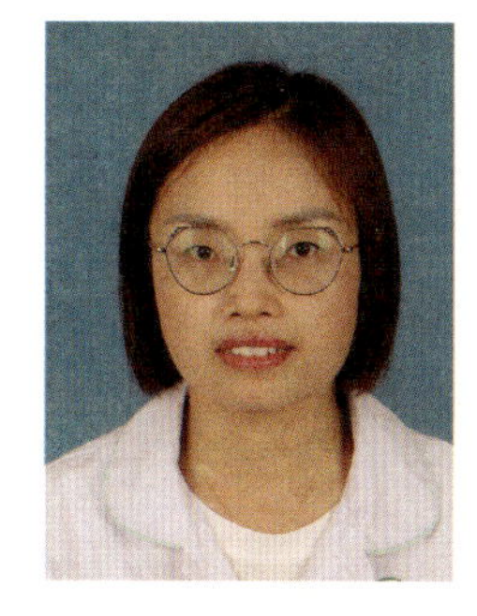

刘丹英，女，1978年8月出生于内江市资中县水南镇大石桥村，大学本科，主治中医师，蓬安县中医医院内一病区主任、心血管内科副主任。毕业于川北医学院，曾到川北医学院附属医院心血管内科进修1年，江油市中医医院内科进修半年。从事临床诊疗工作20年余，运用中西医结合治疗内科常见病、多发病、疑难病有较好的疗效，对冠状动脉粥样硬化性心脏病、风湿性心脏病、扩张型心肌病、病毒性心肌炎、心力衰竭、心律失常、肺源性心脏病、心肌梗死、脑梗死等心脑血管疾病，以及慢性阻塞性肺疾病、慢性支气管炎、支气管扩张症、糖尿病、风湿性关节炎治疗有独特疗效。在省级以上期刊发表论文数篇。

## 医案医话

### 一、健脾渗湿，温阳化饮，茯苓桂枝白术汤加减治疗冠心病

刘丹英认为，冠心病是目前临床十分常见的心血管疾病之一，是动脉血管腔狭窄、心肌供血不足所致的功能性或器质性障碍，患者临床表现为心悸、胸前区疼痛、气促等，该疾病病程较长，恢复较慢，西药治疗可有效改善病情，

但容易发生不良反应，且效果有限。中医将冠心病归为“胸痹”范畴，和血瘀、气滞密切相关，临床治疗应以活血化瘀为主。

采用茯苓桂枝白术汤加减治疗，该药方：枳实、薤白、陈皮、竹茹、干姜、法半夏各 12 克，瓜蒌 16 克，桂枝 20 克，茯苓、白术各 25 克。心胸疼痛严重者，加乌头 12 克；心悸易汗、倦怠懒言者，加黄芪、麦冬各 16 克，人参 12 克；痰浊化热者，加黄连 7 克，胆南星、天麻、天竺黄各 12 克；四肢不温者，加红花 7 克，桃仁、当归、川芎、川牛膝各 12 克，赤芍 16 克。每日 2 次，每日 1 剂，连续用药 2 个月。

通过对照组（西药治疗）与试验组（茯苓桂枝白术汤加减治疗）分组治疗比较，刘丹英发现试验组治疗有效率为 97.30%，较对照组高 19.52%。治疗后，试验组患者左心室收缩末期内径、左心室舒张末期内径、左心室射血分数均优于对照组。

中医茯苓桂枝白术汤加减治疗，可有效改善患者阳气不足的症状，方中桂枝具有助阳化气，茯苓可加强心肌收缩力、改善睡眠，陈皮可理气化痰，白术可助消化、增强抵抗力，薤白可降低动脉粥样硬化，干姜可温中散寒，法半夏可降逆止呕，整体药方可改善心肌缺血及缺氧等症状，促进血流增加。冠心病患者通常为老年人，容易表现出遇寒发病、阳虚等症状。刘丹英认为应注重温阳健脾，应加用温阳药材进行治疗，部分患者存在强烈疼痛症状，治疗应注重疏肝解郁，改善心肌供血，减少耗氧量。临床各数据显示，茯苓桂枝白术汤加减治疗冠心病的效果显著，不仅可有效提升治疗有效率，对于改善患者心功能具有显著作用，且用药安全性良好，未增加不良反应。

## 二、祛瘀止痛，活血通络，血府逐瘀汤联合常规西药治疗冠心病心绞痛

刘丹英在对冠心病（CHD）心绞痛的治疗中，以供职医院一年间（2021 年 5 月 — 2022 年 5 月）患者（60 例），随机分为两组（30 例 / 组）。分别以常规西药（对照组），联合血府逐瘀汤（观察组），进行临床治疗及研究。

对照组使用常规西药治疗：单硝酸异山梨酯片，口服，10mg，每天两次，

30天/疗程，持续治疗2疗程。观察组使用血府逐瘀汤，方组为：甘草、柴胡各3克，桔梗5克，枳壳6克，生地黄、当归、牛膝、红花各9克，桃仁12克。头痛、面色青紫、头晕，加老葱6克、生姜9克、麝香0.15克；腹痛腹胀，加延胡索3克、乌药6克、香附5克；周身疼痛、四肢厥冷，加干姜、肉桂、羌活各3克。1剂/天，水煎煮取300 ml汁水，每日两次，30天/疗程，持续治疗2疗程。

研究结果显示：与对照组比较，观察组疗效偏高，发作次数、持续时间、ST段下移偏低。此结果表示：血府逐瘀汤对心血管疾病的治疗效果较高，治疗后的观察组和对照组均在治疗前减轻了症状，表明与单纯西药治疗相比，联合抗症状治疗和保守治疗更能改善症状。

CHD心绞痛属于“胸痹”“心痛”范畴，属于本虚标实的症状，该病病机为正气亏虚、瘀血痰浊、寒凝气滞等导致心脉痹阻，发作期的表现为标实，其中最突出的为血瘀，从而导致心绞痛发作。常规而言，该病症的发作期多数为心血瘀阻证，按照中医理论“不通则痛”，从而明确该病的治疗关键为化瘀通脉，同时西医粥样硬化斑块在中医范畴也属于“瘀”，从而应当遵守祛瘀止痛、活血通络的治疗规则。该研究使用的血府逐瘀汤为《医林改错》所记载，方组中的甘草清热解毒、镇咳祛痰、补脾益气，柴胡镇静、镇痛，桔梗宣散肺气、清利咽喉、祛痰、镇咳、排脓，枳壳理气宽中、行痰消痞，生地黄清热凉血、养阴生津，当归补血、活血，牛膝逐瘀通经、通利关节、利尿通淋，红花活血通经、散瘀止痛，桃仁破血、化瘀，诸药合用能够祛瘀通脉、活血行气、疏肝理气，从而在行气理气的同时活血化瘀，升降同用，能够调节气血时引药下行。活血化瘀法能够预防或者抑制血栓形成，扩张冠脉，增加冠脉血流量，从而提高微循环，同时改善冠状动脉粥样化形成，溶解该物质，从而根治胸痹心痛症状。

## 三、安神宁心，舒缓神经，归脾汤加减方结合降压药治疗老年高血压

刘丹英认为，老年高血压为老年人心血管不良事件发生的主导因素，现阶

段该病症的发病率升高，也严重影响老年人群的日常生活。老年高血压患者通常使用苯磺酸左旋氨氯地平、厄贝沙坦氢氯噻嗪片治疗，前者属于钙通道阻滞剂，能够扩张患者血管、控制血压，后者属于血管紧张肽Ⅱ受体拮抗剂，两者共同作用能够起到显著降压效果。但两种药物长期使用可能导致不良反应，影响患者的治疗依从性，因此在此基础上结合中药方组能够达到更确切的疗效，实现标本兼治、快速发挥疗效，并有效改善患者的身体机能及治疗依从性。

为区分及研究疗效，仍采取对照组与观察组分组进行。所有患者使用降压药：苯磺酸左旋氨氯地平，po，qd，2.5 ~ 10.0 mg，厄贝沙坦氢氯噻嗪片，po，qd，300 mg；观察组在此基础上使用归脾汤加减方治疗：栀子 10 克，当归 15 克，酸枣仁 30 克，白术 15 克，浮小麦 30 克，合欢花 15 克，远志 15 克，灵磁石 20 克，石决明 30 克，茯苓 15 克，香附 10 克，生黄芪 15 克，大枣 10 克，党参 15 克，龙眼肉 15 克。肝肾阴虚患者，加菊花、龟板、钩藤、太子参；脾胃湿热患者，加黄连、黄芩；肝气郁滞患者，加郁金、延胡索。1 剂 / 天，水煎煮取 300 ml 汁水，每日两次，30 天 / 疗程，持续治疗 2 疗程。

归脾汤加减方出自《医方简义》卷五，方组中的栀子清热解毒、泻火除烦，当归补益心血，酸枣仁养心、益肝、安神敛汗，白术健脾、益气、燥湿、利水，浮小麦固表止汗，合欢花解郁、安神、镇静，远志安神益智、化痰解郁，灵磁石镇静安神、益肾补血，石决明清热去火、保肝明目，茯苓利水渗湿、安神，香附疏肝理气，调经止痛，生黄芪补气固表，利尿排毒，大枣健脾、益血，党参益气、生津、养血，龙眼肉补益心脾、养血安神，诸药合用能够发挥安神宁心、舒缓神经、清热解毒、活血化瘀的作用。刘丹英通过对比研究结果显示：与对照组相比，观察组降压效果显。此结果表明，降压药联合归脾汤加减方能够发挥稳定血压、增强治疗效果的功效。

（蓬安县中医医院供稿）

# 擅用中西医结合抢救急危重症患者的谢世君

## 医家小传

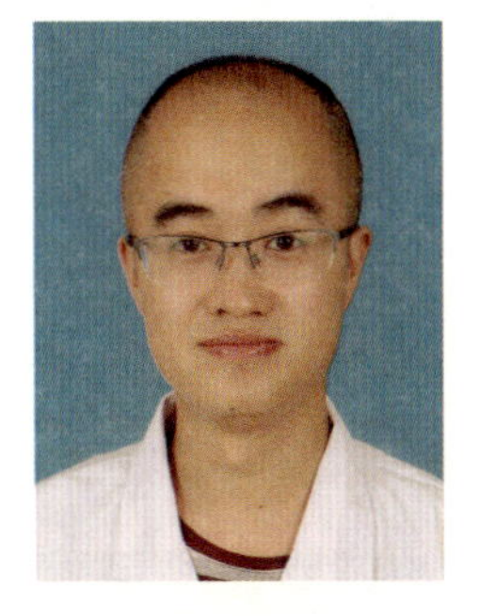

谢世君，男，1982 年 4 月出生于蓬安县锦屏镇沙梗子村（原长梁乡沙梗子村），本科学历，主治中医师，急诊科主任。从小就对传统中医有着浓厚的兴趣，熟读《黄帝内经》《伤寒论》，曾就读于成都中医药大学，毕业后长期从事临床诊疗工作，2022 年取得中医副高级技术资格，发表学术论文数篇。现任四川省中医药学会重症医学专业委员会委员，南充市重症医学质量控制中心专家组成员，南充市医学会重症医学专业委员会常务委员。临床经验丰富，擅长运用中西医结合抢救急危重症患者，对消化、呼吸、循环系统疾病有丰富的诊疗经验。

## 医案医话

### 一、大承气汤加减在预防胃肠功能衰竭中的疗效分析

2021 年 1 月至 2021 年 12 月，急诊科采用大承气汤加减预防患者胃肠功能衰竭取得满意的疗效，现报告如下。

（一）临床资料

1. 纳入病例：42 例患者中男性 32 例，女性 10 例，年龄 60 ~ 75 岁之间，平均年龄 67 岁。均为慢性阻塞性肺疾病急性加重期患者，均有不同程度的腹胀、纳差症状，7 例患者有大便干燥症状。

2. 药物组成：大黄 12 克，枳实 12 克，厚朴 10 克，瓜蒌 12 克，中药配方颗粒。

3. 服药方法：每日三次，每次一包，温开水冲服。

4. 结果：42 例患者连续服用该方剂 7 天，期间腹胀、纳差症状明显得到缓解，食欲好转，进食量恢复至发病前状态。其中 3 例患者有便秘症状，均无腹胀、腹泻情况发生，气喘症状也有明显缓解。

5. 典型病例：患者男性，70 岁，反复咳痰喘 30 余年，加重伴腹胀纳差 2 天入院。查体：体温 36.6℃，呼吸 26 次 / 分，血压 140/92 mmHg。神志清楚，精神差，口唇略绀，颈静脉充盈，桶状胸，双肺闻及较多干啰音。心界大小正常，心率 105 次 / 分，节律规则，各瓣区未明显闻及血管杂音。症见：喘咳痰鸣，胸中满闷，腹胀纳呆，大便干燥，舌质淡，苔白腻，脉滑。胸部 CT：慢性支气管炎肺气肿，双下肺感染。中医诊断：喘病，痰浊阻肺证；西医诊断：1. 慢性阻塞性肺疾病急性加重期。2. 肺部感染。入院后常规给予低流量吸氧，抗感染，平喘对症治疗。口服药物只给予上述配方颗粒。次日，患者大便通畅，腹胀、纳差明显缓解，正常进食。

（二）讨论

慢性阻塞性肺疾病可归属于中医“喘病”范畴，以呼吸困难，甚至张口抬肩、鼻翼扇动、不能平卧为特征，往往多伴有腹胀、纳差等消化系统症状。肺开窍于鼻，通过肺的宣发将水液通过鼻腔蒸发出去是水液丢失的一种途径，当患者的呼吸变得急促，肺的宣发功能亢奋，水液的丢失也会相应地增加。津液不足就会出现便秘症状。而肺气虚衰，通调水道功能减弱，水液停聚体内，脾的运化功能就会受损，出现腹胀、纳差、腹泻等胃肠道功能衰竭表现。所以，对于慢性阻塞性肺疾病患者来说，均有潜在的引起胃肠功能衰竭的高危因素。脾气主升、肺气主降，一升一降，对肺的宣发肃降和通调水道功能起到积极的作用。方中选用大黄苦寒泄热、攻积通便、荡涤肠胃邪热积滞为君药，厚朴行气消胀除满，枳实下气开痞散结，助厚朴行气而除痞满，瓜蒌清热涤痰、宽胸散结、润肠。诸药合用可促进脾的运化功能，脾的功能正常，可将吸收的营养物质上输至心、肺，对肺的宣发与肃降也起到很好的作用，有利于喘病向愈。

## 二、桃仁水煎剂加布地奈德超声雾化治疗肺源性心脏病

慢性肺源性心脏病，均有肺循环瘀血的病理基础，使用桃仁水煎剂 2ml 加布地奈德 2ml 超声雾化吸入具有很好的止咳平喘效果。

张某，男，65 岁，有慢性肺源性心脏病病史。

初诊：2021 年 6 月 16 日，反复咳痰喘 20 余年，加重 2 天。20 年前，患者开始出现咳嗽、咯痰、气喘症状，经服药治疗后，其症状可有缓解，每于感冒或冬春季复发。每年累计发作时间长达 3 个月。近几年，出现明显活动后心累气促症状，活动能力逐年下降，且反复出现下肢水肿。多次行胸部 CT 检查提示慢性肺源性心脏病。2 天前，患者咳痰喘症状加重，喘咳痰鸣，痰多易咯，口唇紫绀，听诊双肺闻及散在干湿性啰音，双下肢轻度水肿，指脉氧饱和度 92%。中医诊断：喘病，辨证为痰瘀壅肺证；西医诊断：慢性肺源性心脏病心肺功能失代偿期。

处方：桃仁水煎剂 2 ml，加布地奈德 2 ml，超声雾化吸入，每日 2 次。

二诊：2021 年 6 月 17 日患者咳嗽、气喘较前稍有减轻，痰多易咯，为白色泡沫样痰液，指脉氧饱和度 95 %，继续给予桃仁水煎剂 2 ml 加布地奈德 2 ml 超声雾化每日 2 次。

三诊：2021 年 6 月 18 日患者咳嗽、气喘较前明显减轻，痰量较前减少，为白色泡沫样痰液，指脉氧饱和度 96 %，继续给予桃仁水煎剂 2 ml 加布地奈德 2 ml 超声雾化每日 2 次。

四诊：2021 年 6 月 19 日患者咳嗽、气喘较前明显减轻，痰少，为白色泡沫样痰液，指脉氧饱和度 96%，继续给予桃仁水煎剂 2 ml 加布地奈德 2 ml 超声雾化每日 2 次。

五诊：2021 年 6 月 20 日患者咳嗽减少，气喘明显减轻，痰少，为少许白色稀薄样痰液，口唇无紫绀，双下肢无水肿，指脉氧饱和度 98%，继续给予桃仁水煎剂 2 ml 加布地奈德 2 ml 超声雾化每日 2 次。

2021年6月21日，患者结束雾化，回家服药治疗，回访中患者恢复情况满意，咳喘明显减少，起居如常，双下肢水肿消退。

按：慢性肺源性心脏病是老年常见病、多发病，多由慢性阻塞性肺疾病迁延不愈长期发展而来，逐渐出现右心功能衰竭，出现体循环瘀血体征。在无合并感染的情况下，可试用桃仁水煎剂 2 ml 加布地奈德 2 ml 超声雾化吸入。桃仁具有活血化瘀、润肠通便、止咳平喘之功效，桃仁水煎剂有消炎、抗菌之效，布地奈德具有很好的控制气道炎症反应，解除支气管痉挛和黏膜水肿。两者合用，可使止咳平喘效果加强，同时可降低支气管毛细血管通透性，减轻支气管黏膜水肿，改善肺循环瘀血。



## 三、益气活血治疗中风病

病例：李某，男，72 岁。中医诊断为中风病，气虚血瘀证。治以益气扶正、活血化瘀。

初诊：2010 年 5 月 6 日，反复头昏 5 余年，加重 3 天。5 年前，患者开始出现头昏，当时行头部 CT 提示腔隙性脑梗死，无高血压病史。间断服药治疗，其头昏症状时好时坏，但活动能力未受限制。3 天前，患者头昏加重，行走不稳，需人搀扶，无眩晕、恶心、呕吐、抽搐、意识障碍。睡眠可，饮食可，大便稍干燥，小便正常。行头部 CT 仍提示：腔隙性脑梗死，血压 140/90 mmHg，人消瘦，面色无华，气短乏力，无气喘，舌质淡红，苔薄白，脉细缓。中医诊断为中风病，辨证为气虚血瘀证，拟方补阳还五汤加减。

处方：黄芪 30 克，当归 10 克，白芍 10 克，肉桂 10 克，川芎 10 克，桃仁 10 克，白术 10 克，茯苓 10 克，红花 10 克，西洋参 10 克，3 剂，水煎服。

二诊：2010 年 5 月 13 日，患者头昏、气短乏力症状稍有好转，步履从容，可自行行走无需搀扶，二便调，舌质淡红，苔薄白，脉细缓。血压 130/76 mmHg。上方续服，6 剂。

三诊：2010 年 5 月 27 日，患者偶有头昏，无气短乏力症状，睡眠稍差，起居正常。血压 138/86 mmHg。上方加茯神 10 克、合欢皮 10 克、酸枣仁 10 克，续服 6 剂。

2010年6月18日电话回访，患者无头昏症状，起居正常，睡眠可，能从事轻度体力劳动。

按：中风病是老年人常见病、多发病，主要由内伤积损、情志过极、饮食不节等导致气血逆乱，横窜经脉，犯及于脑，导致脑脉不通或血溢脉外而发。对于无高血压病史的老年人，随着年龄的增长，多有气虚，气的推动能力减弱，血液容易瘀滞而发为中风。故治疗上予以益气活血为主。黄芪、白术、西洋参补气；当归、白芍养血；肉桂补火助阳归心经、入血分，擅通经脉，在本方中有“煽风点火”之功，增强补气、养血药的力度，可明显改善微循环、血液瘀滞的状况；川芎、桃仁、红花活血化瘀；茯苓、白术健脾使补而不壅。

（蓬安县中医医院供稿）

# 善用麻杏石甘汤治疗儿科肺系疾病的蒲彦

## 医家小传



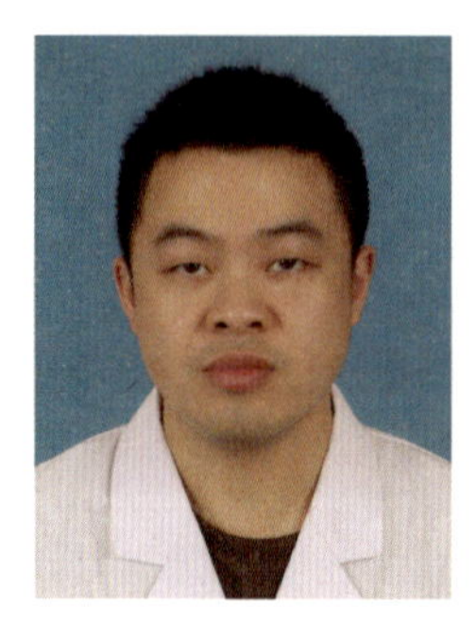

蒲彦，男，出生于1986年2月，营山县玲珑乡人，2005年3月至2008年1月就读于川北医学院，中西医结合专业；2007年至2008年系绵阳市903医院实习医生；2009年至2010年，系蓬安县骑龙乡卫生院住院医师，期间完成了中西医结合的助理医师及执业医师的资格考试；2010年至今，系蓬安县中医医院内儿科住院医师，并于2017年通过主治医师资格考试。

## 医案医话

### 麻杏石甘汤在儿科肺系疾病中运用的体会

麻杏石甘汤源自《伤寒论》，由麻黄、石膏、杏仁、甘草四味组成，为“辛凉重剂”。其功效为辛凉宣泄、清肺平喘，主治肺热壅盛证。

制方特点：辛、透、宣、降，使肺热得以宣泄，复其宣降，而无凉遏之虑。

《伤寒论》63、162条指出，汗下后，不可用桂枝汤，“汗出而喘，无大热者，可与麻黄杏仁甘草石膏汤”，不难看出此方适用于喘病。蒲彦认为，这里所描述的“喘”，不限于咳嗽气喘之类，还包括肺失宣肃、肺经郁热等其他表现。

现代运用麻杏石甘汤来治疗小儿哮喘、肺炎、气管炎以及支气管炎，是儿科呼吸系统疾病治疗的基本方，远远超出了《伤寒论》条文记录的应用范围。

临证加减根据肺热和表郁的轻重，调整石膏与麻黄配伍比例，张仲景以有无汗来确定麻黄与石膏的比例，无汗石膏3倍于麻黄，有汗石膏5倍于麻黄。而蒲彦善于在实际运用中根据肺热程度来调整麻黄与石膏比例及用量，如肺热气壅、胸满喘咳加桑白皮、葶苈子、枇杷叶、地龙等，如咳痰黄稠加浙贝母、全瓜蒌、鱼腥草、竹茹等，如热甚伤津加知母、芦根、天花粉等。

1. 哮喘之热性哮喘：作为一种常见的儿科慢性疾病，加之儿童依从性差，给治疗带来很大的难度。中医辨证将其分成两大类：发作期和缓解期，发作期属实证热证居多，表现为咳、喘、痰、热；缓解期主要表现为肺、脾、肾的亏虚。实践证明，麻杏石甘汤对哮喘发作期之热性哮喘，疗效确切。

2. 肺炎喘嗽：无论小儿是风热闭肺、痰热闭肺、热毒闭肺，以麻杏石甘汤为基础方加减进行治疗，均有显著疗效。

**病案举例**

（1）唐某，女，4岁。2021年1月2日就诊。家属诉患儿“咳嗽，咳痰，气喘一年多，加重3天”，院外服用阿奇霉素颗粒、氨溴特罗糖浆等，症状无明显好转，遂来蓬安县中医院儿科诊治。查体：小儿呼吸困难，气粗而喘，痰液黄稠，大便干结，舌红少津、苔薄黄，脉滑数。中医诊断为：喘证（痰热壅肺）；西医诊断为：喘息性支气管炎。证候分析：各类诱因引动肺中伏痰，积热蕴痰，痰热瘀阻，阻塞气道，故见气喘痰黄；肺热下移大肠，故大便干结难解；舌红少津、苔薄黄、脉滑数为里热之证。治法：清泄痰热，以麻黄杏仁石膏汤加减：麻黄4克，杏仁5克，生石膏15克，鱼腥草10克，全瓜蒌10克，桑白皮5克，竹茹12克，枇杷叶10克，枳壳6克，厚朴6克，甘草3克。日1剂，水煎服300 ml，分3次服。服药2剂，小儿咳嗽、咳痰、气喘趋愈，大便顺畅，继续服2剂，告病痊愈。

（2）周某，女，3岁。因咳嗽5天，加重伴发热、气喘、惊厥6小时，于2022年5月6日入院。院外给予头孢克肟颗粒、氨溴索糖浆等。既往有“热性惊厥”病史。查体：喉间痰鸣，呼吸急促，发热，纳呆，舌红苔黄腻，脉滑数。中医诊断为：肺炎喘嗽（痰热闭肺）；西医诊断为：支气管肺炎。证候分析：痰热闭肺，痰重于热，故咳嗽痰多，喉间痰鸣，呼吸急促，肺热之邪未能及时外泄，内陷心肝，故抽痉动风，舌质红，苔黄腻，脉滑数皆为痰热内盛之象。查体 T：39.2℃，P：132 次 / 分，R：31 次 / 分，咽充血，扁桃体无肿大，双侧胸廓对称无畸形，双肺呼吸音粗，可闻及散在哮鸣，双下肺可闻及少量中细湿啰音，心界不大，心率 110 次 / 分，律齐，心音有力，各瓣膜听诊区未闻及病理性杂音。辅检胸片提示：支气管肺炎。血常规示 WBC：$14.09\times10^{9}$/L，N：69.3 %，L：19.6 %，HB：118 g/L。入院后给予注射用头孢匹胺、氨溴索注射液静滴，配合沙丁胺醇、布地奈德雾化吸入，患者发热、咳喘无明显减轻，于 2022 年 5 月 6 日 20 时，再次出现惊厥，持续约 10 秒钟自行停止。治法：清热宣肺、涤痰定喘，以麻黄杏仁石膏汤加减：麻黄 4 克，杏仁 5 克，石膏 20 克，桑白皮 6 克，葶苈子 5 克（布包），鱼腥草 15 克，竹茹 12 克，枇杷叶 10 克，冬瓜子 10 克，钩藤 6 克（后下），地龙 6 克，天竺黄 6 克，砂仁 5 克。日 1 剂，水煎服 300 ml，分 3 服。第 3 天患儿热退，咳喘减轻，精神好转，两肺湿啰音减少，解黄色软便 1 次。第 6 天，临床症状基本消失，肺部听诊未闻及干湿啰音，于 2022 年 5 月 12 日痊愈出院。

按：凡表现有咳、喘、痰、舌苔黄、脉数等证候，无论有无汗，均为该方适应证。在肺炎喘嗽病及支气管哮喘急性发作时疗效确切。全方总体辛凉宣泄，风寒实喘、虚证喘逆为本方禁忌，同时久服易伤津耗气、损伤脾阳，故应中病即止。

（蓬安县中医医院供稿）

# 以中医内外联合疗法守护稚嫩生命的苏聃

## 医家小传

苏聃，男，1986 年 8 月出生于蓬安县周口街道磨子西街社区（原相如镇磨子西街社区），大学本科，主治中医师，担任蓬安县中医医院内三病区主任、儿科主任，南充市儿科专委会委员。曾在成都市中医医院、南充市中心医院进修学习，从事儿科临床工作十余年，擅长小儿肺炎、急性支气管炎、急性扁桃体炎等儿科常见病多发病治疗，临床疗效显著。

## 医案医话

### 一、中药治疗小儿肠系膜淋巴结炎

肠系膜淋巴结炎多发于 7 岁以下小儿，以肚脐周围阵发性腹痛、肠系膜淋巴结肿大为特征。肠系膜淋巴结炎分为急性肠系膜淋巴结炎与慢性肠系膜淋巴结炎两种。

小儿急性肠系膜淋巴结炎病机主要是毒壅气滞、湿热蕴结。小儿外卫功能不足，形气未充，易于感触外邪，结于腹部，不通则痛，则生此病。本病多属病毒感染，一般自然痊愈。

慢性肠系膜淋巴结炎常由结核引起，伴肠结核或结核性腹膜炎，有结核病接触史。临床表现为慢性结核中毒征：低热、盗汗、倦怠、纳差、腹痛，可在右下腹或左上腹扪及肿大的淋巴结，压痛明显。抗结核治疗一般效果较好。据其特点及伴随症状，苏聃认为中医辨证病位在脾及肠胃。小儿外卫功能不足，易于感触外邪。若感外邪，邪壅气滞，脾常不足，易聚湿生痰，痰气交阻，结于腹部，不通则痛。

治疗小儿肠系膜淋巴结炎，苏聃认为，首先清淡饮食，对症处理，调节水电解质平衡，抗感染用药主要选择头孢哌酮或头孢匹胺，输液山莨菪碱用以缓解腹痛。在此基础上加服中药“二陈散结汤”加减，方药组成：

陈皮 9 克，香附 9 克，玄参 9 克，浙贝母 9 克，连翘 9 克，夏枯草 6 克，板蓝根 10 克，薏苡仁 15 克，柴胡 6 克，法半夏 6 克，甘草 3 克。

腹刺痛者，加丹参 6 克、延胡索 6 克、川楝子 6 克；发热者，加芦根 6 克、生石膏 15 克；腹胀者，加枳实 6 克；咽痛甚者，加牛蒡子 9 克；恶心、呕吐甚者，加竹茹 5 克；便秘者，酌加瓜蒌仁 6 克、大黄 3 克；食欲不振者，加木香 6 克、砂仁 6 克、焦三仙各 10 克；腹泻者，加藿香 6 克。

3～6 岁儿童，分 2 次口服，每次 75 ml；7～9 岁儿童，分 3 次口服，每次 100 ml。

该方药以陈皮理气健脾、和胃化痰，理脾肺之气；浙贝母开泄宣肺、化痰散结；香附为血中气药，理气开郁，善于宣散，通行十二经脉；玄参解毒散结、清热凉血生津润燥；夏枯草泻肝胆之火，畅利气机以散郁结；法半夏燥湿化痰、降逆止呕、散结消痞，以治痰阻气郁之瘿瘤痰核等；连翘清热解毒、消痈散结；柴胡疏肝开郁和解退热；薏苡仁利水渗湿、健脾止泻清热排脓；板蓝根清热解毒凉血、利咽消肿、解毒散结；甘草缓急止痛、清热解毒。诸药合用，理气化痰为主，兼以开郁散结、清热解毒、健脾渗湿、消肿止痛，配合西药治疗小儿急性肠系膜淋巴结炎疗效较好。

## 二、中西医结合治疗小儿过敏性鼻炎

过敏性鼻炎过敏原多样，包括室内及户外两种。室内以尘螨、霉菌、宠物为主，而户外过敏原一年四季均可存在，诸如香樟、核桃树、榛子树、杜松子树、杨树、桦树和橡树等都可引发过敏性鼻炎。此外，随着我国居民生活水平的改善，交通工具保有量激增，汽车尾气中芳香烃颗粒虽然不是过敏原，但是却成为季节性过敏性鼻炎的强烈刺激物。

苏聃认为，过敏性鼻炎的治疗是一个长期性、艰巨性工作，同时病情的反复不仅严重影响患者正常工作生活，更会引发诸多医患纠纷，对医患双方均产生一定影响。

针对过敏性鼻炎的治疗，孟鲁司特钠成为临床最为常用的西药。方法为：孟鲁司特钠口服，4 mg/ 次，1 次 / 天。它属于一种选择性白三烯受体拮抗体，在进入患者体内后能够特异性抑制半胱氨酰白三烯受体，继而实现治疗过敏性鼻炎的目的。但是随着该药物使用范围的扩大，单纯采用该药物治疗已经无法取得理想的疗效。

中医认为过敏性鼻炎，因脏腑功能失调，加之外感风寒、异气之邪侵袭鼻窍所致，而脏腑失调又以肺、脾虚损为主。中药方剂辨证治疗方案如下：

1. 肺气虚寒证。偏于气虚采用玉屏风散合并加味苍耳子散治疗，方药组成：黄芪、白术、防风、荆芥、苍耳子、辛夷、白芷、细辛、薄荷、连翘、豆豉、炙甘草、生姜。偏于虚寒以温肺桂枝汤治疗，方药组成：桂枝、当归、茯苓、沉香、苏子、橘红、半夏、瓜蒌实、桑皮。

2. 脾气虚弱证。偏于肺脾气虚采用参苓白术通窍汤治疗，方药组成：党参、茯苓、泽泻、薏苡仁、白扁豆、白术、红花、菖蒲、陈皮、木通、灯心草。偏于脾胃虚寒选用理中汤予以对症治疗，方药组成：人参、白术、炙甘草、干姜。

上述方剂均水煎成剂，取 300 ml 分早晚 2 次服用，患者以 1 个月为 1 个疗程，持续治疗 3 个月。

## 三、中医药治疗小儿腹泻

腹泻是小儿多发病证之一，以排便次数增多，便质稀溏，或兼有未消化乳食残渣及黏液等粪质改变为辨证要点。小儿腹泻发病频率较高，在治疗方式上，西医以纠正脱水恢复电解质平衡为主，而中医药基于辨证的治疗方法为该病的治疗提供了多种选择，且疗效显著。

苏聃认为，小儿腹泻产生的病因病机主要有四种：外来之邪内袭而致泻；内伤饮食、损伤脾胃、脾失健运、胃不受纳而致泻；脾胃虚弱、运化无力所致的脾虚泄泻；脾肾阳虚、阴寒内盛、阳虚不固所致的洞泄。小儿“脏腑娇嫩，形气未充”，急性泄泻常常导致津液的大量丢失，伤津耗气，可出现气阴两伤、气随津脱的危重情况，因此临证应配伍收敛止泻药以固护阴液、扶正祛邪。同时，该病的发生还具有季节性，如春季多风寒泻、夏季多热泻、长夏多湿泻、秋季多水泻及冬季多冷泻。且因小儿“肝常有余，脾常不足”，土虚木乘以致脾土更虚，脾虚运化无力，则泄泻迁延难愈。

在辨证分型上，小儿腹泻主要有脾气虚、食积、湿热、寒湿、脾肾阳虚等5型。腹泻分为风寒泻、伤食泻、脾虚泻、湿热泻及伤阴伤阳腹泻。随着现代科学技术的不断发展及与中医融合度的不断增强，有研究者尝试将数据挖掘这一现代技术引入本研究领域，指出小儿腹泻前10位的证型依次为脾气虚证、脾胃湿热证、食滞胃肠证、寒湿困脾证、脾虚湿困证、脾肾阳虚证、脾胃阳虚证、脾阳虚证、脾虚肝旺证和脾胃气阴两虚证，提示小儿腹泻病位主要在脾胃，其次为肾、肝。脾气虚证最多见，是小儿腹泻的最基本证型，虚证和实证也常见，临证时应首辨虚实，充分考虑补益脾气。临床治疗小儿腹泻的方药多是基于脾气虚弱、失其健运的病机，以补气药的运用为主，又常根据临证夹湿、食、外感等情况配伍除湿、消导、发散、行气之品。

苏聃对小儿腹泻的治疗多采用内治、内外治结合及中西医结合等方法，且疗效良好。

1. 中医内治法。中药内服是本病的主要治疗方式，除选用经方外，临床疗效显著的自拟中药方也有不少。运用胃苓汤治疗脾虚湿盛型小儿腹泻176例，总有效率93.2%，疗效可靠。运用葛根芩连汤加味治疗小儿秋季腹泻96例，比采用利巴林注射液的治疗方法有效。根据“利小便而实大便，则泻自止”的原则，自制止泻方加减治疗小儿腹泻68例，总有效率为87 %。运用黄芪建中汤加减治疗小儿腹泻59例，总有效率为93.12 %。

2. 中医外治法。由于腹泻常致小儿脾胃功能失调，对药物吸收差。又因患儿惧怕药苦，药物摄入难，故外治法日益受到儿科医生的重视。传统外治法如针灸、推拿、中药塌渍等对小儿腹泻有确效，安全可靠，值得推广。采用针灸疗法治疗的小儿腹泻症患者 60 例，总有效率 100 %。运用脐部中药敷贴，配合中成药联合治疗小儿腹泻 86 例，对照组 80 例给予西药治疗，结果观察组总有效率 96.3 %，对照组总有效率 90.7 %，两组之间差异有统计学意义。选取 84 例小儿腹泻患者按照随机化原则分为治疗组和对照组各 42 例，治疗组采用中医推拿疗法，对照组给予西医常规治疗，治疗组明显减少大便次数、改善大便性状，疗效优于对照组。

3. 联合疗法。临床治疗以追求疗效、速效为目的，100 例小儿腹泻患者，其中研究组 50 例采用中药内服加穴位敷贴，对照组 50 例采用中成药蒙脱石散剂治疗，发现研究组 96 % 有效，对照组只有 80 % 有效，说明中药联合穴位敷贴优于单纯中成药治疗。将 100 例小儿腹泻患者随机分为观察组和对照组，各 50 例，对照组和观察组都给予常规的中药内服治疗，观察组在此基础上给予穴位贴敷治疗，结果对照组总有效率 86 %，观察组总有效率 94 %。98 例腹泻患儿随机观察组 50 例和对照 48 例，两组均予常规中药内服治疗，观察组加用中药穴位贴敷，治疗 5 天后评定疗效，观察组总有效率为 96.0 %，对照组总有效率 89.6 %。

综上，运用传统中医药方法治疗小儿腹泻疗效确切，副作用小，易于接受。尤其是小儿推拿、中药塌渍等外治法，提高了小儿依从性，联合中药内服，能增强疗效，缩短疗程，有效地治疗小儿腹泻。

（蓬安县中医医院供稿）

# 治法方药有常当变的李伟

## 医家小传

李伟，男，1981年6月出生于南充市顺庆区芦溪镇（原顺庆区灯台乡），大学本科，毕业于川北医学院，现为蓬安县兴旺镇中心卫生院临床主治医生。

李伟于2000年9月在成都卫生学校学习期间，跟岳池县石垭镇中心卫生院姑父学习中医，姑父见其资质敏悟，收为弟子。从此，刻苦攻读医书，师存之经验，尽得其传，并于20岁独立应诊。2004年进入南充市中心医院中医科深造，两年后业满行医，治者每获良效，病者竞往不绝。

2006年，进入顺庆区一卫生院工作后向顺庆区名中医陈昌修老师学习。

2013年考入蓬安兴旺中心卫生院后，他继续坚持学习中医，经常寻访名老中医，虚心拜师求教。

由于李伟出身贫寒，深谙劳苦群众疾苦，常济贫扶危，贫穷患者求治，不索脉金，有的还助以药资。

## 医案医话

中医，是中国的文化精髓；中医博大精深，经过无数先辈名医的总结和传承，是我国医学的文化宝藏。《黄帝内经》《伤寒论》《金匮要略》《瘟病条辨》

作为中医的四大名著，是中医的必修之课。

《黄帝内经》阐释了阴阳五行学说，人与自然高度统一的整体观，脏腑理论、经络系统、病因病机、疾病治法等。强调了“阴平阳秘”的人体平衡协调状态，简单来说就是阴阳平衡，在内的脏腑柔和通利，在外的肌肤致密坚韧，方可抵御邪气的侵害。谨察阴阳是治疗的前提，察明疾病的阴阳变化，虚者补之，实者泻之，以达到阴阳平衡，如此方可治愈。对于疾病的防法，从《内经》中邪正盛衰理论对中医防治疾病判断病症虚实及预测疾病的转归具有重要的指导意义。所谓“邪之所凑，其气必虚”“正气内存，邪不可干”，可见提高人体的正气是防止疾病的关键。而提高正气的方法，书中提到如“虚邪贼风，避之有时，恬淡虚无，真气从之，精神内守，病安从来”。其中恬淡虚无是一种精神境界的追求。“饮食有节，起居有常，不妄作劳”，这三句话更是对我们健康生活的概括，这些简短的文字蕴含了无上养生哲学，反映了古人的生活境界。春应养肝，夏应养心，秋应养肺，冬应养肾，长夏应养脾，养生养在五味上，春多酸，夏多苦，秋多辛，冬多咸，四时调之以甘。

李伟时刻牢记师父的教导：“诊据不能凭一面决病情，用药不当，虽一味之差，药效大变矣，轻则病重，重则命绝，人命关天，要慎而行之。”疾病有常有变，理法方药亦知常达变。现就临床病例简单介绍如下。

## 一、四逆散加减疏肝理气和胃止痛

胃脘痛是上腹胃脘部近心窝处的疼痛为主症的一类疾病。因此，常有人称心痛、心窝痛。其发病多与饮食、情绪、酗酒及季节变化密切相关。胃脘痛既是中医病名，又是临床症状表现。常见伴随症状有：烧心、胸骨后热感、反酸、口中酸腐、口疮、腹胀、进食后堵塞感、食欲减退等，也可伴有腹泻、便秘等。胃痛的病位在胃，与肝脾关系密切。基本病机为胃气阻滞、胃失和降、不通则痛。病理因素主要有气滞、寒凝、热郁、湿阻、血瘀。病理性质：早期多为实证，后期常为脾胃虚弱。

辨证论治：应辨虚实寒热、在气在血。实者多痛剧，固定不移，拒按，脉盛；虚者多痛势徐缓，痛处不定，喜按，脉虚。遇寒则痛甚，得温则痛减，为寒证；胃脘灼痛、病势急迫，遇热则痛甚，得寒则痛减，为热证。一般初病在气，久病在血。

杨某，女，52 岁，兴旺镇袁家巷村三组人，于 2020 年 1 月 21 日就诊。来时患者脘腹胀满疼痛，打嗝，反酸，嗳气，痛及两肋，剑突下压痛，舌苔薄白，脉弦。诊断为胃脘痛、肝气犯胃型。治疗以疏肝理气、和胃止痛，方用四逆散加减：柴胡 15 克，枳实 12 克，白芍 12 克，甘草 3 克，郁金 15 克，佛手 15 克，青皮 12 克，乌药 12 克，香附 12 克，薤白 12 克，黄连 12 克，吴茱萸 6 克。水煎温服，一日三次。每天一剂，连服五剂后，病情好转，症状减轻，继续原方加减服用。嘱病人注意饮食及休息，加强护理直至病愈。

## 二、大青龙汤为主治外感风寒

感冒是我们的常见病、多发病，感冒需辨风寒感冒与风热感冒。感冒常以风夹寒、夹热而发病，因此临床上应首先分清风寒、风热两证。二者均有恶寒、发热、鼻塞、流涕、头身疼痛等症，但风寒证恶寒重发热轻，无汗，鼻流清涕，口不渴，舌苔薄白，脉浮或浮紧；风热证发热重恶寒轻，有汗，鼻流浊涕，口渴，舌苔薄黄，脉浮数。

李某，男，27 岁，发病 10 余日，于 2020 年 1 月 2 日就诊。患者外感风寒，发热恶寒无汗，头眩痛，身骨节痛，腰腿痛，咳嗽鼻塞，脉滑数。处方：麻黄 15 克，桂枝 10 克，杏仁 15 克，甘草 3 克，石膏 30 克，陈皮 12 克，半夏 12 克，桑叶 15 克，杷叶 15 克，菊花 15 克，生地 12 克，生姜 3 片，大枣 10 克。水煎温服，一日三次。服药后汗出症状大减，已不发热恶寒，身骨节痛、腿痛、咳嗽、鼻塞悉愈，惟头后痛眩，连及腰脊，项强，小便红。又以生地、元参、天冬、山药、山萸肉、丹皮、云苓、泽泻、菊花、生赭石、乳香、没药、葛根、竹叶服之，病获痊愈。

按语：病虽 10 余日，表证仍在，但脉不见浮紧，见滑数，是内有趋热之势，虽不烦躁，仍以大青龙汤为主，加生地以凉血，加二陈汤合桑叶、杷叶以治咳嗽，加菊花以治头痛。至此外感风寒之一系列症状皆除。

## 三、安神定志丸加减治心虚胆怯证

心悸的治疗应分虚实。虚证分别治以补气、养血、滋阴、温阳；实证则应祛痰、化饮、清火、行瘀。但本病以虚实错杂者为多见，且虚实的主次、缓急各有不同，故治当相应兼顾。同时，由于心悸以心神不宁为病理特点，故应酌情配入镇心安神之药。

有一患者李某，于 2020 年 5 月就诊，症状表现为：心悸不宁，善惊易恐，坐卧不安，不寐多梦而易惊醒，恶闻声响，食少纳呆，苔薄白，脉细略数或细弦。系心虚胆怯证，治以镇惊定志、养心安神，方用安神定志丸加减：龙齿 30 克，琥珀 20 克，枣仁 15 克，远志 10 克，茯神 20 克，人参 15 克，茯苓 12 克，山药 15 克，天冬 15 克，生地 12 克，熟地黄 12 克，肉桂 6 克，五味子 10 克，水煎温服，一日三次。

心虚胆怯证，若见心阳不振，用肉桂易桂枝，加附子以温通心阳；兼心血不足，加阿胶、首乌、龙眼肉以滋养心血；兼心气郁结，加柴胡、郁金、合欢皮、绿萼梅以疏肝解郁。

## 四、苓桂术甘汤加减治水饮凌心证

周某，男，55 岁，2021 年 7 月 15 日就诊，患者心悸、眩晕、气急，胸闷痞满，渴不欲饮，小便短少，下肢浮肿，形寒肢冷，伴恶心、欲吐、流涎，舌淡胖，苔白滑，脉弦滑。系水饮凌心。治以振奋心阳、化气行水、宁心安神，方用苓桂术甘汤加减：泽泻 15 克，猪苓 15 克，桂枝 10 克，茯苓 20 克，车前子 15 克，甘草 3 克，人参 15 克，白术 15 克，黄芪 20 克，远志 10 克，茯神 15 克，枣仁 15 克，水煎温服，一日三次。

水饮凌心证，兼见肺气不宣、肺有痰湿、咳喘胸闷，加杏仁、前胡、桔梗以宣肺，葶苈子、五加皮、防己以泻肺利水；兼见瘀血者，加当归、川芎、刘寄奴、泽兰叶、益母草；若见因心功能不全而致浮肿、尿少、阵发性夜间咳喘或端坐呼吸者，当重用温阳利水之方，如真武汤。

## 五、归脾汤加减治心血不足证

陈某，男，45 岁，于 2020 年 6 月就诊。其症状：心悸气短，头晕目眩，失眠健忘，面色无华，倦怠乏力，纳呆食少，舌淡红，脉细弱。系心血不足之证，治以补血养心、益气安神，方用归脾汤加减：黄芪 40 克，人参 20 克，白术 15 克，炙甘草 10 克，熟地黄 15 克，当归 15 克，龙眼肉 20 克，茯神 15 克，枣仁 15 克，木香 10 克，水煎温服，一日三次。

心血不足证，若五心烦热，自汗盗汗，胸闷心烦，舌红少苔，脉细数或结代，为气阴两虚，治以益气养血、滋阴安神，用炙甘草汤加减。失眠多梦，加合欢皮、夜交藤、五味子、柏子仁、莲子心等养心安神。若热病后期损及心阴而心悸者，以生脉散加减，有益气养阴补心之功。

（蓬安县兴旺中心卫生院供稿）

# 法古而不泥古的陈鹏兰

## 医家小传

陈鹏兰，执业中医师，1965 年 5 月出生于蓬安县鲜店乡龙滩村（原鲜店乡黄金村），幼年即随父学医，尽得亲传。1986 年毕业于蓬安卫校，后一直从事中医临床工作。1989 年中医学专业函授毕业于浙江中医学院（现为浙江中医药大学）。临床经验丰富，法古而不泥古。擅长治疗内科、妇科及儿科疾患，尤对脾胃、肝、肾、心脑血管等方面疾病有一定见解。

## 医案医话

### 一、温中健脾、疏肝和胃治疗胃脘疼痛

王某，男，54 岁，行政人员，2021 年 10 月 13 日前来就诊。患者自述：5 年前因饮食不当致胃脘疼痛，虽中西药杂投，病情时轻时重，常因饮食失宜、情志不遂致症状加重。2021 年 9 月经胃镜检查诊为慢性萎缩性胃炎。

症状：患者胃脘隐痛，喜暖喜按，遇冷痛甚，脘痛时连及两胁，腹胀纳差，肢倦乏力，大便溏薄，日行 2 ~ 3 次，面色萎黄，形体消瘦，舌质淡，舌体胖大，边见齿痕，脉弦细。诊断：胃脘痛。辨证属脾胃阳虚，兼肝郁气滞，治以温中健脾、疏肝和胃，方用香砂温中汤：党参 20 克，白术 10 克，茯苓 15 克，陈皮 20 克，半夏 10 克，木香 6 克，砂仁 10 克，厚朴 10 克，干姜 6 克，川芎 15 克，丁香 5 克，炙甘草 3 克，香附 10 克，乌药 20 克。水煎，三日一剂，分早中晚各服一次。

二诊：上方服用 5 剂，胁痛消失、胃痛大减，纳食增加，仍便溏，日行 2 次。方中去香附、乌药，加薏仁 30 克，以增健脾祛湿之力。

三诊：上方又服 5 剂，大便正常、胃痛消失，仍感身倦乏力、食后腹胀。方中去薏苡仁，加焦三仙各 12 克，继服。上方前后共服 3 个月余，精神饮食好转，面色红润，体重增加，大便正常，诸症消失。

分析：胃脘痛临床多因饮食不节，食生冷，损伤脾胃，导致中焦虚寒，以致脾不运化，胃失和降，气机郁滞而成。《景岳全书・心腹痛》指出："胃脘痛证，多有因食、因寒、因气不顺者，然因食因寒，亦无不皆关于气，盖食停则气滞，寒留则气凝。所以治痛之要，但察其果属实邪，皆当以理气为主。"故治疗脾胃阳虚症，不仅要温中健脾，还要注意疏肝，理气和胃才能达到治疗目的。方中党参、白术、茯苓、甘草健脾益气；陈皮、法夏、木香、砂仁、厚朴理气和胃；干姜、丁香和胃温中，帮助脾的运化，配合川芎行气和血。诸药和用，虚实兼顾，升降相协，顺脾胃之性，恰中病机，故疗效显著。

加减：兼肝郁者，加香附、乌药；兼血瘀者，加丹参、元胡；湿盛泄泻者，加薏苡仁；食滞不化者，加焦山楂、神曲、麦芽。

## 二、清利肝胆、健脾温肾法治口疮

沈某，女，83 岁。2023 年 5 月 16 日初诊。主诉：口腔及舌面疼痛红烂 1 年。

初诊：1 年前无明显原因出现口腔黏膜及舌面疼痛溃烂，常服维生素 B2 及多方中药治疗均无效。此起彼伏，缠绵不愈。现症：口腔黏膜及舌面疼痛溃烂，疼痛呻吟，说话困难，语音不清，伴口干口苦，食少，大便初硬后溏，常五六日一行。痛苦面容，舌面及口腔黏膜有散在之红色斑块溃疡，舌质红，苔少或呈地图样，乏津。脉细弦。诊断：口疮。证属厥阴证，下寒上热、寒热错杂。治以清利肝胆、健脾温肾，处方：乌梅丸合小柴胡汤加减：乌梅 15 克，当归 30 克，桂枝 3 克，干姜 3 克，附子 3 克，黄连 6 克，黄柏 6 克，柴胡 15 克，黄芩 10 克，党参 15 克，半夏 15 克，陈皮 20 克。3 剂。水煎服。嘱忌酒、辛辣刺激食物。

二诊：5 月 20 日。患者面呈欣喜之色，常年痛苦之病终遇治疗之法，口腔溃烂处颜色变淡，不似治疗前的鲜红，疼痛明显减轻，已能顺利进食，口干口苦减轻，能正确发音。舌质红，苔少呈地图样，乏津，脉沉数。继服上方 6 剂。

三诊：5 月 27 日。服上方患者精神尚可，口腔及舌面溃烂处开始收敛，颜色基本同正常黏膜色，且疼痛消失，纳食基本正常，余无不适。舌质淡红，苔少，脉沉细。上方桂枝、干姜、附子各增至 6 克。6 剂，水煎服。

四诊：6 月 3 日。服上方精神好，口腔及舌面溃烂处已基本愈合，疼痛消失，饮食及二便正常。舌质淡红，苔薄白，脉细。守上方，继服 6 剂。

五诊：6 月 10 日。服上方精神好，口腔顽固性溃烂已彻底治愈，目前已无不适。

分析：病人常年患口腔溃疡，多处求医，收效不佳，可谓顽疾。推测此前多认为疮疡之病为一派阳热之证，必多用清热解毒、凉血活血、养阴生津之剂，病情非但不轻，反而缠绵加重，说明此证绝非单纯热证，当属寒热错杂、水寒于下、火炎于上、上热下寒。按其归经则属肝经血虚郁遏、脾湿肾寒。肝主升发，性喜条达，赖于脾肾功能之相助，使其生培有源，才能发荣畅茂，木静而风恬也，反之五行运化失常则木郁土湿水寒。故乌梅丸方用酸温之乌梅为主，是从其性而欲入其肝，合用味甘辛而性温之桂枝、当归养血疏肝；配伍党参归经入脾，补中气而培脾土；复用附子、干姜、细辛、花椒大热之药，温肾阳又祛脏寒；因其肝木不能协水上济而证见上热消渴，故本方又佐用黄连、黄柏苦寒泻火而清上。如此，水暖土而木达，生机充沛，肌肉得以温养，口腔溃疡自愈。

（陈鹏兰口述　陈玉娟整理）

# 善用古方的张学东

## 医家小传



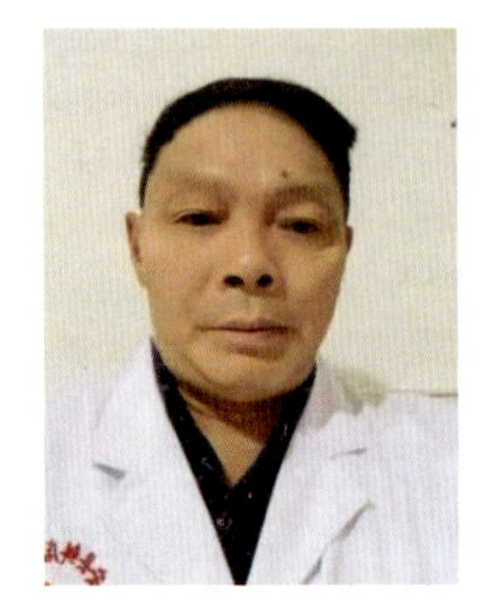

张学东，男，汉族，1967 年 7 月出生于蓬安县鲜店乡龙滩村（原鲜店乡黄金村），中专学历，现为鲜店乡卫生院职工，中医执业医师。系中医世家，其父张远发（1935—2001 年）是该院老职工，为中医事业奉献一生，享有美誉。张学东自幼受父亲影响而深爱中医，于 1983 年开始随父学医。1988 年 9 月，到蓬安县卫生进修学校学习中西医结合二年。1990 年毕业于蓬安卫校，9 月被鲜店乡卫生院临聘从事药剂、护理工作。2003 年取得中医执业助理医师资格，2007 年取得中医执业医师资格。2008 年 7 月到蓬安县凤石乡卫生院从事公卫妇幼兼新农合报账工作。2009 年 9 月调回鲜店乡卫生院，从事基本医疗、公卫妇幼工作。先后于 1995 年、2011 年，赴蓬安县人民医院、成都华西医科大学、成都妇女儿童中心医院进修学习。2020 年 11 月至 2021 年 10 月，参加四川省中医药管理局举办的中医全科医生转岗培训，取得合格证书。

从事基层医疗工作三十余年，张学东擅长内、外、儿、妇等各种疑难杂症。其医德医风良好，遵纪守法，勤勤恳恳，救死扶伤，为本地卫生事业作出了应有贡献。

# 医案医话

在基层接触病人多种多样，没有固定的分科看病，主要从事中医、中西医结合、内妇外儿等诊治工作，难度大，范围广，加之医疗设备简陋不全，只能凭扎实的中医基础理论和不断创新的专业技术，才能解决病人的疾苦。在此期间，他积累了丰富的临床经验，借鉴前人经典古方，在临床上灵活运用。

## 一、麻杏石甘汤加味

麻杏石甘汤方，凡两见于《伤寒论》。第63条曰："发汗后，不可更行桂枝汤，汗出而喘，无大热者，可与麻黄杏仁甘草石膏汤。"第162条曰："下后，不可更行桂枝汤，若汗出而喘，无大热者，可与麻黄杏仁甘草石膏汤。"两条原文基本相同，故后世医家多合并阐述。本方证条文虽短，但内涵丰富。

麻杏石甘汤是临床常用的方剂，用来解表，具有辛凉宣泄、清肺平喘的功效，组成是麻黄、杏仁、石膏、甘草，用于治疗风热之邪的外感，病邪集聚于患者肺内，患者出现发热，且出汗比较多，口渴、咳嗽、咳喘，痰较黄或者黄而黏，患者舌质红，嘴唇也较红，舌苔是黄苔，出现热邪壅肺的表现，此时用麻杏石甘汤既可退热，也可止咳平喘。根据病情，随证加味运用，疗效较好。

《伤寒论》麻杏石甘汤中麻黄用量四两，而石膏则用至半斤，石膏用量大于麻黄一倍，其温燥之性不足虑矣。石膏大寒，善清肺热、胃热，以石膏寒凉之性抑制麻黄温燥之弊，则令麻黄散邪平喘而不燥。

至于方中杏仁和甘草，一是助麻黄平喘，一是缓麻黄辛散、石膏寒凉之用，《伤寒论》中凡寒热并用之方，多用甘草调和之。

**病案一：**患者陈某，男，7岁，住鲜店乡春陈村5组，2021年5月就诊。患儿1周前出现发热，咳嗽。经多处医治，无明显疗效，且病情有所加重。到张学东门诊就诊，表现为高热不退，咳嗽气喘，体温38.5℃，母亲代述发热晚上为重，体温至39℃以上，喉有痰声，咽喉微有红肿，大便正常，舌苔黄厚腻，脉数。经DR检查确诊为肺炎。

诊断：辨为肺热痰喘。方药：鉴于发热，咳喘，处以麻杏石甘汤合小柴胡汤加减：麻黄 6 克，石膏 20 克（先煎），苦杏仁 10 克，甘草 3 克，柴胡 12 克，黄芩 10 克，法半夏 8 克，贝母 10 克，桔梗 10 克，瓜蒌皮 10 克，冬瓜仁 15 克，桑白皮 10 克，枇杷叶 10 克，板蓝根 12 克，鱼腥草 15 克，苏子 10 克（布包）。水煎服。

第 3 天，复诊，体温 36.8℃，咳嗽气喘好转，饮食不佳，舌苔白腻，脉滑数。

处方：小柴胡汤合二陈汤加减：柴胡 12 克，黄芩 10 克，法半夏 6 克，桔梗 10 克，瓜蒌皮 10 克，冬瓜仁 15 克，桑白皮 10 克，枇杷叶 10 克，茯苓 10 克，鱼腥草 10 克，陈皮 10 克，建曲 10 克，山楂 10 克，水煎服。服完，停药食养，令其清淡饮食，以防复发。

本方可有效退高热，即使低热，如果属于肺热实证者，亦可使用。

**病案二：**患者周某，女，71 岁，住鲜店乡白房子村 5 组，2022 年 3 月至 4 月于门诊就诊。反复咳喘 20 余年，经多处求医无效，稍有寒热不适即诱发咳嗽，气喘，少量黄痰，平常容易上火，手脚心发热，但又恶食凉，小腿发凉，关节疼痛，舌红、苔黄厚，脉细滑。

诊断：辨证为痰热壅肺，属上热下寒之证。治以清肺化痰为主，兼引火下行，方用麻杏石甘汤合三子养亲汤、二陈汤加味：麻黄 6 克，苦杏仁 15 克，石膏 30 克（先煎），甘草 6 克，蜜桑白皮 15 克，地骨皮 15 克，浙贝母 15 克，桔梗 15 克，蜜枇杷叶 15 克，苏子 20 克（布包），白芥子 15 克（布包），莱菔子 15 克，白果 15 克（煨），款冬花 15 克，茯苓 15 克，法半夏 12 克，陈皮 15 克，前胡 10 克，白前 10 克，肉桂 6 克。水煎服。

上为主方，每逢赶集再来根据病情，给予加减处方 1 剂，连服 6 剂，直到咳喘痊愈。

肺主皮毛，开窍于鼻，如皮癣、皮疹、面部痤疮、各种鼻炎属于肺热者，俱可使用麻杏石甘汤治疗。肺能通调水道，因肺热导致水液代谢失常，小便不利或遗尿；肺和大肠相表里，肺热移于大肠，腹泻或便秘者，辨证使用麻杏石甘汤治疗，皆能取得良效。

## 二、平胃散临证合方治疗多种疾病

平胃散，出自宋代皇家组织编写的《太平惠民和剂局方》，是其中非常精到的一个方子，古人说它是“治脾圣药”，后世有许多健胃方剂，都是在此方基础上加味而来的。平胃散组方简练、寓意明确，是历代医家常用的古代名方，祛湿运脾的经典方剂。

组成：苍术、厚朴、陈皮、甘草、生姜、大枣。

用于治疗脾胃不和、不思饮食、心腹胁肋胀满刺痛、口苦无味、胸满短气、呕哕恶心、嗳气吞酸、面色萎黄、肌体瘦弱、怠惰嗜卧、体重节痛、常多自利、或发霍乱、五噎八痞、膈气反胃等证。

方后并注曰：“常服调气暖胃，化宿食，消痰饮，辟风寒冷湿四时非节之气。”可见《局方》创平胃散，不但用于治疗脾胃不和之证，也作为和胃消食的常服保健药。因此，后世医家对此方推崇备至，它已经成为治疗脾胃病的经典方，很多和胃之方均由此方化裁而来。

张学东治疗胃病喜用此方。使用本方，当着眼于湿、食二证。胃属阳明，其气为燥，当燥不燥而为湿伤，则胃不和，可见心下痞满、嗳气呃逆、胃脘胀痛、饮食不化、舌苔白厚腻之证。

平胃者，削平胃中食滞、祛除胃中湿邪之义。湿邪得去，脾胃健运，则饮食自消。本方具有健脾和胃、祛湿消食之功，临床用于湿邪伤胃、饮食不化之证，则疗效明显。

临床应用本方，以舌苔厚腻为指征，并经常合用不同方剂治疗各种疾病。如胃为湿伤，郁而化热，心下痞满，口舌生疮者，则用本方与大黄连泻心汤合用；心下痞满而兼见口苦舌红、胁胀脉弦者，则合用小柴胡汤疏利肝胆气机。它如肝病、肾病以及各种内伤外感疾病，凡有胃部症状而因于湿邪、食滞为患者，均可在辨证论治的基础上合用本方，湿祛胃开，饮食得进，则病体易于恢复。

### （一）与大黄黄连泻心汤合用

大黄黄连泻心汤组成：大黄、黄连，治疗“心下痞，按之濡，其脉关上浮者”热痞证。两方合用，治疗食滞伤胃、中焦湿浊不化、湿郁化热、食后胃胀痞满、嘈杂泛酸，以及胃脘疼痛、口舌生疮、舌苔白腻、脉沉滑者，效果明显。

案例：反复性口腔溃疡

患者祝某，女，46 岁。住鲜店乡武童村 1 组，2021 年 5 月于门诊就诊。反复性口腔溃疡，疮面红而疼痛，西医给予消炎药物和补充维生素 B2 治疗多日无效，伴有消化不良，大便稀溏，舌质红而苔白腻，脉濡数。此乃湿热为患，但清热则湿不去，但祛湿则热愈炽，且有苦寒伤脾败胃、湿浊内生之虞。

处以平胃散合大黄黄连泻心汤，化湿泻热同施：苍术 15 克，厚朴 18 克，陈皮 15 克，甘草 8 克，大黄 3 克，黄连 6 克，蒲公英 15 克。服药 2 剂，口疮痊愈，胃开能食，大便正常。

该患者后又因饮食厚味，多次复发，皆用此方，每服有效。

再如鲜店乡双柏树村 6 组范某，男，55 岁，在广州打工回家，2021 年 12 月患胃病，表现为脘中痞闷，泛酸涌苦，胃中嘈杂，烧心作痛，舌红而苔白腻，脉濡数，在外面多方治疗不愈，特回家就诊，切脉视舌，辨为湿浊生热之证。

以平胃酸合大黄黄连泻心汤为治：苍术 15 克，厚朴 20 克，陈皮 15 克，甘草 6 克，大黄 3 克，黄连 10 克，乌贼骨 30 克，延胡索 12 克。服至 3 剂则酸水不泛，嘈杂与烧心皆愈。

此方也常用于治疗面生痤疮，疗效也佳，其机理与应用指征与口舌生疮基本相同。

### （二）与小柴胡汤合用

小柴胡汤组成：柴胡、黄芩、半夏、生姜、人参、炙甘草、大枣。两方合用，叫作“柴平汤”。小柴胡汤善治肝胆气火之郁，而平胃散以利气消满，苦温燥湿为长，两方相合，则疏肝和胃，而使肝胃两顾。

案例：月经病

患者普某某，女，28 岁，住鲜店乡箭杆梁村 3 组，2020 年 7 月于门诊就诊。正值经行之前一天，因家庭琐事而与丈夫争吵，遂胸胁满闷，时欲太息，以致发生先寒后热，寒多热少，有如疟状。兼见脘腹胀满，倦怠乏力，不欲饮食，强食则嗳腐吞酸，经色赤黑而暗，舌苔厚腻，脉濡滑。根据脉滑与舌苔厚腻，辨为肝气郁结挟有饮食停滞之证，投以柴平汤加减：柴胡 20 克，黄芩 12 克，半夏 15 克，党参 10 克，苍术 15 克，厚朴 12 克，陈皮 15 克，枳壳 10 克，焦山楂20克，焦神曲20克，焦麦芽20克，延胡索12克，甘草4克，生姜10克，大枣5枚。水煎服，连服药2剂而愈。

用平胃散合方治疗疑难病，疗效出奇。

## 三、甘麦大枣汤治验

### （一）治疗失眠

患者王某，女，53岁，住鲜店乡春陈村3组。2021年4月17日初诊。主诉：失眠、易醒3个月。患者3个月前开始出现失眠、易醒，每晚必醒2~3次，无入睡困难，每晚10:30左右上床，10分钟后即入睡，2:00必醒，梦多，噩梦连连，每晚总共能睡4~5小时，甚为苦恼，到张学东处就诊。初诊：失眠，易醒，梦多，噩梦连连，无入睡困难，头发蒙，压力大，容易紧张，有时欲哭，全身怕热，盗汗，咽痒，口干，纳可，食后略腹胀，大便成形偏干，1日1次，无夜尿，小便黄赤。查体：形体中等，舌两边有液线，苔根部薄黄，脉弦。

**方证辨证**

1. 本案中患者容易紧张，有时欲哭。《金匮要略·妇人杂病脉证并治第二十二》说："妇人脏躁，喜悲伤欲哭，象如神灵所作，数欠伸，甘麦大枣汤主之。"

2. 患者口干，小便黄赤。《金匮要略·百合狐惑阴阳毒病脉证治第三》说："百合病不经吐、下、发汗，病形如初者，百合地黄汤主之。"方证为：精神恍惚，默默不语，忧郁喜静，坐卧不安，烦躁，饥不欲食，口苦舌干，小便黄赤，苔薄黄，脉数，因此方证辨证百合地黄汤证。

3. 患者舌两边有液线，压力大，容易紧张，食后略腹胀，脉弦。《太平惠民和剂局方·卷之九·治妇妇人诸疾》中记载："治血虚劳倦，五心烦热，肢体疼痛，头目昏重，心忪颊赤，口燥咽干，发热盗汗，减食嗜卧，及血热相搏，月水不调，脐腹胀痛，寒热如疟。又疗室女血弱阴虚，荣卫不和，痰嗽潮热，肌体羸瘦，渐成骨蒸。"方证为：两胁作痛，或乳房胀痛，情志不畅，脾气急，神倦食少，少气懒言，舌两侧有液线，脉弦细，因此辨证为逍遥散证。

诊断：失眠，逍遥散证，治以甘麦大枣汤合百合地黄汤合逍遥散：炙甘草

12克，浮小麦60克，大枣20克，百合30克，生地黄30克，当归12克，白芍12克，柴胡12克，茯苓12克，炒白术12克，生姜12克，薄荷9克，合欢皮12克，首乌藤12克。共5剂，水煎服，2日1剂。

患者诉服药2剂后心情舒畅，精神好转，容易紧张、压力大、悲伤欲哭情况好转，睡醒时轻度有汗，无头发蒙。5剂后患者失眠痊愈，无夜间醒。

### （二）治疗脏躁

患者陈某，女，72岁，住鲜店乡龙滩村4组，2022年2月21日初诊。主诉：心中恐惧，悲伤欲哭1个月余。患者1个月前与他人发生争吵纠纷后出现心中恐惧、悲伤欲哭的症状，遂前往本院诊治，服多种汤药无效，遂前来就诊。刻诊：心中恐惧，悲伤欲哭，时噩梦连连，或梦人将害之，或梦人将捕之，伴气短，全身乏力，咽干，口干口苦，心下稍痞满，心慌，胸闷，胸部有大石压感，严重时不能平卧，纳少，眠差，大便可，小便赤。舌暗红，有瘀斑，苔少，脉弦滑。查体：形体消瘦，神清，精神弱，沉默寡言。

诊断：脏躁，治以甘麦大枣汤合百合地黄汤合栀子厚朴汤：生甘草30克，浮小麦100克，大枣30克，百合30克，生地黄30克，栀子15克，厚朴15克，枳实15克，佛手12克，丹参15克，陈皮15克。水煎服，2日1剂。

服药2剂后患者心中恐惧明显减轻，“喜悲伤欲哭”明显好转，噩梦减少，气短减轻，但仍全身乏力，喜长出气，咽干、口干、口苦，以口苦为主，小便赤，心下稍痞满，心慌，胸部已无大石压感，纳眠较前好转，但仍夜间梦多。继服3剂后，患者已不欲哭，精神状态明显好转。

### （三）治疗胸闷欲哭

患者唐某，女，63岁，住鲜店乡千丘田村1组，2022年7月11日初诊。主诉：胸闷2个月加重伴委屈想哭1个月。患者自诉1个月前因家事导致胸闷，气短，喜长出气，近一个月来上述症状加重并伴有委屈想哭，情志不畅，常紧张焦虑。刻诊：每天都发作胸闷，气短，喜长出气，总是有委屈想哭的感觉，睡眠质量差，大便日一行，偏稀，纳可。查体：舌暗红，苔薄黄，脉沉细。

诊断：胸闷，治以甘麦大枣汤合下气汤：生甘草20克，浮小麦90克，大枣30克，清半夏15克，炒杏仁15克，浙贝母10克，炒白芍15克，陈皮15克，五味子12克，茯苓15克，香附12克，枳壳12克，柴胡15克。共5剂，水煎服，一日 3 次服用。

患者自诉 3 剂后，胸闷喜长出气好转，无委屈想哭的感觉。再服 2 剂后，痊愈。

## 四、四妙散加味治验

痛风病患者罗某，男，65 岁，住鲜店乡铜鼓寨村 4 组。2022 年 7 月 19 日初诊。主诉：左右足第一跖趾关节肿痛反复发作 3 年余，再发加重 1 天。患者 3 年前无明显诱因出现左足关节红肿热痛，前往某西医院治疗，诊断为“痛风”，予以对症处理后症状缓解出院。此后每于进食海鲜、啤酒时症状复发，1 天前因饮食不慎于夜间深睡时再次出现左足关节肿痛，当时未服用药物，后症状逐渐加重，来医院治疗。刻诊：患者左右足第一跖趾关节处肿痛，活动受限，局部肤温增高，寐差，二便可，舌质红黯，苔黄白腻，脉滑数。实验室检查：尿酸 488 μmol/L。

辨证为湿热痹阻证，方选四妙散加味：黄柏 15 克，苍术 20 克，防己 15 克，生石膏 30 克（先煎），桂枝 15 克，威灵仙 15 克，知母 10 克，牛膝 15 克，炒薏苡仁 30 克，忍冬藤 30 克，穿山龙 30 克，土茯苓 40 克，淫羊藿 10 克，泽泻 12 克，茵陈 30 克，羌活 10 克，独活 15 克，防风 15 克，甘草 5 克。共 3 剂，水煎服，一日 3 次服用。

二诊：患者诉服药后关节疼痛明显减轻，局部皮肤无红肿，伴大便次数增加，舌常、苔白，脉滑。

前方去生石膏、知母，黄柏减至 10 克，加茯苓 20 克。续服 3 剂后随诊，患者诉关节症状消失，精神状态良好。

（蓬安县鲜店乡卫生院供稿）

# 善于治疗杂病的陈志强

## 医家小传

陈志强，男，1968 年 4 月出生于蓬安县鲜店乡鲁班石村（原鲜店乡白房子村）。中医执业医师，任职于蓬安县鲜店乡卫生院。1988 年 9 月至 1990 年 7 月，在川北医学院先后跟随名老中医杨实诚、蒋建民、刘亚光、黄九龄等学习中医。行医 30 余年，崇尚“救死扶伤，实行革命的人道主义”精神，具有良好的服务意识和服务态度。对待病员认真负责，平易近人，颇受群众好评。

## 医案医话

### 一、浅谈小青龙汤在临床应用中的体会

“伤寒，表不解，心下有水气，干呕，发热而咳，或渴，或利，或噎，或小便不利，少腹满，或喘者，小青龙汤主之。”这是《伤寒论》对小青龙汤主治病证的描述。

小青龙汤是张仲景《伤寒论》中著名的方剂之一，由桂枝、白芍、甘草、麻黄、半夏、细辛、干姜、五味子组成。方中麻黄、桂枝、细辛解表宣肺，半夏降肺，五味子收敛肺气，芍药益营补血，甘草益气，其功效是解表散寒、温肺化饮、兼益气血。此方宣降同施、敛益兼用，为临床活用小青龙汤拓宽了思路与方法。

小青龙汤既是主治表里兼证即太阳伤寒证与肺寒证相兼的重要代表方，又是主治寒饮郁肺证的重要基础方，更是主治溢饮寒证的常用变化方。此方治病位主要在肺、心、肾、胃四脏腑，常运用来治疗肺源性心脏病、阻塞性肺疾病、肾病综合征、肾小球肾炎、支气管哮喘、风湿性心脏病、心室肥大、心肌梗死等病证在其病变过程中而出现“咳逆倚息不得卧”者，只要审明病变证机是符合寒饮郁结，即可选用小青龙汤。小青龙汤方药组成如干姜、桂枝、半夏均能温肺化饮，无论是水气在肺，还是肺气不降，影响胃气不能气化水津，以此而演变的胃脘水气证，只要病机是寒饮郁结，亦可选用小青龙汤。张仲景设小青龙汤，既论方药基本组成，又论随证加减用药。此外，小青龙汤加减变化用药仅仅是举例而言，临证治病用药并非仅限于此。假如夹气虚者，可加人参、黄芪，以补益中气；若血虚者，可加当归、阿胶，以补血养血；若咳嗽甚者，可加紫菀、款冬花，以降逆止咳；若气喘甚者，可加葶苈子、蛤蚧，以降气纳气定喘；若夹有郁热者，可酌情加入石膏，以解肌除热；若寒饮上逆者，可与射干麻黄汤合用；若痰阻气逆者，可与皂荚丸合用；若夹虚寒者，可与理中丸合用；若肾阳虚甚者，可与真武汤合用等等。

该方在临床应用中不论肺寒饮证有无表证，均可应用麻黄、桂枝、细辛，若病有表证，它们发挥解表散寒作用；若无表证，它们发挥宣肺温肺散寒作用，即麻黄、桂枝、细辛因病证表现不同而发挥不同的治疗作用。张仲景设小青龙汤用法“上八味，以水一斗，先煮麻黄，减二升，去上沫，内诸药，煮取三升，去滓。温服一升。”即先煎麻黄 10 分钟，再纳入其余药煎煮 25 分钟，然后去滓，每日分 3 服。临床应用小青龙汤辨治阻塞性肺病、支气管哮喘等病证时，可每剂药煎 2 次，每日分 3 次温服，以续药力，则治疗效果明显。

陈志强在临床工作中利用小青龙汤加减运用，治疗不同类型咳喘病，取得很好疗效。举例如下：

### （一）风寒引动老年哮喘

伍某，男，76 岁，于 2013 年 2 月 20 日来就诊，反复咳嗽咯痰伴气喘 10 余年。3 天前因受凉，出现恶寒、胸闷、气憋、伴咳吐清稀痰涎等症状。平日短气、疲乏、轻度哮喘、痰多等。体胖，面色晦暗。听诊，呼吸急 28 次 / 分，双肺弥漫性哮鸣音。心率100次/分，血压120/70 mmHg，体温37℃。舌体胖大、苔白腻，脉浮紧。证属风寒客表、痰饮内停。治以解表蠲饮、化痰平喘，处方：炙麻黄、桔梗、前胡、法半夏、枳壳各10克，桂枝、细辛、干姜、五味子、甘草各6克，杏仁12克，葶苈子15克。3剂，水煎服，1日1剂，分3次温服。3天后复诊，自述服第1剂药后，即觉诸症状减轻，3剂后症状基本消失。

### （二）小儿外感兼内伤燥热咳喘

伍某，男，4岁，于2000年4月18日就诊。患儿从周岁开始，每遇风寒咳喘并作，以冬春季节多发。用抗生素加氨茶碱静点、沙丁胺醇气雾剂等方法可以缓解症状。两日前气温下降受凉后出现流清涕、咳嗽喘憋等。体温38℃，听诊满肺湿啰音、哮鸣音，唇干，舌质红、舌苔白、有剥苔，脉浮紧。证属风寒袭表、痰饮内停、内伤燥热。治宜解表散寒、甘寒养阴、祛痰定喘，处方：细辛、炙麻黄各2克，芦根、桑白皮、杏仁、甘草、款冬花、苏子、法半夏、桔梗、黄芩各10克，大力子、连翘、葶苈子、陈皮各9克，生姜、五味子5克，石膏20克。3剂，水煎服，嘱1次30 ml，3 h/1次，不服用其他药物。次日追访，服药1剂后症状减轻，3剂后症状消失。

分析：本案为4岁儿童。小孩脏腑稚嫩，为纯阳之体，真阴未充，感邪易入里化热。外感风寒，上犯于肺，导致肺气失宣发肃降而喘咳。患儿平日汗多，舌有剥苔，可见津液之虚损。故用小青龙汤中的麻黄、细辛、生姜等温散药，轻量宣肺解表散寒；而石膏、桑白皮、连翘、大力子、芦根、黄芩等重用，清热生津；苏子、半夏、葶苈子、款冬花降气祛痰、止咳平喘；五味子敛肺气，甘草和中，陈皮健脾理气，桔梗、杏仁一升一降。诸药合用，解表散寒，清热生津，化痰止咳平喘。药证相符，药到病除。

### （三）风寒兼痰热闭肺哮喘

诸某，女，76岁，于2021年2月3日就诊。2年前因受凉后出现咳嗽、胸闷气喘等，后反复发作，诊断哮喘性慢性支气管炎。2天前，因感受风寒诱发哮喘发作。用沙丁胺醇气雾剂，每次200 mg吸入缓解症状。患者体胖，面色灰暗，眼周青，伴有恶寒、肢冷、口干苦，痰多（时黄时白、时稠时稀）。苔黄白相间，舌质暗红，脉浮紧。听诊满肺哮鸣音。证属风寒外束、痰热闭肺哮喘。治宜宣肺解表、清热化痰、止咳平喘，处方：生姜、细辛、五味子、炙甘草各 6 克，石膏 30 克，前胡、贝母、法半夏、炙麻黄、枯黄芩、青皮、桔梗各 10 克，桑白皮、杏仁、枳壳、全瓜蒌、大力子、苏子各 12 克，葶苈子 15 克，芦根 18 克。3 剂，水煎服，1 日 1 剂，分 3 次温服，停服西药。3 日后患者来复诊，述服第 1 剂后即觉症状缓解，3 剂药后，喘平咳止痰少。后每遇类似病人则沿用此方，立效。

分析：患者既有恶寒、痰稀的表寒里饮证，又有口干苦、痰黄的里热证，集表寒、里饮、痰热于一体，治疗自然合治而效。方用麻黄辛温解表、开宣肺气，细辛、生姜、法半夏温肺化饮，大力子、石膏、桑白皮、贝母、黄芩清肺化痰、生津止渴，桔梗、瓜蒌、青皮、枳壳利气宽中、化痰平喘，杏仁、苏子、葶苈子降气化痰，五味子敛肺，炙甘草和中。诸药合用，表里双解，病症得除。

**（四）小青龙汤治疗“新冠”病毒感染**

“新冠”病毒感染患者多有发热、畏寒、头痛、身痛、咳嗽、清稀痰涎、喘息、呼吸困难等症状。辨证多属风寒外袭、肺卫不宣。陈志强采用小青龙汤加减解表散寒、宣肺平喘，多数患者常一二剂即愈。这充分说明临床用药只要辨证准确，选方用药明晰，效果是看得见的。

## 二、补中益气汤的临床运用心得

补中益气汤出自金代名医李东垣《脾胃论》卷中，主要组成药物功效以补气、升阳为主，主治脾胃气虚诸证。

补中益气汤所治大都是在脾胃气虚的基础上所引起的疾病，所以临床以脾胃气虚、少气懒言、四肢无力、困倦少食、饮食乏味、不耐劳累、动则气短为主；或气高而喘、身热而烦、渴喜热饮，其脉洪大、按之无力，肌肤不耐风寒而生寒热头痛；或气虚下陷，久泻脱肛。常用于治疗子宫下垂，胃下垂或其他内脏下垂者。

**（一）气虚发热**

某女，32 岁。患者午后发热 1 个月，2001 年 7 月 16 日就诊。症见：发热体温波动在 37.4℃左右，午后热势较为明显。形体消瘦，恶风，自汗，卧床不起，动则眩晕，纳差，失眠，口渴不饮，大便溏泻（每天 3 ~ 4 次），舌质淡，苔白厚腻，脉濡。根据证情分析陈志强认为属脾胃气虚发热，病机为气虚无力化生津液，导致阴火内生，出现发热。至于形体消瘦、恶风自汗、纳差便溏均是脾胃虚弱所致。眩晕属清阳不升、痰湿中阻。苔白腻脉濡乃脾不化湿。治疗当补中益气、甘温除热，方用补中益气汤加味：黄芪 30 克，白术 15 克，陈皮 10 克，升麻 10 克，柴胡 10 克，党参 10 克，当归 15 克，百合 15 克，红枣 20 克。服 2 剂热势减轻，续服 3 剂体温恢复正常，诸证消除。

### （二）淋证

患者，男，81 岁，尿频、尿急、尿痛反复发作十多年。每于劳累则诱发，经多方治疗，病情时好时坏。平素头晕乏力，食欲不振，形体消瘦，经常出汗，舌淡苔白脉细。血常规正常，尿镜检白细胞少许。证属脾气不足、中气下陷。治宜补益脾土兼利尿通淋，方用补中益气汤加味：黄芪 30 克，白术 15 克，陈皮 10 克，升麻 10 克，柴胡 10 克，党参 15 克，当归 15 克，车前子 10 克，萹蓄 15 克，瞿麦 15 克，甘草 5 克。水煎服，每日 1 剂。3 剂后症状明显减轻，以上继续服用 5 剂症状基本消失，后改为补中益气丸口服，每日 2 次，连服 2 个月，追访 1 年未复发。

### （三）闭经

治疗闭经，或补肾养元，或养血调肝，或活血化瘀等，陈志强却从脾论治，认为脾胃虚损、气血化生不足也可引发闭经。常用补中益气汤治疗获效。

患者张某，女，20 岁，2014 年 10 月 20 日初诊。自述 16 岁初潮，月事无规律，提前或延后 1 ~ 2 个月不等。量少，色淡，经期伴腹痛、畏寒。近因工作压力出现头晕眼花、纳少气短、神疲肢倦等症，月事已 3 个月未至，舌质淡胖、苔薄白，脉沉缓。证属中气不足、气血虚弱。治以补中益气、调养气血，方用补中益气汤加味：黄芪 20 克（蜜炒），人参、当归、白术、香附各 10 克，白芍、鸡血藤各 15 克，陈皮、柴胡各 6 克，升麻 10 克（蜜炒），甘草 5 克。先服 3 剂，诸症悉减。连服 7 剂，月事至，经色加深，量增多，腹痛、畏寒症除。后予原方每于经前服用，调治半年，月事渐趋正常。

### （四）月经过多

李某某，女，38 岁，2017 年 6 月 15 日初诊。患者两年来，每次月经提前 5 ~ 7 天，量多色淡，头晕心悸，神疲乏力，少腹下坠，现已来潮 4 天量仍多，纳呆寐差，二便尚可，舌质淡，苔薄白，脉细弱无力。证属中气不足、冲任不固。治宜补中益气摄血，方用补中益气汤加减：党参、黄芪各30克，续断20克，当归、陈皮各10克，升麻、柴胡各9克，白术、炒艾叶、阿胶（烊化）各12克，甘草6克，5剂药后月经停止，余症减轻。续服5剂，于下次月经再进10剂，而告愈。随访1年未再复发。

**（五）脱发**

男，30岁，2011年2月6日初诊。患者两年前因胃癌行胃大部切除，术后胃纳较差，营养不良，近半年头发脱落，曾用胱胺酸、首乌片等药无效。现症秃发，面色白，纳谷不香，神疲乏力，自汗，四肢欠温，舌体胖大、质淡、苔白厚，脉缓。方用补中益气汤加味：黄芪15克，白术10克，陈皮10克，升麻6克，柴胡10克，党参10克，当归10克，熟地黄15克，首乌10克，白豆蔻12克，薏苡仁30克。连服1个月，饮食增加，秃发渐长。坚持原方续服6个月后，头发荣润如常。

**（六）气虚外感**

气虚外感多见于中老年患者，多表现为感冒反复发作，汗出较多，劳累后加重，伴气短乏力等症，治疗以补气健脾兼疏散外邪，方用补中益气汤加味。

患者，女，50岁，2007年5月11日初诊。近2年来发热怕冷反复发作，平时头晕乏力，咳嗽吐痰，口服中西药物后可减轻，但每于劳累后反复发作。近1周来症状加重，虽经消炎退热治疗，病情无好转。查双肺呼吸音粗，舌淡红，苔薄黄，脉细。辨为脾肺气虚、余邪为患。治宜补益脾肺、疏散余邪。方用补中益气汤合玉屏风散加减：黄芪15克，防风15克，白术10克，陈皮10克，升麻6克，柴胡15克，党参20克，当归10克，甘草6克，桔梗15克。水煎服，1日1剂，3剂后症状明显减轻。惟感咳嗽吐白痰，以上方继服3剂诸症悉除。嘱其每于冬春季节交替时服补中益气丸以防感冒，增强抵抗力。

**（七）气虚便秘**

患者，女，72岁，有慢性胃炎病史。2008年7月11日初诊。2年来大便经常秘结，时轻时重，口服果导片、麻仁丸有所缓解。近一个月来便秘症状加重，服上述药物效果不佳而来就诊。患者大便不通六天，伴有胸脘满闷、身疲乏力、声低懒言、食少乏味等症，舌淡少苔，脉细软。辨证为脾胃气虚，气虚则无力传送大便。治拟补中益气、助其腑运，处方：黄芪 30 克，白术 20 克，党参 15 克，当归 12 克，陈皮 8 克，升麻 6 克，柴胡 6 克，大黄 5 克（后下），山药 12 克，砂仁 8 克，火麻仁 15 克，水煎服，每日一剂，二次分服。服 3 剂后大便通畅，再服 3 剂，诸症消失，便秘告愈。

按：便秘虽属大肠传导功能失常，但与脾胃关系甚为密切。其表现以实证居多，临床上多采用泻下、润燥、行气、导滞法治疗。然而，本患者年老体弱加之久病不愈、中气渐耗，中气不足、气不布津，无力传送大便，故排便艰难。根据辨证，治以补中益气汤为主，使脾胃气足，则气能布津于肠道且传导有力，并少佐大黄泻下。补中有泻，便秘自除。

**（八）遗尿**

何某某，女，12 岁，学生。2008 年 7 月 3 日初诊。患者每晚尿床 1～2 次，已 9 年之久，多方求医服药未效。症见：面色苍白，神疲乏力，尿多清长，舌淡苔白，脉沉细。治以温补脾肾、益气缩尿。方用补中益气汤加减：黄芪、党参各 18 克，白术、覆盆子、当归各 10 克，升麻、柴胡、陈皮、甘草各 6 克，桑螵蛸 10 克，淫羊藿 6 克。服药 6 剂后夜中遗尿 1 次，效不更方，嘱服原方 10 剂，巩固疗效。半年后随访未再发。

（蓬安县鲜店乡卫生院供稿）

# 扶危济困心系病人的易洪洲

## 医家小传

易洪洲，男，汉族，1976年9月出生于蓬安县利溪镇郑家坝村（原三坝乡双龙盘村），大专学历，中医执业医师，1996年参加农村医疗卫生工作，现为利溪镇卫生院职工。

从事乡村医生工作25年，易洪洲扎根基层、忠于职守，靠精湛的医术和高尚的医德，践行着自己的信念与人生价值，用青春和汗水，诠释着“救死扶伤”的职业使命，默默传递着白衣天使的爱心，展现出新时期中国乡村医生的风采。

2008年7月，易洪洲从南充卫校中西医专业班毕业，当时他所在的双龙盘村缺少医生，他毛遂自荐进入双龙盘村卫生所当一名乡村医生，决心要用中医中药来解除父老乡亲的病痛。空闲时，他拿着中医药书独自钻研，领略祖国中医药学的精深和奥妙，体会着进步带给自己的喜悦。长期以来，他潜心学习各种医疗卫生知识，通过自学、培训、进修以及请教名师等途径，不断提升自我。2009年获得中医医师资格证书，2015年至2018年在成都中医药大学中医专业学习，取得大专学历。他擅长运用传统中医技术，诊治基层常见病、多发病，如慢性咽炎、消化道疾病、类风湿、心脑血管、上呼吸道感染等病症，效果显著，特别是对治疗慢性胃炎、类风湿、心脑血管等有独到的方法，治愈率达80%以上。26年来，平均每年诊治病人10000余人次，其中运用中医诊治达7000余人次。

易洪洲一直坚持在医疗卫生第一线，为当地群众提供就医服务。从成为乡村医生之时起，易洪洲就定下了从医行规：在群众常见小病面前，自己是医生；

在大病情形下，是参谋；在病人重病时刻，就要充当好家人。每遇家境困难的病人，他总是主动减免医药费，或者免费为他们治疗，坚持让每一个病人用得起药、看得起病。

1999年，村民钟某某卧病在床，去川北医学院诊治，仅两天就花去药费1260多元，由于家庭收入有限，让其不堪重负。易洪洲知道后，当即上门为其问诊，坚持不要诊疗费，为他采用中药医治，后来，钟某某得到痊愈。

在危难之时救死扶伤义不容辞的事例，易洪洲记不清有多少次了，也习以为常了，他觉得这是一个基层医务工作者应尽的责任和义务。多年来，他坚持少收费、低收费，为父老乡亲提供医疗服务，深得患者信赖。群众说，易洪洲医生不仅医术好，而且医德高。

26年来，易洪洲一直在基层医生这个岗位上无私奉献。虽然他所在的村所病人逐年增多，特别是其所擅长的中医疗法，让利溪镇一带的患者慕名前来求诊，但其收入却并未增加，认识易洪洲的人都知道，这是他多年扶危济困、心系病人的结果。他认为，一个真正救死扶伤的医务工作者，是不能单凭经济效益来衡量的。

这正如一盏路灯，奉献的是自己，照亮的是别人。有人问他这样做图什么，他说："我乐意在农村工作，乐意为广大农村百姓的健康尽一份绵薄之力。"

## 医案医话

钟某，男，60岁，诊肝阳素旺，复夹痰浊上升，横窜经络，症见口渴流涎，左肢痿废，言语謇涩，痰多而黏，咽喉赤痛，舌苔黄腻。初诊拟方息风化痰，希勿生变。予滁菊花20克，胆南星10克，钩藤30克（后下），生蛤壳18克（先煎），射干10克，夏枯草30克，法半夏10克，杜仲20克，生赭石20克（先煎），竹茹20克，石菖蒲20克，三剂。

二诊，内风暗动，痰浊中阻，脑之功用失度，左肢不能运用，咽痛妨咽，言语不清，舌苔白腻。再以平肝化痰为治。予滁菊花20克，天麻15克，胆南星10克，法半夏10克，射干10克，山豆根12克，杜仲20克，鸡血藤20克，莱菔子 10 克，瓜蒌仁 20 克，蜈蚣 1 条，全虫 6 克，三剂。

三诊，类中八天，言语仍未全清，左肢不能运动，周身疼痛，时而遗尿，胃纳不旺，舌苔腻白，中宫痰浊尚重，再以泄化为主。予水半夏 10 克，射干 10 克，贝母 15 克，蛤壳 15 克（先煎），建曲 20 克，胆南星 10 克，枳实 10 克，茯苓 15 克，山豆根 10 克，鸡血藤 20 克，莱菔子 10 克，桑枝 20 克，山楂 20 克，石菖蒲 20 克，远志 10 克，益智仁 10 克，三剂。

四诊，身痛已减，左上肢仍然不遂，足履地稍能前移。再拟活血通络，徐图收功。予薏苡仁 30 克，牛膝 15 克，杜仲 20 克，寄生 20 克，续断 20 克，蚕沙 12 克，秦艽 15 克，木瓜 30 克，鸡血藤 20 克，黄芪 30 克，全虫 3 克，地龙 15 克，穿山甲 3 克，当归 20 克，白芍 20 克，川芎 10 克，熟地黄 20 克，砂仁 10 克。另取大活络丸四粒，每次半粒，每日两次，十二剂。

（蓬安县利溪镇卫生院供稿）

# 专攻中风偏瘫针法的章浩

## 医家小传

章浩，男，汉族，1977年6月5日出生于蓬安县金溪镇喻家坝村。中医师。于1998年毕业于重庆医科大学中医学院骨伤专业，1999年6月至2009年12月在蓬安县中医医院从事中医针灸、康复工作。2010年至今在蓬安县城南社区卫生服务中心从事中医针灸、康复工作。2015年为全县基层中医药人员传授“中医药适宜技术”，现为辖区内村卫生室提供“中医药适宜技术”指导。从业20余年，在省、市级期刊发表论文5篇。

## 医案医话

### 针刺治疗中风后遗症

中风后遗症，表现为肢体瘫痪，完全康复较困难，给患者生活带来很大不便。为使患者能恢复患肢功能，章浩从调节入手，以针刺治疗本病78例，取得了一定效果。

## 一、一般资料

78例中，男44例，女34例；年龄49～77岁，50岁以下2例，51～60岁31例，61～70岁36例，71岁以上9例；病程最短10天，最长3年；第一次发病74例，第二次发病4例；属出血性中风24例，缺血性中风54例；右侧肢体瘫痪39例，左侧肢体瘫痪39例；患者原发性高血压病42例，冠心病5例，糖尿病2例，心房纤颤2例。治疗时间最短1个月，最长7个月。

以通过的“脑卒中患者患肢肌力评定标准”为依据，于治疗前对患肢进行评定，0～Ⅰ级38例，占48.7%；Ⅱ～Ⅲ级34例，占43.6%；Ⅳ级6例，占7.7%。

## 二、治疗方法

### （一）取穴（主穴）

第一组：心俞、肝俞、脾俞、肺俞、肾俞（均为双侧）。

第二组：曲池、合谷、足三里、阳陵泉、内关、三阴交（均为双侧）。

第三组：天枢、合谷、足三里、内关（均为双侧）、中脘、气海。

第四组：肩髃、曲池、手三里、天井、外关、环跳、风市、阳陵泉、解溪（均为患侧）。

### （二）化裁治疗

若热扰心包，取手、足十二井穴（刺血）、风府；若痰热壅盛，取足三里、丰隆（双）、内庭（双）、中脘（均用泻法）；若胆胃郁热，取风池（双）、阳陵泉（双）、曲池（双）、内庭（双），用泻法；若痰湿阻络，取丰隆、膻中；若气滞血瘀，取血海（双）、金津、玉液刺络出血；若阳虚畏寒，取大椎、关元，均加灸；若阴虚阳亢，取阴谷（双）、曲泉（双）、太溪（双）、太冲（双）、内关（双），用补法；若语言謇涩，取廉泉、哑门。其病程较长，病情较重，或患肢出现拘挛，在主穴中的第四组穴上施以电针刺激。四组主穴交替使用，每次取一至二组，留针30分钟，补法，20天为一疗程。第一疗程每日针刺1次，第二疗程隔日1次，第三疗程起每周针刺2次。病重者增加治疗次数，病轻者减少治疗次数。

## 三、疗效观察

### （一）疗效评定

以通过的"脑卒中临床疗效评定标准"为依据。基本治愈：患肢肌力恢复到Ⅴ级或略次于健侧，基本恢复工作；显著进步：患肢肌力恢复到Ⅳ级，生活基本自理或部分自理；进步：患肢肌力较治疗前提高Ⅰ~Ⅱ级，全身情况好转，但生活不能自理；无效：患肢肌力及全身状况无改善。

### （二）结果

基本治愈 35 例，占 44.87 %；显著进步 28 例，占 35.89 %；进步 14 例，占 17.95 %；无效 1 例，占 1.28 %（为胰岛素依赖型糖尿病患者，后因糖尿病加重而停止针刺治疗）。总有效率 98.72 %。

## 四、典型病例

丁某某，男，74 岁。2020 年 5 月 30 日，因左侧肢体瘫痪 1 天，以"脑血栓形成"来中心治疗。经西医治疗一个半月无好转。现见大肉已脱，骨瘦如柴状，臀部多处褥疮，语音低微，时恍惚，不能食，靠输液维持生命。查：心率 110 次 / 分，闻及不规则期前收缩 12 ~ 20 次 / 分。心电图提示：频发房性早搏伴短暂性房性心动过速，左心室肥大伴劳损。血压 170/100 mmHg。左上、下肢肌力"0"级。舌质干瘦、红，无苔，脉促。

西医诊断：1. 脑血栓形成伴完全性偏瘫。2. 原发性高血压Ⅲ期。3. 高血压性心脏病伴心力衰竭。

中医辨证：精气衰微，胃气虚弱，阴阳气血失调。治则：益精气，养胃气，调理阴阳气血。取穴：以四组主穴为主，每次取两组穴，加阴谷、太溪、太冲。每日治疗 1 次。10 天后，精神食欲开始好转。治疗 2 个月，全身状况明显改善，日能进食 4 两米饭及蛋肉类食品。左上肢三角肌、肱二头肌，左下肢股四头肌等可随意动作。肌力Ⅰ级。始对第四组穴施电针，隔日 1 次。嘱患者活动肢体。3 个月后，体质增强，精神转佳。左上肢平行移动，肌力为Ⅱ级。左下肢能直腿抬高离床面 30 厘米，肌力Ⅲ级，改为每周治疗 2 次，方法同前。2 个月后左上肢可伸直抬离床面30厘米，肘腕关节始伸屈活动，左上肢肌力为Ⅲ级，左下肢肌Ⅳ级，可扶床行走，一年后随访康复效果甚好。

按：第一组穴为五脏俞穴，是脏腑精气输注之处，有调补脏腑精气的作用；第二组穴是五腧穴，再配内关、三阴交，有调理阴阳气血的作用；第三组穴是任脉、手足阳明经、手厥阴心包经腧穴组成，有调理肠胃、补益后天的作用；第四组穴重在患肢局部，有通经活络、疏利关节的作用。由于各组穴的配合作用，促进了人体的机能活动。经治疗后，明显出现食欲增强、体质增强、精神好转，全身状况得到改善，患肢功能活动得到逐渐恢复。

（蓬安县城南社区卫生服务中心供稿）

# 灵活运用复元活血汤的梁素华

## 医家小传



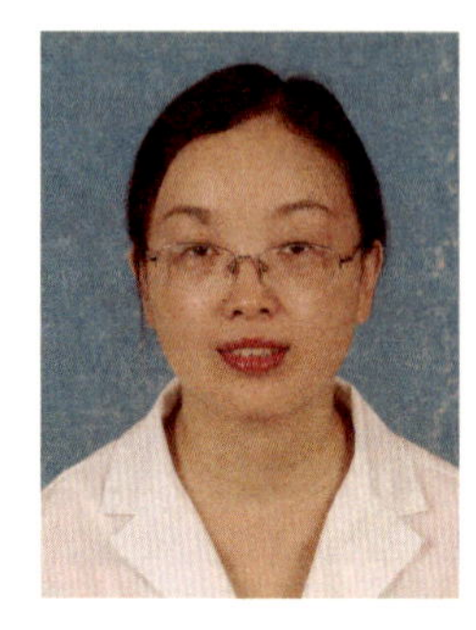

梁素华，1981年9月出生蓬安县平头乡猴家山村（原石梁乡元子山村），毕业于成都中医药大学针灸推拿专业，从事临床工作10余年，曾到成都跟随全国针刀委员会副主委金泽明院长进修学习小针刀半年，擅长运用针灸、小针刀、原极针、刃针、拔针及中药治疗，诊治病种有：颈椎病、腰痛病、肩周炎、落枕、急性面神经炎、坐骨神经痛、梨状肌综合征、中风后遗症、膝关节病、踝关节病、跟骨骨刺、腱鞘炎、带状疱疹、头痛、头晕、三叉神经痛、失眠等病种。

## 医案医话

梁素华进入临床工作后，通过老师的指导和不断的学习，她明白针灸只是中医的一个小小分支，中医博大精深，如《素问·气交变大论》讲："夫道者，上知天文，下知地理，中知人事，可以长久。"唐代大医孙思邈曾言："省病诊疾，至意深心。详察形候，纤毫勿失。处判针药，无得参差。"学习中医，学会比较容易，学好比较难，必须有一个由量变到质变的过程。临床中通过望、闻、问、切四诊合参的中医辨证论治理论体系，理、法、方、药融为一体，这就需要有扎实的中医药知识。要想在中医上有所建树，就必须广泛阅读中医书籍，学习先贤理法，才能更好地服务患者。

下面介绍临床常用经方：复元活血汤。

功能主治：活血化瘀，疏肝通络。

方药组成及剂量：酒大黄 16 克，柴胡 12 克，当归 15 克，桃仁 10 克，红花 10 克，穿山甲 6 克（炮），甘草 6 克。一般用于因跌打损伤、瘀血停留而造成气机阻滞、经络不通、瘀肿刺痛，且痛有定处，甚至痛不可忍。治当以活血祛瘀，兼以疏肝行气通络。气行则血行，而疼痛缓解。

方中重用酒制大黄荡涤凝瘀败血，导瘀下行，推陈出新；柴胡疏肝行气，并可引诸药入肝经；两药合用，一升一降，以攻散胁下之瘀滞，共为君药。桃仁、红花活血祛瘀，消肿止痛；穿山甲破瘀通络，消肿散结，共为臣药。当归补血活血；天花粉清热散结消肿，续绝伤，消仆损瘀血，既能入血分助诸药而消瘀散结，又可清热润燥，为佐药。甘草缓急止痛，且调和诸药，为使药。大黄、桃仁酒制，及原方加黄酒煎服，乃增强活血通络之意。诸药合用，使瘀去新生、气行络通，则痛自止、元气自复。本方很好的体现了气血兼顾、行气有助于活血。

处方加减：患者瘀血重而痛甚者，加三七或乳香、没药、延胡索等增强活血祛瘀、消肿止痛之功；气滞重而痛甚者，可加川芎、香附、郁金、青皮等以增强行气止痛之力，气行则血行。

临床使用情况：本方临床多用于西医学肋间神经痛、肋软骨炎、腰痛、乳腺增生及软组织等属于瘀血阻滞者，尤以瘀血阻滞的腰痛应用较多。在临床上遇瘀血腰痛患者，尤以夜间痛甚者，除药物治疗外，再配合中医适宜技术的放血疗法，在疼痛点进行针灸的同时给予拔罐治疗，疗效明显。

复元活血汤出自金元四大家之一李杲的《医学发明》。多年来，梁素华运用该方辨证加减，治疗带状疱疹后神经痛、静脉血栓、腰痛、跌打损伤等疾病，疗效确切。

## 一、带状疱疹后神经痛

张某，男，50 岁。2018 年 5 月 8 日初诊。患者诉 1 个月前因右侧肋背部带状疱疹住院治疗后，皮损好转、疼痛略有减轻而出院。出院后十余天，仍感右侧肋部、背部疼痛，呈烧灼痛，阵发性加重，尤以夜间明显，伴睡眠差，甚感痛苦。遂再来诊治。症见：右侧肋部、背部疼痛，呈刺痛，阵发性加重，呈烧灼痛，烦躁不安，口苦、口干，无发热，纳可，二便调，睡眠差，舌暗红、舌苔黄，脉弦细。查体局部皮肤无异常。既往无高血压、糖尿病及肝炎等病史，经查血常规无异常。西医诊断：带状疱疹后神经痛。中医诊断：胁痛。证属气滞血瘀，余毒未清，拟复元活血汤加味治疗：徐长卿 12 克，天花粉、延胡索、忍冬藤、太子参各 15 克，川芎、当归、红花、桃仁各 10 克，夜交藤 20 克，酒大黄 12 克，炮穿山甲 3 克，川楝子、甘草各 6 克。共 5 剂，日 1 剂，水煎服。

同时配用以下治疗方法：用皮肤针扣刺后给予拔罐治疗，隔日一次；电针（在疼痛点进行围刺）；穴位注射及神经阻滞治疗。并嘱情志舒畅，慎辛辣、酒等食物。服药后患者自觉症状有所缓解。效不更方，再服 5 剂，疼痛明显减轻，能正常做事。

按：本病是因疱疹病毒侵犯神经而致，其持续时间较长，有的长达数年，是困扰中、老年人的顽固性病症之一。患者因疼痛，不仅情绪低落，而且工作和社交能力降低，有的甚至会对生活失去信心，苦不堪言。中医学认为，胸胁部为足厥阴肝经循行之地，疱疹病毒之余毒未清，阻塞其经络，病久则气滞血瘀，不通则痛。故治当以复元活血汤疏肝通络、活血化瘀，再以延胡索、川芎、川楝子以行气止痛，以忍冬藤解入络之余毒而止痛，太子参以补气阴而助化瘀。躯干部神经痛者，选加郁金 12 克，醋炒延胡索 12 克；三叉神经痛者，选加川芎 10 克，蜈蚣 3 条；阴虚内热者，选加生地黄 12 克，牡丹皮 10 克；湿邪未净者，选加苍术 10 克，茯苓 12 克。诸药合用，可使余毒清、瘀血除、气血行、络脉通，则痛可止。

经临床运用和观察，梁素华认为徐长卿有较强的止痛和祛风功效，可以广泛治疗各种痛证，用于相应辨证方药内，均有止痛效果。现代药理研究证实，徐长卿含丹皮酚，有镇静、镇痛的作用。带状疱疹，中医称为“蛇串疮”，《神农本草经》载徐长卿：“味辛，温。主鬼物百精、蛊毒、疫疾、邪恶气，温疟。”因此，对于带状疱疹后遗神经痛，有止痛解毒之佳效。

## 二、静脉血栓

陈某，女，25 岁。2021 年 10 月 16 日初诊，诉左下肢广泛性肿胀疼痛两个月余，患者 2 个多月前在某医院行剖宫产术，术后第 5 天突然出现左下肢广泛性肿胀疼痛，屈伸不利，畏寒发热，经给予青霉素钠等药物静点治疗 1 周，发热控制，但患肢肿痛无明显好转，后改服中药 5 剂亦无明显疗效。现左下肢广泛性肿胀，腹股沟及股内侧压痛，小腿腓肠肌饱满，压痛明显，有紧韧感，霍夫曼氏征阳性，患肢膝关节上下 15 cm 处均比健侧粗 7 cm。全身酸困不适，口苦黏腻，大便不爽，舌质红、苔黄腻，脉濡数。西医诊断：左下肢深静脉血栓形成。中医辨证为血瘀湿热之股肿，治以活血化瘀、利湿清热通脉，方用复元活血汤加减：当归、红花、桃仁、瓜蒌根各 12 克，酒大黄、炮穿山甲、柴胡、木通、黄柏各 10 克，土茯苓、赤小豆、地龙各 30 克，生甘草 6 克。服 6 剂后肢体肿胀明显好转，继以本方继服 10 剂后症状完全消失。随访半年未见复发。

分析："剖宫产术后第 5 天突然出现左下肢广泛性肿胀疼痛，屈伸不利，畏寒发热"，患者可能是由于剖宫产术后，卧床时间较长，血液运行缓慢，甚至停滞而致瘀血产生，阻碍气血运行，故有左下肢肿胀疼痛、屈伸不利。至于畏寒发热，又怀疑兼有外邪入侵肌肤。从现代医学来说，考虑为术后感染，故使用了抗生素青霉素，感染控制，发热减退。但由于瘀血尚存，气滞仍在，故左下肢肿胀疼痛依旧。从"全身酸困不适，口苦黏腻，大便不爽，舌质红，苔黄腻，脉濡数"等症状来看，患者还有湿热内阻之象，是造成严重瘀阻（比健侧粗 7 cm）的主因。故治疗除了选复元活血汤以活血祛瘀、疏肝行气通络外，还加地龙以增强通络作用，加木通、黄柏、土茯苓、赤小豆以清热利湿消肿。由于药证相合，很快症状减轻，直至痊愈。从以上可以看出，复元活血汤不仅可以治疗跌打损伤、瘀血留于胁下、痛不可忍者，只要辨证准确，可以治疗任何血瘀气滞者。

## 三、外伤愈后躯体及双下肢麻木、活动障碍

韦某，男，49 岁。2020 年 12 月 10 日初诊。主诉：外伤后躯体及双下肢麻

木、活动障碍 1+ 年。患者自诉 1+ 年前意外摔伤致肋骨、胸椎、盆骨骨折，立即于河南登封市医院行手术及相关药物（具体不详）治疗后，遗留以下症状：胸段以下躯体及双下肢感觉麻木，活动障碍；腰腹部疼痛，以脐周、肋间区域明显，发作性剧烈疼痛，常为锐痛、刺痛、烧灼痛及电击样疼痛，发作时间及持续时间均不固定，疼痛发作时严重影响夜间睡眠；小便不能自排，留置导尿；自汗。为求相关治疗，遂到我院就诊，要求住院治疗，门诊以“高位截瘫”收住入院。患者自患病以来，神志清楚，精神尚可，纳可；眠欠佳，入睡时间约为 4 小时 / 夜；24 小时尿量约为 2500 ml；大便秘结，二日行一次，长期靠口服麻仁丸及开塞露纳肛排便；体重未见明显下降。既往“糖尿病”病史 10+ 年，规律口服降糖药及胰岛素注射（晨起注射 7 单位，夜间注射 8 单位）降糖，血糖控制尚可，胸椎外伤骨折并行胸椎骨折内固定手术史。完成辅助检查后，经内科、外科会诊，西医诊断为：1、高位截瘫；2、胸椎骨折术后；3、陈旧性肋骨骨折；4、2 型糖尿病；5、泌尿道感染。

中医辨病辨证：患者，男，49 岁，因“外伤后躯体及双下肢麻木、活动障碍 1+ 年”入院，病属祖国传统医学“痿病”范畴。以外伤手术后神志清楚、精神尚可、胸段以下躯体及双下肢感觉麻木、活动障碍、舌质暗淡、苔白厚腻、脉细涩为主要表现。患者外伤后，瘀血阻络，加之手术后气血亏虚，脉络空虚，不能濡养肌肉筋骨，故出现胸段以下躯体及双下肢感觉麻木，活动障碍。四诊合参，证属“气虚血瘀证”之征。根据患者病情，曾看过焦树德老师一医案，与此患者病情十分类似，便仿焦老师的理法方药，行电针、中频、艾灸、中药塌渍、站立训练、康复训练、中药治疗。

治法：补气活血、通络止痛，以复元活血汤加减：柴胡 15 克，桃仁 10 克，红花 10 克，乳香 10 克，没药 10 克，延胡索 30 克，香附 10 克，酒大黄 10 克，水蛭 15 克，麻仁 10 克，芒硝 10 克（冲服），黄芪 120 克，党参 30 克，石菖蒲 10 克。三剂，水煎服，每日三次，每次 100 ml。三剂服用完后，症状有所改善，但发作性剧烈疼痛改善不明显。中药治疗继续以复元活血汤加减，同时服用中成药复方伤痛胶囊，每日 3 次，每次 2 粒。后期据肾主骨的理论，加强补肾以强壮筋骨，又加用续断、骨碎补、杜仲、牛膝等中药。通过电针、康复、中药等治疗 2 ~ 3 年，目前回访：患者从最开始的生活不能自理、大小便不能自控，到现在大小便能自控、生活能自理。

以上案例，有的有外伤史，有的没有外伤史，然气滞血瘀之病机与外伤相同，且病变及疼痛部位均为肝脉循行之处，故用复元活血汤治疗疗效肯定。因此，梁素华认为，只要病位在肝经循行之上，病机属气滞血瘀，掌握好适应症，避开禁忌（本方大多为活血祛瘀药物，月经期慎用，孕妇忌用），辨病、辨位和辨证相结合，在该方的基础上，随证加减，可用于很多瘀血病症，疗效较佳。

（蓬安县中医医院供稿）

# 擅用中医药治疗常见病的杨寿初

## 医家小传



杨寿初，男，汉族，1965 年 12 月出生于蓬安县利溪镇阙家坝村（原三坝乡阙家坝村），高中学历，中医执业助理医师，中医专长执业医师职称，1991 年参加农村医疗卫生工作，现任利溪镇万寿村卫生室村医。

杨寿初的学医之路始于 1985 年 7 月，当时，他跟随蓬安县中医医院章榜举和田光达两位老师学习中医，学成后回当地从事医疗卫生工作。然后通过自学、培训、进修等途径，潜心学习各种医疗卫生知识，不断提升自我。2020 年，分别获得中医专长医师资格证书和中医执业助理医师资格证书。

30 年来，杨寿初一直在乡村医生这个岗位上默默奉献。他擅长运用传统中医技术诊治农村常见病、慢性病，如哮病、脾胃病、胸痹、痹证等，效果显著，特别是对脾胃病的治疗有独到的方法，治愈率达 90% 以上。其良好口碑不仅让更多患者接踵而至，让更多生命再次获得健康。因为工作努力认真，他多次得到镇卫生院领导好评和肯定。

## 医案医话

在 30 多年临床诊疗中，杨寿初对胃痛治疗积累了一些教训和经验，其治病过程中理宗《内经》，法宗《伤寒论》。《素问·举痛论》：“寒气客于肠胃之间，膜原之下，血不得散，小络急引故痛……寒气客于肠胃，厥逆上出，故痛而呕也。”《金匮要略·腹满寒疝宿食病脉证治》：“按之心下满痛者，此为实也，当下之，宜大柴胡汤。”“心胸中大寒痛，呕不能食，腹中寒，上冲皮起，出见有头足，上下痛而不可近，大建中汤主之。”《东垣试效方·心胃及腹中诸痛论》：“夫心胃痛及腹中诸痛，皆因劳役过甚，饮食失节，中气不足，寒邪乘虚而入客之，故卒然而作大痛。”人禀五常，以有五脏，以运万类。人处天地之间，易感四时之邪气。胃痛，均可外感寒邪、饮食积滞、肝气犯胃、久病正虚而引起。不同胃痛的临床表征不同。

《素问·六元正纪大论》篇云：“木郁之发，民病胃脘当心而痛。”肝属木，脾胃属土，木克土，若忧思恼怒，气郁伤肝，肝气不疏，横逆犯胃克脾，致气机阻滞，胃失和降，则发胃痛，临证多以疏肝和胃，行气止痛为法治疗。

脾为太阴湿土，胃为阳明燥土，一脏一腑，以膜相连，经络相互络属，同居中焦，表里相属，纳化相依，升降相因，燥湿相济，共同完成饮食水谷的受纳，腐熟消化吸收，精微物质的布散和糟粕的排泄。脾主运化，以升为健，胃主受纳，以降为顺。《素问·痹论》篇云：“饮食自倍，肠胃乃伤。”腐浊之气壅滞于胃肠，胃失和降而发胃痛，临床以消食导滞、和胃止痛为法治疗。

脾属阴而喜暖，主升发；胃属阳而喜润，主通降。升降相因，维持脏腑上下寒热的平衡。脾胃病日久不愈，阴阳失调，逐渐形成寒热错杂、虚实相兼，治疗用半夏泻心汤，平调寒热、辛开苦降、散结消痞，使脾升胃降，气机复其上下交通之职，气机通畅，则胃痛、痞胀之症皆除。

胃属燥，胃病日久未愈，化燥伤阴，或它病阴虚转归而来，胃失濡润，胃络之气不和，则胃痛隐隐、咽干口燥、大便干结、舌红少苔、脉细数等诸症相继出现，临床多以滋养胃阴，佐以疏肝和胃为法。

由于素体阳虚，加之胃痛日久，中阳更虚，脾阳衰不能温运其水谷精微，胃失温养，则胃痛隐隐、喜温喜按、得食痛减、大便溏泄等症相继出现，治疗用温中补虚散寒止痛、和里缓急之法。

以上是杨寿初对脾胃生理病理的粗浅认识和体会，因此就有了治胃痛以理气和胃止痛为法，根据胃以通为用的生理特点，临床施治：属寒邪者，散寒即通；停食者，消食即通；气滞者，理气即通；血瘀者，化瘀止痛即为通；阴虚者，养阴益胃，胃络受其滋养即为通；湿热痰浊者，化湿清热祛痰即为通；阳虚者，温运脾阳、补虚缓急即为通。通之之意，观其脉症，审其虚实，随症施治，胃痛一病，无不应手而效。现略举病案 2 例。

**病案一：** 邻村村民唐某，女，70 岁，2019 年患糜烂性胃炎，经多家医院治疗未见寸功，花费上万元，打道回家。后经人介绍于 2021 年 5 月 12 日来到万寿村卫生室就诊治疗。现症状为心下痞满，隐隐作痛，按之则减，脘腹胀满冷痛，泛酸烧心，四肢冰凉，乏力赖言，欲困不动，精神欠佳，大便溏泄，舌淡苔薄黄腻，脉沉缓无力。辨病为胃脘痛。属脾胃阳虚，中虚气滞，湿滞中阻。施以辛开苦降、甘缓补中、疏通气机之法，方选砂半理中汤合黄芪建中汤合半夏泻心汤加减治疗：砂仁 10 克，半夏 15 克，党参 10 克，白术 15 克，干姜 10 克，炙甘草 6 克，黄芪 25 克，当归 10 克，黄连 6 克，黄芩 10 克，陈皮 10 克，苏梗 15 克，香附 10 克，乌贼骨 20 克，浙贝母 10 克，钟乳石 30 克，乌药 10 克，百合 15 克，丹参 10 克，益智仁 10 克，桂枝 10 克，白芍 15 克。5 剂，水煎服，二日一剂，日三服，每次 200ml。治疗一个月观察疗效，只见她一天天好起来，乐于心言于口，继续为其治疗月余，病告痊愈。

**病案二：** 肖某，女，50 岁，2020 年 3 月就诊，患者自述胃痛 2 月余，痛而胀满如堵，有灼热感，食少头晕，腹中肠鸣，经某医用消导和胃之法及西药治疗效果不显，遂到杨寿初处就诊，症见舌苔黄白相兼、脉濡而数。苦思良久，茅塞顿开，痛而胀满如堵，此乃湿邪阻滞中焦，气机升降失常，故纳食少，腹中肠鸣，即用半夏泻心汤加减，辛开苦降，使其气机升降有序，则诸症自除。处方：半夏 10 克，黄芩 10 克，黄连 5 克，干姜 10 克，防风 6 克，党参 6 克，葛根 20 克，茯苓 10 克，厚朴 15 克，陈皮 10 克，莱菔子 20 克，苏梗 15 克。一剂而病势减，再剂诸症消除大半，已有效果，再追服两剂，诸症平息。恐脾胃功能低下，容易复发，继以柴芍六君汤，疏肝养肝、健脾和胃，补脾胃而益气，使木不郁、土不壅，气机得畅，脾胃健运，精微得布。

（蓬安县利溪镇卫生院供稿）

# 把乡亲健康记在心间的刘开兵

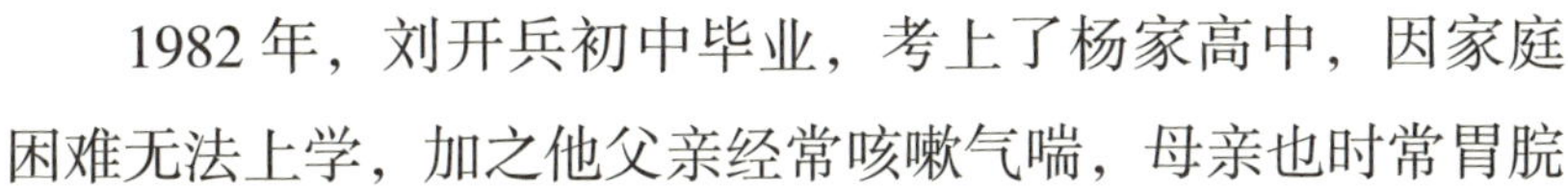

## 医家小传

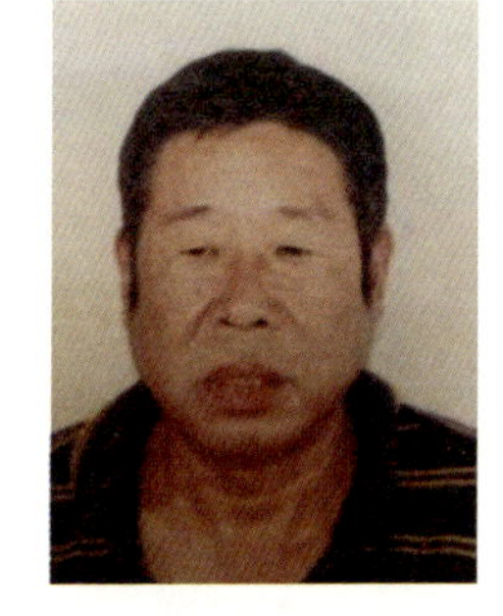

刘开兵，男，1967 年 4 月出生于蓬安县新园乡宽敞沟村（原新园乡玉牛坡村），中专学历。曾跟师学医 4 年，具有乡村医生执业资格，现坐诊于蓬安县新园乡宽敞沟村卫生室。

1982 年，刘开兵初中毕业，考上了杨家高中，因家庭困难无法上学，加之他父亲经常咳嗽气喘，母亲也时常胃脘疼痛被病痛折磨，他舅舅建议他到碧溪乡卫生院老中医唐元喜处跟师学医。其师医术精湛、医德高尚，对他要求严格。1981 年至 1985 年，跟师学习中医。从 1986 年开始，开始独自行医。2006 年至 2009 年，他还在南充卫生学校进行专业学习，取得中专学历。

在学习与实践中，刘开兵不断积累经验、提高医术，对痹病、中风偏瘫、消化系统疾病治疗有一定的见解，并取得较好效果。刘开兵认为，人体正气强盛，顺应四时，春生夏长，秋收冬藏，适寒暑，避霜露，节欲望，饥饱适宜，则不生病或少生病。而人们为生活所迫，劳累过度，暴饮暴食，膏粱厚味，房劳过度，导致阴阳失调、正气亏虚，外邪乘虚而入，内生风寒湿痰瘀五邪，导致气滞血瘀、脏腑功能低下，导致疾病发生。所以临床诊治应以顾护脾胃为要，恢复脏腑功能，提升人体正气，达到外御风寒邪气、内除痰湿瘀滞、恢复人体健康之目的。

## 医案医话

**案例一：虚脱（阴阳两虚，痰蒙心窍）**

2012年，村民唐某某突然倒地昏迷不醒，刘开兵初诊其为中风，立即护送病人到县级某医院治疗，10天花去药费16000多元。由于唐某某家庭收入有限，不堪承受高昂医疗费的负担，只好在病情减轻、遗症还相当严重的情况下离院回家调理。刘开兵知道情况后，主动到他家为其诊治，同时免除800多元诊疗费用。一个多月后，唐某某病情得到较大好转。

2013年3月1日，唐某某在耕地时突然晕倒，当时被送往市级某医院，诊断结果是：脑出血、脑瘤，治疗一周还是昏迷不醒。其家属办理了出院手续，回家准备办理后事。因刘开兵于前一年曾经诊治过唐某某的病，并使其大有好转，这次复发后，病人的妻子吕某某邀请刘开兵去给她家老头子再治疗一次。刘开兵去时，看见病人躺在一扇门板上，只有微弱呼吸，经过仔细把脉，他发现病人脉象沉细，经测量血压，病人血压为80/62 mmHg，便对病人家人说希望很小。但病人妻子不肯放弃，要求刘开兵放心治疗，权作死马当作活马医。

初诊：虚脱（阴阳两虚，痰蒙心窍）

治法：回阳固脱。

处方一：人参15克。100 ml水煎至20 ml水，分2次用竹筷撬开嘴缓慢浸入，隔2小时一次。

治法：芳香开窍，化痰通络。

处方二：黄芪30克，当归10克，天竺黄15克，九节菖蒲10克，郁金15克，全蝎6克，半夏曲10克（碾末兑服），甘草3克。

每次2勺，隔2小时一次。后来刘开兵每天都去观察病人，第四天病人苏醒。后服中药一个多月可以慢慢行走了。

**案例二：胆石症（肝胆湿热）**

胡某某，女，60岁，2023年6月12日到刘开兵处就诊。患者右上腹胀痛，口苦咽干，恶心呕吐，拒按，舌质红、苔黄，脉弦。建议到医院进一步确诊：B超显示，有胆囊结石约0.4 cm。

初诊：胆石症（肝胆湿热）。

治疗：除湿清热，溶石。

处方：茵陈 15 克，山栀子 15 克，薏苡仁 20 克，茯苓 15 克，金钱草 30 克，鸡内金 30 克，海金沙 15 克，郁金 15 克，鱼脑石 20 克（碾末），甘草 3 克。

服法：1000 ml 水煎至 500 ml，分三次服，日 3 次，2 日 1 剂。服 1 剂后缓解，5 剂后痊愈。后 B 超显示未见结石。

**案例三：中风（气虚血瘀半身不遂）**

王某某，女，54 岁，因突然晕倒，人事不省，送至南充某医院检查结果是脑出血，住院治疗 1 个月。回家后找刘开兵医治。

症状：头昏、口眼歪斜，右上肢失去知觉，右下肢不能弯曲，血压 126/78 mmHg，面部淡白，饮食偏少，小便正常，语言不流畅，大便秘结，舌质淡暗，脉沉涩。

初步分析：因该患者病久气虚，气虚运血无力，以致血行不畅而瘀滞，进而导致气虚血瘀互见。

初步诊断：中风（气虚血瘀半身不遂）。

治法：益气活血化瘀，舒筋通络，祛风止痉。

处方：黄芪 30 克，当归 10 克，赤芍 10 克，桃仁 10 克，川芎 9 克，红花 3 克，桂枝 10 克，桑枝 20 克，桑寄生 15 克，牛膝 15 克，全蝎 9 克，僵蚕 15 克，甘草 3 克，地龙 15 克，鸡血藤 30 克，水蛭 15 克（碾末一次 1.5 克兑服）。

加水 1500 ml，煎至 900 ml，口服 1 次 100 毫升，1 日 3 次，连服 3 剂病情好转。

二诊：右上肢大为缓解，其余症状有所减轻。

治法：益气固表，强筋壮骨，活血化瘀通络，祛风止痉。

处方 2：黄芪 60 克，当归 12 克，赤芍 10 克，川芎 10 克，桃仁 10 克，红花 3 克，桂枝 10 克，桑枝 20 克，寄生 15 克，牛膝 15 克，全蝎 9 克，僵蚕 15 克，地龙 15 克，甘草 3 克，鸡血藤 30 克，水蛭 15 克（碾末一次 1.5 克兑服），黄精 20 克，千年健 20 克，天麻 15 克。加水 1500 ml，煎至 900 ml，口服 1 日 3 次，1 次 100 ml。

**案例四：中风（痰热内闭清窍，阳闭）**

盘某德，男，66 岁，患者突然昏仆，伴口眼歪斜，语言不利，神志恍惚，半身不遂，面部潮红，舌质红苔腻，脉滑数。血压 165/92 mmHg，患高血压 10 年，未规范服药。

初步分析：痰蒙心窍，故出现语言不利，神志恍惚；风火上扰，故出现突然昏仆，面部潮红；痰阻经络导致口眼歪斜，语言不利，半身不遂；舌质红苔腻，脉滑数。

初步诊断：中风（痰热内闭清窍，阳闭）。

治法：清热化痰，醒神开窍，息风止痉。

处方：胆南星 6 克，全瓜蒌 10 克，生大黄 6 克，天竺黄 10 克，郁金 10 克，山栀子 10 克，黄芩 10 克，赤芍 10 克，九节菖蒲 10 克，僵蚕 10 克，全蝎 6 克，银杏叶 15 克，豨莶草 15 克，甘草 3 克。加水 1500 ml，煎至 900 ml，口服 1 日 3 次，1 次 100 ml，3 日 1 剂，服 2 剂病情好转。

二诊：以上症状减轻。

治法：镇肝息风，活血通络。

处方：天麻 20 克，钩藤 15 克，野菊花 20 克，夏枯草 15 克，银杏叶 15 克，黄芪 30 克，当归 10 克，赤芍 10 克，桃仁 10 克，红花 3 克，地龙 10 克，僵蚕 10 克，甘草 3 克，川芎 10 克，牛膝 15 克，桑寄生 15 克，全蝎 9 克。加水 1500 ml，煎至 900 ml，口服 1 日 3 次，1 次 100 ml，3 日 1 剂。连服 8 剂痊愈，能够参加劳动。

（蓬安县新园乡卫生院供稿）

# 家传正骨第五代传承人卢金生

## 医家小传

卢金生，男，1977年出生于蓬安县开元乡卢朝门村中医世家，现住蓬安县河舒镇商业街，中医正骨医师。

清末民初，卢金生外曾祖唐发栋（1875—1941年），住蓬安县相如街道（原白玉乡）。十八世纪末年的某天傍晚，唐发栋偶遇一位重伤武者躺在路边，便背回家中搭救，照料至痊愈。武者为报答恩情，便用几年时间传其独特的“武术”（古时候一般中华武者格斗之人对筋骨外伤、跌打损伤等有着独特的治疗手段），即正骨技术与方药。后来此事在当地被流传为佳话美谈。从此，中医骨伤外科与家族结缘至今100多年。

武医分南北派，可追溯至扁鹊、华佗。华佗“五禽戏”是武术的基本功，其将功夫与病理、医理相结合，属于武医兼备之人。经发展，少林、武当又有各自疗伤的药理药方，后来延续到军队的医疗体系里，这对冷兵器时代受伤几率高的战士有相当大的治疗作用，并为中华民族的繁衍昌盛作出了重要贡献。传统的骨伤治疗有功法、劲法、心法、手法、临床药疗法等，随着近代武术传承的缺失，导致传统的功法、劲法失传。

卢金生外公唐清朗（1904—1969），外号“唐派乃先生”，自幼跟外曾祖学习正骨医术，参加过“袍哥会”，经历过清朝末年帝制更迭及军阀混战、民国抗战、解放战争的洗礼，为苦难大众的身心健康作出过较大贡献。蓬安县人民医院成立初期，老院长陈方儒与唐清朗是至交，特邀其成立该医院骨科，由于各种原因未能成行，于是唐清朗一生游走于乡间为群众的健康事业排忧解难。那些年，由于经济落后，物资极度匮乏，医治病人几乎是免费的。许多老人提及唐派乃先生的正骨技术，津津乐道，甚至神化。说他是“水师”接骨，吐一口水，抹一下，接骨头便不痛。其实，所谓的“水”是用中药的洋金花、草乌、白芷、当归、川芎、南星等打粉、泡酒抹于患处，与华佗的“麻沸散”同效。唐清朗一生带俩徒弟，一是卢金生父亲卢兴民，二是卢金生舅父唐香文。卢兴民生于 1943 年，1958 年开始跟随唐清朗学习正骨技术 10 年并出师，1978 年被政府选入国家第一批医生免费培训班，在徐家镇集中学习中、西、骨科理论，1979 年卢兴民中医骨科行医 15 年事迹被登记于同年县卫生局医生花名册，存入县档案局，其家传的正骨技术得到进一步认可提升，在当地享有盛誉。卢金生大舅唐香文，也被其称为“师叔”，20 岁出师，进入中医院工作，不久后，被指派筹备组建蓬安县红旗医院并担任院长直至退休，为业界佼佼者。他的两个儿子唐钟强、唐钟涛现于蓬安县妇幼保健院工作，均为骨科专家。

耳濡目染于父亲的从医经历，小时候卢金生便对中医、中医骨科有着浓厚的兴趣。1997 年高中毕业，卢金生就读于三军医大成都医学院社区医学进行中西理论学习。2000 年毕业后跟随父亲学习家传骨伤科外治技术与方药，3 年后出师，一直从事骨伤科诊治。其间，学习过运动派武医宗师郑怀贤大师的《伤科诊疗》、近代北派代表人物罗有明的《双桥正骨》、南派代表人物龙层花的《颈腰骶椎病防治》等众家学派医技，与家传正骨技术相得益彰。2018 年参加国家中医正骨技术专科考试，取得正骨专科资格证书。从医 20 多年，医治骨伤病人无数，深受群众欢迎。

## 医案医话

中医正骨技术是以手法复位为基础（手随心转，法从手出），手法复位和术后固定锻炼并重，中药辨证治疗为辅，后期理筋为补充。其突出整体观念，微创意识，重视功能，强调治骨必治筋，指出骨为主干，节为枢纽，筋为动，若骨折挫伤不治筋，十治九难屈。同时，看重医患合作，让其明白自身病理，与病人及时沟通，得到配合治疗通常会达到理想的效果。

关于筋骨外伤病的病因病机。病因一般分为直接外力、间接外力、肌肉收缩力、慢性劳损、风寒邪毒感染、体质的遗传、虚弱、骨肿瘤、结核等因素。病机分早、中后期，早期为气滞血瘀，容易导致骨折周围软组织损伤，从而引起血液运行不畅，导致经脉瘀阻；中后期是瘀血阻络、新血不生、筋不能续，继而肝肾亏虚、筋骨失养。诊断、用药理论如下。1. 脏腑：肝肾与筋骨损伤最为密切，肝主筋，肾主骨等。2. 经络：是气血运行的通道，不通则痛，通则利好，气血调和，濡养周身，关节筋骨滑利。当筋骨外伤后，会出现伤骨、伤筋、血瘀等。3. 气血：是生命活动的基础，濡养全身，关系着筋骨外伤愈后的好坏，极其重要。4. 筋骨：皮肉在筋骨外伤中应充分重视。

中医骨伤科的诊断，主要有：1. 触痛点。2. 摸肿胀，畸形，异常活动，弹性固定感。3. 扣远端。也可以分为触、扣、听及运动检查，再运用四诊合参、八纲辨证掌握经络、气血、肌肉、筋骨、关节损伤程度、类型等情况以达到辨证论治的目的，为合理用药、让患者更快更好的痊愈提供依据。

家传的正骨手法有摸、捏、提、按、推、端、摩、拉、拔伸牵引、提拉端挤、旋转屈伸、夹挤分骨、折顶回旋、按摩推拿等，要求稳、准、快，用力均匀，动作连贯。如摸、捏两法，是用手着力感觉患处的高突、凹陷、肿块与解剖位的不同，判断其情况，得出诊断，属于检查手法。筋骨外伤分类较多，治疗手法视情况而定，例如：

**桡骨干骨折案：**患者周某某，不慎跌倒导致左手活动受限，疼痛。以摸、捏手法，观察诊断属于桡骨干骨折向背侧移位。

治疗：患者坐位，肩外展，屈肘90度，助手与卢金生分别握持上臂与手腕做对抗牵引两分钟，待肌肉松弛，旋转手腕（矫正重叠与外旋），再向掌侧屈腕感觉“咔”声（矫正背侧移位）后，再分骨挤压正骨完成，以分骨垫、四块小夹板固定，托板吊于胸前。X线检查对位良好。对于药物的治疗可通过辨证，一般分为三期：早期，即血肿机化期（1～3周），以活血化瘀、消肿止痛为目的，代表方剂有桃红四物汤加减。中期：即骨痂形成期（3～6周），以舒筋接骨、和营止痛、新生为目的，代表方剂有和营止痛汤加减。后期：即骨痂愈合期，骨痂塑形期（6～12周），活血祛瘀，续筋接骨，补益肝肾，防止筋肌膜粘连为目的，施以正骨紫金丹、舒筋活血汤、右归丸等加土鳖、自然铜。

两个月后 X 线再次复查，骨折线模糊，患者无功能障碍，无畸形，无不良反应，痊愈。

**锁骨骨折案：**患者吴某，摔倒致右手臂疼痛，活动受限，于卢金生处就诊，通过观察手法检查：头偏右，局部红肿，畸形，压痛，锁骨上下窝变浅。诊断：锁骨骨折。治疗：患者坐位，双手叉腰，抬头挺胸，助手双手拿住患者双肩，用膝盖顶患者的斜方肌向后拔伸两分钟、分离断端，卢金生立于患者前方用两手拇、食指以夹、捏、提、按手法完成整合。在锁骨的上下窝放置高低垫用胶布固定在皮肤上，再用绷带 8 字环缠绕固定，悬吊于胸前。X 线检查对位良好，施以桃红四物汤，中途换药 3 次，4 周后拆除外固定。再用正骨紫金丹 3 剂。嘱展臂、提肩、抬肘等锻炼，2 个月后复查痊愈。

**下颌骨关节脱位案：**患者尹某某，58 岁，开元人。吃苹果时张嘴过大导致嘴合不拢，疼痛，观察其口不能合张，言语不清，流口水，摸双耳后空虚凹陷。诊断：下颌骨脱位。治疗：患者靠墙座位，助手扶持患者头部，卢金生用棉布手套套住两拇指进入口腔，置于最后一颗牙齿表面按压，其余四指托住两侧下颌外部向上端送（注意用力均匀协调），突感“闷噔”声即手术完成。用兜带托住下颌以能张口进食为度，为防止下颌关节肌肉过度松弛而形成习惯性脱位，固定必须两周。再施《和营止痛汤》2 剂。嘱：咬合、按摩锻炼。

卢金生从事筋骨外伤医疗 20 余载，运用家传的正骨技术，不断学习古今专业知识，恪守医生职业道德，本着治病救人的初心，一切以人民身体健康为宗旨，治疗病人无数，安全有效，反映较好。中医正骨技术是祖国传统医学的重要组成部分，博大精深，历经千年，是历代大家智慧的结晶。它的特点：可不开刀，痛苦小，费用低，安全，风险小，治疗后在家即可疗养。诊断快，治疗也快，能在血肿前得到有效治疗，能节约患者的就医时间，缩短愈合期等。能规避现代医学繁琐的术前准备、内固定及二次手术取固定所带给患处周围正常组织、血管、神经的损伤、切口感染及麻醉药的副作用。引进西医手术前的几千年，人们对筋骨外伤都是以手法复位为主，它对人类健康有着卓越的贡献。

（卢金生口述　姚丽整理）

# 医论集萃

# 中西医结合治疗慢性复发性胆囊炎 128 例

张心海

慢性胆囊炎是临床常见疾病之一，治疗效果不佳，并且易复发。为提高疗效，降低复发率，笔者从 1990 年至今自拟清热疏肝利胆汤与西药合用治疗慢性复发性胆囊炎 128 例，疗效显著，现报告如下。

【临床资料】

本组病例为慢性复发性和单纯性胆囊炎门诊病人，不伴有胆结石等，共治 128 例，其中男性 72 例，女性 56 例；年龄 20～56 岁，平均 41 岁；病程 6 个月～11 年，平均 6 年。诊断标准：均按中国人民解放军总后勤部卫生部编《临床疾病诊断依据治愈好转标准》。确诊：上腹部或右季肋部隐痛或胀痛不适，反复发作，可放射到右肩胛下角或右腰背部，可伴有嗳气、呃逆、泛酸、恶心呕吐，厌食油腻食物，饱食后上腹部不适，消化不良，可扪及肿的胆囊，莫非氏征阳性。辅助检查：B 超扫描可见胆囊有积液或胆囊壁增厚，囊内表面毛粗等。再结合使用胆囊收缩剂后观察胆囊收缩的动态过程而确诊。

【治疗方法】

基础方清热疏肝利胆汤。药物组成：柴胡、黄芩各 10 克，仙鹤草、鱼腥草、败酱草、郁金各 15 克，赤芍、蒲公英各 20 克，丹参、金钱草、夏枯草各 30 克。随证加减：气滞甚者加枳壳、广木香；阴虚者加麦冬、乌梅；胁痛甚者加佛手、玄胡；嗳气、呃逆者加旋覆花、降香；泛酸者加煅瓦楞、乌贼骨等。西药每次头孢氨苄胶囊 0.25～0.5 g，或羟氨苄青霉素 0.25～0.5 g 加氟哌酸胶囊 0.2～0.3 g，过敏者改用庆大霉素或氯霉素片剂。其他辅助药：口苦者加维生素 K4，泛酸呃逆加胃复安，痛甚加颠茄片等。用法：中药每 2 日 1 剂，水煎饭前服；西药每日 3 次，饭后服，连服 2～3 个月。注意饮食宜低脂、易消化性食物。抗生素久用易出现伪膜性肠炎。轻者减量，重者暂停药。

**【疗效观察】**

疗效判定：按中国人民解放军总后勤部卫生部编《临床疾病诊断依据治愈好转标准》判定。痊愈：临床症状，体征消失，B超胆囊积液消失或囊壁变薄，其内表面毛粗状消失。显效：临床症状、体征基本消失，B超胆囊积液减少或消失，囊壁稍变薄，其内壁表面毛粗状减。有效：临床症状、体征有减轻，B超胆囊积液有减少或囊壁有所变薄，其内壁表面毛粗状有所减轻。无效：症状、体征不减轻，B超胆囊积液未减少，囊壁继续增厚，其内表面毛粗状减轻。

治疗结果：治愈99例，显效19例，有效8例，无效2例，有效率98.4%。一般治疗2周后临床症状、体征消失，1个月后B超扫描正常。追踪观察：停药6个月后随访，治愈99例中复发3例，复发率3%。

**【讨论】**

中医学认为慢性复发性胆囊炎属中医“胁痛”等范畴，基本病因病机为湿热久羁、郁滞肝胆、胆胃不和，基本治则是清热除湿、疏肝利胆。疏肝利胆汤中，黄芩、蒲公英、败酱草、夏枯草、鱼腥草清热除湿；柴胡、赤芍疏肝柔肝；金钱草清热利胆；仙鹤草、丹参、郁金化瘀散结，以消除胆囊积液或减少胆囊壁的厚度。现代医学认为：慢性复发性胆囊炎多属急性胆囊炎失治、误治未愈而来，其中以大肠杆菌感染最多见，代谢性、化学性胆囊炎少见。笔者自拟清热疏肝利胆汤，对大肠杆菌有明显的抑制或杀灭作用，对肠炎球菌、肠道变形杆菌及部分厌氧菌有一定的抑制或杀灭作用，与西药配伍，有明显增强西药的杀菌作用，减小细菌的耐药性，故中西药配伍，疗效显著。

（原文载于《四川中医》1997年第15卷第11期）

# 浅谈辨舌质的临床意义

章继才

辨舌，为中医诊法中的一项重要内容。中医学认为，舌乃心之苗，手少阴心经之别系舌本，足太阴脾经连舌本、散舌下，足少阴肾经挟舌本，足厥阴肝经络舌本。现代医学认为，舌的构造，除根部一小块舌骨之外，其余大部分为柔软的肌肉纤维，里面含有丰富的血管、神经和腺体等；舌外面包被着黏膜，上布乳头，散布味蕾；舌下面还密集着许多滤囊、淋巴小体和腺导管等。

## 一、血液循环方面

**（一）贫血：**舌淡，主血虚或气血两虚。血液中红细胞数减少、血液质淡或血流量少于正常，则舌体呈淡红或淡白。如血管容量减少、血管失其充盈，舌体也相继出现瘦小、萎瘪等；血管内红细胞数减少（质淡），若血管内水液外渗、组织细胞肿胀，舌体便会显得淡白胖大、齿印，在临证时，治当补血或益气生血、温阳行水为法。

**（二）充血：**红、绛舌主热。舌体血管内血液量比正常增多（或小动静脉扩张，容血量增加），充血的舌体组织轻度肿胀，局部颜色鲜红。代谢增强，热量增加（多由热邪过胜，刺激血管扩张，血流量加速、局部血量增加），舌色则红或深红（绛），舌体稍大。治以清热凉血为主法。

**（三）淤血：**青紫或紫蓝、黯红、瘀斑舌，主瘀血。血管内血液浓缩，血流缓慢而瘀滞或血管收缩，血呈滞塞、凝固状态或血栓形成等，舌色则呈黯红或青紫（紫黯）、紫蓝、瘀斑（点）等。临床有热毒与寒凝之别，治当分别采用清热滋阴（增液）、凉血行瘀与温寒行瘀、行气活血之法。

**（四）出血：**血液直接从血管、舌组织黏膜渗出或渗出血管，凝于舌组织间、黏膜下，呈点片状瘀斑。临床有寒、热邪气致血管中毒、通透性增加或血管受损受压、血流受阻等多种原因所致，治当分别采用温寒止血、凉血止血、收涩止血与行瘀止血之法。

## 二、神经系统方面

舌组织中的神经，主要有舌神经、舌下神经、喉上神经与鼓索神经等，分布在舌的各部，支配舌的运动与知觉。

“颤萎”是多种病因引起的舌部神经病态兴奋（颤动）与麻痹（痿软）的表现，临床多有虚、实、寒、热、痰、瘀、风之别，治当分别采用补虚、泻实、温寒、清热、化痰、行瘀、熄风、通络之法；“歪斜”多为风、瘀、痰阻络所致，类现代医学脑血管意外、脑神经障碍有关，治以熄风、化痰、行瘀通络为法；“舒缩”多由热毒、中风、气血亏虚与寒滞、瘀、痰阻络所致，与神经麻痹、痉挛有关（生理性畸形除外），酌情以清热解毒、息风通络、温阳散寒、养血行瘀、化瘀通络法治之。

## 三、乳头变化

舌表面分布着各种乳头，如舌中有丝状乳头，舌侧有叶状乳头，舌根有轮廓乳头，舌尖部有菌状乳头，之间夹有味蕾。随着病理变化，乳头本身亦产生变化，有发炎、充血、溃疡、萎缩、角化等。舌的血循环旺盛时，舌乳头呈红润之色（正常）。在充血时，舌乳头则鲜红或深红，乳头增大变粗（芒刺）；在贫血（气血亏虚）时，舌乳头则显塌陷、萎缩或表面光滑；在脱水、血液浓缩、高凝状态下，舌乳头则呈黯红或青紫、焦燥乏津。临床上有时还看到舌起芒刺如毛毡的“黑毛舌”，是乳头角化所致。芒刺色黑而焦燥，多为热毒内结所致；芒刺色黑而滑润细腻，多属阴寒内聚，此乃将亡阳之征。

## 四、腺体分泌关系

舌表面能保持润湿状态，是由于各种腺体不断正常分泌的结果。如果这些腺体的分泌功能障碍或分泌异常，就会影响舌的滋润，导致润燥失常。

（原文载于《中医函授通讯》1991 年第四期）

# 附子汤治验举隅

唐茂清

笔者临床以附子汤治疗胸痹、阴黄、腰痛等疾病，每获其效，兹举验案如下。



## 胸痹

严某，男，53岁，工人，患冠心病史三年余，心前区阵发性绞痛2天，于1988年11月20日初诊。证见：左侧胸部憋闷疼痛，痛引肩背，遇寒加重，心悸气短，自汗，动则为甚，畏寒肢冷，面色㿠白，舌质淡、苔白滑，脉沉迟无力。证属心阳虚衰、阴寒凝滞、痹阻心脉，治以益气助阳、散寒通脉，方用附子汤加味：制附子15克，人参10克，白术15克，茯苓20克，白芍20克，桂枝10克，丹参15克。水煎服，日一剂。连服3剂，胸痛缓解。继服此方加减治疗10天，诸症消失。

按：《医门法律·中寒门》曰："胸痹心痛，然总因阳虚，故阴得乘之。"此例由于心阳虚衰，阴寒之邪乘虚侵袭，痹阻胸阳，凝滞心脉所致，故用附子汤益心气、助心阳、散寒止痛，加桂枝、丹参以温通心脉。

## 阴黄

阙某，女，27岁，工人，1990年4月16日诊。因患急性黄疸型肝炎，用西药治疗1个月余黄疸未消退，故更服中药。证见：身目俱黄，黄色晦暗，脘闷腹胀，纳呆，身倦无力，畏寒肢冷，大便稀溏，舌质淡、苔白腻，脉沉缓。证乃脾阳虚衰、寒湿阻滞，治当补脾助阳、温化寒湿，方以附子汤加味：制附子

12克，党参30克，白术15克，茯苓20克，白芍15克，干姜10克，郁金30克，茵陈30克。水煎服，日一剂。连服5剂，前症明显好转。继服此方加减治疗半月，诸症若失而出院。

按：《类证治裁·黄疸》篇载："阴黄系脾脏寒湿不运，与胆液浸淫，外渍肌肉，则发而为黄。"此例因脾阳虚衰，寒湿凝聚，阻遏中焦，阳气不宣，胆汁外泄，溢于肌肤所致，附子汤使脾阳得健，寒湿得化，阳气得宣，黄疸消失。

## 腰痛

田某，女，35岁，工人。1988年5月23日诊。病员腰部疼痛不适三年余，一个月前又因受凉后出现腰部冷痛，逐日增剧，不能直立，活动不利，面色皖白，手足厥冷，舌质淡、苔白腻，脉沉缓。辨证为肾阳不足、寒湿凝滞，治以补肾助阳、温散寒湿，方用附子汤加味：制附子15克，党参30克，白术15克，茯苓20克，白芍20克，巴戟15克，细辛6克。水煎服，日1剂。进服5剂，前症大减。继服此方治疗半月恙除。

按：腰为肾之府，腰痛病位，其标在经络，本在肾脏。此例由于腰痛日久肾阳不足，感受寒湿，凝滞经络所致，故用附子汤加巴戟、细辛以补肾助阳、温散寒湿、通络止痛。

（原文载于《实用中医内科杂志》1992年第6卷第1期）

# 生姜泻心汤治疗幽门梗阻52例

刘成报

笔者自1982年以来用生姜泻心汤治疗幽门梗阻52例，获得较好疗效。

**临床资料**

男38例，女14例，年龄22～55岁；病程1个月至2年，其中半年左右占82.7%；完全性梗阻14例，不完全性梗阻38例。发病多在秋冬至早春季节。本组病例均经西医检查确诊用西药和其他方法治疗无效而用本法治疗的。

**治疗方法**

生姜泻心汤：生姜25克，炙甘草15克，人参10克（或党参20克），干姜、黄连、黄芩各10克，半夏12克，大枣20克。1剂煎两次分4次服，每6小时1次。病情严重者每1～2小时服1次。

**治疗效果**

52例患者中，服药2～5剂后解除梗阻占30.8%，6～10剂占30.8%，11～15剂占25%，16～20剂占15.4%。治疗前均有不同程度的呕吐、上腹痛和上腹部明显振水音。治后诸症完全消除，食欲渐增，体重增加。

例：康某，男，27岁。1985年4月患幽门梗阻、十二指肠球部溃疡，经治疗症状缓解。近一周来，上腹部胀甚，呕吐加重，朝食暮吐，吐酸腐食物或清水痰涎，水食不能入，入则即吐。形体消瘦，呈慢性病容，面色萎黄少华，唇淡，舌质偏红、苔薄白滑腻，脉沉细。心肺无异常，剑突下有压痛，上腹部有明显振水音。胃液分析总酸度和游离酸增多。胃镜提示：胃窦部黏膜呈片状糜烂，上有灰白色分泌物，周围黏膜充血水肿，高低不平，幽门不全性梗阻。方用生姜泻心汤加吴茱萸3克。每日1剂，水煎两次，每2小时服1次，每次20ml。连服7剂，诸证悉平。后予香砂六君子汤益气健脾养胃调治两个月病愈。

体会：生姜泻心汤方出《伤寒论》，方以姜、夏和胃降逆化饮而宣散水气，佐芩、连以调理脾胃而复升降，清升浊降，痞满自消，更佐参、草、枣补益脾胃、扶正祛邪，从而达到和胃消痞、宣散水气之目的。

本组52例经用生姜泻心汤治疗后，疗效满意。年龄较小、病程较短者疗效甚佳。一般服药10~20剂后，症状即可完全缓解。年龄较大、病程较长者亦可获效，但疗程要长。

（原文载于《辽宁中医杂志》1986年10期）

# 姜附配伍新识

姚杰良

姜附配伍首见于汉代张仲景《伤寒杂病论》，因功专效宏，广为医者所习用，其配伍意义历代医家多崇“相须为用”之说，而对姜附配伍内涵论述甚少。笔者认为：干姜配附子，不仅能增强疗效，而且有减弱附子毒性，预防、救治附子中毒的潜在作用。

众所周知，姜乃解毒要药，为临床常用解毒药物之一。《本草拾遗》云：“姜汁解毒药。”高等医药院校教材第五版《中药学》说：“生姜能解半夏、南星、鱼蟹之毒。”《中药药理与应用》说：“生姜味辛性温，能散寒解表……解毒。”特别在中药炮制方面，姜的作用更为重要，《中药临床生用与制用》在介绍炮附片、制半夏、姜制南星的炮制中说，“盐附子须用姜汤浸泡至口尝无麻辣感……生半夏、生南星用生姜汁或干姜煎汁与明矾粉拌匀入缸内，腌伏至口嚼无麻感。”成都中医学院主编七九年版《中药炮制学》说：“川乌、草乌用石灰水、生姜浸；甘草、生姜制；甘草、生姜、明矾蒸；甘草、生姜、黑豆蒸；生姜、黑醋煮；生姜、豆腐煮；生姜、甘草、皂角煮……可降低毒性，保证用药安全。”由上可见，姜不仅能解半夏、南星、鱼蟹毒，而且能解附子、川乌、草乌毒。现代药理研究证明：干姜的成分同生姜，主要含挥发油及姜辣素。《本草经疏》云：“生姜所禀，与干姜性气无殊。”《食疗本草学》亦云：“干姜与生姜性能相近。”所以，干姜、生姜同为解毒要药。由此推知，干姜配伍附子，不仅能增强疗效，而且有减弱附子毒性，预防、救治附子中毒的潜在作用。

古今大量临床实践也证明了这一点。凌一揆教授说，干姜辛热，通心助阳，祛除里寒，与附子同用，能辅助附子以增强回阳救逆功效，并可减低附子的毒性，四逆汤中用之，即是此义。仲景《伤寒论》112方中，干姜配附子的汤方占十余首，且用量达数枚、数两。然而，临床凡严格遵循仲师辨证施治之旨及配伍法度、煎服规矩者，无不疗效卓著，病起沉疴，根本不中毒，亦未见中毒之报道。相反，以姜救治附子中毒则不乏其例。《中草药中毒急救》说："乌头、附子中毒的救治，干姜、甘草煎服，有解毒作用。"八七年孟夏，笔者曾治一附子中毒患者，肢冷面白，呕吐涎沫，心跳缓弱，病情危急，因地处山乡，交通不便，又无针药，急取干姜 120 克（碎）、甘草 30 克，水煎频频灌服后，病获痊愈，随访至今健在。近年来，笔者凡遇类似病人，均用干姜、甘草煎服解毒，重者配合西医抢救，每收满意效果。

《医方新解》说："动物实验证明，单用附子具有较大的毒性，但与干姜、甘草组成方后则毒性大为降低。小鼠毒性试验表明……单用一定量的附子能引起动物死亡，但附子与甘草，或附子与干姜配用煎煮，则可完全避免动物死亡。"便是又一佐证。

综上所述，笔者认为：姜附配伍的内涵在于，干姜配附子，不仅能增强疗效，而且有减弱附子毒性，预防、救治附子中毒的潜在作用。同时，充分体现了仲景学术思想特色，突出了中药配伍理论的核心原则，对临床实践有着重要的指导意义和现实意义，值得进一步研究、发扬。

（原文载于《陕西中医》1991 年第 7 期）

# 祛头痛方治疗偏头痛 67 例

田光达

偏头痛，是以头部血管舒缩功能发生障碍为特点的临床综合征，表现为周期性搏动样剧烈头痛，一般持续数小时，常伴有恶心、呕吐、眩晕，部分病人发作前可突发眼花、闪光暗点或金星、视物缺损等。证属祖国医学头痛、偏头风等病证范畴。笔者采用自拟祛头痛方治疗偏头痛 67 例，疗效满意，报告如下：

## 一、对象与方法

### （一）临床资料

本组 67 例病人均为门诊病人，其中男性 18 例，占 26.9 %；女性 49 例，占 73.1 %。年龄最小者 15 岁，最大者 58 岁，其中 18～45 例，45 岁以上 7 例，18 岁以下 3 例。病程在一年以内者 16 例，1～5 年者 45 例，5 年以上者 6 例。发作时一侧颞部痛者 25 例，双侧颞部痛者 9 例，左右交替疼痛者 16 例，全头痛者 7 例，前额痛者 5 例，头顶痛者 3 例，枕后头痛者 2 例。发作前有视觉先兆症状者 17 例，伴恶心、呕吐者 6 例，伴眩晕者 17 例，与月经周期有关者 26 例。中医辨证分型：肝阳亢旺、上扰清窍型 15 例，气滞血瘀型 28 例，痰浊阻络、风痰上扰型 17 例，血虚血瘀型 7 例。

### （二）治疗方法

祛头痛方组成：川芎、白芍各 30 克，半夏、当归各 20 克，天麻、白芷、白芥子、牛膝、生姜各 15 克，全蝎 6 克，蜈蚣 3 条。加减化裁：肝阳亢旺、大便秘结者，加石决明 30 克、夏枯草 20 克、大黄 9 克；血瘀头痛剧者，川芎增至 40～50 克，加穿山甲 9 克；痰浊阻遏、清窍不利者，去当归、白芍，加胆南星15克、菖蒲9克；血虚甚者，加黄芪30克；兼见肾虚精亏者，加熟地、枸杞各30克，首乌20克。煎服法：水煎服，一日一剂。全蝎、蜈蚣需置瓦片上焙香，共研为细末，均分兑入煎剂中服下。

### （三）疗效标准

痊愈：头痛及伴随症状完全消失，脑血流图恢复正常，随访一年无复发者。好转：头痛及伴随症状消失或减轻，头痛发作频率明显延长，一年内仅发作1~2次。无效：头痛及伴随症状治疗前后无多大变化，脑血流图复查依旧者。

### （四）结果

痊愈53例，好转12例，无效2例，总有效率为98%。

## 二、病案举例

吴某某，女，33岁，农民，2000年11月27日初诊。自述1996年9月在某乡卫生院行人流手术后感染，调治月余方瘥。1997年4月例行月经时自觉眼前有闪光暗点，瞬即左侧头痛不已，如锥如刺，伴心烦、干呕，少腹刺痛，经色紫黯，夹有血块。三年来，虽经中西医多方调治不解，每届经行之时头痛即发，年发7~10次不等。刻诊：病人痛苦面容，抱头呻吟，面色暗滞，舌质红有瘀点、苔薄稍黄，脉弦略数。脑血流程提示：左侧脑血管紧张度增强。证属术后感染留瘀，经脉痹阻不通而痛。方用祛头痛方：川芎40克，赤白芍各20克，桃仁、归尾、牛膝、半夏、白芷各15克，白芥子、生姜各12克，红花、全蝎各6克，蜈蚣3条。嘱服5剂。4剂后来询，头痛及小腹疼痛明显减轻，惟经量及紫黯血块较往月增多，经色由暗转红，此乃瘀去络通之佳兆，嘱原方再进5剂。后在此基础上调治月余，头痛若失，诸证几无，复查脑血流图正常。随访一年零两个月未见复发。

曾某某，女，42岁，厨师，2001年7月来诊。患者身肥体胖，面色淡白浮肿，自述整个头部胀痛难忍，昏蒙不清，身困重如裹，胸闷脘痞，纳差便溏，温温欲吐，晨起常略吐白灰色浊痰。头痛时伴头目眩晕，带下量多色白黏稠。查舌体胖大、边有齿痕、苔白中部厚腻，脉濡涩。辨属脾虚湿甚、痰浊阻络、风痰上扰之头痛，方用祛头痛方：川芎、半夏各30克，蜈蚣2条，嘱服7剂。

二诊时头痛锐减，其余诸症亦逐渐好转。在此基础上迭进健脾益气、化湿涤痰、祛风止痛方药 20 余剂，并嘱少食肥甘炙焞、强化运动。随访一年未见复发。

## 三、讨论

偏头痛，是以头部血管舒缩功能障碍为特点的临床综合征，表现为周期性搏动样剧烈头痛，一般持续数小时，常伴有恶心、呕吐、眩晕。部分病人发作前可突发眼花、闪光暗点或金星、视物缺损等，女性多于男性，其病因尚未完全明确。证属祖国医学头痛、偏头风等病证范畴。中医治疗此病，忌头痛医头，临证时须详辨病之新久，痛之部位、性质，兼见证之属性机理，恪守“不通则痛”之原则。笔者所拟祛头痛方，以川芎、白芷祛风止痛、行气活血，引药直达巅顶；当归、白芍补血柔肝，血充则络通，肝阴足则阳不亢，头痛自除；牛膝活血而补肝肾；天麻息风止痉，平潜肝阳；用半夏、白芥子涤痰通络，痰浊去则清窍利；以生姜解表和胃，止呕吐而除眩晕，并制半夏、南星之毒。方中全蝎、蜈蚣皆虫类搜剔药，张锡纯氏曾云：“蜈蚣，味微辛，性微温，走窜之力最速，内而脏腑外而经络，凡气血凝聚之处皆能开之……其性尤善搜风。”“蝎子，色青，味咸，性微温……故善入肝经，搜风发汗，治痉痫抽掣，中风口眼歪斜，或周身麻痹……为蜈蚣之伍药，其力相得益彰也。”今遵其意用之颇验，此二物入药以保留头足效果最佳。全方配伍，紧扣病机，以此为基础方，因证因脉稍事增减，每可获得较好疗效。

（原文载于《川北医学院学报》2004 年第 19 卷第 4 期）

# 益阴固冲汤治疗青春期功能失调性子宫出血 278 例

曹习诠

功能失调性子宫出血（简称功血）为妇科常见疾病，青春期功血多为无排卵性。临床上最主要的症状是子宫不规则出血，出血间隔长短不一，短者几日，长者数月，常误诊为闭经；出血量多少不一，出血量少者只是点滴出血，多者大量出血，不能自止，导致贫血或休克；出血期间一般无腹痛或其他不适。功血的诊断需排除引起异常出血的器质性原因，如妊娠相关出血、生殖器官肿瘤或感染、内科血液系统及肝肾重要脏器疾病、甲状腺疾病、生殖系统发育畸形、外源性激素及异物引起的异常子宫出血等，主要依据病史、体格检查及辅助检查作出诊断。本病常见于中医妇科崩漏、月经先期、月经后期、月经先后不定期、月经过多、月经过少、经期延长等疾病的肾阴虚及阴虚血热型。笔者自 2000 年以来，应用益阴固冲汤治疗妇女青春期功血 278 例，收到满意效果，现介绍如下。

## 一、临床资料

本组 278 例患者年龄在 13～25 岁之间，病程最短 3 个月，最长 6 个月。临床主要表现：经血非时而下，出血量少或多，淋漓不断或数月不行，经色或淡黯或鲜红，质清稀或稠，头昏耳鸣，腰膝酸软，或小便频数、带下清稀、脉沉细，或颧红唇赤、手足心热、脉细数。本组 278 例均符合无排卵性功能失调性子宫出血的诊断标准。

## 二、治疗方法

益阴固冲汤的组成：熟地、醋炙龟板、牡蛎、阿胶（烊化）各 30 克，续断、芍药 20 克，山茱萸、海螵蛸、炒地榆、炒蒲黄各 15 克。水煎服，每日 1 剂，早晚各服 1 次，至经血停止为止。

## 三、疗效观察

### （一）疗效标准

治愈：临床症状消失，随访 5 年以上无复发。显效：临床症状消失，随访 2 年以上 5 年以内未复发。有效：临床症状消失，随访 2 年以内有复发。无效：临床症状无改善。

### （二）治疗结果

278 例患者治疗后疗效显著，疗程最短者仅服药 1 个月经周期即临床治愈，最长者服药 5 个月经周期。结果：治愈 187 例（67.3 %），显效 71 例（25.5 %），有效 16 例（5.58 %），无效 4 例（1.4 %），总有效率 98.6 %。



## 四、典型病例

**案例一：**何某，女，15 岁，学生，2000 年 4 月 25 日初诊。述 13 岁初潮，量少色黯红，行经 3 ~ 5 天不等，周期或一个月两行或两个月一行。上次月经 2000 年 1 月 1 日，7 天方净。昨天早晨，突然阴道下血如注，头昏耳鸣，急延医诊治，以凉血止血大剂罔效，因而来我处就诊。刻下患者面色苍白，短气懒言，出血量多，血色鲜红，质稠，头晕耳鸣，腰膝酸软，手足心热，舌红苔少，脉细数而芤。此少女肾气稚弱，冲任不固。急取红参 30 克，切薄片，先行嚼服，补气摄血以防气随血脱。同时用益阴固冲汤以滋肾益阴、固冲止血，处方：熟地、醋炙龟板、牡蛎、阿胶（烊化）各 30 克，续断、芍药各 20 克，山茱萸、海螵蛸、炒地榆、炒蒲黄各 15 克。浓煎，每日 1 剂。4 月 28 日二诊：述嚼服红参后，面色苍白、短气减缓，服药 1 剂后，阴道出血渐渐减势，3 剂服完，已近常量，其余诸症均有减轻。效不更方，每日 1 剂，再服 7 天。5 月 6 日三诊：服药后经量又渐次减少，至第五日月经已净，唯腰酸耳鸣、手足心热，舌淡红苔少，脉细略数，用知柏地黄丸和乌鸡白凤丸以善其后。随访 6 年未复发。

**案例二：**李某，女，18 岁，学生，2005 年 9 月 11 日初诊。月经 12 岁初潮，周期 28～32 天，经期 4～5 天，血深红，质稠，量 50～70 ml。近 3 个月来，月经淋漓 10～20 天。平时耳鸣腰酸，经行时加重。目前，经行一个月余，淋漓不断，色红，质稠，头晕耳鸣，腰酸膝软，手足心热，颧赤唇红，舌红苔少，脉细数。询其饮食，谓极喜辛辣。此思虑劳心，精血暗耗，复因嗜食辛辣，致热伏冲任，迫血妄行。以益阴固冲汤补肾益阴、固冲涩精、凉血止血，熟地、醋炙龟板、牡蛎、阿胶（烊化）各 30 克，续断、芍药各 20 克，山茱萸、海螵蛸、炒地榆、炒蒲黄各 15 克。每日 1 剂，连服 3 剂。9 月 15 日二诊：言经量减少，诸症减轻。药已中的，加女贞子 15 克、旱莲草 30 克，再服 5 剂。9 月 21 日三诊：月经已净，诸症又减。嘱服知柏地黄丸 1 个月。后随访 2 年，未见复发。

## 五、体会

现代医学认为：青春期功血患者下丘脑—垂体—卵巢轴尚未成熟，未能建立稳定的周期性调控机制……青春期少女正处于生理与心理的急剧变化期，情绪多变，感情脆弱，发育不健全的下丘脑—垂体—卵巢轴更易受到内外环境的多因素影响。祖国医学认为：先天肾气不足，少女肾气稚弱，若耗伤精血，则肾阴虚损，阴虚内热，热伏冲任，迫血妄行；或肾虚失藏，冲任不固，不能制约经血，皆可致经血非时而下，成为崩漏、月经先期、月经后期、月经先后不定期、月经过多、月经过少、经期延长等疾病。

益阴固冲汤专为肾阴虚及阴虚火旺之青春期功血而设立。方中以熟地、续断、山茱萸补肾益精为君；醋炙龟板、牡蛎、海螵蛸育肾阴、固冲任、涩精止血为臣；芍药敛肝阴、养血，阿胶养血、滋阴、止血为佐；炒地榆、炒蒲黄凉血、止血为使。全方共奏滋肾益阴、固冲止血之功。

（原文载于《四川中医》2009 年第 27 卷第 11 期）

# 小儿感冒的辨证论治

秦维义



古代医家用“小儿纯阳之体”和“稚阴稚阳”的理论，概括了小儿的生理特点。所谓“纯阳”是指小儿处在生长发育过程中，生机蓬勃、发育迅速的意思。所谓“稚阳”是指小儿生命力弱易受外邪。“稚阴”是指精血津液、脏腑、髓脑、肌肤等有形之质，尚未发育完善而言。

小儿的生理特点，决定了病理上的“易虚易实”“易寒易热”和病情传变迅速这三个方面。所谓“易虚易实”是指小儿如果感外受“六淫”之邪或内伤乳食，或用药不当而导致正气虚、邪气实的病候。所谓“易寒易热”是指小儿病后寒热变化很快，即由于“稚阳”易寒化、“稚阴”“纯阳”易热化而言。寒极可以外脱衰竭，热极可致生风惊厥，甚至内闭外脱。个别病儿，传变迅速，其临床症状可见一日之间有多变，早晨为实热阳证，午后或日落转为虚寒阴证等等。但由于小儿脏气清灵，少有痼疾、宿疾，所以小儿之病如果诊治及时，护理得当，也是比较容易恢复健康的。

## 一、病因病机

小儿形体未充，肌肤疏薄，卫外功能不固，加之对四时气候变化不能很好适应，常易为外邪所袭，致成感冒。邪客肌表，或肺卫受邪，肺气失于宣达，故见发热、恶风寒、无汗或微汗、鼻塞、流清涕、咳嗽、打喷嚏等，按其临床表现分为风寒、风热、感冒挟食三大类型。

## 二、辨证施治

### （一）风寒感冒

主要症状：发热明显，恶风无汗，流清鼻涕，咳嗽痰稀，口不渴，小便清长，舌苔薄白，脉浮紧，指纹浅红。

治法：辛温解表、祛风散寒。

处方：1. 荆防解表汤

荆芥10克，防风10克，前胡10克，枳壳10克，桔梗10克，甘草6克，生姜6克。

方解：荆芥、防风泄邪；前胡、枳壳、桔梗宣肺达表；甘草、生姜透达肌表，调和胃气。

处方：2. 葱豉汤

葱白3个，香豉10克，清水煎服。

方解：此方记载于晋代医家葛洪《肘后备急方》中。对治疗感冒初期、无汗发热者有一定疗效。葱白通阳达表，香豉交通心肾、鼓邪外出。

### （二）风热感冒

主要症状：发热微恶寒，自汗，鼻塞，头身痛，咳嗽吐黄痰，口渴，小便短赤，舌苔黄，脉浮数，指纹青紫。

治法：辛凉解表、疏风清热。

处方：银翘散

银花15克，荆芥10克，薄荷10克，桔梗10克，香豉10克，连翘15克，淡竹叶10克，牛蒡子10克，芦根15克。

方解：银花、连翘清热解毒；薄荷、荆芥、香豉发汗解表，清泻外邪；桔梗、牛蒡子开利肺气，兼祛风除痰；甘草、竹叶、芦根清上焦风热，兼养胃气。

加减：热甚加石膏20克、黄芩10克，口渴甚加知母10克、花粉10克，鼻衄加白茅根15克、栀子10克，咽痛加玄参10克、马勃10克、板蓝根15克，咳嗽加杏仁10克、贝母10克。

在风热过程中，由于小儿神志怯弱，易受惊吓，热盛生风而见壮热、昏睡、抽搐、面赤或面青紫等症状，应以清热镇静、平肝熄风，投以清凉丸。

防风9克，龙胆草12克，黄连3克，钩藤12克，犀角6克，麝香0.2克。

方解：防风、钩藤疏风泄邪，黄连、龙胆草、犀角清热息风镇惊，麝香宁心开窍。

**（三）食滞感冒**

主要症状：脘腹胀满，不思乳食，呕吐酸腐，口气秽浊，大便酸臭，腹痛腹泻，舌苔厚腻，或白或黄，脉滑实，指纹紫滞。

处方：平胃散加味

厚朴10克，苍术12克，陈皮10克，枳壳10克，焦三仙各10克，藿香10克，莱菔子6克，甘草3克。

方解：苍术燥湿健脾、厚朴宽肠，陈皮理气和胃，甘草益气和中而补脾，枳壳、焦三仙、藿香、莱菔子消积除湿导滞。

若在个别病例中，出现与主证相反之证候，如大便秘结、壮热口渴、舌苔黄垢等，为余滞化热，可用凉膈散加味。

栀子10克，连翘10克，淡竹叶10克，黄芩10克，薄荷6克，酒军6克，芒硝6克。

方解：栀子、连翘清散上焦实热，淡竹叶、黄芩、薄荷引药上行使药力在膈间缓缓而下，酒军、芒硝荡涤肠胃实热。

**（四）小儿病在表者，必须治疗及时、用药得当，否则会造成下面两种趋向。**

1. 外邪入里热化

主要表现为剧烈咳嗽痰鸣气喘、呼吸困难、鼻翼煽动、胸高气促、面色爪甲青紫等，此是外邪犯肺气机不利，肺气不宣，津液壅塞液化为痰，或痰火郁闭不通而出现之证候。

治法：清热宣肺、化痰降逆。

选方：五虎汤

麻黄6克，杏仁6克，生石膏15克，甘草3克，茶叶6克。

方解：麻黄、杏仁止咳化痰平喘，生石膏清肺热，茶叶芳香醒脑肃肺气，甘草调和诸药以达清热宣肺化痰止咳降逆之目的。

2. 外邪入里寒化

主要表现为呕吐、泄泻、面色淡白、四肢不温、胸中烦闷、不思乳食、舌苔薄白、脉沉而弱、指纹淡滞等。

治法：温阳固表、健脾和胃。

选方：人参桂枝汤

人参 10 克，白术 10 克，干姜 6 克，桂枝 6 克，甘草 6 克。

方解：人参补气益脾，白术健脾燥湿，干姜温胃散寒，桂枝解肌达表，甘草健脾胃和中。

总之，在治疗小儿疾病过程中，无论风寒、风热、食滞诸证，原则上发汗解表不宜太过，过汗阴阳两伤，使邪从阳化热或从阴化寒。身体平素虚弱者，不宜用表药，确有表证，宜以和解为宜，如柴平汤之类随证加减治之，较为妥当。

小儿感冒的治疗方法与成人基本相同，但由于小儿的生理和病理特点不同，故在同一方药的使用上也有不同之处。如果简单地把小儿和成人的治法仅看成是药量轻重之差，就不够全面。

小儿疾病一般虽以内服药为主，但病变迅速，汤药需要临时煎制，往往缓不济急，故外治法亦为重要。如推拿、拔火罐、熏洗、灯火、涂敷等等；如用白矾调醋贴两足心治痰鸣喘促；用生姜、葱白、食盐共冲烂贴脐上，以治风寒腹痛；用吴茱萸 3 克、胡椒 7 粒、五倍子 6 克研细，酒调敷脐上，治虚寒喘急；如高烧气急，用石菖蒲冲烂，调井底泥敷胸腹部，退热平喘。

（原文为 1976 年 9 月蓬安县中西医座谈会发言材料）

# 运用泻下法治疗肺部疾病的体会

章榜举　章尚勇

泻下法属中医“八法”中的下法，是中医临床常用治法之一，它具有泄下邪热、攻逐结滞、泻下逐水的作用，适用于热邪搏结、燥屎停滞、瘀血积聚、痰滞水结等症。近年来已广泛应用于急症的治疗，效果显著。笔者根据中医理论肺与大肠相表里的关系，以及“异病同治、实者泻之”的原理，运用泻下法治疗有关肺部的一些疾病，如大叶性肺炎、慢性支气管炎、咯血等，确有较好的疗效。今试谈于下。



## 一、肺与大肠的关系

咳症不离于肺。肺主一身之气，司呼吸，为宗气出入之所，又为气机出入升降之枢，有喜降恶逆的特点。肺经受邪，或他脏受邪转移于肺，使肺气壅滞失宣，上逆失降，就会导致咳喘、水肿等症。《灵枢·本输》说：“大肠者，传导之腑”，说明大肠功能是传送糟粕、排泄大便。肺与大肠之间，主要是通过经脉的络属而互为表里。《灵枢·经脉》指出：“肺手太阴之脉，起于中焦，下络大肠，还循胃口，上膈属肺。”“大肠手阳明之脉，起于大指之端，循指上廉……下入缺盆、络肺，下膈属大肠。”《灵枢·本输》故有“肺合大肠”之说。肺与大肠在生理上互为表里。在功能上彼此协调，病理上必然会互相影响，若因久咳久喘致肺气虚或肺气壅实失于肃降，可出现大便秘结；大肠通降失职，邪气内郁，上逆于肺，使肺失宣降，亦可导致咳喘或加重咳喘，甚则久咳不已。脏腑表里证治，是中医脏腑学说的重要内容。笔者采用“肺肠同治”法治疗肺部疾病，就是以“相合”“相表里”为理论基础的。

## 二、临证应用

### （一）泻下涤痰法治疗慢性支气管炎

慢性支气管炎属于中医“咳喘”“痰饮”等范畴，临床上以咳嗽、咳痰、气喘为主证。按照中医理论，咳喘的产生是由于肺气不利，开阖、升降失职；痰饮的产生是因肺失肃降、脾失健运、肾虚水泛，水湿内停于肺，壅积而成痰，故有“脾为生痰之源，肺为贮痰之器”“痰之本源于肾”之说。对于肺失肃降、痰湿壅肺、气道不利出现的病症，笔者采用泻下涤痰、降气平喘，以治其标，待症状缓解之后，根据脏腑的虚实，再图治本。在临床上常遇到部分痰热型患者，由痰热阻肺，出现咳嗽、气喘、痰多，尤其是在大便干燥时，上述症状加重，此证类于《素问》论述的“阴阳之逆”，我们常采用大黄泻下通腑，葶苈子泄肺化痰，代赭石降气平喘，麻黄、杏仁、黄芩宣肺降气泄热，随症组方加减，收到较满意的疗效。

病案举例：叶某某，女，53岁。

因反复咳喘于1986年11月3日病重入院。入院时咳嗽气喘频作，咯白色黏稠痰，量多，不能平卧，口苦，口干，尿黄，大便干结，舌质暗红、苔黄腻，脉滑数。体查：心率106次/分，面部浮肿，胸廓呈橘状，两肺满布哮鸣及湿性啰音，西医诊断为慢性喘息性慢性支气管炎、肺气肿、肺心病，曾用氯霉素、氨茶碱、氢氯噻嗪等药，疗效不显。中医辨证为痰热郁肺，治以泻下涤痰、降气平喘，药用大黄9克，代赭石20克，葶苈子10克，麻黄6克，杏仁10克，黄芩12克，芦根15克，苡仁20克。三剂，每日一剂。药后大便通畅，每天两次软便，舌苔由黄转白而薄，诸症减轻，已能下床活动。原方继用五剂后，面部浮肿消退，气喘已平，稍有咳嗽，痰少。肺部听诊：哮鸣音消失，肺底部听到少量的小水泡音。为巩固疗效，原方继用五剂后，患者除食欲稍差外，余症皆平。此时，标症已缓，而正气未复，故治以健脾祛湿，着重培脾益肺，方用参苓白术散加减，以善其后。

### （二）泻下泄热法治大叶性肺炎

本病属温热病中的风温犯肺范畴，多因风温之邪从口鼻而入，侵犯肺胃，熏蒸于肺，以致肺失宣降，闭郁不宣，痰热壅盛，阻塞气道，引起发热、胸疼、咳嗽。热邪入胃，灼伤胃阴，致大便燥结、舌苔黄厚而燥等，治宜清热解毒、通便泄热，采用鱼腥草清热解毒，虎杖清肺止咳、通便泄热，配合生石膏以清肺之热邪。若胃肠热盛者加大黄，以泻下泄热，急下存阴。我们以上述药物组方治疗大叶性肺炎，取得显著效果。

病案举例：病者王某某，男，24 岁。

因发烧、咳嗽、左胸痛一天，于 1976 年 11 月 28 日就诊。自诉发烧不恶寒，咳嗽胸疼，咯黄色黏稠痰，口苦，口干喜冷饮，小便黄，舌尖红、苔黄厚而干，脉洪数，体温 39.6℃，血压 110/90mmHg，肺部听诊右侧中部呼吸音稍低，右侧第三肋以下及背部均可闻及干湿性啰音。血象 $18\times10^9$/L，中性核细胞 80%。胸片：右侧肺叶 3 ~ 5 片状致密较均匀阴影。诊断为大叶性肺炎。中医辨证为肺胃热盛型。给予清热解毒、泻下泄热，药用鱼腥草 40 克，虎杖 20 克，生石膏 25 克，苡仁 30 克，冬瓜仁 30 克，桃仁 10 克，黄芩 12 克，桔梗 12 克。服药二剂，病情进展不大。11 月 30 日问及病人，大便已三天未解，乃在原方中加大黄 9 克，三剂。每日一剂。

服药一剂后，当日解出大便，体温下降 1.5℃，继服则体温降至正常，血象复查已正常，除有咳嗽外，自觉症状基本消失，原方去大黄，继服。第八天肺部体征消失。第十六天后，胸透病灶完全消失，病获得痊愈。

### （三）泻下止血法治疗咯血

咯血是肺部疾病中常见的症状，多见于肺结核、支气管扩张。但在一般情况下很少出现咯血。若肺热炽盛、阴虚火旺，热迫血妄行，损伤肺络，轻则出现咳血，或痰中带血丝，重则咯血。咯血时，患者常感口干胸烦，有时还有一股热气向腹上升于胸，出现胸热，喉痒感。《金匮要略》中提出泻心汤治疗呕血、衄血。因泻心汤清泄实热，方中的大黄、黄芩、黄连，苦寒泻火，引热下行。即前人所说“泻心即泻火，泻火即止血”之意。对于胃热盛型的咯血，我们亦按此治则，采用泻下止血法，取大黄为主药，苦寒泻下，以“釜底抽薪”，挫其热势，热清而血止。但还要区别是实火、虚火，还是肺气上逆。实火则配以黄芩、黄连，以泻实火；虚火则配以旱莲草、生地，滋阴清热，凉血止血；肺气上逆者则佐以代赭石降逆止血，以平其上逆之气。

病案举例：患者刘某某，女 27 岁。

低热盗汗已四个月余，发热加重一周，咯血三天。经透视检查，诊断为浸润性空洞型肺结核，肌注链霉素。口服田三七粉，每次一钱，一日三次，咯血未能控制。第二天会诊，患者发热。体温 39℃，刺激性频咳，不时咯出大口鲜血，一次 10～30 毫升，并有口苦咽干、潮热盗汗、五心烦热，大便不通三四天，小便短赤，舌质红、苔黄而燥，脉呈芤象。此属阴虚火旺、迫血妄行，给予泻下降火、滋阴清热。药用大黄 9 克，生地 12 克，旱莲草 20 克，白茅根 15 克，黄芩 12 克，黄连 10 克。

病人服药一剂，数小时后大便即便，解出干结大便，咳嗽、口苦胸烦明显减轻，咯血减少，自觉较舒服。原方大黄改 6 克，继进二剂后咯血停止，体温降至正常，食欲增加。

## 三、体会

肺部疾病包括很广，牵涉面大，治疗时必须按照辨证论治的原则，运用四诊方法，辨清病因、病机、探究其标本、表里、寒热、虚实等。辨出证候，抓住主证，然后据证立法、依法选方、灵活施治。泻下之剂属于攻伐之品，运用不当，就会耗伤正气。因此，运用"泻下法"治疗肺部疾病，必须严格掌握适应证，不可滥用。其适应证是：发热不恶寒，口干，口苦，咳声重浊，咯黄色或白色黏稠痰，大便秘结不通，舌苔黄腻或白厚而燥，脉弦滑或洪数；或痰中带血、咯血之肺肠实热证，或胸闷气促、不能平卧之饮留胸胁证等。吴又可有"温病下不厌早"之说，对于大叶性肺炎，我们亦按吴氏这一原则，勿拘于有无燥屎，应于早下，以保持大便通畅，其目的是祛邪逐秽，使内无伏邪、火不复炽。

泻下法对于肺部疾病的主要治疗作用有：（一）泻下实热。凡肺部实热，常会引起肺的升降失调，热郁于内，不得宣发，不得下泄，致大便干结不通。胃肠积热，大肠积热，大肠壅滞也导致肺气不降，出现喘息、咳嗽、咳血、咳痰等症加重。泻下药物具有通下泄热解毒的作用，因此，对肺部炎症的发热、咳喘、咯血等，一旦泻下通便，热毒下泄，热尽身凉，咯血自止。据现代药理研究，泻下药不但有泄热作用，同时还有一定的抑菌作用，对于肺部炎症更为有利。（二）泻下平喘。肺中实热，灼津为痰，痰火壅肺阻塞气道，气机不利，肺失宣降，引起咳嗽喘气。因此，痰饮、气逆相互影响，常共同并存，泻下药物能泻下逐水通便，使之气顺喘平、肺复宣降。（三）泻下逐水。悬饮、肋下有水气，以致咳喘胸胁引痛、心下痞鞕、干呕短气、头痛目眩、或胸背掣痛不得息等，用竣下逐水药效果很好。

对于泻下药物的运用，可根据肺胃热盛、痰热壅肺、阴虚火旺、水结停胸有明显大便秘结不通者，按“急则治其标的原则”，均可采用大黄，此药性味苦寒，入胃、大肠、肝经，具有通便泄热、活血祛瘀作用。现代药理研究，大黄对外出血和内出血均有明显的止血作用，它不仅使血凝时间缩短，还可能促进骨髓制造血小板，并使毛细血管收缩，有促进血凝作用。因此，凡体质壮实、内热炽盛、燥屎已成者，大黄用量要大，或配以性味咸寒的芒硝，润燥软坚、助大黄泻下通便，否则药不胜病，无济于事。对于阴虚火旺型，亦可用性味甘平、润燥滑肠的火麻仁。

在运用泻下药物同时还须注意药物配伍。一般对于肺胃热盛型，取大黄配生石膏，石膏味甘寒，入肺胃二经，功能清热泻火，除烦止渴，长于清肺胃二经之邪热，二者相配，一泻一清，更合病机。对于痰热壅肺、肺失肃降，及阴虚火旺所致咯血者，用大黄配代赭石，大黄泄热，代赭重镇降逆，两者相配，一下一降，相辅相成。对痰热壅肺的慢性支气管炎，还须配用葶苈子，以降气祛痰、泻肺行水。

（原文为 1990 年南充地区中医学术研讨会交流材料）

# 浅论治痰须治气

黎忠民

痰是人体内的一种病理性产物，亦是一种致病物质，诸多疑难杂症每责之于痰，故有“怪病责之于痰”“百病皆由痰作祟”之说。历代医学家对其治法论述详尽，付于临床，常获捷效。其中治气一法，窃以为能保持或恢复机体正常的气化功能，令全身之津液输布正常，是治痰的重要原则。故陈以管见，祈望同道就正。

痰是由多种原因产生的，但随气病而生者较多。在人体中，气属功能活动，痰乃水津所化。在正常情况下，“饮入于胃，游溢精气，上输于脾。脾气散精，上归于肺，通调水道，下输膀胱。水精四布，五经并行，合于四时五脏阴阳，揆度以为常也。”若脏腑功能失调，水津不布，必致津液停蓄而生痰。如肺气失宣，水不布散，则气壅为痰；肝气郁结，疏泄失职，则气滞生痰；脾失运化，水不转输，则水湿停聚，瘀而成痰；肾气虚衰，蒸化失职，则水泛为痰；三焦气滞，气化失司，则气结生痰。《杂病广要》云：“人之一身，无非血气周流，痰亦随之。夫痰者，津液之异名。流行于上者，为痰饮；散周于下者，为精液。其所以使之流行于上下者，亦气使之然耳。大抵气滞则痰滞，气行则痰行。”又云：“人之气道贵乎顺，顺则津液流通，决无痰饮之患。调摄失宜，气道闭塞，水饮停于胸腑，结而成痰。”可见痰的产生无不与气有关。在临床过程中，气病生痰有虚实寒热之分，虚则温运无力，津聚成痰，实则气机壅滞，津停为痰。“苟气失其清肃而过于热，则津液受火煎熬转为稠浊；或气失温和而过于寒，则津液因寒积滞，渐致凝结，斯痰成矣。”因此在治疗的同时，还须按辨证论治的原则，求气之虚实寒热而治之。

气病可以生痰，痰亦可阻气，两者互为因果、互相影响，诚如《仁斋直指方论》所云："气结则生痰，痰愈盛则气愈结。"如肺炎喘嗽患者，由于外邪袭肺，肺气失宣，津液不能敷布，停积为痰，而见咳喘，喉中痰鸣。若痰浊未能即时排除和消散，必内留于肺，壅阻肺气，令壅者愈壅，如此循环，促使喘咳痰鸣加重。故治疗往往须在祛痰之中配以理气宣肺之品，可减轻症状，缩短病程。所以朱丹溪指出："善治痰者，不治痰而治气，气顺则一身之津液亦随气而顺矣。"由是观之，治痰治气尚有非常重要的临床意义。

笔者从大量的临床病例中体会到，治痰治气须从理气、化气、补气、降气四个方面着手。

理气，即通畅气机。此法有利于使机体气机壅滞的症状改善，令痰浊自动随气的运行而消散和排除。理气包括宣肺气、理脾气、疏肝气等法。肺气主宣，宜通不宜壅，壅则肺气郁而生痰。倘若肺气不宣、痰浊内阻，见咳嗽痰多、胸膈胀满之症，宜选桔梗枳壳汤（《三因极一病证方论》）合二陈汤宣肺理气以祛痰，旨取枳壳、桔梗、陈皮宣通肺气，促使肺主气和主治节的功能正常发挥，以保持全身的气化功能正常。脾主升运而化精微。若脾胃气滞，升运失调，精微不行，留而化痰，致脘闷痰多、头重身困，可以顺气化痰法（《时病论》）、平陈汤（《汤头歌诀白话解》）等理气健脾以消痰。其中苍术、陈皮、厚朴、木香等能调畅脾胃气机，令其升降复常、精微运化。肝主疏泄而恶抑郁，郁则气机不通，水津必随气结而为痰。若见脘胁胀闷痰多，或身起痰核等症，宜选越鞠丸、二陈汤加柴胡、郁金或加香附、白芥子等疏肝理气以祛痰，方以柴胡、郁金、香附疏肝解郁、调畅气机，促使痰的消散，此所谓"气顺则痰自消"。

化气，即温化阳气。此法属于治本之法，其能使体内外阳气升发，促进气机通畅，令全身的气化功能复常。体内阳气不振，水津不化，必内停为痰，故治必以化气为先。化气包括温脾气、暖肾气二法。温脾气者，苓桂术甘汤、理中化痰丸是也，二方桂枝、干姜能暖脾胃之气，协助气化，令脾胃温运功能复常。痰饮其标在脾，其本在肾，若肾气虚衰，水不归源，泛而为痰，治当宗仲景"病痰饮者，当以温药和之"的方法，以《金匮》肾气丸温暖肾气，方中附桂具有生少火而化气行水的作用，此乃"烈日一照，阴霾自散"是也。

补气，即扶助正气，增强机体抗病能力，亦属治本之法。因痰随气行，亦随气化。气足则津化，气衰则津停，留而成痰。因此在临床上若属正气不足而兼痰者，每于化痰之中少佐以补气之品，可促使痰液的顺利排除。补气包括补脾气、补肺气二法。肺主气而布津液，若肺气虚衰，不能布散津液，则必生痰浊，治宜补肺气以祛痰涎，如生姜甘草汤中取人参、甘草补益肺气，增强肺的气化功能，令其排痰有力。脾主运化，为生痰之源。若脾气虚弱，运化无力，必致痰浊内生而见短气乏力、脘闷痰多、便溏之症，治宜健脾补气以祛痰涎，如六君子汤中取人参、白术、茯苓增强脾胃运化功能以杜绝生痰之源，故有“脾胃健运自无痰”之说。

降气，是引痰下行的一种治疗方法。“痰之为物，随气而行，无处不到。”若气机上逆，往往痰随气上而为病。故凡痰在上部的病变皆可用降气祛痰法治之。降气包括降肝气、降肺气、降胃气等法。若肝郁侮肺，气机不利，津聚成痰，痰搏气结，逆于咽喉，见咽中如有脔肉、吞之不下、咯之不出之症，可投香苏散合半夏厚朴汤加旋覆花、代赭石等理气宣肺、降逆祛痰，旨在痰随气降。肺主宣肃而通调水道，若素有留饮，聚胃关肺，阻碍肺气下降，见上气喘逆、胸痞痰多等症，宜以苏子降气汤、三子养亲汤治之，取苏子、莱菔子降肺气以涤痰涎。胃气主降，若中焦痰盛，胃气不和，则痰可随胃气上逆而致眩晕呕吐，痰涎清稀，宜选小半夏加茯苓汤合泽泻汤降逆和胃以祛痰。

总之，治痰宜以治气为先，在治气的同时，还须依据痰的性质，选择合适的方药。若治痰与治气二者配伍得当，方能收到良好的效果。

（原文载于《四川中医》1996 年第 14 卷第 1 期）

# 加味石韦散治疗泌尿系结石 47 例

罗瑞雪　晏晓刚　周向红

2003 年 7 月—2007 年 3 月，笔者用加味石韦散治疗泌尿系结石取得较好疗效，现报道如下。



## 一、临床资料

共 47 例，均为门诊患者。男 36 例，女 11 例；年龄最小 19 岁，最大 57 岁，平均 37.5 岁；初发 38 例，反复发作 9 例；多发性肾结石伴输尿管结石 6 例，单发性肾结石 8 例，单发性输尿管结石 29 例，膀胱结石 4 例；伴肾盂积水 28 例。结石大小为 0.4 cm × 0.5 cm ~ 1.0 cm × 1.2 cm。

诊断标准参照 6 版《外科学》。经 B 超或（和）腹部 X 线片确诊。中医辨证参照《中医病证诊断疗效标准》。

## 二、治疗方法

用加味石韦散。金钱草 30 克，石韦 30 克，瞿麦 12 克，滑石 30 克，木通 15 克，车前子 12 克（包煎），牛膝 15 克，王不留行 15 克，冬葵子 15 克，沉香 6 克，赤芍 18 克，甘草梢 6 克。湿热下注加黄柏、琥珀，气滞血瘀加莪术、桃仁，肾虚加杜仲、桑寄生，气虚加黄芪、党参，腹胀加香附、乌药，痛甚加延胡索、川楝子，血尿加生地、白茅根。每日 1 剂，连煎 2 次，每次加水 500 ml，共取汁 400 ml，混合后分 2 次服。连服 10 天为一疗程。有肾绞痛者给予解痉止痛治疗，伴感染者给予敏感抗生素静滴，结石直径超过 0.8 cm 者配合体外冲击波碎石。另嘱患者每天饮水 >3000 ml，在排尿前做跳跃运动。治疗 1 ~ 3 个疗程后进行疗效评定。

## 三、疗效标准

治愈：临床症状、体征消失，结石全部排出，B 超或 X 线腹部平片检查结石阴影消失，肾盂积水消失。有效：临床症状、体征减轻，B 超或 X 线腹部平片检查结石阴影缩小或部位下移，多发性结石部分排出，肾盂积水明显减轻或消失。无效：临床症状、体征无变化或加重，B 超或 X 线腹部平片检查结石无变化。

## 四、治疗结果

治愈 31 例，有效 13 例，无效 3 例，总有效率 93.6 %。

## 五、病案举例

李某，男，42 岁，2004 年 9 月 7 日初诊。以“右侧腰部剧痛 6 小时”就诊，伴尿频、尿痛、血尿。腰痛呈阵发性，向右下肢放射。右侧肾区叩击痛，右侧腹压痛。小便常规检查红细胞（++++），白细胞（++）。B 超示右输尿管中段结石，约 0.6 cm × 0.7 cm，右肾盂积水。既往有肾绞痛史。症见腰痛，小便频急、淋漓涩痛，尿中带血，舌红苔黄厚，脉弦数。中医诊断为石淋，证属湿热蕴结。用 654 ~ 210 mg 肌注。中药用加味石韦散加延胡索 15 克、川楝子 15 克、生地 15 克、白茅根 15 克。服药第 4 天，排出灰褐色砂石 1 枚。嘱上方去延胡索、川楝子，继进 10 剂后查 B 超示肾、输尿管未见异常。

## 六、讨论

泌尿系结石属中医“淋证”范畴，多因湿热下注、煎熬津液结为砂石。治疗应“急则治标”，以清热利水、通淋排石为主，兼以行气止痛。加味石韦散中石韦、金钱草有较好的清热利水、通淋排石作用，对湿热下注膀胱引起的小便短赤、淋漓涩痛之石淋效果尤佳。瞿麦、滑石、木通、车前子、冬葵子清热利水、通关排石。药理研究证实，以上两组药物可使尿量增多，促进输尿管蠕动，有利于推动结石下移和结石排出。牛膝、王不留行、沉香行气止痛，导石下行。赤芍、甘草梢缓急止痛。诸药合用，共奏清热利水、行气止痛、通淋排石之功，故疗效较好。

（原文载于《实用中医杂志》2007 年 10 月第 23 卷第 10 期）

# 乌龟灸浅析

唐永春　罗熙林

灸法为中医学一种重要的治疗方法，其历史悠久，早在先秦时期就已形成完整的理论体系，历数2000多年的发展，形成了多种不同形式的施灸形式和手法，如隔姜灸、隔盐灸、直接灸、回旋灸等，在疾病的治疗与养身保健方面发挥了重要作用。本文试对乌龟灸的理论来源、临床应用、操作方法、注意事项浅述如下，以期同道斧正。



## 一、理论来源

乌龟灸因所选穴位为督脉上陶道、身柱2穴，足太阳膀胱经上大杼、风门、肺俞6穴，共8个穴位，同时施灸，形似乌龟之甲，故名“乌龟灸”。张燕华等认为“针灸治疗疾病，大多不是直接针对致病因子或病变组织，而是通过对体内失衡的免疫功能从整体上进行双向性调节而得以实现的，这种对免疫机能的良性调节是针灸治疗各系统疾病的重要作用之一。”又据现代研究证实，人体经络是一条高温线，为传热性较好的通道。艾灸治疗时，热量沿着经络传导的距离更远，而人体组织受热后，毛细血管中的血液温度也随之升高，血液黏度减少，流速增大。且据常小荣等证实艾灸的温热刺激能通过作用于穴位转化为与疗效密切相关的生物信息，并经过多条途径激发机体自身保护潜能，增强机体的适应性及抗损伤能力，最终实现对机体的温通与温补效应。并提出艾灸是通过“以温促通、以温达补，以通促补、以补促通，通中有补、补中有通、通补互用”的作用机制。《灵枢·官能》：“阴阳皆虚，火自当之。”《灵枢·禁服》：“陷下者，脉血结于中，中有着血，血寒，故宜灸之。”提示无论是阴阳虚衰还是气血亏虚，或者是寒凝血瘀陷下之证，都可使用艾灸治疗，意味着艾灸可通过扶阳补气、阳生阴长的作用，以达到温经行血、消瘀散结、疏通气机的效果。

## 二、操作方法

### （一）麦粒制作

一般采用精艾绒。将少许精艾绒置于左手食、中指之间，用拇、食、中 3 指将艾绒揉匀，形成适当大小的艾团，然后将艾团置于拇、食 2 指之间，3 指前后用力将艾团搓紧，艾团即成橄榄球形，两头尖而中间圆凸，形似麦粒大，一般麦粒高于 1.5 cm，中肚直径约为 0.5 cm。在制作麦粒时，也可根据患者体质强弱及承受能力调整麦粒的大小，如《黄帝明堂灸经》："下火炷如枣核大，炷如小麦大，炷如雀屎大，炷如半枣核大。"精艾绒，可以是一般清艾条，或自己采集生长良好、叶片肥厚的艾叶，用木棒杵、手搓或药碾等工具将艾叶碾碎成绒，拣出艾叶梗后再晒、再杵、再搓碾除梗后即可成精绒。

### （二）穴位选择

主要选穴为督脉陶道、身柱穴和足太阳膀胱经大杼、风门、肺俞穴。陶，金玉之属也，此指穴内物质为天部肺金之性的温热之气；道，通行的道路也。陶道之名即是指督脉阳气散热后在此化为温热之气，为督脉足太阳之会，又因陶道亦承受来自膀胱经外散而至的寒湿之气，故又称为督脉膀胱经之会，因而本穴有温阳补气、节疟安神之效。身柱穴中，身，身体也；柱，支柱也。身柱之名即是指督脉气血在此吸热后化为强劲饱满之状，本穴主要有温补元阳、调和气血之功。大杼穴为足太阳膀胱经经穴，脊柱左右两旁各一，为八会穴的骨会，又为督脉别络及手足少阳太阳之会，本穴有泄热疗骨止痛之功。风门穴为足太阳膀胱经的经穴，脊柱左右两旁各一，别名热府，为督脉与足太阳经交会穴，意指膀胱经气血在此化风上行，主要承受膀胱经背俞各穴上行的水湿之气至本穴后化风上行。《会元针灸学》："风门者，风所出入之门也。"风门为风邪出入之门户，主治风疾，因此本穴有疏风泄热之能。肺俞穴为足太阳膀胱经经穴，脊柱左右两旁各一，为肺脏的湿热之气由此外传于膀胱经，故有宣散肺热之功。因此，以上 8 穴能共奏温经行血、消瘀散结、疏通气机之功。

### （三）施灸时间

一般每日施灸 6 ~ 8 壮，亦可根据患者的耐受能力及体质强弱而定，《针灸大全·论壮数多少》：“《千金》云：凡言壮数者，若丁壮病根深笃，可倍于方数。老少羸弱，可减半……腹背宜灸五百壮……斯所谓五百壮、千壮，岂可一日而尽，必待三、五、七日，以至三年、五年，以尽其数乃可得也。”施灸一般以 7d 为 1 个疗程，每个疗程结束后，暂停 4 ~ 5d，再进行下个疗程的治疗，即《太平圣惠方》：“日灸七壮，过七七讫，停四五日后，灸七七。”

### （四）施灸步骤

第一步，放置麦粒，先将凡士林（用凡士林作麦粒灸的粘附材料，其粘附效果较好，不易使麦粒从穴位脱落而烫伤皮肤）涂敷于上述所选穴位，然后右手用无齿镊尖端紧紧夹住已经做好的麦粒放置在穴位之上，将艾柱粘于皮肤上时镊子要用力平压，以确保艾柱稳稳地粘于皮肤上，如果艾柱掉落，容易引起意外。第二步，点燃麦粒，事先准备好乙醇灯、檀香，点燃檀香后，分别用檀香引燃麦粒，注意观察有无燃烧的艾柱掉落。第三步，移除麦粒，患者会先感到温和的热力渗透到穴位深处，然后会感到烫，甚至痛（即使患者感到痛，也不一定会起泡），此时可立即移除艾柱，并放置在收纳缸中。如果给患者轻的偏补的刺激，当患者有温热感时即可移去艾柱；如要加大刺激量，可以待患者呼痛时数 1、2、3，再准确无误地移去艾柱。然后开始第 2 轮的施灸，一般施灸 7 壮。施灸操作中，最好由 2 ~ 3 人配合完成。

## 三、注意事项

### （一）施灸时间与灸量

乌龟灸是着肤灸，只是采用麦粒灸的形式表现出来，患者体质不同，承受能力各异，因此在麦粒的制作，施灸的时间与数量上需要特别注意。

### （二）麦粒制作

制作麦粒时，艾柱不能松散，否则不易粘于皮肤上，容易掉落，发生烫伤；反之，如果艾柱紧实，则燃烧缓慢，热力可徐缓透入穴位深部，治疗效果较好。

### （三）粘附材料

选用好的粘附材料，以便麦粒能够较好地粘附于背部穴位之上，从而达到施灸的效果。

## 四、病例介绍

临床上乌龟灸主要用于治疗瘿瘤（一般认为瘿瘤是虚寒内结、血瘀痰阻结于颈项，即是现代医学中的甲状腺功能异常）等病，乌龟灸通过其温、消、通的功效，既能抑制甲状腺功能亢进，亦可促使甲状腺功能低下者恢复至正常。

患者，女，39 岁，因“心悸心慌，乏力多汗 1 年余，加重 6 个月”入院。入院查体见甲状腺肿大，不对称，右侧Ⅱ度，左侧Ⅰ度，可闻及血管杂音，触及可疑震颤。实验室检查 T3 为 315μg/dL，T4 为 20μg/dL，甲状腺吸碘率增加，峰值前移。诊断为瘿气病（阴虚阳亢，气滞痰凝）。取穴分两组：①风府、大椎、身柱、肩井（双）、翳风（双）；②双侧大杼、风门、肺俞、天宗。两组穴位交替，每日 1 组。因患者不能耐受麦粒灸，遂每穴均改用艾卷实按灸至局部潮红，热力内透为度。经灸治 24 次后，诸症显著好转，甲状腺恢复正常。出院后继续灸治，随访两年半，未见复发。

## 五、讨论

综上所述，乌龟灸因其操作精细、流程复杂而造成临床实际操作较困难，然其有材料节省、定位准确、疗效显著等特点，故本文通过对其理论来源、临床应用、操作方法及注意事项进行介绍，希望能在临床上推广应用。

（原文载于《上海针灸杂志》2015 年 7 月第 34 卷第 7 期）

# 半夏泻心汤加味治疗功能性便秘78例

王万全　唐钟涛

功能性便秘是指粪便在肠内滞留过久、粪便干结、排出艰难、排便时间延长，或以排便次数减少、排便困难为主诉的病证。发病率约4%，女性发病率则是男性的4～6倍，老年人发病更高。笔者临证采用半夏泻心汤加味治疗功能性便秘78例，取得了满意的效果，现报道如下。

**临床资料**　78例均属门诊病例，其中女性63例，男性15例；年龄最小24岁，最大86岁；病程最短6个月，最长21年。这些病例都经现代医学检查排除有其他器质性或各种影响观察的急、慢性疾病所引起的便秘。少数伴有头晕、腹痛、腹胀、饮食减少、面色无华、神疲乏力等症状。

**治疗方法**　半夏泻心汤加味：麦冬30～60克，党参20～50克，玄参20～60克，厚朴10～15克，炒枳实、大枣各10～20克，黄连5～8克，黄芩、甘草各5～10克，半夏5～15克，干姜4～8克，大黄3～6克。随证加减：大便干燥较甚，加生地、天冬，重用玄参，用时观察病情轻重，可加少许大黄、芒硝以增强通便之力；兼腹胀痛者，加木香、白芍等，以行气消胀、缓急止痛；兼饮食减少、面色无华、神疲乏力者，加白术、当归、黄芪、淮山药、太子参、砂仁，以补气血，健脾胃；热甚者，重用大黄、芩连，并减干姜用量。

**疗效标准**　参照1994年国家中医药管理局《中医病证诊断疗效标准》，治愈：2天内排便1次，便质转润，排便通畅，短期内无复发；好转：3天内排便1次，便质转润，排便通畅。无效：症状无改善。

**治疗结果**　治愈28例，好转45例，无效5例，总有效率为93.59％。

**典型病例**　张某，女，51岁，于2007年9月14日初诊。自述便秘14年，近6个月来便秘加重；6～7天排便1次，时常借助“泻药”方能排便。曾多次到上级医院检查直肠无异常，伴腹胀阵痛、心烦、腹部不适，舌红、苔干黄，脉细数。诊断为肠燥津亏、传导失职之便秘，拟半夏泻心汤加味，药用干姜4克，半夏、黄连、黄芩各8克，党参、枳实、白芍、大枣各20克，厚朴、木香各10克，麦冬、生地、玄参各30克，大黄、芒硝（兑服）、甘草各5克，水煎服。1天3次，药后，解出先干后软之大便。仍守原法，予本方去芒硝、大黄，经服15剂，再加辅助方法，至今大便1天1次。

**讨论** 功能性便秘属中医便秘的范畴，其引起的病因较多，分型复杂，概括起来不外寒、热、虚、实四端，其病程特点是粪便内结、气机郁滞、清阳不升、浊阴不降。本病病程较长，常见寒热错杂、虚实夹杂表现。患者每因解便困难而屡用泻下之物如大黄、番泻叶、开塞露等暂通肠腑，更致胃肠屡伤，功能紊乱，传导失职。因此临床选用仲景半夏泻心汤加味，辛开苦降，调和寒热，旨在疏通肠道，令气机通畅，清阳自升，浊阴自降。加味方以芩连之苦寒，配姜夏之辛热，苦辛开泄，共调寒热，既可开胃肠之痹结，又能降胃肠之邪热；参枣草甘温扶养正气，并助胃肠之功能；临床恐热郁伤阴，故重加麦玄滋阴增液，乃取吴鞠通增水行舟之意；又惧粪屎内结，阻滞气机，故少加枳实、厚朴、大黄，借仲景小承气之法，行气除满消胀，并助推荡之力。现代医学研究证实，半夏能缓解胃肠平滑肌痉挛，减少分泌，消除胃肠瘀积。芩连清热消炎，增强免疫功能，参姜温理肠寒，能兴奋胃肠血行，促进胃肠功能回复和吸收。甘草有肾上腺素作用，能使体内水、钠的潴留和钾离子的排除，并能抗炎症、抗过敏，保护胃肠。枳、朴有兴奋胃肠功能，刺激大肠蠕动增强。玄麦能增加胃肠黏液，令肠管滋润。诸药合伍，攻补兼施，既调畅气机，又开痹泄邪，共奏通便之功。故加味方是调节胃肠功能紊乱的有效方剂，临证随机运用可收到事半功倍的效果。

（原文载于《陕西中医》2011年第32卷第5期）

# 民间验方祛湿化浊法治疗糖尿病 25 例

聂俊宝

随着人们生活水平提高，糖尿病患病率逐年上升，尽管医学界对该病的研究也日益深入，新的糖尿病药品种类多，临床运用中，病人血糖下降慢，病情复发率高，但是疗效不太满意。我有幸拜访民间崔老学习中医治疗糖尿病经验，探讨此病症的有效治疗方法，现选取我院自 2016 年 10 月至 2018 年 8 月收治确诊为糖尿病患者共 35 例，按照不同的治疗方式进行治疗，运用中医中药民间验方祛湿化浊法治疗糖尿病 25 例，观察病人血糖下降快，复发率低，效果满意，现报道如下。

## 一、资料与方法

### （一）一般资料

本组 25 例，男 12 例，女 13 例；年龄 48 ~ 72 岁，平均 55 岁。血检示：空腹血糖最高 20.6 mmol/L，最低 7.5 mmol/L。单纯糖尿病 5 例，合并高血压 6 例，合并高血压、高血脂 4 例，合并冠心病 3 例，合并脑血管病 7 例。病程最长的为 8 年，最短的为 1 年。

### （二）治疗方法

予以中药民间验方祛湿化浊法治疗，将中药以水煎制服，药量为每天一剂，早晚各服一次，治疗 7 ~ 15 天一个疗程。

民间验方祛湿化浊法组成为：大黄 8 克（后下），白术 15 克，薏苡仁 30 克，厚朴 15 克，猪苓 15 克，黄柏 12 克，萹蓄 12 克，瞿麦 12 克，生地黄 15 克，天花粉 15 克，山药 15 克，甘草 3 克，土茯苓 20 克，栀子 10 克，茵陈 12 克。

如患者存在血瘀症状，可加丹参、山楂、鸡血藤；兼肾虚，加枸杞、杜仲；大便稀，酌减大黄剂量；大便干燥，酌加大黄的剂量；女人月经期忌服。临床中根据患者表现的症状进行加减。

**案例：**刘某，男，68 岁，2016 年 10 月 3 日出诊。诉患糖尿病 8 年，空腹血糖 10～18 mmol/L 范围内。患者自述常感口干，口臭，喜饮，头晕，大便干燥，小便多，时有腰膝酸软。诊见：精神一般，面色鲜明，形体肥胖，舌红苔白厚腻，脉濡数。查随机指尖血糖：16.5 mmol/L。西医诊断为糖尿病；中医诊断为消渴，证属湿热蕴积、燥热炽盛、津液干焦。治疗给予盐酸二甲双胍缓释片和格列喹酮片分散片，并以民间验方祛湿化浊法，投以：大黄 8 克（后下），白术 15 克，薏苡仁 30 克，厚朴 15 克，猪苓 15 克，黄柏 12 克，萹蓄 12 克，瞿麦 12 克，苍术 10 克，生地黄 15 克，山药 15 克，天花粉 15 克，甘草 3 克，土茯苓 20 克，栀子 10 克，茵陈 12 克。每日一剂，水煎服，分 2 次服。治疗 1 周后复诊，诉口干、口臭、头晕、大便干燥、小便多、时有腰膝酸软症状有改善，复查空腹血糖 10.9 mmol/L。改原方大黄 5 克（后下），嘱患者继续服 1 周，后复查空腹血糖 6.1 mmol/L。患者自觉症状好转，精神尚可。



## 二、结果

通过民间验方祛湿化浊法治疗的糖尿病 25 例患者，症状明显好转，住院病程时间缩短，复发率降低。

## 三、讨论

西医糖尿病的症状属于中医“消渴病”范围。消渴病是以多饮、多食、多尿、身体消瘦，或尿浊、尿有甜味为特征的病证。消渴病的病因病机主要是由于素体阴虚、饮食不节、复因情志失调证、劳欲过度所致。长期过食肥甘，醇酒厚味，致脾胃运化失职，积热内蕴，化燥耗津，发为消渴。《丹溪心法·消渴》篇说：“酒面无节，酷嗜炙煿……于是炎火上薰，腑脏生热，燥热炽盛，津液干焦，渴饮水浆而不能自禁。”这都说明了饮食不节、湿浊内蕴、化湿生热与消渴病发生有密切的关系。尽管国家教科书版本不断更新，我发现很少提出从湿浊内蕴证辨证论治消渴病。虽然消渴病的病理变化主要是阴虚燥热，但是饮食不节，湿浊内蕴，化湿生热，是病理变化的阶段或另一种病理变化。我通过近几年临床观察和病人的信息反馈，确实民间验方祛湿化浊法对消渴病饮食不节、湿浊内蕴、化湿生热导致消渴病的疗效满意。

民间验方祛湿化浊法方的组成。方中生大黄，苦寒沉降，荡涤胃肠湿热积滞，泻下通便，泻血分热毒；白术，健脾益气，燥湿利水；薏苡仁，利水，健脾，清利湿热；厚朴，行气消积，燥湿除满；猪苓，利水渗湿；黄柏，清热燥湿，泻火解毒，退热除蒸；萹蓄，利尿，清热；瞿麦，利尿通淋；苍术，燥湿健脾；生地黄，清热凉血，养阴生津；山药，味甘性平，不燥不腻，益气养阴，补脾肺肾；天花粉，清热生津，清肺润燥；甘草，补脾益气，滋咳润肺，调和药性；土茯苓，清热解毒、渗湿；栀子，清热利湿，泻火，凉血；茵陈，清利脾胃肝胆湿热。上方诸药配伍，利水渗湿，健脾燥湿，行气消积，清利湿热，清热凉血，益气养阴生津，补脾肺肾，截断湿浊内蕴，化湿生热，燥热炽盛，津液干焦，渴饮水浆而不能自禁。而现代药理研究发现上方中白术、黄柏、生地黄、山药，均有降血糖功效。

综上所述，我个人认为饮食不节，湿浊内蕴，化湿生热，燥热炽盛，津液干焦，渴饮水浆而不能自禁，是消渴病的基本病因病机，最终导致上消、中消、下消等证型的临床表现，故运用民间验方祛湿化浊法治疗糖尿病是临床中医辨证论治理论的体现。

（原文载于《中医科学杂志》2019 年 3 月总第 249 期）

# 《时病论》论治时令湿病经验探析

黄庆放　黎忠民

《时病论》系晚清名医雷少逸所著，是书凡八卷，以《内经·阴阳应象大论》“冬伤于寒，春必病温；春伤于风，夏生飧泄；夏伤于暑，秋必痎疟；秋伤于湿，冬生咳嗽”八句经旨为纲，集四时六气之病为目，参以已验，专门论诸时病，阐述详尽，立论公允，拟法贴切，用药精当，深为同道称许。故笔者不揣浅陋，试就其论治时令湿病的经验探析于后，以期同道就正。



## 一、重视运气，因时论病

因时论病是雷氏论治时令湿病的经验特色，其因忆先君“一岁中杂病少而时病多，若不于治时病之法研究于平日，则临证未免茫然无据”，故其谨承先志，对《内经》五运六气深入研究，并在《时病论》中专列《五运六气论》，曰：“时病者，乃感四时六气为病之证也。”“治时令之病，宜乎先究运气”。因一年五运六气合行，而终一岁，主运主气，岁岁皆然，客运客气，年年更换，故其以为时医必须明了六气的变化，知何为不正之气，既胜气复气，正化对化，从标从本，必按四时五运六气而分治之，且防其何时而变，决其何时而解，随时斟酌。并指示后学“先熟此有定之常，然后审其无定之变”。

雷氏曰：“医道之难，莫甚于知时论证，辨体立法。盖时有温热凉寒之别，证有表里新伏之分，体有阴阳壮弱之殊，法有补散攻和之异，设不明辨精确，妄为投剂，鲜不误人。”故其根据每年主运客运、主客加临、司天在泉、岁之太过不及之理，将时令湿病别为三类：一是正令之时病。即《内经》“秋伤于湿”，乃在大暑至白露之间，为四之气，属太阴湿土主令，此时若因居湿涉水，雨露沾衣，或冒雾露，云嶂山岚，或阴天淫雨，晴天湿蒸，过食茶酒瓜果或伤生冷，感之则为伤湿、冒湿、中湿、寒湿、湿热、湿温。二是兼夹之湿病。因土寄旺于四时之末，常随五气兼化，故四时皆有湿病，若“春雨潇潇，夏雨淋淋，秋雨霏霏，冬雨纷纷”，感之则为风湿、霉湿、秽浊、暑湿。三是伏气为病。若感湿邪，当时不病，过秋而发，则为湿泻、湿疟、痰嗽。可见其用心良苦。

## 二、谙达众长，力僻伪名

谙达众长乃是雷氏的治学思想，其以为“医家不可执古书而不读今书，亦不可执今书而不读古书”“古今医学均宜参考”。固其治疗时令湿病，诸论皆本《内经》及诸贤之说，诸法皆仿古人之方稍为损益，诸方悉先哲诸书，以补诸法所不及，并集前人治湿之法为纲。曰：“湿气在皮肤者，宜麻桂二术之属，以表其汗，譬如阴晦非雨不晴也；亦有用羌防、白芷之风药以胜湿者，譬如清风荐爽，湿气自消也；水积于肠胃，肚腹肿胀者，宜用遂、戟、芫、牵之属以攻其下，譬如水满沟渠，非导之不去也；寒湿在于肌、肉、筋、骨之间，拘挛作痛，或麻痹不仁者，宜用姜、附、丁、桂之属以温其经，譬如太阳中天，则湿自干也；湿在于脏腑之内，肌肤之外，微而不甚者，宜用术、苍、朴、夏之属之健脾燥湿，譬如些微之湿，以灰土糁之，则湿自燥也；湿气在于小肠膀胱，或肿或渴，或小水不通，宜用二苓、车、泻之属以利之，譬如水溢沟浍，非疏通其窦不达也”。

雷氏治学严谨，其于《时病论》中，先诠释病名，再论治法，并教导医者治时令之病必按四时六气，分清孰为风暑，孰为燥湿。在学术上力僻那些六气不明、病名不清、凡病混称伤寒、药石乱投之时弊。如秽浊一证发于夏秋之间，“良由天暑下逼，地湿上腾，暑湿交蒸，更兼秽浊之气，交混于内，人受之，由口鼻而入，直犯膜原”，治疗本皆芳香宣解，而世俗称此为龌龊，以揪刮或矾汤治之，每见轻病转重、重病转危。孔子曰：“必也正名乎！”指出了辨正名称的重要性。因此雷氏僻伪正名，辨证明理，对于研究治疗时令湿病，尚有确切的指导意义。

## 三、拟法切贴，灵活多变

拟法切贴、灵活多变是雷氏治疗时令湿病的独特风格。其拟法制方，于常法中有变法，定法中有活法。大凡湿在于表者，用宣疏表湿法；稍重者，投辛散太阳法；兼风者，用两解太阳法；兼寒者，施辛热燥湿法；由太阳之表兼入少阴之里者，取二活同祛法，湿温初起者，设轻宣温化法；湿邪在里，阻于膜原者，拟宣透膜原法；霉湿壅遏，上冲气分者，用芳香化浊法；抑遏阳气者，与宣阳透伏法；湿泻者，用通利州都法；暑泻者，施增损胃苓法；痰嗽者，用加味二陈法。综观诸法，其虽承前人治湿发汗、利小便之法，但融入了宣疏、辛散、利气、燥湿、理脾、温化等法，丰富了时令湿病的治疗法则。

方令人规矩，法令人巧，方从法出，法随证立，以法统方，是雷氏治时令湿病又一经验特色。综观《时病论》所拟诸方，不以方名，而以法称，旨在以法来指导临床制方遣药，令药证相符。如治寒湿酿痢之温化湿邪法，雷氏认为“凡湿在表宜宣散，在里宜渗利，今在气分，宜温药化之”。故以藿、蔻宣中下之邪滞，榊、朴化脾胃之积湿，陈皮理气，苍术化湿，更佐生姜温其中，中焦通畅无滞，则滞下自愈。可见其拟法灵活而又巧妙。

## 四、用药简洁，轻清灵动

雷氏治时令湿病用药简洁，诚如其在《时病论》中云：“所用之药，佥细心参究，不敢随意妄用以误人，每药之后，又详加解释，俾学者知一药有一药之用。”如治风湿伤于太阳之两解太阳法，既疏其膀胱之经，又复利膀胱之腑。因风邪无形而居外，所以用桂、羌、防解其太阳之表，俾风从汗而出。湿邪有形而居内，所以用苓、泽、苡渗其膀胱之里，使湿邪从溺而出。更以桔梗通天气于地道，能宣上而复能下行，可使风湿之邪从表里而解也。再如治秋时晚发之伏暑及湿温初起之清宣温化，其以寒而不滞之连翘清宣，温而不燥之杏仁温化，更以蒌壳宣气于上，陈皮化气于中，令中上气分得其宣化，则新凉伏气皆不能留，苓、夏、草消伏暑于内，佩兰、荷叶解新邪于外。由是观之，其用药随机活法，俨然有序，丝丝入扣，各尽其职，共建奇功。

湿为阴邪，黏滞重浊，治疗用药最忌呆滞。雷氏每以“轻、清、灵、动”之品治之，颇为切机，所谓轻：即药味少，用量轻。其治湿法中，药味最多者八、九味，最少者六、七味，用量最轻者五分，最重者五钱。如宣透膜原法，全方药仅七味，总量六钱七分，即20余克，诚可谓轻矣。清：指药味清淡，相对药味重浊而言，其每选茯苓、泽泻、猪苓、苡仁、滑石之属淡渗利湿，力求用药不滋不腻。灵：即用药灵活变通，如宣疏表湿法，“君以苍术、防、秦，宣疏肌表之湿。被湿所冒，则气机遂滞，故臣用藿、陈、砂壳通畅不舒之气。湿药颇燥，佐以甘草润之。湿体本寒，使以生姜温化”，合而用之，令湿邪还表而解。如此恰合喻氏治湿贵徐不贵骤之意。动：即用药生动活泼，不呆不滞。其用法有三：一是升清降浊，以升清之荷叶配降浊之夏、朴，升降结合，令气机流动，湿邪自除。二是宣上利下。以开提肺气之桔梗，伍以淡渗利湿之苓、泽、滑车，此即开天窗，通地道，令气化则湿化。三是风药胜湿。以羌、防、芷祛风胜湿，配藿、苍、朴苦温燥湿，令湿邪自干。如芳香化浊法，君用藿、佩之芳香以化其浊；臣以陈、夏之温燥以化其湿；佐腹皮宽胸腹，厚朴畅脾胃，使上中气机宽畅，则湿浊不克凝留；使以荷叶升清，令清升则浊自降。如是用药，微苦微辛，平淡芳香，有轻清流动、宣展气机、芳化湿浊之妙。

（原文载于《四川中医》2008年第26卷第3期49页）

# 发现中医之美

一卷新书觅雅趣，几缕淡香篆月华。甲辰冬至之夜，终于完成《杏林齐芳》书稿三校工作。虽困倦至极，却再无睡意。掩卷沉思，不禁自问，中医究竟有什么魅力，引领我去追寻、去探究？



## 中医哲理之美

《说文》：哲，知也；理，治玉也。哲理，就是从哲学高度总结出来的智慧成果。哲学是什么，哲学是认识论、方法论、实践论的概称。

中医博大精深，但并不神秘玄奥。华夏先民早在万年之前，就从认识论、方法论、实践论的高度，探索养生全命、拯厄救急的方法。上古时代伏羲、神农、黄帝“三皇”伊始，历代先民仰观于天、俯察于地，近取诸身、远取诸物，从本能到自觉，从零散到系统，通过反复观察思考自然现象、生活现象以及生命表现、病理变化、临床疗效，不断试验与对比、分析与归纳、提炼与总结，逐渐把有关防病治病的实践抽象成理论，形成了中医这一综合性学科。

中医是中国古代文明成果唯一完整保留至今并仍然发挥重要作用的一门学科。仅凭早在两千多年以前形成的理论体系，即能把握生命规律，有效治疗疾病，不得不说这是人类古代文明成果的一大奇迹！

在现代科学成就及其方法占据主流的今天，为什么中医仅凭古老的理论和经验，能够治疗心脏病、高血压、糖尿病等疑难杂症？为什么能够力克人类完全陌生的“非典”“新冠”等突发疫情？其科学道理何在？这就要从哲学的高度、哲学的视野来认识。

中国古代哲学，大约萌芽于殷周之际，成形于春秋末期，战国时代已出现百家争鸣的繁荣局面。古代哲学的形成与发展，也影响和带动了包括中医在内的自然科学、社会科学、人文科学的发展。其中，古代哲学的气一元论、阴阳学说、五行学说对中医学的影响最为广泛、最为深刻。

**气一元论的自然观，揭示了生命形成的本原。**在中国古代哲学思想中，气一元论是对世界本原的独特认知，深刻地影响了各个领域的发展。

世界的本原是什么？东汉王充《论衡》谓："天地气合，万物自生。"先哲认为，气是构成天地万物的本原。气是极其细微的物质，其存在状态有"无形"和"有形"两种。气弥散，无形无状，易于变化；气聚合，有形有物，相对稳定。无形可以聚合成有形，有形可以弥散为无形。水，或为冰，或为气，只是物质形态变换而已。天地阴阳合气而化生万物，任何一物皆是一气所化。简而言之，即"气一元论"。

中医从气是构成天地万物的本原这一基本观点出发，认为气也是生命的本原，是构成生命的基本物质。《素问·宝命全形论》曰："人生于地，悬命于天，天地合气，命之曰人。"《庄子·知北游》曰："人之生，气之聚也。聚则为生，散则为死。"天地间一切生命活动均是气的聚、散、离、合变化的结果。中医认为，气是生命的本原，是构成人体的基本物质，也是维持生命的物质基础。人的生长壮老已，健康与疾病，皆本于气。人体之气，由于其生成来源、分布部位和功能特点不同，而有不同的名称，如元气、宗气、营气、卫气、脏腑之气、经络之气等。称法虽异，终归是一气。

中医用气一元论的哲理来认识生命、认识疾病、治疗疾病。尤其气在诊治疾病方面应用非常广泛，望、闻、问、切无一不与气相关。"有诸形于内，必形于外。"人体正气的盛衰，可以从面色、形态、声音、神志、脉象等方面表现出来。如诊脉，是中医的特色诊法。《素问·经脉别论》曰："脉气流经，经气归于肺，肺朝百脉，输精于皮毛……权衡以平，气口成寸，以决死生。"

很多人怀疑诊脉，甚至很多中医都认为诊脉不过是装装样子。事实上，中医诊脉，主要是查看人体一气的状态如何，是强是弱，是缓是急，其中最主要的是查看胃气如何，这是决定疾病轻重、顺逆的关键。

记得十年前，我学习中医未满三年。一天，母亲打来电话，说臂膀疼痛将近一个月了，吃西药、中药无效。从乡下接母亲来县城后，先去医院做了检查，排除风湿。看以前所服药方，有治风寒的，有治风湿的。后又去找一中医朋友诊治，仍按风湿的思路施治，同样未见寸效。见母亲臂膀疼痛难受，已影响食眠，遂诊脉一试。诊见两手脉沉弱，左关略显滞涩，右关尤沉微。思忖半天，不知何以论治。猛然间，想起《素问·太阴阳明论》一句话："四肢皆禀气于胃，而不得至经，必因于脾，乃得禀也。"母亲中年曾患胃病，一直未得根治，是不是四肢臂膀气血不周，风寒客之，而牵引作痛？又见舌淡苔白水滑，决定从太阳太阴论治。遂请中医朋友处方，以附子理中汤合桂枝汤加砂仁、白蔻、半夏、陈皮、公丁香、吴茱萸治之。连服2剂，饮食有加，精神大增，臂膀痛明显好转。再服5剂，臂膀痛完全消失。上方略作调整，回乡下调理巩固。至今，母亲臂膀痛未见复发。

**阴阳学说的辩证观，揭示了生命运动的规律。**阴阳学说，是先民对自然与生活中各类纷繁复杂的现象或问题深刻洞察、高度概括而形成的一种方法论，蕴含着唯物辩证的丰富哲理。阴阳概念的萌生，源于远古时代人们对太阳升沉的认识。古人认为，太阳东升，天地明朗，万物欣欣，即为阳；太阳西沉，天地暗淡，万物昏昏，即为阴。

阴阳学说，孕育于《周易》。阴阳学说认为，阴阳是一气自身固有的两种功能状态。世界本源一气，气之动而为阳，气之静则为阴。天地万物，是由阴阳二气的相互作用而生成，也由阴阳二气的相互作用而不断发展、变化。阴阳变化是宇宙万事万物生成、运动的根本规律，故《易传·系辞上》指出："一阴一阳之谓道。"

阴阳学说的基本内容包括对立制约、互根互用、消长平衡和相互转化四个方面。在春秋战国时期，阴阳学说被引入中医领域，从而发展成一套自成体系的中医阴阳学说理论，将中医辨证论治的水平提升到了一个新的的高度。首先，阴阳被视为天地万物的基本规律。《素问·阴阳应象大论》："阴阳者，天地之道，万物之纲纪，变化之父母，生杀之本始，神明之府也。"其次，阴阳被用于解释人体生理、病理状态。《素问·阴阳应象大论》："故积阳为天，积阴为地。阴静阳躁，阳生阴长，阳杀阴藏。阳化气，阴成形。寒极生热，热极生寒……此阴阳反作，病之逆从也。""阴胜则阳病，阳胜则阴病。阳胜则热，阴胜则寒。重寒则热，重热则寒。”第三，阴阳被用于阐释辨证论治大法。《素问·阴阳应象大论》指出：“察色按脉，先别阴阳。”“阳病治阴，阴病治阳”。东汉张仲景将伤寒分为阴证、阳证，“病有发热恶寒者，发于阳也；无热恶寒者，发于阴也。”医圣以三阴、三阳为总纲，将复杂多变的各类外感内伤病统一于三阴三阳，执简驭繁，以不变应万变。

后世医家，一脉相承岐黄、仲景心法，对阴阳的阐述更加广泛、更加完备，尤以清末四川伤寒大家郑钦安为著。郑氏穷二十余年之精力，探索周易、内经、伤寒三书精髓，指出：“要知阴阳调和之人，六邪不侵，七情不损。”“发病损伤即有不同，总以阴阳两字为主。”在辨证论治中，也始终突出阴阳这一总纲，总结出辨认一切阳虚证、一切阴虚证各数十条经验（详见郑钦安《医理真传》《医法圆通》），进一步充实和丰富了仲景辨证论治理法，简明扼要，易于把握。

明张景岳言：“医道虽繁，而可以一言蔽之者，曰阴阳而已。”清陈修园言：“良医之救人，不过能辨认此阴阳而已；庸医之杀人，不过错认此阴阳而已。”可见，明辨阴阳，何其重要！从哲学高度把握阴阳学说的基本要义，就能在纷繁复杂的表象中，洞察疾病本质，抓住核心病机。特别对于一些真寒假热的重证，若不细究阴阳本质，就会重蹈“滋阴降火，杀人无算”的前辙。这一点，尤其在喜寒凉、畏温热的当下，更具警示意义。

记得多年前，邻近市区一12岁小女孩，因感冒高烧在区市两家医院连续输液14天，后虽不再发烧，但人变得白天精神低微、静默不语，晚上则狂躁不安、彻夜不眠、时而哭闹，摔东西、砸东西后方可安静片刻，家人惶恐至极。后经熟人介绍，请求推荐中医诊治。小女孩发育良好，但精神状态极差，眉目低垂，不欲言语。诊脉断为少阴证，斟酌处以四逆汤合桂甘龙牡汤。抓药7剂回家，服至第3剂时，始可安睡。7剂服完，易方调理，半月后才恢复正常。一见感冒发烧就投以清热解毒之药，一见狂躁不安就投以滋阴镇静之剂，其离医道远矣！

**五行学说的系统观，揭示了生命联系的模式。**关于五行的起源，有五材说、五方说、五时说、五星说等。要探究五行的起源，还得回到气一元论。

《史记·天官志》：“天则有日月，地则有阴阳；天有五星，地有五行。”古人仰观天象，见每年十一月冬至前，水星见于北方，正值冬气交令，太阳光热照于地面极少，大气潜藏，潜而下藏者水也，水行的概念形成，故北方五行属水，子时五行属水。三月春分，木星见于东方，正值春气当令，太阳光热照于地面渐多，大气温升，温而能生者木也，木行的概念形成，故东方五行属木，卯时五行属木。七月夏至后，火星见于南方，正值夏气交令，太阳光热照于地面最多，大气炎浮，炎而上浮者火也，火行的概念形成，故南方五行属火，午时五行属火。九月秋分，金星见于西方，正值秋气当令，太阳光热照于地面渐少，大气凉降，降而能收者金也，金行的概念形成，故西方五行属金，酉时五行属金。六月土星见于中天，正值长夏之气当令，太阳光热与地面水气交蒸，万物繁密茂盛，土为万物之母，土行概念形成，土性中和，包容万物，居中央而寄四隅，即寄旺于辰、戌、丑、未四月之最后十八日。此五行的由来。

五行之气，就是天地一气因接受太阳光热不同而呈现的五种形态。以人类居住的星球为参照物，地球每天接受光热的时间与多少不同，因而产生了分明的白昼（阴阳）、分明的五季（五行），此五行之气不同的根本。五行之气，各有功能。木气有疏泄功能，火气有宣通功能，金气有收敛功能，水气有封藏功能，土气有运化功能。

五行相生，意谓春气由冬气而来，故曰水生木；夏气由春气而来，故曰木生火；长夏之气由夏气而来，故曰火生土；秋气由长夏之气而来，故曰土生金；冬气由秋气而来，故曰金生水。五行相克，意谓五行之气功能之制约作用。收敛作用制疏泄作用，故曰金克木；宣通作用制收敛作用，故曰火克金；封藏作用制宣通作用，故曰水克火；运化作用制封藏作用，故曰土克水；疏泄作用制运化作用，故曰木克土。五行之气的关系，还有相及、相乘、相侮等。不管是何种关系，均以气言。清黄元御《四圣心源·天人解》言："五行……其相生相克，皆以气而不以质也，成质则不能生克矣。"

五行学说不但把自然的五季、五方、五时等联系起来，同时又把万物的五色、五气、五味等联系起来，形成了一个错综复杂但又有机联系的"五行系统"。

人与天地万物同质，天地五行的状态，在人体一样存在。五行学说引入中医理论，主要是把天地自然万物与人体联系起来、统一起来，成为一个有机整体，使"天人一体""天人相应"的理论得到了具体实现，为中医整体观念的形成提供了理论根据。同时，五行学说从微观上，构建了天人相应的五行藏象系统，把人体的结构与功能分属于五行，借助五行之气运动的规律，阐释人体五脏的生理功能、病理变化，指导疾病的预防与诊治。尤其是《黄帝内经》以五行学说为指导，用大量篇幅阐述了养生防病的理论，对“亚健康”群体的调养有一定参考价值。

如《素问·四气调神大论篇》曰：“夫四时阴阳者，万物之根本也，所以圣人春夏养阳，秋冬养阴，以从其根，故与万物沉浮于生长之门。”对这段话，历代医家的认识高度一致，认为春夏养阳，主要是顾护胃气，使少阳之气生、太阳之气长；秋冬养阴，主要是顾护肾气，使太阴之气收、少阴之气藏。这种理论，在保健方面具有重要意义。反观当下人们，大半夜还在应酬、娱乐、锻炼，阴不收藏，阳无所长，不生病才怪！

可见，基于中国古代哲学构建起来的中医理论，应天时、顺地势、合人事，从建立之日起就是十分成熟的理论，屹立于传统医学的巅峰。《黄帝内经》《难经》《伤寒杂病论》《神农本草经》四大经典，或阐发生理病理，或阐发辨证论治，或阐发本草性味，理法方药具备，既是中华医学的经典，亦是中华文明的珍宝，历经两千多年，其理论在当代仍然处于巅峰，至今难以超越！



## 中医人性之美

人性是什么？从广义上讲，人性是指人类与生俱来的尊重生命、同情弱小、追求至善的共同特质。从狭义上讲，人性就是个人独有的本质，包括价值观、道德观、善恶观等。中医自古就有自己的价值取向和道德判断。在漫漫历史长河中，那些被后世铭记的中医大家，无一不是医德高尚、医风纯正、医道精湛的典范，闪耀着人性真善美的光芒。

**他们崇尚医德，常怀珍视生命的仁慈心。**《说文》：“仁，亲也。”“慈，爱也。”从伏羲、神农“尝百草、制九针”，到张仲景“勤求古训、博采众方”，到孙思邈“精勤不倦、大医精诚”，大仁大慈的医德不断孕育与传承。唐孙思邈《备急千金要方》开篇即言：“夫二仪之内，阴阳之中，唯人最贵。”“凡大医治病……先发大慈恻隐之心，誓愿普救含灵之苦……皆如至亲之想。”医者仁心、大医精诚，成为医德的核心要义。历代中医人，在珍视生命、救治生命的过程中，用大爱诠释着中医医德。

书中《济世活人乐善好施的名医陈瑞昌》一文中所载病案，恰好印证了中医医德之美。1951 年冬天，正值少年的周兴全因患重感冒，几天几夜发高烧，吃药但不见好转，后竟至气若游丝、人事不知，家人已放弃进一步治疗。陈瑞昌先生刚好来到周家，见此病形，急忙诊断开方，仅两三日就起死回生。这样的案例在书中不少，无不彰显了中医仁慈为怀、珍视生命的医者仁心。

读到这样的案例，脑海中不时浮现小时候父亲给我讲的一段往事。1977 年初夏，舍妹未满半岁，不慎感冒高烧，先在新河、福德等地卫生院就诊，打针、吃药不见效。数日后竟病情急转，乳食不进，精神萎靡，双目虚闭，呼之不应，奄奄一息。母亲以为已无救治希望，但父亲坚持一大早背着小妹到当时的罗家区医院求治。到医院后，医院领导和医生见病重如此，推辞不治。好在上天有好生之德，恰好当时银汉公社一位李姓赤脚医生因外伤感染在此住院治疗，他见父亲悲伤绝望的样子，好言宽慰，并热心诊治，开了一副中药。药方简单，只有数味，但有一味药区医院没有，李医生便嘱咐父亲到罗家垭口一家诊所抓药。父亲喜出望外，急忙抓药回院，顾不上吃午饭，借锅煎药取汁，慢慢给小妹喂下。约黄昏时刻，小妹虚闭的双眼忽地睁开，转动着小脑袋左瞧瞧右瞅瞅。服完一剂药后，如此重证竟奇迹般好了。父亲欲感谢李医生，李医生摆摆手说，这么小的娃娃被治成这样，我怎么忍心见之不救，小事一桩，不必言谢。

明寇平《全幼心鉴》曰："为医者当自存好心，彼之病犹己之病……专以救人为念。"作为有灵性、有情感的人类，该怎样对待他人的痛苦或困境，是抱有悲悯心、同情心给予帮助，还是冷眼旁观、明哲保身？陈医生、李医生的大仁大慈之举，无疑给出了最好答案。

**他们秉持医风，常怀超然物外的淡泊心。**《说文》："风，八风也。"古人观察自然，发现八面来风蕴含着一种鼓动、推动的力量。后来，风的意象被运用到社会各个领域，比如，个人有风格、风范，行业有风俗、风气，社会有风土、风尚。这些"风"，都会对人产生潜移默化的影响。中医的医风，重点体现在个人从医风范，包括治学理念、诊治病人、看待名利等，但社会最关注的还是如何对待病人。

唐孙思邈《备急千金要方》卷一《大医精诚》言："省病诊疾，至意深心，详察形候，纤毫勿失，处判针药，无得参差。”宋唐慎微《证类本草》卷一《序例中》言：“凡为医者，须略通古今，粗守仁义……如此则心识自明，神物来相，又何必戚戚沽名，龊龊求利也。”清陈士铎《本草新编·劝医六则》言：“勿以病家富，遂生觊觎心；勿以病家贫，因有懒散志。或养痈贻患，或恐吓取钱。”他们不仅是这样说的，更是这样做的。医是善道，治病救人，当斟酌于笔端，凝思于心中，详察病之阴阳，细审药之寒热，始终心系病者，无意酬谢多少。

听罗大伦老师在“百家讲坛”开讲大国医，其中有一个故事印象深刻。原文见元朱震亨《格致余论·张子和攻击法论》：“罗先生治一病僧，黄瘦倦怠。罗公诊其病因，乃蜀人，出家时，其母在堂，乃游浙右，经七年，忽一日念母之心不可遏，欲归无腰缠，徒尔朝夕西望而泣，以是得病。时僧二十五岁，罗令其隔壁泊宿，每以牛肉猪肚甘肥等，煮糜烂与之，凡经半月余。且时以慰谕之，言劳之，又曰：‘我与钞十锭作路费，我不望报，但欲救汝之死命尔。’察其形稍苏，与桃仁承气，一日三帖，下之皆是血块痰积，方止。次日只与熟菜稀粥将息。又半月，其人遂如故。又半月余，与钞十锭遂行。”

文中主人公，是宋末元初浙江名医罗知悌。罗氏精通天文、地理，善词章、工书法，学宗刘完素，旁通张从正、李东垣之说，医学造诣深厚。罗氏不仅医术高超，还有一颗悲悯心，格外同情病弱之人，凡是求治病人，均坚持亲诊，遇贫病交加者，还免费赠药。本案“病僧”，从四川出发，游学浙江西部，凡经七年，忽一日甚为思念家中母亲，但又身无盘缠可资回家，遂思上加忧、忧上添愁，竟至黄瘦倦怠，病倒在罗府门前。罗氏大义萦怀，知天地间“唯人最贵”，就把“病僧”安置在隔壁，先食后药，好言宽慰，并资助盘缠送其归蜀回家。若无大仁大义之德，若无救苦救难之心，“蜀僧”之命将休矣！

这种看重生命、看淡财物的纯正医风，代有传承，至今未衰。书中所载汪悟品老中医，见乡邻饱受疾患之苦，遂自己草履皂衫外出应诊，遇穷苦人家一概免收脉金。这一至亲至善的举动，自然深得乡人嘉许。先生“菩萨心肠，神仙手眼”，是历代蓬安中医人“善行悠远、德泽乡邻”深厚情怀的真实写照。

在医学的殿堂里，每一位医生都肩负着拯救生命的神圣职责。然而，近年来频频曝光的医疗丑闻却让人们对这一崇高职业产生了深深的质疑，特别是2022年曝出的“刘翔峰案”，更是对医疗安全、医学伦理敲响了警钟。两相对比，中医不问贵贱、不求酬报，以人为本、一心赴救，可谓是至善至美！

**他们追求医道，常怀博极医源的精诚心。**《说文》：“道，所行道也。”形而上者谓之道，形而下者谓之器。中医也有“道”和“器”之分。“道”的层面，蕴含着哲学层面的气、阴阳、五行等思想；“器”的层面，就是中医自身的理法方药体系。

中医之道需要体悟，即悟道；需要求证，即证道。悟道是学习的过程，证道是实践的过程。只有踏踏实实地勤学，只有老老实实地实践，才能最终“得道”。

悟道，需要精诚之心。清末四川伤寒大家郑钦安《医理真传》自序：“余蜀南临邛人也，迁居于成都省城，学医于止唐刘太老夫子，指示《黄帝内经》、《周易》太极、仲景立方立法之旨。余沉潜于斯二十馀载，始知人身阴阳合一之道，仲景立方垂法之美。”郑氏本天资聪颖，为悟道，潜心探究典籍二十多年，始知人身阴阳合一之道，始悟仲景立方垂法之美。成为真正的好中医，勤学、坚持是第一门径。

证道，需要自渡迷津。清末安徽名医汪莲石出身书香门第，早年无意学医，20 岁时随父旅居江浙，“夏秋间，忽病发热，二三日不退。延医诊视，曰暑热也。连进数方无效。更一医，曰：此伏暑也。数日亦不效。复更一医，曰秋温也。如是延缠月余，饮食渐减，体渐消瘦，惫甚，愤不服药。觉热晨退晚作，继又为寒热，延至冬初始愈。次年夏秋间，又病如前状。”如此这般，折腾三载。其父“体弱，有脘痛旧病，发即呕吐，饮食不能进……甲戌秋病作，医治罔效，七日而见背。”汪莲石深恨不知医之苦，决定从此学医，但所阅《临证指南》《温病条辨》等书所载之方，与以前自己所服之方大同小异，遂不信之，请教知医的堂叔。堂叔指示迷津：“须读《灵枢》《素问》《伤寒》《金匮》，多阅各家《伤寒》注释，药性必《神农本经》。所谓群言，淆乱尊诸圣也。”于是遍索家中藏书，苦心研读四大经典，自此医道大进，终成一方名医。

道不正，则路不通。从古至今，中医书籍浩如烟海，如何选择？陈修园曰：“大抵入手功夫，则以仲圣之方为据，有此病，必用此方。”陆九芝曰：“学医从《伤寒论》入手，始而难，继而易。从后世分类书入手，初若甚易，继则大难。”湖南名医萧琢如也认为：“仲尼为儒家圣者，仲景则医门之孔子也。”萧氏以验案证之：嘉禾李君，当夏历六月忽患左足疼痛，卧床不可转侧，呻吟之声达于户外。诊之，脉沉紧，舌苔白，口中和。曰：此风寒直中少阴，法当用仲景麻黄附子细辛汤。旁人咋舌言曰：天气暑热若此，麻黄与细辛同用，得毋大汗不止乎？萧氏曰：此方并不发汗，非阅历有得者不能知，毋庸疑阻。即疏与之，三药各一钱，煎水两杯，分二次服，一服知，二服即步履如常而愈。

研学中医没有捷径。从书中章继财、唐茂清、姚杰良、曹习诠、黎忠民、刘文全等诸位医家的治学经历、临床经验来看，其精湛的医术，无不源于深厚的仲景学说功底。

医德如根柢，医风如干枝，医道如花叶。传承千年的中医，在优秀传统文化的滋养下，根深干壮，花繁叶茂，历久弥香！



## 中医实践之美

子曰："学而时习之，不亦说乎！"自学中医十多年来，或品读名家医案，或偶感风寒自治，或推荐朋友看中医，见证了中医的神奇。

**中医治感冒，可覆杯而愈。**我的启蒙老师，是广东潮汕地区的一位民间中医。2014 初春的一天上午，我在办公室赶一个报告，没在意窗外忽然吹来的几阵冷风，片刻就感觉头额作痛、鼻腔发痒，不由得喷嚏连连。冲服两袋荆防颗粒，依然如故。后联系老师，详述了病情。老师沉吟片刻，就嘱我服麻附辛汤合姜桂汤。

当时初学中医，惑于一些中医讲麻黄、细辛有发汗亡阳之虞而不敢轻试。老师耐心指正，麻附辛汤其实是温经散寒之剂，非发汗动阳之剂。他怕我拿不定主意，就把处方开好给我。中午下班后，就到朋友诊所抓了一剂，回家煎服一次，症状就大为好转，真有点覆杯而愈的感觉。把余药分两次服完，感冒就全好了。家人见此，都觉得不可思议。

后来，系统研读了仲景《伤寒杂病论》及一些医家的注解，重点攻读了《郑钦安医学三书阐释》，才明白当年老师苦口婆心阐释麻附辛汤的真义！自此，凡偶感风寒，均以此方为主，略作加减，均可收到"一剂知、二剂已"的良好疗效。如偶伴有咳嗽，加二陈；咽痛音哑，加桔梗、蝉蜕；肩背酸痛，加苍术、葛根等。

今天所称的感冒，相当于太阳病。对常见的风寒感冒、风热感冒，要本着“观其脉证，知犯何逆，随证治之”的原则，把好太阳关，重视少阴病。云南名医吴佩衡指出：对于外感风寒、风温等疾病的治疗，首先要注重表证的及时处理。伤寒表证初起，若能切实把好“太阳”这一关，采用桂枝汤、麻黄汤、麻杏甘石汤或麻附辛汤等方剂对证施治，可一汗而解。吴氏对于世医畏麻、桂者，他郑重指出：“世有畏麻、桂如蛇蝎者，以为其性温而易伤津化燥，不知表寒实证无麻黄之辛散，何以开发腠理驱邪外出？无桂枝之温通，何以助阳温经而散寒？不畏邪之伤于人，而畏药性之辛温，实为姑息养奸之弊也……表寒不解，热势更张，斯时宜以麻桂等剂因势利导、驱邪外出，切勿坐失良机而至表邪传里为患，此乃祛邪即所以扶正之法也。”

古今无数医案表明，中医辨证论治外感，不仅好得快，而且没有后遗症，经得起反复检验，具有明显优势。

**中医治疫病，可药到病解。**《说文》：“疫，民皆疾也。”《素问·刺法论》说：“五疫之至，皆相染易，无问大小，病状相似。”疫病，是中医学对传染病、流行病的总称。自西汉以来的两千多年里，我国先后发生过300多次大的流行疫病，由于有中医的守护，历史上从来没有出现过像西班牙大流感、欧洲黑死病、全球鼠疫那样一次疫病就造成数千万人死亡的悲剧。

为什么中医能够有效抗击疫病？中医认为，疫病是天地之间一种不正之气，属外在邪气，他的产生与自然界异常气候有关。根据“正气存内，邪不可干”“邪之所凑，其气必虚”的理论，在预防层面，遵循自然之道和生息之法，做到“饮食有节，起居有常，不妄作劳”，减少消耗，固护正气，力避虚邪贼风，减少感染的可能。在治疗层面，对正气已虚、不慎感染者，借助天地正气所生的食物、药物，帮助人体恢复正气，以正驱邪。在康复层面，针对病患不同情况，采取包括食疗、运动、药物等方式，帮助人体恢复阴阳自和的状态。

2019年年底，武汉爆发新冠疫情，并快速向其他地区蔓延，自此开启了长达三年的“新冠”阻击战。在三年阻击战中，我们有幸避免了感染。

但到2022年底，随着疫情管控放开，城乡感染者快速上升，几乎是城乡尽染。那时，医院人满为患，只能收治一些重证感染者，医生、护士也几乎全部感染，如果想去医院，根本就没有床位。求医不得，感染者只好自救。在这节骨眼上，我父母、岳母、襟兄一家也先后感染。求医无门，只能靠自己。通过电话了解症情、视频察看舌苔，然后向老师汇报，求助老师帮忙处方，再备药送至乡下。他们按要求煎服，很快就缓解了症状。老师处方，以麻附辛汤加姜桂、二陈为主，据证加味，或加羌活、葛根、苍术治身痛如被杖，或加甘草、桔梗治咽痛如吞刀片，或加白术、茯苓、白蔻、砂仁治食不知味，或加厚朴、杏仁、紫菀、款冬治气逆咳嗽。神奇的是，我父亲居然只服用了两次汤药，休息了一晚上，第二天一大早就能去赶集，是我见过的中医治新冠速度最快、疗效最好的一例。

放开后的第一波疫病，我和拙荆小心避护，没有感染。我俩感染是2023年五一节后的那一波。

5月14日，我们回了一趟乡下，回家后就感觉不对劲。先是头额、脖颈作痛，脉虚浮而数，咽痒欲咳，体温37.5℃。从半夜起，整个人烦躁异常，腰胯、大腿开始酸痛，体温持续上升。

5月15日早上，一身尽疼，咽部略痛，偶咳，舌苔白腻，无食欲，体温上升到38.5℃，脉虚浮而数，重按见紧象，心跳明显加快。急煎中药服用，以麻附辛汤加味治之：蒸附片36克，麻黄12克，细辛9克，干姜15克，炙甘草9克，桂枝15克，羌活15克，葛根30克，半夏30克，陈皮15克，桔梗15克，茯苓30克，厚朴15克，杏仁15克，生姜60克。服两次后，身疼好转，余症依然，中午体温升至38.6℃，不出汗，无食欲，稍微多吃一点就想呕，而且失去味觉、嗅觉。见体温不降还升，拟小剂真武汤温阳祛湿：蒸附片45克，生白术30克，茯苓45克，炒白芍15克，生姜45克。不料服一次后，下午体温再升至38.9℃。傍晚，高烧一直不退，非常难受。见药不对证，躺在床上反复思考疫毒引起高烧的机制，忽然想起《吴佩衡家庭备用验方》中讲“感冒证”的治法中有一句话提醒了我：“如头尚昏痛，或下午又复潮热者，以白通汤主之。”此际正是正邪交争，五脏六腑的正气集聚于中上焦，防止进一步损伤心肺脾胃等脏器，此际急需助正气一臂之力。按照吴老理法，急煎服白通汤一剂：生附片60克，干姜30克，葱白2茎，分两次服完。同时，另煎四逆汤一剂备用：生附片90克（先煎），干姜60克，炙甘草30克。服白通汤后大约半小时，忽腹中作痛，咕咕作响，约一小时拉臭稀便3次。此正是“邪去正复”的关键。

临睡前，体温开始下降至 38.3℃，当晚睡眠好转。

5 月 16 日，体温持续下降，但降至 37.5℃就不再下降了。继续服用四逆汤。

5 月 17 日早上，体温降至 37℃，除嗅觉未恢复、偶尔感觉咽痒欲咳之外，余症几乎好了。但新增左肋有一点扯痛感。与一中医朋友交流，他说可能影响到了肝气，需要用点芳香化湿、疏肝理气的药（半夏、砂仁、白蔻、高良姜、醋香附、炒枳壳），哪知加服此方两次后，感觉头晕不适，晚上临睡时体温又升至 37.5℃。仍服用四逆汤，略加肉桂粉（开水泡取清液兑入药汁）。

5 月 18 日早上，体温降至 37℃，中午降至 36.8℃，除嗅觉未恢复、偶尔感觉咽痒欲咳之外，余症完好。拙荆与我症状相似，同步服药，她自拟方剂大致相似，于 5 月 17 日上午就基本完全恢复正常。

至此，有惊无险的纯中药抗新冠疫毒取得初步胜利！

之后，我们一直坚持常服大回阳饮（生附片、干姜、炙甘草、肉桂），虽然在国庆节后“二阳”了，但因坚持调养，感觉与普通感冒已无多大差别。经过一年多时间的验证，中药治新冠，快捷有效，无后遗症。

中医认为，不管是新冠病毒，还是流感病毒，它们只是外邪的一种，会随着天地之气和其他环境的变化而发生变异。病毒的种类不计其数，变异速度也非常快，研制所谓“特效药”总会慢一步。而中医根本不会采用对抗的方式去杀灭病毒，而是更关注“病的人”，用药物的正气帮助人体调整内部环境，或温阳或养阴，或祛湿或化痰，或清热或化积，虽然并没有针对病毒进行治疗，但随着人体内部环境的改变，邪去正安，邪去正复，人体自然就会恢复到健康状态。

**中医治重证，可起死回生。**中医历经数千年的发展与传承，在救治急危重证方面，积淀了深厚的理论基础与实践经验，历代医家救治急危重证的珍贵医案，今天读来仍然令人惊心动魄、拍案叫绝！

江苏名医曹颖甫治江阴吴姓妇人阳明燥气，病起已六七日，壮热，头汗出，脉大，便闭，七日未行，身不发黄，胸不结，腹不胀满，唯满头剧痛，不言语，眼张，瞳神不能瞤，人过其前，亦不能辨，证颇危重。曹氏遂予大承气汤：大黄 12 克，枳实 9 克，川朴 3 克，芒硝 9 克，速煎服之，竟一剂而愈。

太原金瑞之妻，年过五旬，患宫颈癌晚期，经山医三院放疗治愈，旋即反复，病情危笃，再到二院急诊，辞为不治。金携妻赴北京求救，住进协和医院，病情时好时坏，时过一年，依然如故。患者家庭经济拮据，夫妻斟酌再三，出院回家，听天由命。1965年春，金瑞经人介绍，前往家住太原的四川名医黄杰熙处求治。黄氏诊其两手脉皆沉迟无力，两尺兼涩，观其体形瘦弱而面无血色，略带浮肿，声颤音微。黄氏诊断此为阴寒独盛，孤危之残阳，不能化阴邪，方用真武汤壮肾阳、祛阴邪水湿。服药两剂，诸症稍见缓解，脉亦略有起色。继用原方，炮附子由15克渐加至60克，诸症大见好转，脉亦逐渐调和，体重明显增加，又由60克渐减至15克，共服药20剂，诸症完全消失，脉亦调匀有神。1989年，黄氏与金瑞偶然相遇，金瑞连忙致谢："自从先生治好内人之病后，身体一直健康，20多年来，连感冒都很少了。起死回生之功，没齿不忘！"

原云南省某医院院长秦某某之子秦念祖，年十三岁，时患伤寒重证，发热二十余日不退。秦氏精于西医，对其子曾以多种针药施治，未效。又邀约徐、应等数位西医同道会诊，均断言无法挽救。后经人推荐，1948年1月7日邀吴佩衡诊治。吴氏见患儿已发热不退二十余日，晨轻夜重，面色青黯，两颧微发红，口唇焦燥而起血壳，日夜不寐，人事不省；呼吸喘促，时而发迷无神，时又见烦乱谵语，两手乱抓有如撮空理线；食物不进，小便短赤，大便已数日不通，舌苔黑燥，不渴饮，喂水仅下咽二三口，多则不吮；脉象浮而空，重按无力。吴氏诊断为伤寒转入少阴，阴寒太盛，阴盛格阳，致成外假热而内真寒之阴极似阳证，以白通汤加上肉桂治之：附片250克，干姜50克，葱白4茎，上肉桂15克（研末，泡水兑入）。处方之后，秦氏对中医药怀有疑虑，见此温热大剂，更不敢用。无计之时，他想到一个"特效"办法，抽取一伤寒病刚愈患者之血液输给病儿。殊料是日输血后，身热尤甚，腹痛呻吟不止，更加烦乱谵语。至此，秦氏已感到束手无策，始将吴氏所拟方药煎汤与子试服。当晚服后，稍见安静，得寐片刻，面部青黯色稍退而略润，脉象不似昨日之空浮，烦躁谵语稍宁。只见欲寐更甚，现出少阴虚寒本相，又照原方煎服一剂。此后，均以此方加减，重用附片至400克，至1月12日始转危为安。然后据证调治，至15日后诸症悉平。酌以四逆汤加参芪善后调养，愈后体质健康如常。

当代名医李可，山西灵石人，自学中医成才，在缺医少药的农村，自创破格救心汤，成功治愈千余例心衰重证，被誉为"中医的脊梁"。在其经验专辑中，录有数十例治急危重症的案例。如：曾治查某某，60岁，经医院确诊为冠心病月余。1982年正月初六急诊，14时心绞痛发作，含化硝酸甘油片，可缓解半小时，不以为意。18时许，绞痛再发，含剂及亚硝酸异戊脂吸入无效。内科会诊拟诊急性心梗，建议急送省级医院抢救。因寻车不易，乃邀李氏诊视。诊见患者面青惨，唇、甲青紫，大汗而喘，肢冷，神情恐怖，脉大无伦120次/分，舌边尖瘀斑成条成片，舌苔灰腻厚。患者高年，肾阳久亏于下，春节劳倦内伤，又过食肥甘，致痰浊瘀血阻塞胸膈，属真心痛重证，且亡阳厥脱诸症毕见。李氏投破格救心汤大剂变方两剂治之（方略），昼夜连服。20时10分，服第一次药后一刻钟汗敛喘定，四肢回温，安然入睡。至正月初七早上6时，10小时内共服药两剂，用附子300克，诸症均退，舌上瘀斑退净。后疏培元固本散一料治本，追访多年未再犯。

重证，即指病情紧急、病势濒危的病症，如治不及时、治不得法，病情很有可能迅速恶化甚至死亡。从古至今，中医以其独特的辨证思维、系统理论、治疗方法，运用纯中药救治重证患者的案例不计其数。中医并非只能治疗慢性病，治重证更是其优势。

美，甘也。愚虽才薄智浅，仅凭传承弘扬之热情，了解中医、学习中医，如饮甘露，如啜醴泉，美自在心。《杏林齐芳》即将付梓，三年一剑，薄册在手，虽无湛卢之锋芒，亦见名家之风流。岁寒已深，阳春将萌，唯愿中医智慧护佑天下苍生，康宁相伴，美美与共!

狗尾续貂，聊作结语。

陈建国

2024年12月